BTV

2012 BEIJING TELEVISION

YEARBOOK

2012
北京电视台
年鉴

BTV 2012 BEIJING TELEVISION YEARBOOK

《北京电视台年鉴》编辑部　编

北京日报报业集团
同心出版社

编辑说明

一、《北京电视台年鉴》以较翔实的图文资料，客观记述北京电视台在宣传业务、技术工作、队伍建设、事业发展、产业经营等各个方面的基本情况，反映电视事业产业的发展变化，是一部综合性资料工具书和史料文献的大型年刊。

二、本年鉴于2008年创刊，每年编印一卷，主要记录和反映北京电视台上一年度的宣传情况和各项事业产业发展成果。

三、本年鉴以马克思列宁主义、毛泽东思想、邓小平理论、“三个代表”重要思想为指导，深入贯彻落实科学发展观，坚持实事求是的编辑方针，坚持“贴近实际、贴近生活、贴近群众”的宣传原则，为广大电视工作者以及社会各界了解和研究北京电视台提供可靠信息。

四、对本年鉴有关栏目的几点说明。

《图片》——主要收录反映2011年北京电视台各方面情况的照片。

《特载》——收录上级领导对本台的批示及台领导撰写的有关文章和重要讲话。

《概况》——概要记录全台各部门一年中主要的工作情况。

《典型经验》——选录有关业务工作的经验、体会文章。

《专项纪事》——较详细介绍有关重大宣传报道活动。

《频道·栏目》——介绍各频道的基本情况、栏目设置、优秀栏目。

五、《北京电视台年鉴》的编辑工作得到本台各级领导及有关部门的关心和大力支持，在此一并表示感谢。对本书的疏漏之处与不足，恳请各界批评指正。

北京电视台史志办（本刊编辑部）

▲ 2011 年 10 月 29 日，中共中央政治局委员、中央书记处书记、中宣部部长刘云山（左二）到北京电视台调研“走、转、改”活动开展情况，中宣传部常务副部长雒树刚（右三），中宣部副部长、国家广电总局局长蔡赴朝（右一），文化部副部长赵少华，新闻出版总署副署长阎晓宏等领导参加了调研，中央政治局委员、北京市委书记刘淇（左三）、市长郭金龙（右二）陪同调研

▲ 2011 年 6 月 30 日，中共中央政治局委员、中央书记处书记、中组部部长李援朝（左六）接见北京紫禁城影业有限责任公司《杨善洲》剧组主创人员

▲ 2011年1月19日，中共中央政治局委员、市委书记刘淇（左四），市委副书记、市长郭金龙（左五），市委副书记、市政协主席、市政法委书记王安顺（左三），中央政法委副秘书长王其江（右五），市委常委、秘书长李士祥（左二），市委常委、公安局长傅政华（右四），副市长刘敬民（左一），市高级人民法院院长池强（右三）等领导观看由北京电视台录制的《平安北京——2011年首都政法宗治系统春节联欢晚会》

▶ 中宣部副部长、国家广电总局局长蔡赴朝，国家广电总局副局长张海涛，国家广电总局科技司司长王效杰等在BIRTV展会北京电视台展台前观看3D电视节目

◀ 2011年7月22日，北京市人大常委会主任杜德印（右五）、市人大常委会副主任赵凤山（左五）、市人大常委会秘书长唐龙（右三）到北京电视台调研

◀ 在《北京影响力》晚会上，市委常委、常务副市长吉林（左六），市委常委、宣传部长、副市长鲁炜（左四），市委社工委书记宋贵伦（左一）和获奖企业代表合影

▲ 市委常委、宣传部长、副市长鲁炜到北京电视台看望《雨中进行时》直播工作人员

▲ 市委副秘书长、宣传部副部长严力强到北京电视台听取工作汇报

▲ 1月12日，市委常委牛有成（左三），副市长夏占义（右二），市委农工委书记、市农委主任王孝东（左二）出席《美丽乡村——2010年度北京最美的乡村主题晚会》

◀ 由中宣部新闻局副局长张富强（左二）、全国三教办内刊组组长马岑（左三）带队的全国三教办检查组对北京电视台“走、转、改”活动检查指导。

▶ 中宣部、全国三教办、市委宣传部检查组来北京电视台检查“走、转、改”活动情况

◀ 市委宣传部副部长张淼陪同市政协委员视察北京电视台动画节目中心

▶ 国家广电总局保卫司领导来北京电视台调研

▲ 2011 年度中国播音主持“金话筒奖”颁奖典礼在北京电视台 BTV 大剧院举行

首届华北五省区市省级电视台联系会议在北京举行，国家广电总局传媒机构管理司司长陶世明、北京市委宣传部副巡视员吕钦、北京市广电局副局长王霞、北京广播电视台党委书记刘志远出席会议

北京电视台、天津电视台、河北电视台、山西广播电视台、内蒙古电视台共同签署了《华北五省区市省级电视台战略合作协议书》

签字仪式后各台领导表示庆祝

会议现场

▲ 11 月 16 日北京电视台公共 · 新闻频道、财经频道、生活频道迁入新台址播出

▲ 11 月 16 日北京电视台苏州街台址机房停止使用

▶ 北京电视台纪实高清频道开播举行新闻发布会，总编辑赵多佳致辞

◀ 北京电视台纪实高清频道开播新闻发布会现场

◀ 北京电视台举办的《在路上——2011 年中国记者节》大型电视节目

▲ 现场采访

▲ 打工子弟学校的孩子表演节目

▶ 记者表演节目

◀ 北京电视台总编辑赵多佳与时尚传媒集团总裁刘江共同启动2011中国时尚大典

▲ 嘉宾入场

▲ 获奖嘉宾

▶ 时尚大典活动现场

◀ 北京电视台成功直播“天宫一号”目标飞行器发射升空

▲ 北京电视台《红色地图》特别报道开播仪式

▶ 北京电视台获“红旗飘飘”纪录片最佳出品机构奖

◀ 北京电视台与中国银行北京分行战略合作协议签约仪式举行

▶ 北京电视台举行广告推介暨客户答谢会

◀ 12 月 26 日首善媒体 大美品质——2012 BTV 新年媒体答谢会

▶ 北京电视台举行向萨苏先生颁发特邀记者聘书暨萨苏先生向本台捐赠抗日战争珍贵素材仪式

▲ 百姓秀场——我秀我舞台大型活动启动

▲ 群众演员表演

▲ 歌唱家和群众演员同台演出

▲ 主持人现在采访群众演员

◀ 百姓秀场——我秀我舞台大型活动海报

▲ “心悦百姓 行为民生”首届“观众喜爱的主持人”颁奖晚会举行

▲ 获奖主持人现场接受采访

▲ 观众代表晚会现场接受采访

▲ 主持人和孩子们一起表演节目

▲ 全体获奖主持人和北京广播电视台领导合影

▲ “《国粹生香》2011 年北京电视台京剧票友段位评授季”活动现场

▲ 外国友人演唱京剧

▲ 小京剧票友演出

▲ 歌唱演员唱京剧

▲ 原北京市副市长张百发和京剧小票友交流

▲ 北京电视台卡酷动画卫视参加第七届中国国际杭州动漫节

▲ 北京文博会上的北京电视台卡酷动画卫视展台

▲ 北京电视台卡酷动画卫视参加“全国青少年儿童食品安全与营养科普推广月”活动

▲ 北京卡酷动画卫视参加全国动漫展览会

▲《2011 年北京电视台春节联欢晚会》现场

▲《2011 年北京电视台环球春节联欢晚会》现场

▲《2011BTV 网络春晚》现场

▲ 北京市庆祝中国共产党成立 90 周年主题晚会《党在百姓心中》现场

▲ 北京电视台转播《第四届北京清明诗会》

▲ 北京电视台徐涛朗诵方志敏烈士的遗作《可爱的中国》

▲ 李玉刚深情演唱《清明上河图》

▲ 歌舞《清明不了情》

◀ 在主题曲《清明雨》中，春姑娘给满场观众撒下幸福的花瓣

▲ 首都全民义务植树三十周年纪念晚会《绿满京华》现场

▲ 歌舞《绿色创举》

▲ 任静、付笛生演唱歌曲《好人》

▲ 主题歌《绿在说》

▲ 晚会结束歌舞

◀ 纪念北京市公共文明引导行动 10 周年晚会

▲ 晚会现场

▲ 北京电视台举办的《2011 年中秋月亮歌会》

▲ 北京最美的乡村主题晚会——《美丽乡村》

▲ 由北京电视台录制播出的《首都政法系统第七届“人民满意的政法干警（单位）”揭晓暨春节联欢晚会》

▲ 北京电视台转播第 26 届世界大学生夏季运动会

北京电视台直播国际排联沙滩排球大满贯赛

◀ 北京电视台直播2011年首届环北京职业公路自行车赛

▲ 与国外同行商讨直播计划

▲ 直播现场

◀ 副总编辑张亮（中）和体育节目中心、转传部领导协调直播工作

▲ 北京电视台转播全英羽毛球公开赛

◀ 北京电视台全面报道在英国伦敦举行的“125届温布尔登网球公开赛”

▲ 拍摄比赛现场

▲ 北京电视台体育节目中心副主任邱大卫和主持人杨萌研究报道计划

▶ 李娜接受北京电视台专访

北京电视台体育节目中心转播第十一届亚洲足球锦标赛，主持人魏翊东采访嘉宾杨璞

工作人员在赛场外景地拍摄

▲ “海沙节”观众俱乐部开展亲子活动

◀ 北京电视台直播“八达岭长城杯”首届北京国际自行车骑游大会

◀ 刘敬民副市长接受体育频道记者采访

◀ 采访延庆县副县长赵志萍

◀ 品尝农家特色菜肴

▲ 由北京电视台体育频道举办的“北京市民扑克大赛”双升扑克夏季联赛现场

◀ 电视剧《你是我兄弟》剧照

▲ 电视剧《风车》剧照

▲ 电视剧《钢铁年代》剧照

▶ 电视剧《家常菜》剧照

▲ 电视剧《王海涛今年四十一》剧照

▲ 电视剧《李春天的春天》剧照

▲ 电视剧《师傅》剧照

▲ 电视剧《风声传奇》剧照

▲ 电视剧《五湖四海》剧照

电视剧《前妻的车站》剧照

电视剧《双城生活》剧照

电视剧《人到四十》剧照

电视剧《中国 1945》剧照

◀ 电视剧《林师傅在首尔》剧照

▲ 电视剧《赶走你的忧郁》剧照

▲ 电视剧《牟氏庄园》剧照

▶ 电视剧《经营婚姻》剧照

电视剧《光荣大地》剧照

电视剧《谁伺候妈》剧照

电视剧《护国军魂》剧照

电视剧《同龄人》剧照

▲ 电影《微风》剧照

▲ 电影《倩女幽魂》剧照

▲ 电影《杨善洲》剧照

▲ 电影《隐婚》剧照

▲ 电影《最爱》剧照

▲ 电影《大厨》剧照

▲ 北京电视台召开 2011 年工作会议

▲ 北京电视台召开庆祝中国共产党成立 90 周年大会

◀ 在北京电视台 2011 年工作会议上受表彰的部门和个人代表

▶ 北京电视台召开 2011 年度节目战略研讨会

2011 年度处级干部竞聘答辩会

台领导认真听取竞聘人员答辩

2011 年度新聘、续聘科级干部大会

发放聘书

▲ 北京电视台2011年度优秀女职工合影

▲ 北京电视台组织职工积极参加区县人大代表换届选举

▲ 北京电视台党委中心组学习扩大会议

▲ 北京电视台召开第六次团代会，选举产生出席北京广播电视台第一次团代会代表

▲ 北京电视台召开 2011 年信息工作会议

▲ 北京电视台开展 2011 年赴英国培训人员行前教育

▲ 北京电视台开办 2011 年新入台员工培训班

◀ 北京电视台开办计算机技术培训班

▲ 北京电视台举办 2011 年职工乒乓球团体赛

▲ 比赛现场

▲ 台工会主席李珍向获得冠军的保卫部队颁奖

◀ 制作部一队获得亚军

▲ 北京电视台举办 2011 年度职工羽毛球团体赛

▲ 台领导为比赛开球

▲ 比赛现场

▲ 体育节目中心一队获得第一名

▲ 北京电视台举办 2011 年职工新春联欢会

▲ 职工表演节目

▲ 联欢会现场

▲ 北京电视台举行庆祝中国共产党成立 90 周年——《永远跟党走》职工歌咏比赛

◀ 王晓东台长会见澳大利亚资金股本有限公司首席执行官施来恩先生一行

▶ 赵多佳总编辑会见英国雄狮电视公司一行

▲ 美国加州大学洛杉矶分校来北京电视台交流考察

▲ 几内亚国家广播电视技术人员参观北京电视台

朱江副总编辑带队赴加拿大学习培训

张亮副总编辑会见冰岛投资促进局官员

王澎副台长会见美国 QVC 公司资深副总裁一行

2011 年度“紫荆·绿荷计划”——港澳大学生来北京电视台实习

◀ 中央电视台有关领导来北京电视台参观交流

▶ 《新京报》领导来北京电视台座谈交流

◀ 江苏广播电视总台领导来北京电视台参观交流

▶ 北京电视台召开建台 32 周年观众座谈会

▲ 北京电视台召开"走基层、转作风、改文风"活动报告会

▲ 台长王晓东在密云县调研

▲ 总编辑赵多佳在平谷区调研

▲ 党委副书记、常务副台长窦晓东在首钢公司调研

◀ 副台长邵宣堂在斋堂影视基地了解情况

▲ 赵多佳总编辑、田方总工程师在延庆听取大棚种植户介绍种植情况

▲ 张强副总编辑带领剧组下社区与观众交流

▲ 朱江副总编辑带领编辑记者到顺义区调研、采访

▲ 张亮副总编辑带领文艺节目中心春晚工作组到北京军区采风

▶ 王澎副台长带领广告部员工走进燕京啤酒集团公司了解情况

▲ 新闻节目中心采访组实地采访、体验水文站工作

▲ 《说句心里话》主持人陆放现场采访

▶ 北京电视台记者体验抢险队队员工作

▲ 卫视节目中心《身边》栏目组深入房山琉璃河镇贾河村录制节目

▲ 文艺节目中心春节晚会剧组到平谷采风

▲ 文艺节目中心春节晚会剧组到北京军区干休所采访

科教节目中心《魅力科学》栏目组把科学实验带到社区

科教节目中心《非常网络》栏目组到大兴区采育镇山一村采访

影视剧中心《永不磨灭的番号》剧组下社区

◀ 财经节目中心与密云县广电中心签订“走、转、改”协议书

▲ 财经节目中心主持人作为辅导员与打工子弟学校师生共同参观中国钱币博物馆

▶ 体育节目中心《快乐健身一箩筐》栏目组在社区为居民讲解健身知识

◀ 体育节目中心《天天体育》栏目组举办观众座谈会

▲ 生活节目中心《生活+》2011年“夏季工艺家装大讲堂”为观众讲解装修知识

▲ 生活节目中心《我爱我车》栏目发起的2011年绿动之旅——骑自行车拾垃圾

▲ 青少·海外节目中心《北京青年》栏目组记者采访出租汽车司机

▲ 青少·海外节目中心记者走进大枣园采访枣农

◀ 动画节目中心“走基层进校园”调研组采访观众

▶ 孩子们最喜爱的动画节目中心主持人和小观众互动

◀ 北京电视台“96168 热线”工作人员与非紧急救助“12345 热线”工作人员交流

▶ 办公室保卫部举办“北京联通之旅”活动

▲ 广告部在“走、转、改”活动中参观燕京啤酒集团

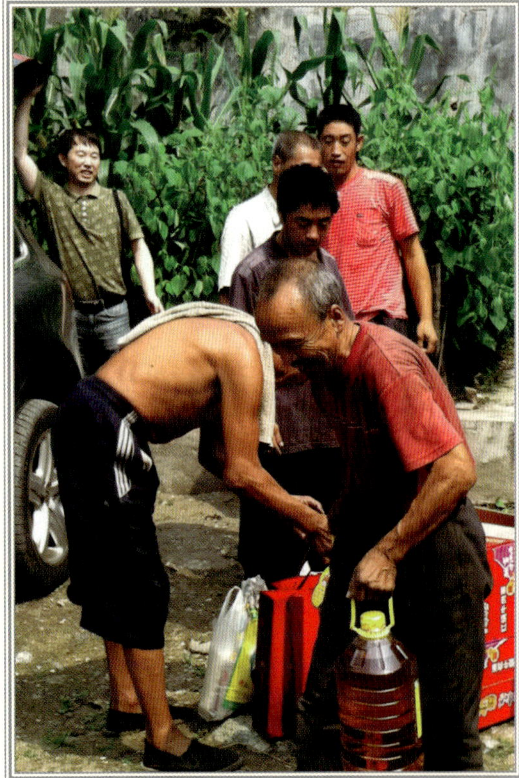

▲ 行政部给基层的工作人员带去生活物资和慰问品

◀ 人事部、总编室同中国传媒大学教务处、学生处负责人就深化实习基地建设、扩大合作范围、拓宽合作渠道等问题进行深入交流

▶ 制作部走进怀柔电视台开展业务交流活动

《2012 北京电视台年鉴》编辑委员会

主　任：王晓东　北京电视台党委书记、台长
副主任：赵多佳　北京电视台党委副书记、总编辑
　　　　窦晓东　北京电视台党委副书记、常务副台长
委　员：邵宣堂　北京电视台副台长
　　　　田　方　北京电视台总工程师
　　　　朱　江　北京电视台副总编辑
　　　　张　亮　北京电视台副总编辑
　　　　王　澎　北京电视台副台长
　　　　冯　平　史志办主任
　　　　李志国　党委办公室主任
　　　　宋　莲　办公室主任
　　　　史椰森　总编室主任
　　　　蒋　虎　研究发展部主任
　　　　杨建忠　人事部主任
　　　　李　珍　工会主席
　　　　孙成刚　计划财务部主任
　　　　周久兰　监察审计办公室副主任（主持工作）
　　　　钟　强　保卫部主任
　　　　王开平　行政部主任
　　　　程云泽　基建办公室主任
　　　　张晓耕　广告部副主任（主持工作）
　　　　孙洪斌　经营管理部主任
　　　　李　迅　副总工程师
　　　　刘宏亚　总工程师办公室副主任
　　　　郑　星　制作部主任
　　　　祝志超　播出部副主任（主持工作）

王　喆　转播传送部主任
周旭辉　技术设备管理部主任
毕　江　信息网络管理部主任
王晓龙　动力部主任
徐　滔　卫视节目中心主任
艾冬云　新闻节目中心主任
袁子勇　青少年节目中心副主任（主持工作）
李　兰　文艺节目中心主任
杜　研　科教节目中心主任
张　恒　影视剧中心主任
宗燕红　财经节目中心主任
焦少波　体育节目中心主任
赵　彤　生活节目中心主任
张　帆　动画节目中心主任
陈大立　纪实高清频道筹备组负责人
刘　冰　艺委会主任
戴巧玲　网络信息编辑室主任
刘绍芬　老干部工作办公室主任
帅　民　北京卡酷传媒有限公司总经理
马　宏　北京京视传媒有限公司总经理
霍　胜　北京电视产业发展集团总经理
许建海　北京紫禁城影业有限公司总经理

《2012北京电视台年鉴》编辑部

主　　编：冯　平（兼）

副 主 编：闫军才

编　　辑：谷　松　茹一娟　唐晓燕　魏向东

特约编辑：陈　庆　党委办公室

王　伟　办公室

黄新荣　总编室

王　瑾　总编室

李　玲　研究发展部

张兰岚　人事部

李晓雁　工会

史楠楠　计财部

蒋效中　监察审计办公室

高志坚　保卫部

段　平　行政部

张向华　基建办公室

王晓薇　广告部

张　北　经营管理部

王　静　总工办

王建业　制作部

樊思津　制作部

于　莹　播出部

叶志云　转播传送部

姜世杰　转播传送部

金　雯　技术设备管理部

许之明　信息网络管理部

孙少英　动力部

齐　婷　卫视节目中心
张文天　新闻节目中心
张驰平　新闻节目中心
李伊宁　新闻节目中心
康　健　青少·海外节目中心
杨东晓　文艺节目中心
马晓冬　科教节目中心
薛　菁　影视剧中心
韩　梅　财经节目中心
汪　莘　体育节目中心
李　璐　生活节目中心
李菲菲　动画节目中心
王一鸣　纪实高清频道筹备组
王晓路　艺委会
王　烨　网络信息编辑室
梁　爽　老干部工作办公室
陈　妍　北京卡酷传媒有限公司
韩　乔　北京京视传媒有限公司
尚　宁　北京网络广播电视台筹备组
刘　敏　北京紫禁城影业有限责任公司

目　录

特　载

概　况

典型经验

技术管理和新技术应用

专项纪事

组织机构

频道·栏目

观众调查

节目收视情况

获奖·表彰

节目播出时间表

广告价目表

大 事 记

索 引

特　载

中央和市委领导充分肯定北京电视台节目在讲话和批示中给予热情鼓励

编者按：2011年，中央、国家广电总局和市委市政府有关领导对北京电视台节目的改革创新及深入开展“走转改”等重要活动给予充分肯定，现将部分领导的讲话、批示汇编于此，以飨读者。

刘云山同志在北京电视台调研时发表重要讲话

2011年10月29日上午，中共中央政治局委员、中央书记处书记、中宣部部长刘云山，与中宣部常务副部长雒树刚，中宣部副部长、国家广电总局局长蔡赴朝，文化部副部长赵少华，新闻出版总署副署长阎晓宏等同志一起，在中共中央政治局委员、北京市委书记刘淇，市长郭金龙，市领导李士祥、鲁炜等同志陪同下，到北京电视台调研“走转改”活动开展情况，并发表了重要讲话。

刘云山同志讲话要点如下：

一、“走转改”活动中，不仅一般的记者要“走转改”，大牌主播也要“走转改”，你们主持人走下去，影响力更大。

二、我看了你们的一些节目，有深度、很感人，我都感动得流泪了。

三、“走转改”不是一个临时的任务，而是一项长期的任务，要建立长效机制，使之成为常态。

四、深入开展“走转改”活动，北京市走在了全国前面，北京市的新闻界在全国的新闻界里带了头。不光是新闻界，而且延伸到了理论界、文艺界、出版界，这点北京市带了头，是首善、是示范。

五、办好北京电视台，要认真落实以下四点要求：

第一，新闻立台。北京电视台要走在全国省级电视台前列，发挥好示范作用；

第二，人民至上。电视要为观众服务，为人民服务；

第三，内容为王。电视台是一个媒体，也是一个阵地，最重要、最关键的是内容，能不能站在制高点上，关键看内容；

第四，创新制胜。电视台是个艺术生产的部门，创新包括各个方面的创新，特别是科技创新，电视本身就是科技进步的产物，因此，要重视新技术，技术不能落后，技术落后，电视台就落后了。

中宣部、广电总局、市委宣传部领导关于《求是内参》刊文表扬北京电视台卡酷动画卫视的批示

2011年3月14日，由求是杂志社主办的《求是内参》第9期刊登《动漫产业化的可贵探索——北京电视台卡酷动画卫视打造动漫全产业链》一文，从发展历程、可贵探索、未来方向等方面介绍、分

析了北京电视台卡酷动画卫视的发展壮大之路，肯定了卡酷动画卫视的做法、经验。

中央政治局委员、中央书记处书记、中央宣传部部长刘云山同志于3月18日在该文上批示：

当前动漫产业势头很好。可总结各地好的经验推动其健康发展。

中央宣传部副部长、国家广电总局党组书记、局长蔡赴朝同志在该文上批示：

请研究如何落实好云山同志批示精神，总结动漫产业发展经验并推动进一步发展。

北京市委宣传部副部长严力强同志在该文上批示：

请北京广播电视台抓紧考虑卡酷的上市问题，再接再厉，保持卡酷的领先地位。

市委书记刘淇对“温暖一家亲”作出批示

2月12日，中宣部新闻局第91期《新闻阅评》采取专刊的形式对北京电视台春节大型记者关爱公益行动“温暖一家亲”予以表扬，全文如下：

2011年1月23日，北京电视台倾情推出“温暖一家亲”春节大型记者关爱公益行动，BTV卫视和BTV公共·新闻频道《北京您早》、《特别关注》、《都市晚高峰》、《北京新闻》、《晚间新闻报道》各档新闻全天滚动播出，播发总时长500分钟。节目传递大爱，深入基层，主持人全程参与，体现党和政府以人为本、关注民生的执政理念和工作实绩，表现北京人对城市发展的拳拳大爱、每个家庭的团圆之爱以及人和人之间的亲情友爱。

*一、以情传情，传递真情。*从1月23日（腊月二十）到2月7日（正月初五），北京电视台在16天的“温暖一家亲”活动中先后播出了爱心车厢、与你同行、孝老爱亲、重返什邡、大爱无疆、志愿之光、欢笑童颜、心手相连、温馨传递、合家团圆、温暖拜年、坚守岗位、新家新年、相聚北京等15个题目。主持人爱心团和农民工代表专门为即将返乡的外来务工人员精心排练演出了湖北民歌《龙船调》，受到农民工的热烈欢迎。主持人来到春节工作的基层岗位，分担一些力所能及的工作，在候车室打扫卫生，为旅客提供耐心的咨询，为忙碌的工作人员送上暖心的热茶。主持人董丽萍、阿龙、王巍分别探访了他们常年关爱的孤寡老人。王巍为孙茂芳和他照顾的孤寡老人送去了两件新唐装，和孤寡老人促膝谈心，也为他们送去了节目组的问候；董丽萍和几名志愿者来到张淑英家和李德才家，为他们打扫卫生，收拾房间，还为两位老人送去新唐装；而阿龙则带着张长龙和他常年关爱的北京第一福利院的老人们参观了首都博物馆。“温暖一家亲”报道组还深入灾区，奔赴农村，为坚守岗位的消防队员带来父母对孩子的新春祝愿；为999的医务工作者送去鲜花；用BTV爱心车为司售人员送红围巾、红帽子、红手套；为清扫爆竹皮的环卫工人送去热腾腾的饺子。

*二、以爱写爱，送去所需。*1月21日，“温暖一家亲”记者关爱公益行动在台内发出爱心认捐倡议，向四川什邡BTV双盛小学的200名学生和奋战在地铁10号线二期工地的200名湖北籍外来务工人员分别捐赠学习用品和返乡车票。倡议发出后短短的7个小时里，共募集善款99610

元。1月23日用这批爱心捐款购买的200张返乡车票赠送到外来务工人员手中，200套学习用品也由记者带到了四川什邡，送到孩子们的手里。曹一楠、赵彬彬、王巍、桑朝晖这4位《特别关注》的主持人为盲人朋友送去了他们自己录制的文学名著，在盲人朋友心中开启另一扇窗。在宽街公交站台，主持人范红军清晨6点和文明乘车引导员一起维持交通秩序，骑着三轮车送行动不便的老人去中医院看病；主持人马迟不怕脏臭，加入垃圾分类引导员队伍，为的是让别的引导员回家吃顿踏实饭；主持人刘海宁为义务指路队送上自己录制的英语教学光盘表达对这一志愿团队的敬意。

阅评员认为，新闻工作者把自己置身于火热的生活，把自己融入人间大爱的亲情之中，很有意义。北京电视台组织的“温暖一家亲”活动讲述真情故事，实施真情行动，为基层群众办实事、办好事，送温暖、献爱心，使报道生动活泼、情理交融，富有亲和力、吸引力、感染力。

市委书记刘淇对此节目作出如下批示：

北京电视台工作不断创新，出不少亮点，坚持贴近群众的大方向，再创新佳绩。

市委常委、宣传部长、副市长蔡赴朝作出如下批示：

中宣部阅评和刘淇同志对电视台坚持正确导向，不断进行节目和内容创新给予了充分肯定，特别是刘淇同志的批示，是对电视台全台同志的热情鼓励，也提出了创新奋进的更高要求。我们要认真落实好刘淇同志批示，在全市广电系统开创各项工作的新局面。

市委领导充分肯定北京电视台2011年春节晚会

北京电视台2011年春晚播出系列节目的总结报告上报市委宣传部后，市委副秘书长、宣传部副部长严力强，市委常委、宣传部长、副市长蔡赴朝先后作出批示，充分肯定北京电视台春晚系列节目。

严力强同志批示：

北京电视台春节晚会系列之所以成功，除电视台总结的诸条之外，还有三个重要原因：一是锐意创新，勇于创新，逐步走向善于创新；在今后的工作中这是一条很重要的经验；二是充分调动各种积极因素，形成创造力竞相迸发的生动局面；三是博采众长，不自骄，不止步，尺有所短，寸有所长，别人的好做法，哪怕有一分也是学习的对象。

祝北京电视台继续保持旺盛的斗志，在提高影响力上取得新成绩，走出新路子。

严力强

二零一一年二月十一日

蔡赴朝同志批示：

我完全赞同力强同志的批示意见。北京电视台的系列春晚获得了可喜的成功。受到了市领导、业内人士和广大群众的赞扬。然而更为难能可贵之处在于，台领导和广大员工在成绩面前不自满、不停步，虚心向央视和兄弟台学习，以锐意进取的精神在已经取得很好成绩的基础上提出了新的更高的奋斗目标。这充分体现了台领导和全台同志们的责任意识、精神状态、业务追求和工作作风。感谢同志们为繁荣首都先进文化所作的贡献，希望也相信北京电视台包括系列春晚在内的节目越办越好。

蔡赴朝

二零一一年二月十二日

2011 年 2 月 16 日，中共北京市委办公厅编印的《北京信息》刊发了“北京春晚系列节目受好评”的文章，市委书记刘淇，市委常委、宣传部长、副市长蔡赴朝先后作出批示，充分肯定北京电视台春晚系节目。

市委书记刘淇批示：

赴朝同志：

北京电视台春节系列节目主题鲜明，富有创意，广受欢迎。要认真总结经验，把北京电视办得更好。在国家文化中心的建设中，发挥更大作用。

向同志们表示祝贺，元宵节快乐。

刘 淇

2 月 17 日

市委常委、宣传部长、副市长蔡赴朝批示：

力强、春良、志远、晓东、多佳同志：

刘淇同志对北京电视台系列春晚的重要批示，表达了市委主要领导同志对广播电视事业的关心，对发展深受人民群众喜爱的社会主义先进文化的关心。对电视台乃至全市广电领域的同志们都是极大的鼓励和鞭策。在充分肯定成绩的基础上，刘淇同志代表市委市政府表达了对进一步提高春晚在内的广播电视节目质量的期望，从建设国家文化中心的战略高度，提出了广电影视文化建设的新要求。希望你们组织电视台及广电单位认真学习刘淇同志的重要批示精神。不断总结经验，不断奋进创新，努力使全市广电事业和产业的发展走在全国前列，为人民群众提供更加丰富多彩的高质量的精神文化产品。

蔡赴朝

2 月 18 日

附：《北京信息》文章

北京电视台春晚系列节目受好评

从农历腊月二十五至正月初五，北京电视台陆续推出网络互动春晚、动画春晚、春节联欢晚会、环球春晚、政法春晚、美丽乡村晚会、双拥晚会，共 7 台 12 场春晚系列节目。极富特色的多台春晚纷纷登场，喜庆祥和，年味十足，从内容精彩度、节目独创性、与受众贴近性、草根民众参与度、观众反响和业界反映来看，均达到预期，广受好评。

一、创作特色

BTV 主春晚：2011BTV 主春晚以“感受温暖，传递幸福”为主题，欢歌热舞，活力四射；相声小品，令人捧腹；新老演员同台登场，草根明星倾情献艺；百岁老人祝福新春，温情感人；玉树少年齐声高歌，撼人心魄，打造了一台内容丰富、形式多样、特色鲜明的剧院版春晚。本届主春晚的成功，还得益于一系列推广宣传，自 2010 年 11 月起，我台为主春晚启动了“春晚 e 起来 · 我是大明星”和“春晚 e 起来 · 我的榜样家庭”两大主题活动，在两个月的地面推广活动中，发现并挑选出了一批有梦想、有才华的草根艺人和许多各具特色的榜样家庭，参与到晚会中来。

网络春晚：2010 年我台领业界之先，率先推出了网络春晚。今年的 BTV 网络互动春晚更加注重凸显春晚的互动性、参与性和创新性，整合出《网络潮人夜》、《经典怀旧夜》、《魔幻传奇夜》、《喜庆欢乐夜》、《梦想希望夜》等五场不同主题的互动晚会。“精雕细琢”的近100个节目，体现出“出奇、出新、出彩”的网络特色。360°全景视频的拍摄和网络播出，为网民提供了独特的视觉新体验。此外，还制作了电视版与网络版两个互补版本，依托网络平台的海量空间实现差异化内容的同步播出。

环球春晚：以“牵手世界，欢动五洲——美丽北京欢迎您”为口号，邀请来自五大洲、十余个国家和地区的近180名演员来到BTV大剧院，中外艺人同台，台上台下交融，欢庆中国春节，为观众奉献了一场跨越国界、民族、肤色、语言的视听盛宴。西班牙驻华大使卡洛斯·布拉斯科·比利亚表示：“通过来自不同国度的艺术家所带来的迥异表演，《环球春晚》得以从一种全球化的视角，让在京的外国人感受到节日氛围，并且和节日真正的主角，也就是中国民众，共同分享。”这台晚会除在春节期间于BTV卫视、香港电视广播有限公司、加拿大城市台、美国中文电视台等以华人为主要受众的电视台播出外，还进军欧美主流媒体。其中西班牙国家电视台、以色列国家电视台、瑞典国家电视台、美国广播公司、美国哥伦比亚广播公司、英国独立电视台、法国电视台、澳大利亚电视台等，也正在洽谈之中，此次对外推广将进一步放大北京的国际影响力，展现一个国际化的北京、现代化的中国。

动画春晚：以“原创动画故事+真人节目+互动”的全新模式，在除夕夜为全国小朋友奉上了一部动画人物与真人明星云集的“穿越狂欢”。在节目制作上，突出动画特点；在宣传推广方面，重点增加孩子们的参与度；“爆豆达人全国征选”、“全民种豆”等地面推广活动，不仅得到北京、天津、上海等发达地区小朋友的响应，偏远的省市地区如内蒙古、贵州、山西等近20省区的小朋友也亲手种豆、热情参与。

此外，首都政法综治春晚、美丽乡村主题晚会、首都迎新春双拥文艺晚会也紧扣时代主题，凸显晚会特色，赢得观众喜爱。

二、收视情况及社会反响

在媒体激烈的“春晚”大战中，我台春晚系列节目取得了良好的收视成绩。2月3日，北京电视台主春晚收视率高达17.12%。在当天全国9台省级卫视春晚中排名第一，并稳居春节长假期间所有省级卫视晚会收视之冠。BTV在线通过互联网对BTV春晚进行视频互动直播，比2010年春晚直播人数提升了63%，总访问量143万，创下了BTV网站网络直播访问量新高。环球春晚春节期间收视率合计达8.05%；网络春晚平均收视率达2.27%，其中《喜庆欢乐夜》单期最高收视达到2.95%，超过了同期的中央三套、湖南卫视等频道。从受众群体来看，本届网络春晚呈现出年轻观众构成比例较大的趋势，其中25~34岁观众群收视较为集中，15~24岁青少年观众的收视达到3%左右，这在北京电视台各频道节目中是少有的现象。卡酷动画春晚引发网友广泛关注和热议，好评率超过90%；4~14岁人群收视率达到4.42%。

BTV春晚系列节目广受媒体关注。

《人民日报》、新华社、《新京报》、《北京日报》、《北京晚报》及搜狐、腾讯等多家媒体予以报道。2 月 9 日的《人民日报》以《分享中国年——北京电视台 2011 环球春晚精彩呈现》为题，盛赞环球春晚的国际影响力；《北京日报》刊登《2011 年 BTV 北京台网络春晚精雕细琢　亮点频出 反响热烈》；新华社以《2011BTV 卡酷动画春晚演绎“穿越狂欢”，体验视觉大餐》为题高度评价动画春晚的创新形态和互动影响力。

作为传统媒体引领者之一，北京电视台在新媒体时代应更加注重与新媒体嫁接互动，紧跟时代潮流，成为优秀内容的提供者，让演员为内容服务，内容为主题服务，真正实现与新媒体的对接。

王安顺同志批示北京电视台科教频道《第三调解室》系列汇报材料

6 月 30 日，中共北京市委副书记、市政协主席、市委政法委书记王安顺对《北京电视台科教频道〈第三调解室〉系列汇报材料》作出批示：

《第三调解室》定位明确，效果良好。调成一个，教育一批。普及了法律知识，化解了社会矛盾，弘扬了和为贵文化。这种创新，很有意义和价值。给予支持，越办越好。

北京电视台践行“三贴近”活动受到市委领导好评

5 月 6 日，市委常委、宣传部长、副市长鲁炜作出如下批示：

多家新闻单位都应有“三贴近”的重点栏目、重点报道。好的“三贴近”栏目要逐步打造成名栏目，同时由此锻炼一批名记者、名编辑、名主持人等。要重视报道策划，强化精品意识。对北京电视台“幸福绽放”、“温暖一家亲”、“记者走一线”栏目的主创人员、记者、编辑提出表扬，望再接再厉，再出精品。

4 月 29 日，市委副秘书长、宣传部副部长严力强对北京电视台践行“三贴近”系列活动作出批示：

希望电视台办好“走一线”，及时总结，建立鼓励机制，逐步形成有制度保障的采访作风。

北京电视台首届“观众喜爱的主持人”大型评选活动受到市委领导表扬

5 月 6 日，市委常委、宣传部长、副市长鲁炜作出如下批示：

电视台把培养、选拔主持人工作当成极其重要的工作来抓。主持人是电视台的窗口、形象和标识，也是一座城市的文化内涵的体现。对优秀的主持人要十分呵护、关心、支持、帮助，为他们成长提供舞台和支撑。

4 月 29 日，市委副秘书长、宣传部副部长严力强对我台首届“观众喜爱的主持人”大型评选活动作出批示：

这也是自我培养、宣传名主持人的一个方式。

北京电视台庆祝中国共产党成立 90 周年“唱响中国——群众最喜爱的新创作歌曲北京演唱会”受到市委领导表扬

5 月 9 日，市委常委、宣传部长、副市长鲁炜批示：

电视台精心组织、精心策划，很好地

完成了这一重要任务。望进一步总结经验，以更高的标准，策划更多、群众更喜爱的演唱会。

5月9日，市委宣传部副部长张淼批示：

电视台高度重视此项工作。高效率、高质量完成“唱响中国”晚会策划摄制任务，收视率、影响力俱佳。应该充分肯定、表扬、鼓励。

北京电视台“幸福绽放”新闻行动受到市委领导表扬

5月10日，市委常委、宣传部长、副市长鲁炜作出如下批示：

请按新的要求拟一策划方案，要特别重视理论性总结。

5月10日，市委副秘书长、宣传部副部长严力强对我台“幸福绽放”新闻行动作出如下批示：

“幸福绽放”做得好。刘淇书记多次提到，予以肯定。这个栏目应长期办下去，重点反映普通共产党员、普通市民平凡、感人的事迹。“以身边人教育身边人”，反映北京发展过程中所体现的道德力量和北京市民的优秀品质。

5月16日，市委常委梁伟作出如下批示：

“幸福绽放”新闻行动取得了圆满成功，在社会上和职工中引起巨大反响，积累了许多好的经验。对宣传部的支持和北京电视台报道团队的辛勤工作表示衷心感谢。

5月18日，市委常委、宣传部长、副市长鲁炜再次作出批示：

传达学习好梁伟同志批示精神，再接再厉。对《幸福绽放》主创采编、技术等各相关同志提出表扬。

鲁炜同志批示肯定北京电视台“首席制”

6月14日，市委常委、宣传部长、副市长鲁炜对《北京电视台启动“首席制”试点》作出批示：

跟踪研究，对已明确“首席”的同志加强考核；及时总结“首席制”对推动工作、领军人才建设的有效性，不断完善逐步形成机制，也制度化。

鲁炜同志关于《信息专报》“BTV记者14小时跟拍农超对接大桃”的批示

8月29日，市委常委、宣传部长、副市长鲁炜对《信息专报》“BTV记者14小时跟拍农超对接大桃”作出批示：

看了电视台“走转改”的成效，很是欣慰。刚刚看了“身边”节目在房山农家门前玉米地旁的内容，很好，请转达对主创人员和所有录播人员的慰问和祝贺，总结经验，策划出更多好节目，巩固“走转改”成果。

鲁炜同志关于北京电视台组织学习财务审计知识建立年度审计制度的批示

8月29日，市委常委、宣传部长、副市长鲁炜对北京电视台组织学习财务审计知识建立年度审计制度作出批示：

电视台加强财务审计知识培训、建立年度审计制度的措施很好，各相关单位都要借鉴电视台的经验，加强管理，增强全体同志规范化管理，精细化管理的意识。

鲁炜同志对北京电视台《北京新闻》提出表扬

10 月 3 日，市委常委、宣传部长、副市长鲁炜同志批示：

看了这几天 18：30《北京新闻》十分高兴！精心策划，精心选题，精采，精编，精播，精放……应予表扬！请转达我对节日期间坚守岗位的同志们的衷心感谢和亲切慰问！希望再接再厉，总结经验，不断上新水平！

鲁炜同志表扬北京电视台《发展研究文集》

10 月 12 日上午，在市宣传系统领导干部理论学习经验交流会暨《文化创新思考》出版座谈会上，市委常委、宣传部长、副市长鲁炜表扬北京电视台 2010 年度《发展研究文集》。

国庆假日期间，翻阅了北京电视台《发展研究文集》，全台几乎所有部门的同志都写了文章，总结得好，写得也好，大家总结经验，推动工作，希望北京电视台坚持下去；同时，要在思考成果、研究心得的转化上下功夫，要为实践而总结，为推进事业发展而写，实现理论指导实践、实践丰富理论的良性循环。

鲁炜同志与北京电视台主持人座谈并讲话

2011 年 11 月 24 日下午，市委常委、宣传部部长、副市长鲁炜专程来到北京电视台与全体主持人亲切座谈。北京电视台台长王晓东主持座谈会，北京广播电影电视局副局长臧增祥、北京广播电视台党委书记刘志远，北京电视台领导赵多佳、朱江、张亮、王澎及市委宣传部有关处室、北京电视台各有关部门负责同志，北京电视台全体主持人参加座谈。

王晓东首先向鲁炜同志介绍了北京电视台关于加强主持人队伍建设的具体举措及下一步设想。北京电视台主持人栗坤、曹一楠、阿龙、赵彬彬、顾杨等分别结合各自的工作岗位，畅谈了首都电视台主持人岗位要求、社会责任、公众形象、成长感悟等的心得体会，特别是在“走转改”活动中心灵的升华和境界的提高。

鲁炜同志一边人听取主持人发言，一边与主持人推心置腹地交谈，座谈气氛轻松、活跃、热烈。

鲁炜同志对近期北京电视台的节目生产给予了充分肯定，并对北京电视台主持人成长寄予了厚望。特别指出，主持人是电视台的核心人才、核心资产，是时代的标志、城市的符号；主持人应珍惜岗位、敬畏职业，勇于奉献，勤于学习，努力提升职业素养、业务水平。北京电视台要下大力气培育全国一流、世界领先的主持人群体，并就主持人的发现、使用、培养、管理提出了具体要求。

在北京电视台2012年工作会议上的讲话

北京电视台党委书记、台长　王晓东

今天，我们召开北京电视台2012年工作会议，主要任务是：认真学习贯彻党的十七届六中全会、市委十届十次全会和全市宣传部长会议精神，分析当前形势，部署全台工作。

刚才，我们全文传达了市委常委、宣传部长、副市长鲁炜同志重要批示。鲁炜同志充分肯定了我台过去一年各项工作取得的显著成绩和今年工作安排，同时，站在全面推动首都文化建设的战略高度，要求我们全力以赴做好今年各项工作，努力在迎接学习宣传贯彻党的十八大上当标杆，努力在深化“走转改”中作示范，努力在打造文化精品上作首善，努力在推进全媒体发展上站在全国最前列，努力在提升国际传播能力上取得重大突破，奋力开创北京电视台改革发展新局面。鲁炜同志的重要批示，体现了市委市政府对我台工作的高度重视，饱含着对我们的殷切希望，是关心，是鼓励，更是鞭策。我们一定要认真学习、深刻领会、抓好落实，不负领导期待，不负职责使命，开拓奋进，勇创一流，向市委市政府和全市人民交上一份合格的答卷。

今天，我们对2011年“十佳”系列员工及荣获其他奖项的先进集体和个人进行了隆重表彰。开展“十佳”系列员工评选活动，是践行科学发展观、实施人才强台战略、打造高素质人才队伍的一项重要举措，受到了全台上下的广泛关注。通过自下而上的推荐和党委扩大会评审、票决，来自全台各部门、不同岗位的60名同志获得了十佳记者、十佳编辑、十佳制片人、十佳管理标兵、十佳技术能手、十佳摄像的殊荣，连同去年10月评出的“观众喜爱的十佳主持人”，以及在其他评奖中的获奖者，他们是北京电视台2011年各项工作的佼佼者，是我们身边的榜样和楷模，他们高度的敬业精神、职业素养、专业水平和为我台改革发展作出的突出贡献，值得我们大力宣传、好好学习。我还与有关台领导和部门负责人代表签订了七个方面的责任书，还是我在去年工作会上说的那句话，“一诺重千金，签字要做到”，希望大家认清责任、牢记责任、敬畏责任，重诺履责，守土尽责。我们再次传达学习了全市宣传部长会议精神，特别是重温鲁部长重要讲话精神，进一步明确做好今年工作的目标、任务和要求。北京电视台2011年工作总结和2012年工作要点，通过三个多月搜集材料、起草修改，征求了全台各部门意见，经台党委审议通过，今天也印发给了大家，希望同志们认真学习贯彻。

下面，我代表台党委和台领导班子，简要概括我台2011年的亮点工作，重点就做好 2012 年各项工作，进行部署，提出要求。

一、认真总结 2011 年工作和经验，进一步增强做好工作的自觉和自信

2011 年是北京电视台 32 年发展史上不平凡的一年。我们在市委宣传部、市广电局、北京广播电视台的领导下，认真学习宣传贯彻党的十七届五中、六中全会和市委十届九次、十次全会精神，紧紧围绕庆祝中国共产党成立 90 周年，紧紧围绕全市中心工作，紧紧围绕推动北京电视台科学发展，在完成十个方面重点工作中取得了新成绩、实现了新突破：一是庆祝建党 90 周年宣传报道浓墨重彩，以“幸福中国　最美北京”为主题，10 个频道共同参与，通过两场直播、一项活动、两个系列报道、四部专题片、多部红色主旋律电视剧，形成强大宣传声势，营造喜庆热烈氛围，创下了我台直播时长的历史记录；二是重大主题宣传亮点频出，在北京精神的提炼、阐释、推广过程中及时跟进，纪念辛亥革命 100 周年、京沪高铁开通运行、党的十七届六中全会和市委十届十次全会等主题宣传主动深入；三是实施节目精品化战略成效显著，提出了“首善媒体、大美品质”的节目发展目标，重新梳理明确了 11 个频道的内容定位，建立了以品质为核心的全新节目考评体系，首次举办了“电视节目创意季”活动，我台节目共获得 153 个社会奖项，春晚节目带、“文化北京”盛典等活动的影响进一步扩大；四是“走转改”活动取得实效，开辟专题专栏，开展基层蹲点活动，全台 3000 多人次参与，推出了一批好栏目、好作品，得到了社会各界的好评；五是新媒体与传统媒体融合发展加速推进，北京网络广播电视台筹建工作在场地选址、人员招募、牌照申请、内容建设等方面取得了一系列实质性进展；六是新技术应用全面升级，高清化建设进展顺利，安全播出保障水平进一步提高，积极参与中国电视 3D 试验频道建设，成为首批提供 3D 节目量最多的两家省级电视台之一；七是经营创收工作有序推进，全年广告经营收入达到 32.5 亿元，5 个台属一级企业创收总额达到 3.88 亿元，经营管理逐步规范；八是管理体制改革初见成效，人员薪酬管理、财务资产管理、园区安全管理、规章制度建设更加规范，实现了部分事业、企业主体的分离运行，基础管理环境得到了有效改善；九是干部人才队伍建设不断加强，开展了 3 轮中层干部竞争上岗和 4 轮科级干部、制片人竞争上岗，推行干部选拔任用工作票决制和差额考察制，积极打造优秀主持人等重点核心人才，强化了对专业人才和业务骨干的培训；十是党的建设扎实推进，开展纪念建党 90 周年“十个一”系列活动，进一步深化创先争优活动，群团组织和老干部工作成效显著。通过 2011 年的扎实奋斗，我台的传播力、引导力和影响力进一步增强，改革发展迈上了一个新的台阶。实践证明，台党委一年来的决策部署和工作举措是实事求是、切实可行、富有成效的。

总结回顾一年来的工作实践和成果，我们对如何更好地发挥舆论引导作用、如何实现建设与首都地位相称的一流电视台目标，有了更加深切的体会和认识，主要体现为“六个必须坚持”：一是必须坚持强化政治意识、大局意识、责任意识，始终把国家利益、人民利益、社会利益放在首位；二是必须坚持体现国际视野、中国特色和首都意识，发挥负责任大台的引导力、感染力、影响力；三是必须坚持以改革创新为动力，抢抓文化大发展大繁荣的历史机遇，营造内容生产硕果累累、产业规模和综合实力蒸蒸日上的良好局面；四是必须坚持融合发展思路，大力建设新兴阵地，抢占竞争先机和发展高地；五是必须坚持人才是第一资源的理念，加强干部人才队伍建设，加快培养造就高素质的干部人才队伍；六是必须坚持向管理要效益，靠改革促发展，为全台事业产业的快速协调发展提供保障和动力。

回首一年来的点点滴滴，我们再一次深深地感到：履行好作为主流舆论阵地的社会责任，我们使命光荣；维护好北京电视台的发展业绩和社会声誉，我们责无旁贷；保持好北京电视台的良好发展态势，我们任重道远。在这里，我代表台党委和台领导班子，向关心支持北京电视台发展的市委宣传部、市广电局和北京广播电视台领导表示衷心的感谢！向一年来坚守岗位、辛勤付出的全台干部职工道一声：同志们辛苦了！

在欣慰于取得成绩的同时，我们也要看到，电视媒体是一个不断更新升级、不断变革调整、不断优胜劣汰的行业。在任何时候、任何情况下，只要我们稍有懈怠，就可能跟不上党和政府的宣传要求，跟不上电视媒体的发展趋势，跟不上电视观众的收视期待。对于我们来说，倍加珍惜已经取得的成绩，也就意味着必须倍加专注于未来的发展。

二、充分认识当前面临的新形势，不断增强做好工作的责任感、使命感

在2月初的全市宣传部长会议上，鲁部长对国际国内政治、经济、外交、文化等形势，作了精辟透彻的分析，我们已经进行了传达学习。我在此再讲形势，是要格外强调，从事媒体工作，必须每天睁大眼睛、关心天下大事。

首先，从国际政治经济形势来看，中国面临新一轮突破重围的挑战。我们看到，在经济上，国际金融危机使西方许多国家深陷经济泥潭，美国经济恢复缓慢，欧洲主权债务危机愈演愈烈，日本的产业结构调整与地震“后遗症效应”叠加，造成全球经济环境不断恶化，中国如何保持稳定的经济增长，面临着史无前例的压力；在政治上，美国等国即将迎来领导人的改选换届，根据以往的经验，西方国家及其政党很可能借机转移内部危机的压力，在国际舆论场上借题发挥，对中国的改革发展尤其是政治体制指手画脚、说三道四；在外交上，西亚北非局势持续动荡，伊朗问题、叙利亚问题以及朝鲜问题等依然引人注目，中国在国际事务中的地位作用愈发举足轻重，同时也加剧了美欧等国的焦虑和不安，我国外部环境更趋复杂；在文化上，文化渗透成为西方世界推销其价值观的重要途径，许多政治符号、意识形态符号披着文化的外衣进入中国，与我争夺群众尤其是青少年，对维护我国文化安全构成了严峻挑战。

其次，从国内形势来看，我国经济社会在继续保持平稳有序运行的同时，也显现出一些不平衡、不协调、不可持续的因素。一是经济增速放缓趋势明显，物价水平依然处于高位，北京市1月份的居民物价指数为4.8，中央经济工作会议提出2012年的基调是“稳中求进”，怎样稳、怎样进，任务艰巨；二是改革发展攻坚期，社会矛盾和问题触点多、燃点低，部分地区收入差距扩大，政治、经济、社会、文化等方面的矛盾相互交织、更加复杂；三是今年秋天将召开党的十八大，中央委员会的换届之年往往是社会思想相对活跃的时期，从国外到国内，从网上到网下，意识形态领域的复杂性、多样性，前所未有。一些人打着维护权益、保障民生、宗教自由、学术民主等旗号的言论，对我国改革发展过程中存在的一些问题，进行所谓“客观公正”的议论，其实隐藏着浓重的敌对企图，我们必须对此保持清醒的头脑。

再次，从国内外信息传播业的发展现状来看，传播领域已经成为社会思想的主要角力场，传统的传播观念面临严峻挑战。一是传统媒体特别是电视媒体间的竞争更加激烈；二是新媒体的快速发展对传统媒体构成严峻挑战；三是传统媒体与新媒体融合发展成为鲜明趋势。

最后，从北京电视台自身的发展形势来看，机遇与挑战并存。一是党的十七届六中全会和市委十届十次全会对推动文化大发展大繁荣提出了一系列新的目标和要求，如何成为“首善”？如何做好“示范”？需要我们进一步做好“顶层设计”，加强战略思考，明确北京电视台的发展定位和目标；二是我们正面临一个竞合时代，我们既要积极参与竞争，也要寻求媒体之间的合作，以开放的胸怀和健康的心态，参与国内乃至国际媒介行业标准、话语、样态、模式的创立与完善，进而在未来发展中占据一席之地；三是我们自己的工作还有很多不到位、不完善的地方，思想观念还显得比较守旧，创新机制还不够健全，节目生产还没有领先，人才队伍还不够壮大，创收能力还需大大提高，许多问题、矛盾还要下大气力解决。作为党领导下的传媒机构，我们能不能经受住执政考验、改革开放考验、市场经济考验、外部环境考验这“四个考验”，能不能化解精神懈怠的危险、能力不足的危险、脱离群众的危险、消极腐败的危险这“四个危险”，还有很长的路要走，还要付出巨大的努力。

总而言之，作为媒体工作者，对于国际国内的形势，我们要有足够的敏感和深刻的认知；对于传播业态的形势，我们要进行密切的关注和深入的了解；对于我们自身的形势，我们要做到全方位的把握，坚持立足实际，保持自觉自信，把推动发展的力量用到极致。

三、准确把握2012年工作的指导思想和主要任务，努力开创北京电视台改革发展的新局面

2012年是党和国家政治生活中的重要一年，也是北京电视台从改革调整过程步入发力见效过程的重要一年。做好北京电视台2012年的各项工作，对于为党的十八大营造良好舆论氛围、对于提高广大观众享受电视文化生活的满意度、对于进一步提升北京电视台的发展水平，具有重要意义。

2012年工作的指导思想是：以邓小平理论和“三个代表”重要思想为指导，深入贯彻落实科学发展观，按照高举旗帜、围绕大局、服务人民、改革创新的总要求，坚持贴近实际、贴近生活、贴近群众，紧紧围绕迎接学习宣传贯彻党的十八大，紧紧围绕全市中心工作，紧紧围绕建设中国特色社会主义先进文化之都，坚持首善标准，落实示范要求，着力提升舆论引导能力和水平，着力弘扬社会主义核心价值体系，着力推进内容生产精品战略，着力加强新技术应用和播出管理，着力深化体制机制改革，着力建设高素质干部人才队伍，加快编制实施“1+8”战略发展规划，大力建设与首都地位相称的一流电视台，为迎接党的十八大胜利召开，为建设“人文北京、科技北京、绿色北京”和中国特色世界城市，提供强大的思想保证、精神动力、舆论支持和文化条件。

实现上述目标要求，我们要在市委宣传部、市广电局、北京广播电视台的领导下，解放思想，齐心协力，埋头苦干，把安全当作重中之重，重点做好以下七个方面的工作：

第一，紧紧围绕“首善媒体、大美品质”的节目发展定位，不断提高舆论引导能力，努力推出更多精品节目。

对于电视媒体来说，内容生产是核心竞争力，也是核心生产力。内容就是我们的产品，是北京电视台安身立命、生存发展的根本。要严把内容生产的导向关、安全关、质量关，高水准策划，高品位创作，高质量推广，让2012年北京电视台的荧屏更加生动丰富，更加精彩温馨，更加好看、耐看。

一是举全台之力、集各方智慧，做好党的十八大和市十一次党代会宣传报道工作。迎接学习宣传贯彻党的十八大，是今年工作的头等大事。台党委决定，成立北京电视台迎接学习宣传贯彻党的十八大工作领导小组及其工作机构，统筹进行组织领导。各内容生产部门要紧扣5月份的北京市党代会和10月份的十八大两个关节点，围绕“科学发展 成就辉煌”这个主题，充分借鉴去年“七一”内容生产的经验，发挥各自优势，做好成就宣传、专题片创作、氛围烘托等工作，全力营造热烈喜庆的气氛。会议期间和会议结束后，要迅速广泛宣传会议精神，开展理论解读，各频道都要推出一批贯彻落实十八大精神、“叫得响、传得远”的好节目、好作品。

二是大力弘扬社会主义核心价值体系和北京精神，积极推动落实思想道德引领战略。今年是雷锋同志逝世50周年，按照中央的部署，将在全国掀起一个学雷锋活动的新高潮。我们要把开展学雷锋活动与弘扬践行社会主义核心价值体系和北京精神紧密结合起来，把重点放在宣传推广身边的好人好事、宣传推广平凡人背后的感人事迹上，以小见大，以情感人，旗帜鲜明地弘扬社会正气、引领道德风尚。

三是深入开展“走转改”活动，进一步提升荧屏呈现效果和水平。作为电视人、媒体人，与老百姓走得越近，我们的节目才能办得越好。我们要认真总结去年以来开展“走转改”活动的好做法、好经验，认真学习借鉴兄弟媒体深入基层、深入群众的好做法、好经验，真正走到一线去、走到基层去、走到生产生活中去、走到群众的心坎里去，学会说群众的朴实语言、讲群众的身边故事，真心实意地与老百姓交朋友，为老百姓解难事，走得了山路，喝得了粗茶，吃得了淡饭，耐得住寂寞，增强我们荧屏呈现的思想厚重感、收视贴近度，充分依靠群众办节目、办频道、办电视。

四是积极营造鼓励优秀精品节目脱颖而出的良好环境。节目创新是电视媒体的生命。要着力打造一批体现文化品位和大台风范的特色栏目、金牌团队、品牌活动，用好每年2000万元的创新基金，办好“节目创意季”活动和新节目实验室，进一步探索和完善新的节目考核评价体系，探索重大选题的项目制管理，形成更加科学、合理、清晰的节目生产导向。

第二，牢牢抓住新媒体与传统媒体融合发展的宝贵机遇，推动实现北京网络广播电视台跨越式发展。

2012 年将是北京电视台新媒体发展的关键一年，我们将在北京广播电视台的统筹下，把握网络广播电视台作为新兴播出机构的基本属性，把网络广播电视台的组建和发展当成一件大事来抓，大力度谋划，大气魄布局，大手笔扶持，着眼于建设国内一流的网络传播媒介，为开辟北京电视台内容传播和经济效益新的增长极创造条件。

一是加快推进北京网络广播电视台的软硬件建设步伐，尽快完成组建准备工作。9 月底前完成网络广播电视台苏州街台址的基础设施建设工程和硬件设备搭建工作，推动各项主营业务顺利开展；加强与有关主管部门和渠道提供商的沟通协调，促进网络视频、IPTV、手机电视等核心业务初具规模。

二是深入探索网络广播电视台与传统电视平台之间的关系，实现融合发展要求。网络广播电视台是传统广电媒体在信息化发展进程中的延伸。一方面，网络广播电视台要在资源上与传统媒体平台共有、共享，在网络上发出主流媒体的声音；另一方面，网络广播电视台要充分利用传输资源海量化、传输范围无限化的优势，为传统广电媒体的内容生产、技术创新、体制机制改革等创造新鲜经验。

三是积极适应和参与新媒体领域的激烈竞争，增强市场意识，开拓市场化发展通道。互联网是一个开放的大舞台，在互联网环境下搏击，北京网络广播电视台必须在坚守主流媒体价值立场的同时，主动迎接市场化竞争的挑战，赢得市场，赢得受众。要努力开辟广告经营的渠道，逐步确立合理的广告价格体系和经营体制；要积极参与互联网内容交易体系建设，熟悉和把握互联网市场的运行规则，推动与知名网站的市场化合作。

第三，加强对电视媒体相关技术的研发和应用，增强技术工作的支撑力和保障力，实现技术与艺术的双轮驱动。

电视是技术和艺术结合的产物。在传统媒体中，电视是最依赖于技术的，在一定意义上是由技术引领的。去年，我们召开了近年来第一次全台技术工作会，分析当前电视技术发展的趋势，研究确定技术方面的重点工作。今年，技术工作还要进一步加强，特别是要瞄准新技术、使用新技术，保持技术优势。

一是加强安全播出控制体系建设，增强应对突发状况的技术保障水平。安全播出是安全生产的核心。我们要加强对关键设备的日常保养和维护，形成更加完善的技术检修工作体系，严格节目播出带的审核流程，对于出现的问题，做到发现得早、解决及时。

二是继续实施好目前已经开展的重大技术项目。加强高清化建设，完成高清系统二期建设项目，进一步提高高清节目制作的能力和质量，在高清节目覆盖面上保持领先地位。充分利用参与中国电视 3D 试验频道建设的机遇，加强 3D 电视节目的生产，加大 3D 专业人才储备，提升 3D 技术在重大电视活动中的利用率。同时，我们要立足实际，研究我台自办 3D 电视频道的可行性。

三是大力加强技术研发工作，密切关注电视领域新技术的发展态势。一方面，我们要积极研究 4K、4G、NGB 等新技术的发展和应用进程，从事技术工作的同志要多了解国外电视媒体的技术发展情况，对新技术做到心中有数；另一方面，要本着管用、实用、好用、耐用的原则，积极大胆地使用新技术。

第四，进一步解放思想、更新观念，提升台属企业的经营管理水平。

生产和经营相辅相成。今年，我们要下大力气转换思路，转变观念，在经营方面推出新举措，促进经营工作水平的进一步提升。

一是抓住广告经营这个核心业务，大大解放广告生产力。我们看到，近两年来，虽然我台的总体广告收入每年都有一定的增长，但与湖南、江苏、上海等地兄弟媒体相比，增长幅度远远落后。落后的根本原因，首先是观念上的，我们需要突破自身的视野和局限，解放思想，大胆尝试，从传统经营转变为市场策划，从提供平台转变为服务市场，从单一经营转变为多元化营销，加强与生产环节的协调沟通，深入、广泛、虚心地学习兄弟媒体的一切先进做法，努力构建新的销售模式、定价模式、服务模式，推动广告经营工作出现一个新气象。

二是按照现代企业制度的要求，规范台属企业经营管理。我们要进一步改变台属企业主营不清、结构粗放、管理松散、经营无序、亏损严重的状况，利用2～3年时间，对台属企业进行全面的梳理和改革，下决心关停并转一批没有发展前途的产业，集中力量组建和打造与电视发展紧密相连的企业，提高经营效益。

三是积极依托产业政策和产业优势，做大做强卡酷传媒、京视传媒和紫禁城影业公司。要在进一步明确主营业务的前提下，推进卡酷传媒公司与动画节目中心的职能划分、人员调整，进一步借助国家动漫产业发展扶持政策，推动优秀动画节目产品的创作生产，形成卡酷原创品牌效应。要着力强化京视传媒公司版权交易、演艺经纪等主营业务，把握经营渠道，扩大经营规模，打造有影响力的媒介产业。要充分用好紫禁城影业这一影视生产平台，再造影视剧产品创作、生产、加工、播出、营销的产业链，使其成为北京电视台进军影视产业的重要基地。

第五，夯实管理基础，理顺人、财、物、责、权、利的关系，向精细化管理要效益。

一个时期以来，我台的管理工作逐步从粗放型向集约型转变，这得益于我们坚持不懈地加强制度建设和流程管理。下一步，管理工作的任务依然十分繁重，要抓住管理的重点、难点问题，抓住工作的细枝末节，狠抓管理能力的提升和管理手段的优化，营造健康有序的管理运行环境。

一是修订好、完善好、宣传好、实施好北京电视台1+8战略发展规划体系。确立全台各个领域的发展定位、目标任务和工作要求，将总规划和子规划的每一项具体任务明确到各个年份、各个类别、各个部门，分解工作内容，倒排时间表，确保规划目标和任务的完成。

二是立足实现内容安全、播出安全、园区安全、思想安全的要求，加强对生产流程的控制和管理。既要严格执行各项管理制度，做到奖罚分明、违者必究，维护规章制度的严肃性，增强全台上下靠制度办事的意识，又要更加主动地贴近和服务于广大干部职工的愿望和需求，实现原则性与灵活性的统一，多提供便利，少增加麻烦，在实效上下功夫。

三是加强对人、财、物的管理，理顺

管理体制，优化管理机制。要进一步规范人员的使用，明确新聘人员、实习生招聘的程序和条件，严格执行将要出台的临时人员使用“四联单”制度，坚决不允许部门私用人员，严肃查处非法用工行为。要加强财务预算管理和审计监督，探索竞争式、评标式预算编制办法，开展年度审计、年度资产清查工作，推动实现科学理财、规范用钱。

第六，坚持以人为本，加大人力资源开发使用力度，培育宽松包容、不拘一格、富有特色的人才成长环境。

我们始终强调，人是发展的第一资源，缺乏优秀人才，一切都无从谈起。我们要深刻认识当前形势下推动人力资源开发、打造高素质人才队伍的极端重要性和紧迫性，在人才的引进、培训、使用等各个环节逐项突破，改善我们的用人条件，努力做到人尽其才、才尽其用。

一是深化人事制度改革，完善人才工作的体制机制。借鉴“梅兰芳成才模式”，加强对优秀拔尖人才的引进、培养、包装、推广，倾力打造领军人物，在工作上、职务上、待遇上为他们提供特殊通道；健全高校毕业生招聘制度，加强高校实习基地建设，选拔、储备一批优秀年轻专业技术人才和经营管理人才。

二是推进从业人员的职业化建设。按照市委宣传部的要求，在主持人、制片人等关键核心岗位探索开展职业标准的编制工作，明确重点岗位的准入要求，逐步推出全台从业人员的职业标准体系，提升专业化、职业化水平。

三是完成全台岗位设置，实现阶段性的“三定”工作目标。在明确岗位职责的基础上，充分考虑各类人才的发展特点和发展需求，试点开展中高层次业务岗位人员的选拔、聘任工作，在管理通道之外逐步开辟一条业务发展通道，初步搭建起“双通道”的发展格局。

四是下大力气推动人才培训工作。在思想上提高对培训工作重要性的认识，解决好“为什么学、怎么学、学什么”的问题，开设“BTV 夜校”，今年在台级层面开设48 项针对不同群体的培训项目，在党的十八大前完成对全台科级干部、采编人员轮训一遍的目标任务。

五是完善考核体系，加大收入分配制度改革。建立以业绩考核为中心的薪酬体系，尽可能地优化考核指标和考核手段，客观公正地掌握工作实绩，及时准确地体现到收入分配中去，尽一切可能，使大家的劳动付出与物质所得相匹配。

第七，加强党的建设和干部队伍建设，凝聚全台力量，营造风清气正的改革发展环境。

加强党的建设是做好我们工作的法宝。全台干部职工特别是中层以上干部要清醒地认识党建工作对于明确目标、鼓舞士气、推动发展的极端重要性，坚持一手抓好业务工作，一手抓好党的建设，发挥相互促进、共同提高的作用。

一是深入开展创先争优活动，抓好党组织和党员队伍建设。台党委和台领导班子要发扬敢于碰硬、敢于担当、敢于创新的“三敢”精神，注重深入基层、调查研究，提升统筹把握大局、领导科学发展的能力。今年是中央确定的基层组织建设年，台党委把加强支部建设和党员队伍建设放在重要位置，将在完成党支部、党总支换届改选工作的基础上，开展一系列评议活动，促进党组织和党员发挥作用。

二是提高干部履职尽责的能力和水平，进一步加强干部队伍建设。首先，要加强对部门领导班子和领导干部的管理和监督，完善干部考核评价机制，加大中层干部轮岗交流力度，及时调整不适宜担任现职的领导干部。其次，继续开展竞争性选拔任用干部工作，在去年竞争上岗工作取得经验的基础上，今年还将适时开展下去，营造公开、公平、公正的干部工作环境，为优秀干部提供展示、成长的平台。再次，要提出后备干部队伍建设的意见，开展后备干部选拔培养工作，特别是从一线培养选拔一批优秀年轻干部，初步搭建起符合可持续发展要求的干部梯队。

三是积极培育廉政文化，保护好我们的党员干部。党纪国法是“高压线”，也是我们做人做事的“底线”。希望我们的党员干部特别是领导干部做到自重、自爱，不要以侥幸心理钻空子，不要冒险打擦边球，我不希望同志们出现任何新的问题。

四是发挥好工会、共青团组织的作用，加强和改进老干部工作。我们要扎实做好工会、团委换届选举工作，推动工会实现民主管理、宣传教育、活动组织等工作的常态化，夯实青年工作的思想基础，优化青年员工成长环境；我们要更加主动地关心、爱护、尊重老干部，一手抓好老干部的服务保障工作，开展各种活动，落实生活待遇，解决实际问题，一手抓好老干部思想政治建设，充分发挥老干部的积极作用，为他们安享晚年做好服务。

以上七个方面，是2012年的主要工作，点多、线长、摊子大、任务重。我们必须保持良好的工作状态和精神状态，坚韧不拔，只争朝夕，为完成各项工作任务而不懈奋斗。

四、把握重点，狠抓落实，切实做好2012年各项工作

今年是小平同志南方谈话发表20周年。重温南方谈话，谋划我们未来的发展，我们更加深切地感受到解放思想、更新观念、深化改革的重要性。面对复杂形势和艰巨任务，我们需要进一步解放思想，需要进一步鼓足改革的勇气，需要进一步拿出切实的举措。做好2012年工作，我们要牢固树立五种观念：一是牢固树立发展观念，发展是解决一切问题的根本，我们要毫不动摇地把推动发展放在第一位，用发展的眼光看待问题，靠发展来解决前进中的问题；二是牢固树立改革观念，努力破除一切不适应发展的思想观念、习惯做法，下决心革除弊端，解决制约我们发展的瓶颈问题；三是牢固树立融合观念，强化对推动我台发展的共同责任意识、共赢共辱意识，在合作中创造和调动新的力量，寻找自身发展的新机会；四是牢固树立开放观念，虚心学习研究别人取得的新鲜经验，更加广泛地吸收新知识、新技术、新理念、新文化，不断弥补自身的局限性；五是牢固树立实践观念，凡事要想明白，凡事更要做起来，我们反对坐而论道，更不主张稀里糊涂做事。牢固树立这五种观念，对于我们做好工作、实现发展，大有裨益。

下面，围绕如何做好2012年的工作，我再提出五点要求：

第一，坚持全台“一盘棋”的思想，正确处理个体利益与整体利益的关系。

我们的每一个部门、每一个栏目、每一个工种、每一名同志，都是北京电视台整体发展的组成部分，个体、局部都要服从于全台的大局。希望同志们抱着推动整体发展的态度，多一些大局观念，少一些本位主义和斤斤计较，北京电视台发展好了，大家的权益才能得到可靠的保障。

第二，充分发挥主观能动性，增强主动工作的意识和能力。

我们要把握主动、追求主动、争取主动，可以做的事情、能想到的问题，在条件允许的情况下就要主动去处理，不要等、靠、要，不要说一句动一步、说半句动半步、不说不动。把工作的主动权掌握在自己手中，多出主意、多想办法、多为台里分忧，这样，才能实实在在地把工作做到位。

第三，学会统筹协调方法，提高信息传递、全面把握的能力。

要加大生产、经营、管理、保障等部门之间的沟通协调，在促进节目与广告融合、节目与技术融合、节目与管理融合、技术与管理融合等方面做足文章，加强流程化控制。台领导班子、各部门负责人要深入一线，传递信息、了解情况、靠前指挥，把握发展方向，协调处理各种矛盾问题，逐层、逐步优化程序设计。

第四，狠抓执行力建设，推动上级和台党委的各项工作部署落到实处。

我们要坚决避免“热热闹闹布置、冷冷清清收场”的状况，每一项工作部署都要明确任务书、时间表、路线图，明确责任到人，做到事前有方案、事中有反馈、事后有结果，抓好工作的落实、督办、反馈、总结等环节。大力倡导务实高效的办事作风，对于没有按时按要求完成的工作，必须说明情况、追究责任。

第五，深入推进精细化管理，进一步搭建与改革发展要求相适应的工作格局。

鲁部长多次强调，安全决定成败，细节决定精彩。我们要以管理效益和服务质量为中心，实现五个方面的精细化：一是思想的精细化，沉下心来梳理和考虑问题，力求把各个环节、各种情况考虑得完整、准确，减少疏漏；二是制度的精细化，注重程序设计，学会列表列图，确保每一个工作程序有章可循、有规可依；三是目标的精细化，分解工作任务，理清责、权、利关系，明确完成标准，实现流程化、定量化、信息化；四是手段的精细化，坚持实事求是、以人为本、注重实效的原则，多一些温情内容，少一些粗放形式，让人更加易于接受；五是工作的精细化，在文字上、语言上、态度上多为管理对象着想，多帮他们找办法、出实招，做到“人性化管理”。

同志们，去年10月29日，云山同志莅临我台考察工作，提出了“新闻立台、人民至上、内容为王、创新制胜”的十六字要求，为我台的发展进一步指明了方向；刘淇书记、金龙市长多次到我台参加有关活动，对我台工作提出要求、作出指示；德印主任、安顺主席也对我台相关工作给予高度评价，并提出希望；鲁炜部长去年3月底到北京市工作以来，不到一年时间里，多次亲临我台或我台工作一线，对我们开展工作、办好节目做了大量具体、深入的指导；今天，鲁部长在百忙中又专门就我台工作作出了重要批示。这充分体现了中央和市委、市政府对北京电视台的关怀和支持。我们要把党和政府的关心自觉转化为推动发展的动力，牢记使命，勇挑重担，认真落实好2012年的工作任务，在文化大发展大繁荣的征程中发挥示范作用，努力开创北京电视台科学发展的新局面！

（2012年2月28日）

紧密联系实际，把学习宣传贯彻胡锦涛总书记“七一”重要讲话精神进一步抓实抓好

北京电视台党委书记、台长　王晓东

深入学习宣传贯彻胡锦涛总书记在庆祝中国共产党成立90周年大会上的重要讲话精神，是当前全党最大的政治任务。7月1日以来，我台党委先后组织了全台党员干部职工收听收看庆祝中国共产党成立90周年大会实况；传达学习了市委、市委宣传部、北京广播电视台党委有关指示精神；印发了《关于认真学习宣传贯彻胡锦涛总书记在庆祝中国共产党成立90周年大会上重要讲话精神的通知》；组织了近400人参加了党委中心组扩大学习会。这四项工作，体现了台党委对学习宣传贯彻“七一”重要讲话精神的高度重视，在全台上下营造了浓厚的学习氛围。今天，我们对学习宣传贯彻“七一”讲话精神进行再动员、再部署，目的是按照上级要求，结合我台实际，明确下一步学习宣传贯彻“七一”重要讲话精神的重点工作。希望全台党组织和广大党员干部职工按照中央和市委的要求，精心组织，积极参与，切实把“七一”重要讲话精神学习好、宣传好、贯彻好、落实好，推动北京电视台各项工作取得新的成绩。

一、通报北京市区县局级党政正职领导干部学习贯彻胡锦涛总书记在庆祝中国共产党成立90周年大会上的重要讲话专题研讨班有关情况；通报市委常委、宣传部长、副市长鲁炜同志7月12日赴歌华有线公司、歌华文化公司调研情况

7月15日至16日，市委举行区县局级党政正职领导干部学习贯彻胡锦涛总书记在庆祝中国共产党成立90周年大会上的重要讲话专题研讨班，刘淇同志在开班式上发表重要讲话，从切实增强政治坚定性、切实增强推动科学发展的主动性、切实增强执政为民的自觉性、切实增强“两个务必”的紧迫性四个方面，对加强理论武装提出了要求；吕锡文同志在结业式上发表讲话。7月12日，鲁炜同志在歌华有线公司、歌华文化公司调研时，对两公司近年来改革发展取得的成绩给予了充分肯定，并就正确认识文化企业发展定位、在“三网融合”进程中积极作为等提出要求。

通报上述情况的目的，在于让大家及时了解上级领导的工作思路，充分把握上级有关工作要求，确保我台工作跟上全市的节拍节奏，明确目标，奋发有为。

胡锦涛总书记的重要讲话，是在回顾中国共产党90年成长历程的基础上，在世情、国情、党情发生深刻变化的新形势下，围绕如何办好中国的事情所作的宣言书、动员令。我感觉，我们的发展任务，比以往任何时候都更加繁重艰巨；我们肩负的责任，比以往任何时候都更加重大。

市委、市政府、市委宣传部领导对首都经济社会发展和宣传文化工作提出了更高的标准和要求。北京电视台要跟上首都发展的步伐，在媒介竞争中取得与“首善”地位相称的成绩，必须比以往任何时候付出更多、更大的努力。

二、认真学习宣传贯彻胡锦涛总书记“七一”重要讲话精神，联系实际，求真务实，着力破解北京电视台改革发展重点问题

在7月14日的党委中心组扩大学习会上，我曾经讲过，理论学习是第一步，全台上下要从实际出发，结合实际工作，不断深入地学习领会“七一”重要讲话精神，以此指导和促进我台各方面工作；同时，以工作中积累的经验和成果，进一步深化我们的学习，提高我们的认识，收到学习与实践互相促进的效果。今天，结合我台实际和自己初步的学习体会，我再提出五个方面学习、思考的重点：

一是如何在荧屏上体现全心全意为人民服务的宗旨，发挥好党和人民的喉舌作用？学习胡锦涛总书记的重要讲话，最让我怦然心动的是关于党和人民关系的论述。他指出：90年来党的发展历程告诉我们，来自人民、植根人民、服务人民，是我们党永远立于不败之地的根本。以人为本、执政为民是我们党的性质和全心全意为人民服务根本宗旨的集中体现，是指引、评价、检验我们党一切执政活动的最高标准。全党同志必须牢记，密切联系群众是我们党的最大政治优势，脱离群众是我们党执政后的最大危险。据统计，全篇约15000字的讲话中，提到了136次“人民”，这是与我们党的性质和执政理念一以贯之的。

北京电视台作为党和人民的“喉舌”，作为主流媒体，其属性决定了我们必须传达党的主张，体现人民心声。为人民服务，不仅应当成为我们内容生产的主旋律，也应当成为我们回报社会的主途径。为什么要服务人民？如何更好地服务人民？怎样发挥媒体机构的优势，保持党同人民群众的血肉联系？这些都应该成为我们不断思考和解决的问题。

二是如何在荧屏上传播主流价值观，传播社会主义先进文化和社会主义核心价值体系，体现宣传文化工作的代表性和引导力？电视媒体是传播机构，也是文化人、知识分子集聚的文化单位。实事求是地说，包括我台在内的中国电视业近年实现了突飞猛进的发展，为广大人民群众提供了丰富多彩的精神文化食粮。与此同时，我们也不得不承认，在收视率单一考核指标的重压下，在娱乐、相亲、选秀类节目的恶性竞争中，在电视媒体的某些方面和个别栏目中，非主流价值观和打擦边球的现象时不时呈现，有悖于主流文化。学习宣传贯彻胡锦涛总书记重要讲话精神，我们需要进行一番自警、自省：我们每个人的思想深处是否确实形成了传播主流价值观这样一种文化自觉？我们的频道、栏目、节目中有没有违背主流价值观的现象？这些问题，是涉及内容安全的大事，是守住底线、确保正确导向的基本要求。正如鲁炜部长所说的“安全决定成败”，我们千万不可掉以轻心！

三是如何防止、克服精神懈怠的危险，振作精神，敢于担当，善于作为？胡锦涛总书记在讲话中，提出了在世情、国情、党情发生深刻变化的新形势下，我们党面临的“四大考验”和“四大危险”，成为社会各界在学习中热议的话题。其中，精神懈怠的危险被列为“四大危险”之首，我们必须倍加警醒。

从我台情况来看，一方面，面对电视业的激烈竞争，我们加快创新发展的任务比以往任何时候都要繁重艰巨，在巨大的压力下，可能出现斗志不足、意志消沉的现象，我们需要警惕发生精神懈怠的问题；另一方面，身处首都，我们坐拥许多天然的资源优势，在优越条件下，容易出现坐享其成、麻痹大意的心理，也需要警惕发生精神懈怠的问题。我多次提出，我们要有一种“在状态”的精气神。因为一个人如果失去了精神，就丧失了斗志，就会不战而败。希望同志们对照检查自己的工作，看看自己是一种什么样的精神状态。在此，我要特别强调，允许同志们在担当和进取中犯些错误，但决不允许在精神懈怠中混日子！

四是如何避免能力不足的危险，善于学习，不断提高自己的综合素质和能力？能力不足的危险，也是胡锦涛总书记“七一”讲话中提到的“四大危险”之一。我在想，为什么会提出“能力”这一很具体的问题？看一看实际，就不足为怪了：世情、国情、党情发生了巨大变化，国际形势风云变幻，国内改革发展稳定任务繁重，拥有 8000 多万党员的大党加强和改进党的建设，迫切需要广大党员干部具备过硬的本领和各方面的能力，这是对我们的极大考验。

从我台发展现状来看，内外部发展环境、发展与管理、事业与产业、存量与增量、传统媒体与新媒体融合……确实问题多多、千头万绪。节目、技术、综合管理等全台各部门，都面临新的工作任务和更高的工作标准。可以说，适应竞争的能力、服务群众的能力、改革创新的能力、推动发展的能力等在某种程度上关系着我台事业兴衰成败。如果我们的思维、实践依然停留在过去，忽视能力建设，显然不能适应新的要求，难免被淘汰。面对新情况，我们的能力有哪些不足？知不足，你学习了吗？在新事物、新课题面前，是充分的沟通协商解决，还是用老办法、老经验解决吗？这些都是需要我们不断思考和解决的。我深感自己知识不够、能力不足，尽管自己努力学习，但还是疲于应对。我希望，我们都来查找一下自己能力上的不足，通过矢志不渝的学习、实践，加强能力建设，提高事业发展所需要的各种能力。

五是如何以更宽的视野、更高的境界、更大的气魄，吸引、用好、留住各类人才，把我们的干部人才队伍建设好？胡锦涛总书记在“七一”讲话中强调指出：政治路线确定之后，干部就是决定因素；要坚持五湖四海、任人唯贤，坚持德才兼备、以德为先。特别是在全篇讲话的最后，对青年寄予厚望，言之谆谆，情真意切。事业发展的未来，希望在于青年；事业可持续、充满生机的动力，源泉在于人才。这个道理，大家都明白，关键要在实践中落实。

我们北京电视台的发展，无论过去、现在还是未来，最关键的是干部人才队伍建设。我曾说过：没有楼，我们有钱可以造；没有先进设备，我们贷款可以买；普通工作人员，我们随时可以招录。而优秀人才的培养和使用，则是长期、根本的任务。十年树木，百年树人。能否通过我们卓有成效的工作，培养大批的名记者、名编导、名主持人、名工程师、名制片人等各类领军人物，决定着北京电视台的未来。因此，我们要下大力气抓干部人才队伍建设。近一段时间以来，我们在这方面做了一些工作和新的尝试，比如：中层干部和科级干部的竞争上岗，制片人的培训和考核，派遣人员身份待遇的变化，“定岗、定编、定员”工作等，在干部人才队伍建设上有了一些新气象。但是，与我们的发展需要相比，还远远不够、大大不足。我们着急啊！最着急的是缺干部、缺人才！最着急的是干部人才的培养！请大家也检查对照一下，各部门在干部人才的培养、选拔、使用等方面，有哪些做的不到位？如何让人才能够冒出来、敢于冒出来？

有人，就会有一切；有人才，BTV 就拥有光明的未来。

以上五条，是我结合工作实际，学习胡锦涛总书记“七一”重要讲话的一些初步体会，我认为这也是今后一个时期我台贯彻落实“七一”重要讲话精神的切入点和抓手，与同志们交流，希望能够引起大家的思考和共鸣。

（2011 年 7 月 18 日）

电视媒体的社会主义核心价值体系传播与文化构建研究

北京电视台党委副书记、总编辑　赵多佳

电视是当今社会覆盖最广、影响最大的媒介工具之一，是融入社会群体日常生活过程的重要公共平台，也是中国共产党在中国社会构筑全面建设小康社会共同思想基础的主要载体。党的十七届六中全会通过的《中共中央关于深化文化体制改革推动社会主义文化大发展大繁荣若干重大问题的决定》，在科学分析文化发展形势、奋斗目标和指导原则的基础上鲜明地提出："社会主义核心价值体系是兴国之魂，是社会主义先进文化的精髓，决定着中国特色社会主义发展方向。必须强化教育引导，增进社会共识，创新方式方法，健全制度保障，把社会主义核心价值体系融入国民教育、精神文明建设和党的建设全过程，贯穿改革开放和社会主义现代化建设各领域，体现到精神文化产品创作生产传播各方面，坚持用社会主义核心价值体系引领社会思潮，在全党全社会形成统一指导思想、共同理想信念、强大精神力量、基本道德规范。"这对中国电视媒体如何进一步明确自身的发展定位、目标任务、运行模式，提出了新的更高要求。

本文在于认真分析研究电视媒体在社会主义核心价值体系传播与先进文化构建过程中扮演的角色、承担的责任、具备的特点以及所能发挥的作用，进而为北京电视台的内容生产、荧屏传播实践提供更加清晰的思路。

一、中国特色社会主义制度环境下媒体的传播定位

（一）文化构建与价值传播。

一般意义上的文化，是指一定范围内人们普遍的精神财富和社会习惯的总和，包括制度规范、行为习惯、思维观念、价值准则等。文化构建则是指在具备一定社会条件的前提下，通过宣传、教育、褒奖、惩戒等手段，将相对分散的个体行为升华为一个群体在思想上共同推崇、在行为上共同遵循的普遍准则的过程。

价值传播是指依托于语言、文字、图像等传播实体，通过引导、灌输、正反例证等途径，将某一类人对于社会存在和自身存在的总体看法在一定时期内进行持续推广，试图将其延伸成为一定范围内乃至整个社会群体普遍认同的价值态度的过程。

价值传播与文化构建具有内在的因果关系。首先，社会价值是社会文化的核心，确立社会的共同价值准则对于确立社会的制度规范和人们的思维观念、行为习惯，具有决定性意义；其次，价值传播是价值构建的基础，也是文化构建的必要条件，价值传播的成败直接关系到文化构建

的内容和效果；再次，文化构建的目标对价值传播的内容、形式、形态、时限等提出了鲜明而具体的要求，具有指导作用。因此，价值传播是文化构建的前提，价值传播过程必须始终着眼于文化构建的规律，遵从于文化构建的目标，为文化构建服务。大众传播媒介的根本传播目的，就是推动社会文化的构建朝着有利于自身意识形态的方向推进。

（二）中国主流媒体的传播定位。

与西方传播业态相比，中国传播媒介同样具有体现媒介社会功能的两方面基本实践：一方面是记录和反映社会现实，以新闻生产的“5个W”为基础（互联网时代已成为5个W+HOW），传递社会信息，及时、准确、快捷地为社会群体提供关于社会生产生活状态的描述；另一方面是创造提供公共休闲空间，开发各种不同类型的媒介产品，丰富传播形态和内容，满足社会群体的精神文化需求和身心愉悦需求。

但是，意识形态属性又具有大众传播无法回避的特征，公共传播媒介在本质上都是为特定的利益集团服务的，在整体传播倾向上体现主导其生存发展的政治、经济、文化组织的阶级主张。因此，作为中国共产党领导下的社会主义国家，就意识形态方面来说，中国主流媒体在定位上至少还有以下四个方面的特点：

1. 以马克思主义为指导，鲜明地体现中国共产党的主张。始终坚持以马克思主义新闻观为基础的舆论导向，坚持把政治宣传放在首位，一切传播平台在必要的情况下必须毫无保留地让位于宣传党的理论、路线、方针、政策和重大决策部署，任何时候不得在任何传播信息上出现有悖于党的领导和社会主义意识形态的内容。

2. 代表中国最广大人民的利益，坚持反映社会的主流状态和主流声音。必须把维护社会群体的公共利益作为出发点和落脚点，以正面宣传为主，无论是时政新闻、社会新闻、新闻评论等新闻信息产品，还是文艺、娱乐、体育等文化服务产品，乃至小说、影视剧、动漫等虚构内容，都要真实体现社会现实中的主流价值观。

3. 承担对社会公众的引导教化责任，营造健康、积极、向上的舆论氛围。把传播与宣传紧密结合起来，寓教于乐，寓社会发展进步趋势于一切传播产品中，严格区分正反、对错、真假，对于重大社会事件和矛盾问题，必须严明是非，表达明确的媒介立场，通过对受众的感染、触动、警示，引领正确的社会发展方向。任何的猎奇或哗众取宠的低级迎合，都是对社会健康文化生活的破坏。

4. 维护国家声誉和民族利益，不断增强中华文化的国际影响力。要把创作、生产、传播展现国家和民族文化气质、历史品格、时代精神的媒介产品放在重要位置，在对内提供丰富文化服务的同时，提升自身品牌和产品的传播力，积极参与国际传媒市场的竞争，推动中华文化在国际传播体系中占据更加有利的地位，为国家经济社会发展和中华民族伟大复兴提供坚实的思想保障。

（三）新的历史条件下中国媒体的责任和使命。

改革开放三十多年来，中国共产党带领人民，坚持以经济建设为中心，巩固和完善社会主义制度，确立社会主义市场经济体制，经受住了各种风浪的考验，在经济建设、政治建设、文化建设、社会建设、生态文明建设等方面取得了举世瞩目的伟大成就，为实现全面建设小康社会宏伟目标奠定了重要的物质基础和思想基础。

然而，我们也必须看到社会主义建设的长期性、艰巨性、复杂性。经过一个时期的发展和积累，社会主义制度与市场经济体制之间的不适应性，以及物质条件限制与人民群众期待过上更好生活之间的差距依然存在，宣传思想文化工作与经济发展之间的不平衡性，形成了一个社会矛盾凸显期和部分群体思想焦虑期。在这种背景下，2006 年党的十六届六中全会中央提出了建设社会主义核心价值体系的要求，到 2011 年十七届六中全会党中央更加明确其“兴国之魂”的重要战略地位，进一步彰显了推动以社会主义核心价值体系为根本的文化大发展大繁荣的宏伟目标，这对于中国未来的改革发展、提升一个国家的软实力具有深远影响和独特意义。

加快文化建设和社会主义核心价值体系建设，对做好传媒领域的工作、营造良好的社会舆论环境，也提出了一系列新课题、新要求。

1. 坚持指导思想。在市场经济环境下，面对西方敌对势力的挑唆和蛊惑，社会上出现了一些片面追求经济利益、背离价值信仰的现象，个别人在理论上、思想上、作风上、行为上偏离了马克思主义的立场和观点，甚至在互联网等传播媒体上公开发表非马克思主义、反马克思主义的言论，一部分人的人生观和价值观发生扭曲。作为党领导下的主流媒体在这样一个历史时刻就更要牢牢把握方向，毫不动摇地高举旗帜，占领舆论阵地，增强坚持马克思主义思想指导地位的坚定性和自觉性。

2. 维护社会稳定。近年来国际政治经济形势的深刻变化，引发部分国家和地区的局势动荡和社会事件，并引起其他国家和地区出现连锁反应的异常状况，如 2011 年先后发生的中东北非政治事件和美国“占领华尔街”运动等，对维护中国社会稳定提出了新的考验。面对复杂情况，各类媒介阵地在传播信息过程中都要立足国内改革发展稳定的形势，做到坚持原则、谨慎处置，防止过分渲染和炒作。

3. 缓解社会矛盾。在社会矛盾凸显期，经济快速发展过程中伴生出一些难以避免的诸如城乡二元发展、收入差距扩大、利益分配不均、社会保障不足等问题，加上个别地区、个别党员领导干部服务群众意识淡薄、组织纪律涣散、矛盾处理不当，影响了党群干群关系。在这些大是大非问题面前我们主流媒体必须义不容辞的妥善处理好这类矛盾纠纷，在维护党的形象和群众利益的同时，发挥好信息公开、交流沟通、舆论监督的作用，积极帮助党和政府发现和解决社会矛盾。

4. 改善道德环境。近一个时期以来，在食品、药品、工程质量、交通安全等方面发生了一系列引起群众广泛关注的严重事件，反映了部分社会成员道德失范、诚信缺失、唯利是图。2011 年发生在广东的“小悦悦事件”，暴露出个别领域存在的道德问题正在社会上延伸和扩大，对社会主义核心价值体系建设提出了严峻挑战。作为国家公器的社会传媒机构要认清自身使命，勇于承担责任，对媒体自身失语于道德建设、乃至某种程度上助长不良风气的问题进行深刻反思，充分关注、参与、主导社会诚信体系建设，积极提升舆论引导水平。

5. 培育民族精神。推动文化大发展大繁荣，建设社会主义核心价值体系，必然需要不断培育和提炼具有时代特征的民族精神，构筑全党全社会共同团结奋斗的思想基础，找准中华民族在人类文明进步过程中的方向和坐标。主流媒体既要注重对基层社会群体精神状态的发现和收集，又要加强对体现新风新貌精神力量的推广和渗透，还要积极致力于对民族精神内容的分析和精炼，在积累、推动、提炼三个方向上付出艰辛的努力。

二、电视媒体在价值传播与文化构建过程中的独特作用

（一）电视媒体的特性。

电视媒体在当代传播领域具有不可替代的价值和地位，也必然能够在今后一个时期发挥更加重要的作用。首先，相对于出版、广播等其他传统媒介来说，电视是视觉、听觉功能组合使用，可以被动态化感受的直观媒介形态，传输的信息量大、可靠度高、便捷性优；其次，相对于以互联网为代表的新兴传播媒介来说，电视的视音频传输技术是新媒体赖以生存和发展的基础技术，电视节目产品是互联网受欢迎程度最高的内容产品之一，电视发展为新兴媒体的发展奠定了主体形态、常规资源、基础受众；再次，从电视媒体自身以高科技为依托的发展规律来说，高清晰度电视、3D 电视等新的技术形态不断涌现，展现了电视未来若干年发展的强大生命力。因此，电视媒体拥有价值传播与文化构建的基本外在条件和稳定发展前景。

（二）电视媒体传播价值、构建文化的优势。

与其他传播形态相比，电视媒体在社会主义核心价值体系传播和文化构建过程中具有独特的优势，主要表现在：

1. 受众面广。目前，全国电视机保有量超过 5 亿台，受众覆盖率达到全国人口总数的 97%，电视传播的触角几乎可以延伸到各个角落，随着有线网络和无线、卫星等传输技术的不断拓展，观众可以在不同区域接收到同样的文化传播内容。

2. 时效性强。电视信号即使在远距离环境下也能实现实时传输，是广大受众了解权威信息、统一思想行动的主要窗口，在特定情况下可以有效避免由于传播延误而产生的问题。

3. 信息精准。视屏信息的准确度明显高于文字叙述和语言表达，有利于对复杂传输内容进行有效的传播和解读，有利于宣传和灌输统一的思想观念，增强信息传递的便捷性和可控性。

4. 通俗度高。电视媒体采用具象化的表现形式，可以将生涩抽象的文字内容转化为生动具象的镜头语言，在很大程度上破解了知识层次差异导致的对表现内容产生理解上的差异，更具传播力、亲和力和感染力。

5. 影响力大。多年来，电视媒体的传播内容因其真实、生动、可亲近性已衍变成为社会生活中的热议话题，不但有利于传播内容的进一步扩散和普及，而且也为思想层面的交流、交往、融合创造了条件。

6. 运行规范。电视媒体在中国实行特殊的管控体制和准入政策，整体上具有明确的事业地位，传播渠道的安全性和规范化程度较高，可管、可控、可查、可防，这对加强价值传播与文化构建的节奏把握和内容控制至关重要。

（三）电视媒体参与社会主义核心价值体系传播与文化构建的实现路径。

电视媒体在建设社会主义核心价值体系、推进社会主义文化大发展大繁荣的实践中，要坚持履行传媒责任，立足自身优势，通过有力、到位、持续的宣传引导，推动形成统一指导思想、共同理想信念、强大精神力量、基本道德规范，促进建立思想政治稳定、文化气息浓郁、道德素质良好、社会关系和谐的中国社会共有精神家园。具体做法是：

1. 明确判断标准。通过深入细致的学习思考，切实把握社会主义核心价值体系的基本内涵，结合对相关节目产品的分析研究，细化传播社会主义核心价值体系节目产品的特征和要素，确立相对稳定、易于操作的判断方法。

2. 注重宏观把握。在电视媒体自身的宏观发展定位，特别是在频道规划体系、节目生产体系、产品考评体系中，将传播社会主义核心价值体系、传播先进文化的要求明确列入舆论导向要求，作为第一位的标准。每年至少两次，对过去一个时期节目产品传播社会主义核心价值体系情况单独列出，进行分析梳理，对下一个时期的相关节目生产工作作出明确安排，形成阶段性分析报告。坚持总编辑亲自抓，在编委会层面确立价值传播和文化构建的任务。

3. 加强任务分解。把核心价值的传播体现到内容生产的全过程，在每个频道和节目（活动）的说明书、文案中明确列出传播责任和完成标准，在节目策划阐述、节目审看结论等材料中列载该节目对于传播核心价值、传播先进文化的意义和作用，从思想上、源头上规范节目创作要求。

4. 突出人员教育。在着力加强采编创作人员日常思想政治教育的基础上，重点通过优秀节目推介、节目讲评和领导示范等方式，解读创作思路和策划手法，帮助节目策划人员掌握在节目中注入、添加、分析传播核心价值的有关内容元素和符号元素的技巧方法，学会将价值传播与新闻信息、文化品位、娱乐效果和其他专业内容进行有机整合，学会用电视文艺手段将核心价值通俗化、具象化、大众化，学会把宏观理论通过现实生活落小、落细、落实，形成潜移默化的传播效应。

5. 及时总结完善。在不同层面、不同领域、不同节目形态中，对社会主义核心价值体系传播与文化构建成效进行分析把握。一要不断充实党和国家推动文化改革发展、建设社会主义核心价值体系的新要求，在新的节目内容中及时准确地体现新的价值准则；二要建立健全相关的奖惩工作机制，对于违背社会主义核心价值体系的节目内容实行一票否决并追究策划、创作、制片、监制的连带责任，每年推出弘扬核心价值的优秀典范作品，予以重奖；三要注重受众反馈，通过回访、调查问卷等方式，了解受众对节目在价值传播方面成效的反馈情况，提出改进方向。

三、北京电视台推进社会主义核心价值体系传播和文化构建的实践方向

（一）北京电视台传播核心价值、构建先进文化的地位和使命。

北京电视台是北京市属唯一一家综合性电视媒体。北京电视台在传播核心价值、构建先进文化过程中，必须重点把握好三个要素，明确自身的传播职责。

1. “地方”意识。作为地方电视媒体，要坚持北京特色，反映北京现实，用好北京资源，促进北京发展，把做好北京地区社会主义核心价值体系传播与文化构建作为基本责任，当前特别要做好北京精神的宣传，构筑面向北京市民的荧屏价值传播平台。

2. “首都”意识。首都的特殊地位决定了北京电视台在地方电视媒体中的特殊性，要以“首善”的标准处理好价值传播与文化构建实践中的各种问题，致力于最成功的价值传播与文化构建。

3. “历史”意识。北京电视台在三十多年的传播过程中始终走在全国电视媒体改革发展和内容生产的前列，北京作为拥有建都八百年历史和深厚文化积淀的古都，如何将传播优势和历史的资源有效融合并不断将这种优势巩固和传承下去，形成更多经验，北京电视台要在全国各电视媒体的价值传播和文化构建中作出表率。

（二）近年来北京电视台价值传播与文化构建的实践。

近年来，北京电视台按照“高举旗帜、围绕大局、服务人民、改革创新”的总要求，在节目产品的创作生产工作中牢牢把握正确的舆论导向，把传播社会主义核心价值体系、构建荧屏先进文化，作为基本职责，进行了一系列有益的理论探索和工作实践，积累了一些工作经验。围绕价值传播与文化构建，主要开展了以下六个方面的工作：

1. 初步建立起符合价值传播要求的节目考核评价体系。北京电视台提出了“首善媒体，大美品质”的整体发展目标，从2012年起推出以价值传播成效和节目品质为核心的节目考核评价体系，分解为社会责任、品牌价值、文化品质和专业品质四个可测量的指标，全面融入社会主义核心价值体系的传播要求，将价值传播与文化构建在制度层面上予以确认，得到了社会各界的广泛关注和充分肯定。

2. 积极推出具有价值传播直接功能的道德类节目。北京卫视2011年起推出的栏目《好人故事》，主持人、编导、记者走进基层、走近群众，对身边的好人好事和当事人进行访谈，走进他们的精神世界，挖掘他们的崇高品格，反映生活中真实的好人故事，不但健康、有益，而且生动、耐看，体现了建设社会主义核心价值体系的本质要求。《北京新闻》等主要新闻栏目先后推出的专栏《温暖一家亲》、《幸福绽放》、《我在基层》等，也都注重把社会生活中体现个人品德、职业道德、家庭美德、社会公德的形象挖掘出来，充满了价值关怀。

3. 注重对传统文化题材的挖掘和塑造。初步打造形成了每年春节期间“春晚播出带”的活动品牌，并以清明、端午、中秋等主要传统节日为载体，通过大型晚会、专题节目等形式进行推广，营造传统节日氛围，弘扬民族传统文化。精心策划推出《笔墨春秋》、《国粹生香》京剧票友段位赛、《书香北京》等具有传统文化特色的专题片、大型活动和栏目，强化了北京电视台荧屏的价值传播和引导力度。

4. 坚决抵制节目过度娱乐化、唯收视率等倾向。2011年，北京电视台对10个频道和所有栏目进行了全面梳理，对北京卫视等频道进行了改版调整，加大了对新闻类、文化类栏目的投入力度，在激烈的市场竞争环境下，坚持文化品位和价值立场，有效杜绝了盲目陷入市场竞争、背离社会主义核心价值体系的节目形态。这一立场将会始终坚守下去。

5. 加强节目产品创作生产制度建设。2010年以来，北京电视台先后制定或修订了非常规节目审批办法、节目内容安全管理规定、传达宣传精神的管理规定等节目生产领域的规范性制度，编纂形成了《北京电视台节目生产管理文件汇编》。这些制度文件，从价值传播与文化构建的要求出发，初步搭建起了内容生产工作制度体系，使节目生产得以“有章可循”。

6. 深入开展“走基层、转作风、改文风”活动。通过“走转改”活动，加强人才队伍建设，培育新闻从业人员的职业精神和价值态度，先后有4000多人次投入这项活动，接受教育，净化心灵，推出新品，对北京电视台价值传播和文化构建起到了强有力的推动作用，也在社会上进一步树立起了北京电视台贴近生活、贴近实际、贴近群众的良好形象。

（三）北京电视台在价值传播和文化构建中需要解决的问题。

围绕加强社会主义核心价值体系传播与文化构建，北京电视台在目前实践的基础上，还将进一步研究解决好以下三个问题：

1. 如何对北京电视台的价值传播成效进行整体性的评估。要建立一套系统化的评价手段，动态化地把握价值传播与文化构建的实践过程，对进一步做好工作提供科学准确的分析依据。

2. 如何促使电视荧屏的价值传播过程连接成为深入人心的文化自觉。我们将积极探索对价值传播内容进行提炼、再推广、再升华的有效途径，将仅仅追求个体节目的价值正确，升华为追求荧屏呈现清晰的完整价值链条。

3. 如何将北京电视台的价值传播过程与从业人员的职业发展需求结合起来。努力把在节目中传播社会主义核心价值体系的规范性要求，转变为从业人员的文化追求和职业习惯，通过参与价值传播过程，实现自己的职业理想和人生价值，为北京电视台荧屏呈现奠定根本性的保证。

弘扬社会主义核心价值观 推动春晚可持续发展

北京电视台党委副书记、总编辑　赵多佳

看春晚已成为中国人的新民俗，反映出随着经济的强劲发展人民群众日益增长的精神文化需求。

作为主流媒体的广播电视，要做到始终代表先进文化的前进方向，就要全力打造代表社会主义核心价值观、弘扬主旋律和正确舆论导向的各类文化产品。凝聚传统文化精华并得到全体电视观众关注的春节联欢晚会，无疑成为各家媒体竞争的焦点。

相关数据显示，2011 年全国各大卫视举办的春晚数量创下了历史新高，37 个上星频道播出各类春节联欢晚会共计 51 台。除了数量和播出比重大幅增加之外，各种晚会在节目内容和形式上也发生了很大变化。除了传统形式的春晚，由北京电视台于 2010 年首次发起的网络春晚制作模式逐渐为各大电视台所借鉴。此外，在春节期间，各地荧屏上还出现了一批不同形式的类春晚节目。

在这种前所未有的竞争格局之下，北京电视台集全台之力，在继承历年春晚成功经验的基础上，兼容并蓄、广采博收、与时俱进，从农历腊月二十五至正月初五，陆续推出了网络互动春晚、动画春晚、春节联欢晚会、环球春晚、政法春晚、美丽乡村晚会、双拥晚会，共七台 12 场极富特色的系列春晚节目。获得了收视率、美誉度和社会影响力的全面丰收。

北京市十三届人大四次会议，由九件议案合并而成的“加强国家文化中心建设”议案明确提出，北京应从国家发展战略高度重新审视、高度重视文化事业、文化产业的发展，大力提升北京作为国家文化中心的创造力、影响力。经过若干年的努力，把北京建设成具有全球主流文化价值的策源地。可以说，北京电视台本次系列春晚的推出，进一步加强了北京的国际影响力，展现出一个国际化的北京、现代化的中国，是对提升首都文化软实力、建设国家文化中心战略的有益尝试和努力。

一、打造创新型精神文化产品，传播社会主义核心价值观

作为主流媒体的电视媒体，肩负着引领社会主义先进文化、传播社会主义核心价值观的责任和义务。2011 年北京电视台系列春晚也正是在这种认知环境，积极吸纳热点公共信息内容，将其通过艺术创作融入节目中并且在整个创作过程中主动遵循传播规律，讲求传播原则，践行传播责任，充分诠释文化传播领域的知行关系，并将这种关系动态化衍生，通过在内容生产层面进行重点布局，将中华民族传统的慈孝观、个体对理想的不懈追求以及民族

自豪感等先进文化内容系统性地贯穿于每一个活动、每一台晚会当中，从而打造出独特的创新型精神文化产品。

（一）传递和谐主题，增强社会凝聚力。

作为主流电视媒体的节目组成部分，春晚具备了很强的社会功能，因此也应该承担社会责任，这就是传播主流文化、建设和谐社会。此次北京电视台系列春晚着重从两个角度入手，一方面通过文艺节目消解一些负面的社会情绪，传递出以祥和、幸福、人情味和家庭亲情为基调的内容，使人民群众获得精神上的愉悦，从而增强民族的凝聚力；另一方面，大力发挥大众传媒的传播优势，为普通观众提供平台，让草根成为传播主体。

通过前几年风靡全国的选秀和去年大热的达人秀可以看出，在当今的大众文化形态发展阶段，越来越多的普通百姓已经习惯于平视、拒绝仰望，尤其对于展现自我、彰显个性的舞台空间也已经形成了常态化的定位。但反观为数众多的电视晚会，却依旧止步于华丽高端的传统路线，结果必然在观众心理层面造成被仰视的落差，从而产生极大的距离感。正是在汲取以往经验和不足的基础上，此次北京电视台系列春晚率先打破了以往单一化套路化的晚会模式，通过网罗当今社会的各类热点文化现象并将它们构成系列主题，进而吸引普通百姓参与和互动，强调开门办春晚的精神宗旨和一脉相承的活动体系，表达出新时期大众文化的真实意志和广泛心声。

从由前期两大主题活动《我是大明星》、《我的榜样家庭》，一档电视选拔节目与五场网络互动春晚，一台春节联欢晚会贯穿构成的系列活动，到深受青少年观众喜爱的动画春晚，再到彰显国际特色的环球春晚，此次北京电视台系列春晚将充裕的时间和空间留给想要表达的普通大众，在他们身边设立展示平台，让每一个人都能有过五关斩六将的竞争和胜出的机会，从而实现他们参与春晚的梦想。这才是大众传媒所应承载的价值，也只有这种充分体现平民关怀的内容，才能真正激发观众心理上的认同感，进而产生强烈的心理共鸣。

（二）彰显时代特征，探寻制作新模式。

在三网融合背景下，随着现代社会数字化进程的加快，文字、图像、视频、音频等介质自由穿行在有线电视网、电信网和互联网之间，消解了不同媒介之间原本的物理边限，各个媒体之间的鸿沟因此被前所未有地轻易瓦解。从这个意义上说，媒介与媒介之间的融合，已成为必然。

此次北京电视台系列春晚紧跟时代脚步，不仅在今年第二届网络互动春晚中更加凸显互动性、参与性和创新性，还通过360°自由全景视频的拍摄和网络播出，为网民首次提供了独特的晚会视觉新体验。此外，动画春晚、春节联欢晚会以及环球春晚也通过新媒体打造了一系列差异化内容，在一定程度上推动了晚会制作模式在网络上的纵深发展。

（三）弘扬民族精神，推动国际化进程。

要提升中华文化的国际影响力，就需要对中华民族文化的精华进行新开发、深挖掘，通过对外交流，不断融入世界优秀文化和文明成果的潮流，使世界各国人民共同分享中华文化的精神财富，充分体现中华文化的世界性。在中华灿烂的文化遗产宝藏中，春节有着其他节日所不具备的特殊性。越来越多的国家和外国朋友接受了这一传统中国节日，他们也和华人一样，对一年一度的新春佳节翘首以盼。

北京电视台继2010年成功推出环球春晚之后，第二次打造了一场跨越国界、民族、肤色、语言的国际化视听盛宴。晚会邀请了来自五大洲、10余个国家和地区近180名演员来到北京，与中国艺人同台表演，共庆中国年。西班牙驻华大使卡洛斯·布拉斯科·比利亚表示：“通过来自不同国度的艺术家所带来的迥异表演，《环球春晚》得以从一种全球化的视角，让在京的外国人感受到节目氛围，并且和节日真正的主角也就是中国民众共同分享。”

二、主动研究受众心理，合理设置晚会议程

大众传播具有为公众设置议事日程的功能，在媒体的新闻报道和信息传达活动中，通过赋予各种议题不同程度的显著性方式，影响一段时间内公众舆论的中心议题。因此，为加强传播效果、构筑春节期间的强档节目和强档话题，北京电视台在2011年春节系列晚会筹备之初，就从各台晚会的主题内容入手，有针对性地为系列晚会设置了不同的议程。比如，以“感受温暖，传统幸福”为主题贯穿始终的春节联欢晚会，以“出奇、出新、出彩”为主打概念的网络春晚，突出“牵手世界、欢动五洲”意旨的环球春晚，以及“让愿望爆开花”的动画春晚，均在“喜庆中国年”的氛围中对核心受众群进行了精确定位，同时依据主题口号实施了一系列的内容生产和方案编排。

在北京电视台春节联欢晚会播出后，受到广泛好评的两个重头环节——玉树孩子朗诵诗歌《春天来了》和胡军一家的表演，就是晚会前期在《榜样家庭》征集活动过程中力推的主题议程；又如以西单女孩、双龙兄弟等草根演员为代表的“追梦”篇章，则是对晚会前期历时一个多月的《我是大明星》征集活动的落点设置。在晚会中将草根性和娱乐性真正做到了合二为一，使节目与百姓生活更为贴近，同时成为舆论热议的话题。也正是由于这一个个亮点节目与晚会实施的各个阶段的主题推送形成了紧密衔接，构成了集体合力，才让今年北京电视台春节联欢晚会在前期几个月时间里获得了受众的高度认知，形成了对于晚会议程的共识，晚会着重突出的幸福主题才得以升华，带给观众持久的回味。仅大年初一播出的北京电视台春节联欢晚会收视而言，就达到17.12%，在当天同时段全国9台省级卫视春晚中排名第一，并稳居春节长假期间所有省级卫视晚会收视之冠。此外，通过BTV在线观看该台春晚视频互动直播的用户数量也较2010年提升了63%，创下了BTV网站网络直播访问量新高。

除了每一台晚会对于自身单个节目的主题化设置之外，对于晚会的整体编排，本届春晚还打出组群概念，以营造一个惊喜之后又一个惊喜的叠加效果。比如上文提到的胡军一家人的出现，就是以数十对百岁夫妻的讲述为起点，引出了当时正在热播的《金婚风雨情》的主角胡军，进而带出其父母的金婚故事，随后请出其大伯胡松华，使整个节目形成了层层递进、环环相扣的主题设置。

纵观整个北京电视台系列春晚，类似的议程设置还有很多。对于北京电视台在春节期间播出多台晚会的整体编排而言，在围绕“建设世界之城，万众欢庆新春”的大方向对所有晚会的规模化编播进行了可行性分析之后，同样以晚会议程为重点部署了周密的实施计划，从而由以往的单一晚会孤军奋战，发展到集团化作战的春晚播出带，通过对晚会整体的议程设置，在有效提升收视的同时也获得了超出预期的社会反响，真正实现了系列春晚所要传迭的“欢乐、祥和、祈福、祝愿”的八字方针。

三、构筑多媒体网状平台，全方位引发舆论共振

在全球化、商业化媒介产业发展浪潮冲击下，电视成为我国文化产业的重要组成部分，电视节目生产也已然具有越来越显著的文化产业特征。节目模式的存在和成为仿制对象，是电视作为文化工业的生产属性使然，带有必然性。创意作为电视业发展的核心驱动力，凝结在那些形形色色的新节目模式中，流行的节目模式往往具有示范意义和市场引领价值。与此同时，从传播的渠道来看，由于新媒体的迅速崛起以及移动终端的广泛普及，到达每一位潜在受众的方式和手段日趋多样化。

基于此，本次系列春晚以前所未有的胸怀引入了多媒体联动的概念。除了通过电视、广播、平面媒体第一时间发布具有创意性的晚会动态之外，还果断地进入新媒体领域，构筑起一个多媒体网状传播平台，从而使晚会信息从一家独占走向资源共享，从自成体系走向开放体系，从单向传播走向双向交互的新模式。

在综合考虑各媒体传播覆盖率、受众信息构成、参与互动便捷性、口碑传播速度等多方面因素的基础上，晚会对国内各大门户网站、视频网站、社区网站以及移动媒体等不同类别的产品性能和效果进行了综合考量，最终选择了具有代表性的龙头媒体并结合其最优产品资源，通过差异化传播手段推出媒体联动组合拳模式，极大地推动了媒体舆论的几何式传播效应。

此次系列春晚自2010年11月启动以来，针对系列春晚的相关内容，通过多角度、多终端、多产品的衍生话题推送，在各大网站和主流新闻媒体中引起广泛热议，仅由网络春晚和春节联欢晚会两组晚会构成的“春晚e起来”系列活动，其在各大商业网站上的专区流量就突破了1.3亿次，还引发数以百万计的微博网友和论坛博主对此次系列春晚发出互动评论，使2011年北京电视台系列春晚网络舆情指数达87.5，大大超出2011年卫视春晚网络舆情指数的均值60.4，舆论影响力保持领先水平。多家主流媒体也对北京电视台系列春晚刊发评论性文章：《人民日报》（2011年2月9日）先以《分享中国年——北京电视台2011环球春晚精彩呈现》为题，盛赞环球春晚的国际影响力，之后，《人民日报》（2011年2月25日）又以《“春晚”亲民方可人——从2011年北京电视台春晚谈起》为题，从亲民的角度评价此次由两大主题活动、五台网络春晚和一场春节联欢晚会共同构成的系列活动是“已不再简简单单是一场春晚盛宴，可谓是一场富有创新精神的大型电视及网络综艺文化活动”；《北京日报》刊登的名为《2011年BTV北京台网络春晚精雕细琢，亮点频出反响热烈》的文章充分肯定了北京电视台此次推出的网络春晚创作新模式；新华社以《2011BTV 卡酷动画春晚演绎“穿越狂欢”，体验视觉大餐》为题高度评价了动画春晚的创新形态和互动影响力。可以说，此次系列春晚在全社会范围内形成了空前的舆论共振。

除此之外，晚会还借助多媒体联动平台，将前期征集活动中产生的优秀选手与新媒体内容资源库相关联，让网友自己选择各自心目中的超级明星，最终为系列晚会输送了一定数量的草根达人和节目创意。这种模式也打破了依托新媒体进行简单宣传推广的惯常思维，从筹划初期就将这些新媒体资源为我所用，让它们从始到终成为晚会一个不可或缺的组成部分，把受众从被动的欣赏者转变为主动的参与者。在一定程度上尝试了三网融合背景下传统媒体和新媒体在内容层面上的交互融合，为电视节目的多元性、创新性提供了现实的发展空间。

虽然 2011 年北京电视台系列春晚在收视率、社会影响力和品牌建设等多方面取得了一定的成绩，但面对激烈的竞争环境，我们还是应自觉地去寻找本次系列晚会的缺憾和不足。作为表达先进文化的主流媒体之一，北京电视台将站在建设国家文化中心的战略高度，围绕北京市十二五规划中关于人文北京的计划和目标，并借助先进文化之都的地缘优势，深入挖掘极具本土特点的表达元素，大胆借鉴国外晚会的新颖制作理念，从而制定更为缜密、有效、独特的内容创作计划。因为电视内容的生产本身，实际上就是对有价值信息的搜集、选择、创造和转换，是以知识生产知识，以知识创新知识的过程。只有这样，才能为广大受众提供更加丰富多彩的高质量的精神文化产品；也只有这样，才能真正实现春晚长久的可持续发展。

（摘自《中国广播电视学刊》）

完善干部管理制度　匡正选人用人之风

北京电视台党委副书记、常务副台长　窦晓东

从2009年廉政风险防范管理工作启动以来，北京电视台党委根据上级部署，立足于自身的改革发展实际，以建立廉政风险防范管理长效机制为目标，在排查制度风险、完善决策程序、优化用人环境、加强预算管理、推动台务公开等方面开展了一系列工作，取得了一些初步的成绩。按照总台党委、纪委的要求，我重点向大家汇报近一个时期，北京电视台围绕开展廉政风险防范管理工作的要求，不断完善和落实干部管理制度的主要情况。

一、加强干部选拔任用工作制度化建设，严格用人的标准和程序

领导干部是党风廉政建设和廉政风险防范管理工作的重点对象。北京电视台的中层干部和科级干部掌握着人、财、物配置管理的许多重要权限，把住中层干部和科级干部岗位的选拔任用关，既是对台党委和台领导班子民主决策意识、风范防范意识的考验，又是从思想上、能力上、品行上对中层干部和科级干部潜在廉政风险进行源头治理、实现关口前移的需要。我们按照中央和市委对加强党政领导干部选拔任用工作、深化干部人事制度改革的一系列新思路、新要求，重点做了三方面的工作：

一是完善中层干部和科级干部选拔任用工作基础性制度。我们对2008年制定实施的《北京电视台中层干部选拔任用工作规定（试行）》进行了一次较大幅度的修订。在修订过程中，到北京市宣传系统的多家单位学习取经，融进了兄弟单位工作中可以借鉴的成熟经验；逐条逐字地对照筛查，反复推敲《党政领导干部选拔任用工作条例》、干部选拔任用工作四项监督制度等上级文件要求，研究论证各个环节的可操作性，确保表述准确到位；充实完善了有关内容，做到能明确的要求尽可能明确下来，减少使用“一般、原则上、大致”等模糊表述，防止缺项漏项，避免模棱两可。修订后的新《规定》从原来的9章38条增加到12章60条，在中层干部选拔任用的条件和资格、民主推荐和组织考察的参加对象、党委会票决程序、有关事项报告等问题上都更加符合中央精神，也更加切合北京电视台的实际。我们制定了《北京电视台制片人管理暂行办法》，从内容生产管理岗位的素质要求出发，提出制片人选拔任用工作的岗位设置、任职条件、选聘程序等。同时，我们正在对管理技术部门科级干部选拔任用的有关规定进行梳理完善，将适时形成系统的规范性文件。

二是加大竞争性选拔干部的工作力度。近期，我们正式出台了《北京电视台

中层干部竞争上岗工作实施办法（试行）》，第一次系统提出了中层干部岗位竞争上岗的工作步骤、标准和要求。我们准备在今年适当时候，开展一次具有一定规模的中层干部竞争上岗。同时，我们又针对目前全台各部门特别是一线生产部门制片人和科级干部岗位的实际情况，形成了《2011 年北京电视台科级干部、制片人竞争上岗实施方案》，决定对 12 个部门的 62 个科级干部和制片人岗位开展竞争上岗。这项工作目前已经开始，从昨天起公布竞聘职位，接受符合条件的竞聘者报名，随后将陆续组织进行演讲答辩、民主测评、组织考察等工作。开展干部竞争上岗，是为了进一步提升干部选拔任用工作的公开性、透明性、民主性，给具备条件的同志提供展示的机会，也把干部选拔任用的工作决策置于群众的监督之下。这符合中央和市委的要求，也符合干部选拔任用工作的发展趋势。我们将在近期开展的相关工作基础上，视情况积极稳妥地增加竞争上岗在干部选拔任用工作中的运用比重，逐步形成常态化工作机制，发挥好竞争上岗的激励和约束作用。

三是起草《北京电视台中层干部选拔任用工作记实办法（试行）》。在《办法》中，明确干部选拔任用工作全程每一个环节的记载要求，使关键程序执行情况更加直观，责任主体更加清晰，为进一步有效规避干部选拔任用工作的失误和风险提供了制度保障。目前，《办法》的初稿已经形成，即将提交党委会审议，并将尽快颁布实施。

二、优化干部教育考核办法，注重对权力运行的引导和评价

对于干部自己来说，有没有对手中拥有权力的自警意识和敬畏之心，是能不能用好、用对权力的根本。对于北京电视台及其各个部门、各个栏目、各个科室的发展来说，科学化的考核办法就发挥着对干部的提醒和制约作用。因此，加强对中层干部和科级干部的廉政风险防控，基础在于扎实有效的宣传教育，关键在于具备经常性的考核评价机制。在干部的教育和考核方面，我们做了两项工作：

一是加强干部思想教育引导。去年底到今年初，我们开展了为期半年的“加强台风建设　预防职务犯罪”主题教育活动，组织中层干部和科级干部学习与管理工作和行业发展相关的法律法规，组织参观党风廉政建设专题展览，培育和增进依法守法、尊重规则、廉洁自律的意识。在党委中心组扩大学习、中层干部理论学习培训、制片人岗位能力培训和管理技术部门科级干部培训班中，都加大了廉政教育、制度教育、规范权力教育等内容，发挥了明显的教育引导作用。

二是建立健全干部定期考核的工作机制。在中层干部考核方面，去年下半年，我们经过三个月的调研、起草、修改，制定实施了《北京电视台中层干部考核工作规定（试行）》，详细确定了考核的范围、内容、程序、结果运用等。在年底的中层干部年度考核中，根据新出台的《规定》开展工作，形成了一些创新举措。一方面，重新确定了中层干部年度考核的参加人员，提高与考核对象具有直接上下级关系岗位人员的发言权，将中层正职由部门内考核向兼顾跨部门考核延伸，增强考核结果的科学性和全面性。另一方面，将往年 1 项总体评价和德、能、勤、绩、廉 5 项类别评价的“1 + 5”考核表调整细分为

1项总体评价和政治品质、执行上级决策能力、精神状态、履职成效等16项表现评价的“1+16”考核表，使评价内容更加具体、更富针对性。同时，首次采用机读考核表，通过电脑系统进行读卡分析，形成考核统计结果，替代了人工计算方式，提高了工作效率和准确度。在科级干部考核方面，制定实施《北京电视台工作人员年度考核办法（试行）》，明确了科级干部考核的责任主体、内容标准、方法程序、等次确定、奖惩办法等，将科级干部考核工作的组织实施从各部门移交到台人事部，确保统一的考核标准。2010年首次组织制片人岗位能力考试，重点考查全台185名制片人对形势政策、台内制度、工作流程等的了解掌握情况，并把考试结果及分析报告在全台公布，起到了督促制片人对制度负责、按程序办事的作用。

三、强化干部监督管理工作，营造严格规范的约束环境

有效的监督约束，是廉政风险防范管理工作的最后一道关口。近一两年来，我们加大了干部监督管理工作力度，用最严格的制度、最规范的标准形成对中层干部和科级干部任职期间所作所为的约束。

一是认真实施中层干部离任经济责任审计制度。我们聘请北京华建会计师事务所等外部审计机构对每一名具有财务权限的离任中层干部进行严格的任期经济责任审计，作为离岗前的必要程序。2010年对14名离任中层干部进行审计，分别形成了审计报告。台党委高度重视对审计结果的运用，专门对审计机构提出的有关工作建议进行认真研究，就如何解决审计中发现的问题做出了安排部署，并且近期准备邀请专业审计人员为我们的部门主任和制片人专题讲解财务管理的基本常识和要求。

二是积极实施领导干部问责制。目前，我们正在按照中央和市委的要求，着手制定相关的工作办法。要通过有效的问责制度，让中层干部学会依法用权、规范用权，并把权力运行过程置于严格的监督之下，保证与手中权力相匹配的质疑措施和追究措施。

三是进一步加强对制片人的监督。在新制定的《北京电视台制片人管理暂行办法》中，首次清晰界定了栏目制片人在节目管理方面的7项权力和职责、在人员管理方面的4项权力和职责、在经费管理方面的4项权力和职责，并提出了相应的监督奖惩措施，使制片人的权力运行更加规范有序。

以上三个方面，主要是去年以来北京电视台按照建立廉政风险防范管理长效机制的要求，规范和落实干部管理制度的工作情况。应该说，在干部管理方面，同一些先进的兄弟单位相比，我们还存在不小的差距。目前的工作还处在制度搭建和落实过程中，还没有形成得到全台上下广泛认同的、成熟的工作习惯和环境。真正形成完整到位的工作体系，确立体现长远发展要求的工作规范，还有很长的路要走。我们将继续牢牢把握中央和市委深化干部人事制度改革的新思路、新要求，积极学习借鉴兄弟单位的好做法、好经验，不断推动制度的完善和落实，努力在全台形成规范有序、风清气正的选人用人风气。

关于大力加强干部人才队伍建设的几点思考

——在北京广播电视台工作务虚会上的发言

北京电视台党委副书记、常务副台长　窦晓东

办好北京电视台乃至北京广播电视台的事情，推动上级要求和各项工作的落实，队伍是基础，人才是关键。党的十七届六中全会通过的《中共中央关于深化文化体制改革　推动社会主义文化大发展大繁荣若干重大问题的决定》，对于加强和改进党对文化工作的领导，对于建设宏大文化人才队伍，作出了一系列新的部署；刘淇同志致市属新闻单位社长、台长、总编辑的信和刘云山同志在北京电视台调研时的重要讲话，以及鲁炜同志对加强干部人才队伍建设的重要指示，都对做好干部人才工作提出了具体要求。在发挥首都全国文化中心示范作用的过程中，北京电视台乃至北京广播电视台要走在媒体发展的前列、发挥引领和示范作用，就必须在队伍建设上走在前列。

下面，我结合北京电视台的实际，重点围绕学习六中全会和中央、市委领导指示精神，就加强干部人才队伍建设，谈几点初步的思考和体会。

一、进一步加强中层干部和中层后备干部队伍建设

中层干部是我们的核心人才资源，对北京电视台的发展至关重要。为加强北京电视台中层干部队伍建设，我们将主要开展两项工作。

一是正在研究起草《关于加强部门领导班子和中层干部队伍建设的意见》，强化和规范部门“三重一大”事项的议事规则，对班子建设提出明确要求，对中层干部的思想建设、作风建设、党风廉政建设等提出刚性措施，最迟于明年初推出；

二是结合开展干部竞争上岗工作，对全台科级干部、制片人和中层干部进行了一系列调查摸底，了解年龄分布、任职情况、岗位特点、培训状况等，在学习借鉴国内同行工作经验的基础上，将尽快形成《关于加强中层后备干部队伍建设的意见》，全面推开后备干部培养使用工作。

二、建立健全科学的人力资源管理体制和人才工作机制

我们将把推进体制机制创新放在重要位置，重点从以下三个方面，探索建立有利于推动发展的人才工作体系。

一是深入开展“三定”工作，进一步梳理、解决人力资源管理工作中存在的问题，制定科学化的岗位说明书，增强全台从业人员的职业感；

二是加强优秀拔尖人才的激励机制建设，从今年起开展“十佳”系列评选活动，选拔推出一批优秀的播音员主持人、

编辑、记者、摄像、技术能手、经营管理人员等；

三是对各类从业人员实行统筹规划和分类指导，围绕重点业务发展领域开展人才需求预测，对行业内的专业拔尖人才进行重点关注，实行聘用制、协议制等特殊的高端人才引进管理政策，建立业务带头人培养机制和内部上岗资格证书制，增强高端人才集聚效应；

四是加强高校实习基地建设，与全国知名高校合作，招募270余名实习生，建立健全高校毕业生年度招聘制度，延揽优秀人才，探索形成优秀大学生发现、培养、留用机制；

五是积极推动首席制、带教制、挂职、助理培养等培养渠道建设，拓宽人才成长进步通道，逐步建立管理通道与业务通道并重的“双通道”人才发展格局。

三、构建覆盖全面、富有特色的全员培训体系

我们将按照鲁部长的要求，着力把教育培训工作当作一件大事来抓，确保培训力度不断加强、培训经费不断增加、培训效率不断提升，全面提升从业人员的素质和能力。

一是按照分层分类的原则，于年底前制定各类人员的教育培训计划，构建全方位、多层次、职业化的全员教育培训工作体系；

二是围绕着力提升从业人员的政治素质、纪律观念、职业素养，加大培训工作力度，在党的十八大召开前，采取脱产培训与在职培训相结合、大型讲座与小班讨论相结合、集中学习与自主选学相结合、通识教育与专业培训相结合、境内培训与境外培训相结合等方式，对全台从业人员轮训一遍；

三是建立BTV夜校，每月固定一个晚上，确定一个业务专题，邀请相关人员包括台内专业人员，开设讲座，进行互动交流，形成良好的学习风气；

四是充分利用我台驻各区县和相关委办局83个记者站的基层资源，利用华北五省区市的区域合作平台，开展员工培训等工作，拓宽培训渠道和领域；

五是加强培训工作制度建设，建立培训师资库及员工学习档案，完善继续教育学时登记制度，将培训考核情况与本人职称评定、职务聘任、工资晋升、年度考核等挂钩。

四、大力加强职业道德建设和作风建设

我们要把加强职业道德建设和作风建设放在突出位置来抓，引导全台从业人员自觉践行社会主义核心价值体系，增强社会责任感，以良好作风推动各项工作落实。

一是持续深化开展“走、转、改”活动，完善长期蹲点采访制度，开展常态化的“走基层”活动，台领导班子成员每月至少一次、各部门主任每月至少两次，深入基层，全程参与采访活动，在创作好作品、树立好作风方面发挥表率作用；

二是强化制度执行力，在加紧修订完善制度的同时，切实抓好制度执行工作，严格督办，及时通报，确保上级要求和党委决策“事事有着落、件件有回应”，营造按规矩办事、按制度办事的发展环境；

三是大力加强反腐倡廉建设，深入开展理想信念、党纪国法、职业道德和预防职务犯罪教育，利用身边案例，深入开展反腐倡廉警示教育活动，完善岗位工作流程，加大党务、台务公开力度，增强各项决策的透明度，提高广大干部职工监督决策的参与度。

以先进的技术、完善的流程、严格的管理、优质的服务促进我台事业发展

——在北京电视台2011年技术工作会上的讲话

北京电视台总工程师　田　方

今天，我们在这里召开北京电视台2011年技术工作会，主要是对近几年来我台技术工作的建设发展进行总结，对目前技术工作中面临的实际问题进行归纳和分析，对下一步技术建设发展进行规划部署。我们这次会议的宗旨是秉承经验、求实创新、开拓进取，以先进的技术、完善的流程、严格的管理、优质的服务促进我台事业的发展。

第一部分　近几年技术建设的回顾和总结

自2005年以来，我台技术系统发展在硬件设备全面实现“数字化”的基础上又进了两大步：一是“实现了11个频道制播网络化”，二是“实现了3个频道高清化”。“网络化”是我台新台址技术系统建设取得的重大成果，而“高清化”又使我台技术系统建设上了一个新台阶。

这历经六年的两大步工程建设，离不开上级领导的大力支持和帮助，离不开台党委的坚强领导，离不开相关节目、职能部门的通力协作，更离不开在座的各位领导、同事付出的辛勤努力。所以，我要向各位领导、各位同事表示深深的感谢。

两大步建设可以总结为以下几个方面：

一、科学管理

两大步工程建设预算总金额约15亿元，涉及制、播、传等各个方面，从工程建设开始我们就建立了一套有效、安全的项目运行管理模式，这不仅能够从技术层面上把握方向，又能有效控制资金的使用，同时对项目的实施起到引导、推进、监督的作用。

新大楼标清项目建设时期，我台成立了“技术贷款办公室”，对技术建设项目发挥着审批、决策、监督、管理的职能，通过“报告—审批—执行—再报告”的“过程控制”，不仅使项目的实施严格按照设计要求进行，也将使用资金控制在预算之内，达到了项目情况明晰、上下级沟通顺畅的管理目标。我们按照系统分工设置了A、B、C三个项目组，实行项目责任制，形成了这种分工明确、责任到人的运行模式，不仅把任务落到了实处，还锻炼出了一批责任心强、技术过硬的青年骨干。

高清项目建设时期，我台成立了由台长任组长、其他相关主管台领导任副组长的“高清频道建设领导小组”，在组织结构上，保证高清工作依规而为。我台在遵

照市发改委资金使用规定的前提下，依照北京市广播电影电视局制定的《北京市高清交互数字电视应用工程建设项目管理暂行办法》，制定了《北京电视台高清电视技术系统工程专项资金使用流程》，将其列入我台“三重一大”事项的讨论范围，每一个招标项目的启动、每一个项目资金的支付均提交台党委（扩大）讨论。我们结合新大楼标清建设管理经验，在“高清频道建设领导小组”下成立了“高清电视技术系统工程项目建设技术办公室”，下设“项目设计组”、“项目审核组”、“资金申请实施方案起草组”，其中项目设计组负责技术方案的制定、项目招标文件中技术部分的起草，项目审核组负责技术方案的审核，资金申请实施方案起草组负责向北京市发改委起草报送资金申请实施方案书，并完成了项目建设资金的申请工作。项目招标完成后，由各技术部门负责组织项目实施。这种“集中设计、分步实施”的项目建设方式，不仅在方案设计上能够做到统筹全局，而且在各技术系统建设中不乏灵活性，也便于项目建设完成后的管理、审计。

二、成果显著

自2005年以来，我台技术工作的重心落在持续紧张的项目建设中，搬了新台址又立即上高清，全台技术部门在这六年期间除了要保证安全播出、节目制作、系统维护等日常工作，还要充分调配人力参与两大步工程建设，几乎所有人节假日与工作日同样忙碌，可以说每一个技术部门、每一名技术人员都为我台技术工作做出了不可磨灭的贡献。在系统使用培训演练的过程中，总编室和各节目中心给予了大力支持和协助。所以说技术建设的成果是大家的、是集体的、是全台的。据粗略统计，我们共建设了70个机房、93大项系统工程，累计铺设各种电缆约5000公里，累计部署各类服务器、交换机约2000余台。

下面从建设历程和规模两个方面讲一下我们的建设成果。

从建设历程方面，2008年4月30日，我台第一个高清频道BTV奥运高清开播，后更名为BTV纪实高清；2009年1月15日，BTV科教、影视、青少三个标清频道搬至新台址播出，在全国首次实现标清节目全流程网络化制播；2009年4月1日，BTV北京、文艺、体育三个标清频道和BTV纪实高清又搬迁至新台址播出，以此标志着新台址技术系统开始全面启用；2009年9月28日，BTV北京卫视高清频道采用传统磁带制播方式实现了高标清同播，成为国内首批实现高标清同播的卫视频道；2010年9月20日，KAKU动画标清频道搬迁至新台址播出，执行着标清节目网络化制播流程；2010年12月20日，BTV北京卫视高清频道由传统磁带方式转入全流程网络化高标清同播，在全国首次实现了高标清同播节目全流程网络化制播；2010年12月29日，BTV文艺频道实现了全流程网络化高标清同播，同一天，外宣标清卫星频道搬至新台址播出，执行着标清网络化制播流程。

从建设规模方面，可以概括为以下八个内容。

（一）前期数字化。

现我台前期拍摄在用的277台摄像机全部为数字设备，其中数字标清摄像机153台；数字高清磁带介质摄像机67台；数字高清新纪录介质（P2）摄像机57台。

尤其是P2摄像机全部在新闻节目采集中应用、采用文件传输、多倍速上载到制作领域，简化了节目上载流程，提高了节目编辑效率，同时这也是国内首次大规模广泛使用，为保安全我们会同公司专门开发研制了专用病毒防护软件，制定了严密的使用规范，形成了系统与管理相结合的病毒防护机制，为新纪录介质更广泛的应用奠定了基础。

（二）制作网络化。

现网络化制播节目的制作存储、处理、传输、交换和管理均采用数据文件的方式来完成，采用无缝、高效的网络化模式取代了以往离散操作、独立运行的传统磁带记录生产模式，目前在全国是唯一真正实现了全台大规模节目生产制作全面网络化的系统。

现我台网络化制播体系分高清和标清两个运行相对独立的系统，通过各自的主干平台与共享服务型系统和应用型系统连接。

共享服务型系统包括高标清兼容的媒资管理、信号收录、演播共享、共享审片和高标清独立运行的节目编播共5个系统，其中媒资系统现节目保有量14.5万小时，现每天仍有节目归档量60小时、原磁带节目上载量130小时入库，收录系统日均收录节目素材30小时。

应用型系统包括标清的普通编辑网、深度编辑网、综合制作网、新闻制作网、体育制作网和高清的新闻制作网、综合制作网、Avid制作网、宣传片编辑网、包装合成网共10个系统，几乎包括了国内常用的所有编辑设备类型，组成了一套规范统一、功能完备、适合各种制作业务的生产系统。现日均制作节目85小时，较新台址投入运行初期的50小时增加了70%的生产能力；85小时中高清节目比例约占35%，较新台址投入运行初期的5%的高清比例增加了30%的份额。

（三）演播室集群化。

两大步工程建设完成的17个演播室通过3个分控中心为调度核心，形成三个演播室集群，不仅可以完成多种形式的节目制作，通过演播共享连接到主干平台分发到各制作网进行演播室录制节目素材的后期编辑。17个演播室包括11个高清演播室，分别是1个1000平方米、4个600平方米、2个新闻（610平方米、150平方米）、1个300平方米、1个交管局、2个100平方米，和6个100平方米的标清演播室，现日均录制节目60小时。

（四）大剧院现代化。

大剧院的舞台机械和灯光照明系统的设计灵活多变，符合了现代剧场演出拍摄的要求，从启用至今承接了北京首次喜剧节、抗震救灾慈善晚会、朝鲜国家剧团红楼梦演出等20余次大型活动。

（五）转播技术国际化。

新大楼建设中完成的12+6高清转播车是目前国内外技术含量最高的高清转播车，它作为BOB租赁使用的高清转播车之一，参与了举世瞩目的2008北京奥运会转播工作，用于奥运足球预赛和决赛的国际信号制作，充分展现了我台位于国际前列的转播能力。为确保我台高清电视信号的传输需要，满足相继开通的高清频道节目转播的要求，4讯道DSNG高清卫星车也于2011年4月完成建设。

（六）播出硬盘化。

现我台新台址在播频道共11个，全部实行网络化制播流程，实现了无带化的网络播出，播出系统通过节目备播系统与主干平台连接，从媒资备播库中获取播出节目文件。这11个频道分别为BTV北京、文艺、科教、影视、体育、青少、卡酷动画、外宣共8个标清频道和BTV北京高清、文艺高清、纪实高清共3个高清频道。此外，BTV财经、生活、公共共三个频道在苏州街台址播出，计划在2011年迁至新台址播出；全台14个频道统一通过新台址传送系统传输到歌华有线、中央电视塔、沙河卫星地球站，分别采用有线、无线、卫星的方式传输播出。

（七）动力可控化。

现我台核心技术系统均接用双路供电，一路断电时能自动切换至另一路，双路断电时还能够自动启动发电机组配送应急用电。现新台址接用两路外电，共有1个10KV高压配电室，7个变配电室，安装变压器26台，总容量36960KVA，为播出、网络、制作、办公提供电源的UPS机组共17台，并安装有4台1320KW备用柴油发电机组。

（八）办公信息化。

新大楼建设中启动的办公信息化项目是我台自建台以来第一次大规模的信息化建设，现已建设完成了全台信息网络的物理支撑、应用和信息安全管理三大平台。

物理支撑平台方面：建设了以万兆交换为核心，千兆到桌面的覆盖全台的BTV企业网络系统，部署了208台（套）交换设备，220台套服务器，信息点已经达到5338个。

应用平台方面：建立了统一的信息共享平台，其中全台的信息发布平台内网已日益成为全台信息共享与交流的重要门户；建设完成了财务系统、广告管理系统、节目生产管理系统等11个应用系统，这些系统已经有效地支撑了相关部门的业务工作。

信息安全管理方面，初步建立完成了我台系统安全的技术、运行和管理的体系，能够有效地保障我台的系统与信息的安全。

目前，办公自动化管理系统正在加紧开发，力争使我台的办公自动化水平提升到一个新的高度。在信息系统基础建设的同时，我台编写了一系列的相关规范和与之配套的管理规定，用以保障办公信息化的有效实施。

三、保障有力

技术职能管理部门充分发挥部门职能，完成了大量采购、到货验收任务，主要体现在以下两个方面。

（一）招标采购合法依规。

在台监审办的全程监督和台计财部的全力支持下，我们在两大步工程建设中合法依规完成了招标采购项目93大项，签订合同312份，合同金额为14.56亿元。

（二）系统检测、设备入库井然有序。

从2008年至今，我台共测试验收两大步工程项目73大项。从2009年至今，我台办理了两大步工程项目和日常采购设备项目共463个合同的设备入库手续，设备金额共计约8.5亿元，打印相关凭证16332张。

第二部分　目前技术工作面临的形势和问题

目前技术建设的任务稍有缓解，根据台党委规划的工作步骤，2011年是调整之年，是蓄势待发之年。我台技术系统经过多年的建设也太需要喘息、调整和梳理，我想“如何应用现有的建设成果为业务部门提供更安全的保障和更优质的服务，以及结合我台实际情况推动技术的创新和发展”应该成为我们现阶段的工作立足点和重心，我们应该本着“求实”的态度、“创新”的精神，促进我台现阶段技术工作的“健康”发展，以使技术系统真正成为我台内容生产的强大支撑平台。

结合目前技术工作形势，我台技术工作现实面临着什么样的课题呢？我想请大家从以下几方面进行思考、分析和研究。

一、如何从技术设计、系统维护、业务流程、人员管理上更进一步保障安全播出

安全播出是广播电视的生命线、是一切工作的根基，技术工作最根本的核心工作之一是保障播出安全。现在我台的播出现状为“三种形态、两地播出”，分别是新台址的高、标清网络制播和苏州街台址的标清磁带制播。

三种形态中高清网络制播投入使用时间不长，还需要进一步的磨合，我们出现过高清网络数据严重受损的问题；标清网络制播现在运行较为稳定，但它曾经出现过控制失误的问题；标清磁带制播面临着设备老化，故障率较高的问题。我们目前正在建立新、老台的互联互通和高、标清备播库的互联互通，正在筹划将苏州街台址播出的频道搬至新台址播出。

但是在任何时期安全播出工作都要放在一切工作的首位，系统的设计要力求完备、稳妥；系统的维护要形成制度、要防患于未然；业务的流程要衔接紧密、要适配播出形态；各项规章制度、工作规范要落实；各类风险点要清晰，应急处置预案要有效；人员管理要强化、奖惩要结合；总之要尽心尽力、齐心协力，才能在新的形势下进一步保障安全播出。

二、如何优化制播生产流程、提高生产效率

自制播网络启用以来，效率问题一直是技术部门关注的核心问题之一。制播网络化的目的和意义除了更规范的流程、更精细的管理之外，更高的生产效率也是我们追求的重要目标之一。比如从流程上来说，网络化制播沿用原来磁带制播三级内容审查、两级技术审查的流程，没有增加新的环节。但从如何提高网络流程效率上来说，在保证安全的前提下，大胆、稳妥采用新技术、新理念，充分利用现有系统的各项功能，解放人力、提高效率，比如启用技术审查自动化、推广共享审片等新技术。在网络化应用初期，只要应用得当、管理有序，网络化制播就能显现出它的优势。

三、如何促进办公信息化、提高应用水平

首先要进一步统一思想、提高认识，要认识到信息化是我们业务发展的必然要求，是业务实现的手段和工具；其次要深入调查研究，只有充分地调研，才能建设出符合业务要求，促进业务发展的信息系统；再次，在信息化建设上必须处理好总体与局部的关系，必要时必须打破“信息孤岛”，只有做到信息有效地共享，才能使办公通过信息化网络“协同”起来，在这一点上，像我之前提到的台内门户，以及阳光工程等项目已经初步做到了“协同和共享”，而有些可以共享的比如机房使用情况等信息，由于种种原因还未实现，还需抓紧实施；然后要加大政策支持和资金投入，同时抓住重点，以点带面；要加强培训，锻炼队伍，不但要培训技术队伍，尽早培养出一大批能独当一面的技术、管理能手，还要对编导培训，使其能够更好地运用办公信息化，提高工作效率。

四、如何建立与系统相适应的运维机制，特别是运维队伍的建设

自新台启用以来，全台制播网络体系的全面应用一直是我台技术在全国处在领先位置的亮点。但同时，网络硬件系统设备的定期维保和软件系统的运行维护都给我台广大技术人员提出了新的课题和要求。花钱买保险，请集成公司提供运维服务是社会上一些网络系统使用单位的通行做法，但考虑到我台是市委市政府的喉舌，网络系统的安全要求很高，并带有一定的政治性，社会上的一般通行做法并不完全适合我台，因此这种做法仅是当前条件下的权宜之计，在实际工作中着力培养我台自有网络技术人才，学习网络运维技术、积累经验，形成以自我为主的运维机制才是正解，这样才能把全台制播网络系统的运行安全牢牢把握在自己手中。

五、如何增强成本核算意识、加强固定资产的调配、管理

从标清建设到高清一期建设，我们增加了近15亿的固定资产，加上原来老台的设备，固定资产原值总额达25亿。这些设备放在哪使用、运行情况如何、怎么核定损耗报废等都是固定资产管理应该要掌握的一本账。比如我们要建设一个新项目，就要调查之前是否做过类似的项目、项目评估的效益如何；再如购置一件新设备，之前是不是买过、是否还在使用、用的怎么样等，这也是固定资产管理应该提供给决策者的重要信息。也包括演播室、制作机房的合理调配使用，应该物尽其用。简单地说，就是要增强成本核算投入意识，合理调配固定资产的使用。

六、如何在传统媒体中应用好新技术，迎接新媒体的挑战

在“三网融合”迅猛发展的今天，新媒体技术不断涌现，如何在传统媒体中安全可靠地运用好新技术是我们需要认真研究的课题。

在技术系统建设中要引入“互联网思维”，不但为传统方式的节目生产提供好技术支撑，还要研究如何搭建服务于IPTV、互联网电视、移动电视等新媒体的运营平台；要研究是在现有技术系统中整合嵌入中间件，还是重新组建技术平台；要研究如何利用3G乃至4G技术进行移动电视传送，提高效率；要研究完善媒资外延系统，提高节目的再用率；要研究利用在线互动技术，为制作交互式电视节目提供技术平台；一句话要结合我台业务发展的需求，研究制定符合我台自身发展的新媒体发展方向，适时提供适应传统媒体业务需求的新技术手段，将新媒体业务为我所用，不断提高自身技术实力，才能在竞争大潮中占据有利位置。

七、如何提高服务意识，为我台的事业发展服好务

搬入新台址以来，广大技术人员始终以“技术为节目服务，技术为编播服务”为宗旨兢兢业业的工作，但也确实存在个别人员服务意识淡薄，有推脱的现象，对我们整体技术队伍形象产生了恶劣的影响。广播电视行业是一种不定时，经常需要加班加点的工作，电视节目的制作需要编辑人员与制作人员相互配合，共同完成。我们技术人员应增强服务意识，努力提高自身业务水平，不断丰富服务手段，在保证安全播出的前提下充分满足广大业务部门的各种需求，为我台广播电视事业的发展服好务。

八、如何建立行之有效的备份体系，在突发情况下能够真正发挥应急和备份作用

建立备份体系、制订应急预案以应对突发紧急情况，这是更深层次的确保安全。比如针对政治敏锐性强的新闻节目直播，我们有主路、有备路，还有第三路；针对影响力大的大型活动直播，我们有不同接收方式、不同接收路由的互为备份。但现在我们的备份系统中也存在设计不太合理，考虑不够细致周到的地方，在真正有需要时，并不能及时发挥作用，成为一个摆设。此外，备份系统如何串成一个灾备体系，在日常系统崩塌时，能够迅速启用，支撑起完整的业务流程，更是一个复杂的课题，它涉及建设地点、规程、资金等各个方面的问题。

九、如何建设好专业技术队伍，培养阶梯化的技术人才

我们的技术从标清到高清、从单机到网络在不断发展，因此我们也需要不断进步的专业技术队伍来支持我们的技术系统发展。而我台现有技术人员在编 367 人、特派 26 人、一般派遣 404 人，共 797 人，年龄层次、受教育程度、技术水平各异。要建设好专业技术队伍，首先要从基础培训入手，做好新系统、新技术的培训宣讲，组织好系统操作和理论知识的考核；其次要强化动手能力，鼓励改革创新，营造积极向上的竞争氛围；此外，我们还应该充分考虑人员的自身发展、激发员工的工作热情和潜力，做到人尽其才。

第三部分　未来几年我台技术工作发展规划

为顺应变革、迎接挑战，本着统筹规划，分步实施，重点突进，安全可靠的原则，结合北京电视台事业发展需要，特别要紧扣台党委制定的三年发展规划和节目发展的需要，构建未来几年我台技术工作发展规划，技术发展规划至少要由以下几个方面去考虑。

一、建设完备的网络制播和信息化管理体系

在现有基础上，继续建设服务于节目生产、播出、发布、内容服务的媒资管理平台。对内服务于电视台节目生产和播出，对外形成内容集成、分发、监管、版权保护的系统平台。

继续建设北京电视台信息化管理系统，在确保安全的前提下与网络制播系统协同工作，提高信息系统在节目生产和业务管理工作中的支撑作用，逐步实现业务处理信息化、经营管理信息化、决策支持智能化的建设目标。

二、进一步完善我台技术系统基础建设，提升高清节目制播存能力

继续稳步推进高清系统建设，圆满完成市委市政府下达的高清技术系统的建设任务。

播出方面，将于 2011 年内实现 BTV 公共新闻频道的高标清同播，2012 年内实现 BTV 体育频道的高标清同播，密切关注国家广电总局有关高标清同播向高清播出的规划，结合我台现已建成的七套高标清同播系统及一套高清播出系统，研究规划我台由高标清同播向全面高清播出的发展规划及步骤。

网络制作系统方面，利用未来四年时间，进一步完善、加固、扩充可基本满足节目发展需要的高清节目生产网络制作系统，全面实现我台网络化高清制播目标。

现场制作方面，继续提高我台高清现场直转播制作能力。研究探讨在北京城区热点地区设立永久性转播注入点、提高现场直播能力和水平。

积极推广应用新记录介质ENG及其附属设备，到2015年根据高清普及的进展情况，基本实现前期ENG设备的高清化。

新建和更新两套高清数字地面发射系统、卫星覆盖系统。

三、积极应对“三网融合”时代，新媒体的挑战

在技术上，利用我台内容生产的优势，建设面向“三网融合”的内容集成平台；通过我台新台建设形成的技术和资源优势，结合“新媒体”可双向互动的特点，搭建我台内容生产、内容管理的交互平台，对内做到生产和办公管理的结合，对外做到节目生产创作与受众的结合，开始转变传统的电视传播方式，积极参与、配合北京网络广播电视台的建设。

四、开始关注和实施更高清晰度和更高体验度的超高清技术系统、三维立体电视（3D）系统

实验搭建4K、1080P、3D的现场制作、后期制作系统和播出系统，形成一定的制作和播出能力，逐步实现从时间段播出到频道播出；与相关单位和机构合作，建立以上节目的分发、传送、管理、运营的集成播控平台，形成高端电视产品的制作、分发、发行、电视播出、院线播出等的全产业链的技术和管理运营体系。

五、“技术为本，人才先行”，大力提高技术人员的技术、技能水平，培养人才队伍

利用项目实施，已建成的技术系统及日常运行维护，大力培养建立我台的技术维护和运行管理队伍，包括网络制作系统、网络播出系统、网络信息平台系统、应用系统、高清制播系统的软硬件技术维护队伍，力争中高级水平人员比例达到现有人员的三分之二，提供培训机会，改进培训方式，结合实际，进一步完善奖优罚劣，奖勤罚懒的奖惩机制，使我台技术队伍能引进人才、发现人才、留住人才。积极培养技术能手、业务尖子、技术领军人物，在技术部门形成钻研业务、比学赶帮超的良好氛围。

六、建立和完善备份和容灾体系，提高紧急状态下电视节目的播出与传输能力

一方面继续完备现有备份系统，降低由于技术系统故障带来的安全播出风险，包括建立适量的应急备份机房和系统、利用苏州街台址建立同城播出备份和数据备份系统（BIDC）等，另一方面完善与安全播出相关的管理制度和流程，建立播出安全评估和保护体系，提高安全管理水平。

（2011年5月18日）

关于广告经营需求与节目定位的思考

——在北京电视台节目同质化研讨会上的发言

北京电视台副台长　王　澎

应该说，北京电视台的节目构成还是具有一定水平的，整体市场份额也支撑起了每年30亿元左右的广告收入。但从另一个角度来说，确实还存在着定位不够清晰、分众不够明确的问题，在节目设置上，也存在着同质化以及编排重叠等问题，这些问题不是北京电视台独有的问题，任何一个电视媒体在发展过程中都会遇到类似的问题，只不过有些台已经先行一步，采取了一些解决的措施，取得了一定的成果。

我们解决频道定位和节目同质化问题，不可能一蹴而就，采取一刀切的方式也不科学。下面我就从研究并分析我们的广告客户究竟需要什么样的广告产品的角度，对节目生产部门研发新节目提供一些参考。

第一个问题，广告客户的实际需求究竟是什么？

在以前的讨论中，我曾多次介绍过广告客户受众的需求，比如宝洁客户需求的受众是25～54岁的女性，欧莱雅客户需求的受众是18～35岁的女性等等。客户对受众的需求是我们主观上无法改变的，这就像洋人来北京生活，他吃惯了西餐，你让他偶尔吃上一顿中餐尚可，但他日常生活中，还是得以西餐为主，这是不会改变的。

为了更充分地说明广告客户的需求，我让广告部做了一个全面的统计和深入的研究。北京电视台的主要客户群集中在传立、实力、凯络、麦肯、浩腾、电通这样的国际4A公司以及所谓的本土4A公司手中，按照保守估计，这些4A公司总投放量将不少于24亿元，大约占我们去年31亿元收入的80%。在这24亿元的广告客户中，我们选取一些客户作为研究样本，这些客户2010年在我台的直接广告投放量为16.7亿元，占总收入的55%。这些客户一共是138家客户，260个产品，基本代表了咱们台各个行业的广告客户。

由于每一个产品都有各自不同的受众需求，我们做了这样一个假设，比如某一个产品，它的受众需求是10～14岁（年龄跨度是5岁）的人群，2010年总的投放量是100万元，那么也就是说，可以将这100万元平均分为5份，从10岁到14岁，客户购买每一个年龄广告费都是20万元。

按照这种思路，我们把这138家客户的260个产品全部作了拆分，于是得到了这样两组数据：

第一组数据是客户对于不同年龄的投放需求，我们根据得出的数据绘制了这一张图：

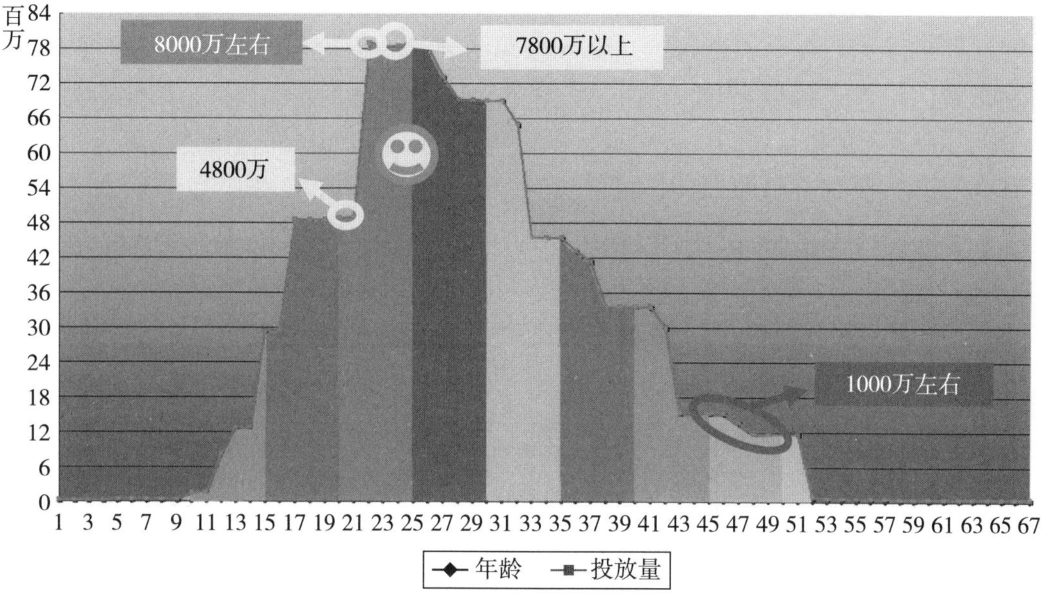

这张图说明的就是客户的需求和投放量之间的关系。按照五岁一个阶段进行划分，可以看到，需求最多投放量最大的年龄段集中在20岁至24岁，以及25岁到29岁。

以20岁至24岁这一块面积做个说明。20岁对应的投放量是4800万元，21岁也是4800万元，22岁的投放量明显上升，大约8000万元左右，23岁和24岁的投放量分别都是7800万元以上。也就是说，在总额16.7亿元的广告费中，客户花了将近3.3亿元的广告费，用来购买20岁至24岁这个年龄段的观众收视，约占总额的20%。

与之相对比的，是45岁至49岁这个年龄段，大家可以看到，每个年龄的投放量也才1000多万元，合计不过5000余万元，占总额的3%。而50岁以上的投放量就更少了。

从这个图中可以看出，广告客户确实需要的是年轻受众的节目，这是一个不以人的意志为转移的事实，也是市场规律决定的。

第二组数据是260个产品中，对性别需求的情况如下：

性别需求	男	女	全人口	总数
产品数（个）	28	91	141	260

按照以上数据推测，广告客户对于受众的性别比例需求为：

11%∶35%∶54%（男性∶女性∶中性）

换句话说，从观众性别角度讲，如果我们台的节目设置比例也是上述比例关系，那么就说明我台的节目设置在性别角度符合客户需求。

第二个问题，目前我们的节目分众收视究竟是怎样的？

我们同时作了一个关于我台节目分众的研究，选取2010年和2011年上半年常规栏目做了一个收视分析（参见附表1~4）。

需要说明一下，这些栏目全部是广告收入超过100万元的栏目（2011年的收入是根据半年收入预估得出的），因为我们认为广告收入低于100万元，则说明这个节目不具有广告价值，也无需进行分析。

据统计，符合这个条件的栏目，2010年共有86个，2011年共有78个。

另外还需要解释三点，第一，收视表中所列的数据均为首播数据；第二，新闻节目具有特殊的新闻属性，因此本次分析不含新闻类栏目；第三，体育频道和卡酷频道的栏目不包含在内。

第一组数据，男女比例系数。

我们根据栏目的男性女性收视率计算出了男女比例系数，并对这个系数作了如下假设和定义：

男女比例系数>1.1	1.1≥男女比例系数≥0.9	男女比例系数<0.9
偏男性栏目	中性节目	偏女性节目

示例：

节目中心	栏目名称	男性收视	女性收视	男女比例系数
青少·海外	谁在说	1.72	2.59	0.66
生活	第7日	1.79	1.83	0.98
青少·海外	探索	0.52	0.36	1.44

按照上述假设，我们得出了我台节目的男女比例关系：

	偏男性的节目	偏女性的节目	中性节目	大致比例关系
2010年86个栏目	4	49	33	5%:57%:38%
2011年78个栏目	8	54	16	10%:69%:21%

第二组数据，年龄段比例系数。

我们根据栏目的分年龄段收视率计算出了年龄段比例系数，并对这个系数作了如下假设和定义：

年龄段比例系数≥1.0	年龄段比例系数<1.0
适宜本年龄段的栏目	不适宜本年龄段的栏目

示例：

节目中心	栏目名称	4+收视	15~24岁	比例系数
文艺	每日文娱播报	2.04	2.15	1.05
财经	经济法眼	1.13	1.29	1.14
财经	天天理财	0.90	1.17	1.30

按照上述假设，我们得出了我台节目的年龄段比例关系：

2010 年 86 个栏目中			
适宜 15 ~ 24 岁人群的节目	5 个	不适宜 15 ~ 24 岁人群的节目	81 个
适宜 25 ~ 34 岁人群的节目	6 个	不适宜 25 ~ 34 岁人群的节目	80 个
适宜 35 ~ 44 岁人群的节目	14 个	不适宜 35 ~ 44 岁人群的节目	72 个
适宜 45 ~ 54 岁人群的节目	86 个	不适宜 45 ~ 54 岁人群的节目	0 个
适宜 55 岁以上人群的节目	80 个	不适宜 55 岁以上人群的节目	6 个

2011 年 78 个栏目中			
适宜 15 ~ 24 岁人群的节目	4 个	不适宜 15 ~ 24 岁人群的节目	74 个
适宜 25 ~ 34 岁人群的节目	6 个	不适宜 25 ~ 34 岁人群的节目	72 个
适宜 35 ~ 44 岁人群的节目	19 个	不适宜 35 ~ 44 岁人群的节目	59 个
适宜 45 ~ 54 岁人群的节目	70 个	不适宜 45 ~ 54 岁人群的节目	8 个
适宜 55 岁以上人群的节目	68 个	不适宜 55 岁以上人群的节目	10 个

有了上面两组数据，我们就可以进行对比分析：

第一个分析和结论：从性别比例角度进行分析。

客户需求是 11%∶35%∶54%（男性∶女性∶中性）

节目现状是 5%∶57%∶38%（男性∶女性∶中性）（2010 年）

10%∶69%∶21%（男性∶女性∶中性）（2011 年）

事实证明，我台缺少以男性为主体和适宜男女同时收看的节目，偏重女性观众的节目数量明显偏多，超出了广告客户的需求，形成了资源浪费，这些节目大多数存在同质化现样，建议台里在制定 2012 年节目编排时予以关注。

第二个分析和结论：从年龄段比例角度进行分析。

客户的需求是针对 15 岁至 34 岁观众的投放量最多。

我们的节目现状是，适宜 15 ~ 24 岁人群和 25 ~ 34 岁人群的分别不过五六个，绝大部分栏目适合 45 岁以上观众收看。在这里我想从广告销售的角度举两个栏目的例子：

《每日文娱播报》，这个栏目是咱们台广告创收的标杆栏目，2010 年收入超过 1.5 亿元，今年我们把价格涨了 30%，但是销售依旧爆满，截止到 7 月份广告收入已经超过 1 亿元了。之所以会这么受到客户的青睐，是因为《每日文娱播报》既符合 15 ~ 24 岁人群，又符合 25 ~ 34 岁人群，这两个人群对应的广告投放量又最大，而咱们台类似的节目又太少，因此广告客户全都会选择《每日文娱播报》来进行投放。

《经济法眼》，这个栏目在 2011 年成为了一个特殊的案例，每个月的销售几乎都是满载销售，平均销售率 148.35%，截止到 7 月份广告收入已经超过 2000 万元。同时这个栏目前后的时段销售率也都超过了90%。我们分析这个节目销售率爆满的原因，是因为《经济法眼》抓住了25～34岁和35～44岁这两个年龄段的人群，而广告客户又需要这两个年龄段的观众，所以就选择了《经济法眼》。

事实证明，我台缺少适宜15～24岁人群和25～34岁人群收看的节目，而适宜45～54岁人群和55岁以上人群的节目数量明显偏多，超出了广告客户的需求，形成了资源浪费，如果能够使适宜15～24岁人群和25～34岁人群收看的节目增加到十个左右，将会大幅减轻《每日文娱播报》、《经济法眼》这样栏目的压力，分流广告客户的选择，形成新的优质创收资源。

几点认识

（一）收视率到底是什么？

我们做节目，往往会关注收视率，并且用收视率作为考核的方式。可是如果再仔细想一想，收视率又到底是什么东西呢？

上级主管部门考察媒体，关注的是导向是否正确，节目是否有美誉度等等，绝不会管我们的节目收视率是高是低。老百姓看我们的节目，关注的是内容是否好看，是否有新鲜感和贴近性，也不会管我们的收视率到底是多少。说到底，真正关注我们节目收视率的其实只有广告客户，因为他们才是真正对收视数据有需求的人。

所以说，收视率其实就是做给客户看的，既然如此，从广告经营的角度上讲，就应该按照客户的需求来对节目进行定位，制作出令客户满意的节目。

（二）主干枝杈论。

频道定位是一个频道发展的方向，就如同一棵大树的主干一样，只有坚持自己的定位方向，才能让这棵大树越长越直，越长越粗。而节目则是这棵大树的枝杈，沿着主干方向生长的枝杈，会越来越健康，同时也能为主干提供养分，添砖加瓦。而没有沿着主干方向生长的枝杈，则会影响到主干的生长，必须进行梳理和修剪。

今后如果我们台的每一个频道都能按照台里制定的频道定位进行发展，而台编委会和总编室则是园丁，通过管理来剪除每个频道不和谐的枝杈，确保主干的茁壮成长。

（三）欧莱雅的遗憾。

今年，欧莱雅客户跟我们谈判，希望追加3000万元的广告投放，但是经过客户的评估，认为我台的节目中，缺少主打18～35岁女性的节目，也没有太多在这个分众人群中表现突出的节目，使得客户在制定广告计划时很难选到满意的广告产品，最终这3000万元究竟能不能落在北京电视台，目前我们还在积极努力之中。

举这个客户的例子，想要说明的是，究竟咱们做节目的目的是什么？除了满足宣传导向的要求外，剩下的不就是追求投入产出最大化吗？而现在的局面是，客户有钱可以投放，可就是找不到合适的节目资源，而我们台很多节目却没有广告，白白浪费了有限的广告时间。不妨这样设想一下，如果我们台某个中心能多做几档主打18～35岁女性的节目，那这3000万元就可以轻易赚到手了，衷心地希望各节目中心予以考虑。

（四）广告部的调研总结。

2011年7月10日至18日，广告部跟随台调研小组，分别到江苏、上海、浙江、深圳四个地方调研，围绕电视广告经营“十二五”规划进行了调研。在广告部的调研报告中，关于四家电视台在频道定位和节目定位这方面的经验总结，在此也与大家一起分享一下。

第一，频道定位需要总体规划，按不同定位设计节目，实现错位竞争。节目同质化是各台都不能避免的情况，但是对频道定位清晰后，将使得全频道的观众群尽可能地扩大，通过减少“交集”、扩大“并集”来提升全频道的收视份额。

以江苏和上海为例，他们的地面频道均有“主频道”和“小频道”之分，主频道占主要收视份额，承载主要的广告创收任务，小频道的分众则更加清晰，承担着“意见领袖”的角色。例如上海台，对主频道以4+为主要考核指标，目的是守住本地的收视份额，对小频道则以4+和分众为共同考核指标。不同频道有不同考核标准，如一线的主频道（新闻综合、电视剧、星尚等）以4+考核为主，其他专业性频道（体育、纪实、财经、青少等）允许4+下降，同时目标分众上升。

第二，强势栏目带动频道整体品牌价值提升，地面频道强势节目本土观众忠诚度最高。江苏卫视的《非诚勿扰》、东方卫视的《达人秀》，深圳卫视的《年代秀》，江苏都市频道的《零距离》、深圳都市频道的《第一频道》，这些频道都是依托品牌节目达到了迅速提升频道整体价值的目的。同时，频道价值的提高，使其生产的节目也能迅速得到观众和客户认可，产生“给点阳光就能灿烂”的效应。

江苏卫视2009年广告收入11亿，2010年在《非诚勿扰》栏目的带动下，收入达到18亿，其中《非诚勿扰》广告收入5亿。东方卫视《达人秀》带动了频道下半年的整体广告收入，以及频道整体品牌价值的提升。大活动对卫视频道的品牌建设会起到至关重要的作用，同时是带来广告增量的重要资源。

江苏都市频道的民生新闻节目《零距离》本地收视率常年稳定在15%以上；深圳都市频道的同类栏目《第一现场》，在本地的收视率稳定在20%以上。一个强势栏目使都市频道成为江苏、深圳份额最高的地面频道。

（五）《现代广告》的一篇文章。

在最新一期《现代广告》杂志上（2011年13期），有一篇文章《樊旭文：平台价值的释放者》。在这篇文章中，介绍了湖南电视台的经验，或许对于我们的频道和节目的定位有所启示：

第一，湖南卫视确定的定位是“以资讯和娱乐为主”，从内容、受众、市场三个方面定义为“锁定娱乐、锁定年轻、锁定全国”，正是因为如此清晰的定位，才让湖南卫视的发展有了轨迹，让节目生产有了目标，让广告经营有了方向。

第二，广告经营方面湖南卫视提出的是“四轮驱动”的概念，即“广告+总编室+节目部门+覆盖”。如此一来，经营不仅仅是广告部的事情，使广告从经营的“前台”深入到节目制作的“后台”。

第三，在经营思路上，樊旭文提出了“从业务拓展为主向客户服务为主转变，从资源型向价值型转变”。

请注意这最后一句，“从资源型向价值型转变”，这对我来说是一个震撼，咱们卖广告，还是按照十五秒、三十秒这种广告时间资源来卖，而湖南卫视已经突破了资源的限制，卖的是平台的价值，这就已经不是一个层面的竞争关系了。

概　况

北京电视台概况

2011年，北京电视台紧紧围绕全市中心工作，牢牢把握正确导向，以科学发展为主题，以内容生产为核心，以改革调整为基调，着力提升舆论引导能力和宣传水平，着力推动高清建设和媒体融合，着力完善各项工作制度和管理措施，着力推进队伍建设和人才培养，着力构建和谐进取的办台环境，努力建设与首都地位相称的一流电视台，各项工作取得新的成绩。

一、明确节目发展战略和频道定位，舆论引导力和社会影响力全面提升

开创性地提出“首善媒体、大美品质”节目发展战略，明晰频道品牌定位，重塑专业化频道格局。建台以来首次提出“首善媒体、大美品质”的内容生产战略目标和核心价值，努力“追求媒体品质，成就品质媒体”，对全台11个频道的理念、定位、品牌目标等进行全面梳理，去除同质化内容，提升节目品质，推进精品生产，实施精品立台，收到明显成效。

整合频道资源，实现4个频道呼号变更。在年初实现新闻与公共、青少与海外的机构内部整合、明确北京卫视节目中心主体地位之后，四季度经国家广电总局批准，实现了4个频道的呼号变更，正式启用了BTV新闻、BTV青年、BTV北京卫视、BTV卡酷少儿的频道呼号，为各频道名副其实、做大做强奠定了基础。

坚持新闻立台，唱响时代强音，高质量完成各项重大宣传报道任务。以《北京新闻》为主的各档新闻节目，不断创新报道形式，圆满完成庆祝建党90周年、十七届六中全会、辛亥百年、“走、转、改”活动等重大宣传报道任务。精心策划推出《温暖一家亲》、《幸福绽放——走近幸福的劳动者》、《开局之年走一线》、《心心相印——庆祝建党90周年直播节目》、《我在基层》、《12345需求与反馈》等一系列重大直播、主题报道及专栏、专题片，有力发挥了主流媒体的社会影响力。通过专题片、宣传片、人物访谈等多种形式，浓墨重彩、生动深入地宣传北京精神，形成了强大舆论声势。进一步完善新闻直播应急机制，出色完成“7·24”大雨直播等报道任务，彰显了在重大突发事件面前主流媒体的舆论引导力。全力打造新闻评论栏目带，推出《锐》系列等互动性主流评论栏目，获得了良好社会反响。圆满完成2011年援建拉萨、玉树、和田的前方驻站报道任务，受到当地党委和政府的充分肯定。向中央电视台报送新闻6000余条，被中央电视台综合频道和新闻频道采用播出1200多条，《新闻联播》播出95条，在全国省级电视台中名列前茅。

凸显新闻和文化品质，北京卫视综合排名和品牌影响力进一步提升。北京卫视锐意改革，勇创一流，着力打造晚间品牌文化栏目带，推出《北京观察》、《好人故事》、《倾听》、《大戏看北京》等新栏目，挖掘首都文化资源，强化频道文化属性；坚持新闻立台，重播《北京新闻》，增设《本周锐评》、《下周锐议》，加大新闻评论力度；重点培育早中晚三大“栏目带”，《养生堂》、《档案》、《身边》已成长为全国性精品栏目典范；实施“内容为王”战略，北京卫视成为省级卫视中自办品牌栏目播出量最多的频道，并在2011年创造了连续两周市场份额位列省级卫视第一的突破性成绩。

勇于探索创新，荧屏亮点频出。在深入开展“走转改”活动中，涌现出一批好栏目、好作品，电视荧屏耳目一新，清风扑面，各频道开设专栏（版块）30个，采访、制作、播发相关报道（节目）约400条（期），获得中央和市委有关领导的充分肯定。9月13日，在中宣部新闻战线“走转改”活动座谈会上，刘云山同志表扬9月11日《北京新闻》播出的《说句心里话：用双手“抹”出家的根基》报道：这样的新闻来自基层，来自一线，非常鲜活，非常感人，有现场感，让观众动情。《温暖一家亲》大型春节记者关爱公益行动，彰显媒体社会责任，刘淇同志2月14日批示：北京电视台工作不断创新，出不少亮点。坚持贴近群众的大方向，再创新佳绩。《幸福绽放》等一批反映好人好事的电视节目，首次推出“台领导与编辑、记者走一线”大型新闻行动，采访足迹遍布全市14个区县2个委办局，播发16篇重点报道。创新重大主题报道，庆祝中国共产党成立90周年18小时大型直播《心心相印》。采用全新技术手段，成功跨地区直播京沪高铁全线通车。创意策划播出《辛亥》、《笔墨春秋》、《少年中国》、《国风》、《启蒙的艺术》等纪录片精品，凸显重大历史题材专题片创作实力。首次推出历时12小时的《2012BTV新年环球大直播》，6个境外摄制组、5个直播组与10余个境外媒体合作，全景展现了世界各地喜迎新年的盛况，在全国省级电视台跨年节目大战中独树一帜。

文艺节目中心着力打造品牌晚会，全年制作主春晚、网络春晚、中秋晚会、《“党在百姓心中”七一晚会》等近50场风格多样的文艺晚会，晚会数量创历史新高，制作水平进一步提升。科教节目中心着力强化“科教”气质和“大教育”理念，重点打造以《法治进行时》为龙头的午间法治时段、傍晚健康科学时段和晚间人文时段。推出了《笔墨春秋》、《为你而歌》（第九部）等有分量的专题片，向“高品位、优品质、大品牌”的专业频道方向迈进。影视剧中心确立精品影视文化战略，围绕纪念建党90周年、辛亥革命100周年等，推出《钢铁年代》、《风声传奇》、《永不磨灭的番号》、《护国军魂》等优秀国产电视剧，展现了“大戏看北京”的理念追求。财经节目中心努力打造“大财经”高端媒体平台，重点培育王府井品牌节直播、《中国经济新春论坛》、“北京影响力”评选等大型品牌活动，扩大了在财经领域的话语空间。体育节目中心充分挖掘赛事资源，播出以英超、中超为代表的国内外品牌赛事，辅以《天天体育》、《足球100分》、《体育议起来》等新闻、专栏、评论节目，增强规模化报道优势。生活节目中心精心策划、强化管理，进一步提升《生活面对面》、《7日7频道》、《食全食美》等品牌栏目的社会影响力，连续三年成功举办《中国时尚大典》，在社会上赢得良好口碑。青少·海外节目中心用青年受众喜闻乐见的方式进行主流传播，《军情解码》、《书香北京》、《北京青年》等栏目成为新兴品牌。动画节目中心努力搭建中国动漫和少儿节目第一传播平台，以“原创动画故事+真人节目+互动”的全新模式创新动画春晚形式。频道收视份额在全国动画卫视中保持第一，继续领跑全国少儿电视媒体。纪实高清频道实现全新改版，发起建立全国地方台纪录片联盟，筹划推出“红色经典”优秀纪录片展映活动，探索开展3D节目制作实践。

推进文化“走出去”工程，国际传播力明显提升。节目在覆盖7个国家、地区的长城平台播出，全年外宣节目首播时长共计2372.5小时，重播时长共计8760小时，宣传片共计360小时。制作英语新闻70条，在美国联邦公共广播公司MHz电视台等境外电视台播出，其中8条英语新闻在CNN《世界报道》栏目播出，并通过CNN设在facebook上的平台，登陆境外主流社交网站。与俏佳人传播公司合作，将《天下收藏》栏目发行给美国ICN电视联播网；将《四海漫游》发行到马来西亚、文莱等国；与海外IPTV运营商麒麟电视、ITV、汉雅星空合作，把33档节目传播到北美地区。

二、鼓励内容创新，节目生产向多元化、精品化迈进

首次举办“电视节目创意季”。全台共152件创意作品参评，19件作品获得优秀创意奖，5个方案被采用，借此建立了一年两季进行节目创意征选和创新实践的常态机制。

创立以“品质”为核心的节目考评体系。确立“首善媒体、大美品质”的节目发展总目标，并将其具体分解为“社会责任、品牌价值、文化品质、专业品质”等可测量指标，建立了“台——频道——栏目”垂直延伸、相互关联的评价体系，获得了国家广电总局的充分肯定。

播音员、主持人品牌建设进一步加强。成功举办首届北京电视台“观众喜爱的主持人”评选活动，历时四个月，共收到观众选票83万余张，参与人数超过100万，为培养名牌主持人，激励主持人敬业奉献，增强我台主持人影响力做出了有益尝试。

内容生产成果丰硕，节目精品屡获大奖。2011年北京电视台节目在各类社会评奖中共获156个奖项。其中，国家级大奖17项。

三、实现全年安全生产播出目标，高清化建设稳步推进

圆满完成安全生产播出任务。2011年，全台节目后期制作量约达130万小时，特技制作近4万秒，演播室录像、录播、直播约4万小时，剧院演出近50场次、约2000小时，转播车直播、录播共计约700场次，总制作效益额近3亿元。14个频道播出总时长10万余小时，较2010年同期增长了7%。年停播率0.51秒/百小时，约为国家广电总局62号令规定的一级电视中心标准停播率5秒/百小时的1/10，与2010年同期相比下降了61.7%。为全台节目日常播出及各项大型活动的安全举办提供了坚实的技术保障。

高清化进程稳步推进。完成高清项目一期工程的验收任务及二期工程“高清综合制作网”、“远程节目上载模块”、“高清新闻网改造”的搭建、调试和启用，新闻频道高标清同播的技术准备工作就绪。

不断完善技术管理制度。组织召开了全台技术工作会议，研究制订技术发展目标规划，梳理细化技术流程，制定出台《北京电视台制作部技术管理框架》、《北京电视台安全播出奖评审办法（试行）》、《北京电视台信息网络管理部工作手册汇编》等多项管理制度。

加强技术改造升级。财经、生活、新闻三个频道播出系统顺利迁至新台址，实现了所有频道集中在大北窑新台址一地播出的规划目标。搭建了独立的北京卫视高标清频道代播传送系统，实现了 BTV 北京卫视频道检修不停播。完成了播出系统总控矩阵、苏州街台址 800 平方米演播室灯光等多项技术设备升级改造。积极跟踪高新技术成果应用，参与中国 3D 电视试验频道相关工作，形成每周 7 小时 3D 电视节目的生产能力。在天安门大屏幕播出内容的制作中成功运用 4K 技术，得到了市委市政府的充分肯定。

荣获多项技术大奖。2011 年，北京电视台技术工作在各类社会评奖中共获 64 个奖项，其中国家级奖项 14 个。

四、完善管理手段，发展环境进一步优化

建章立制，管理工作更加严格规范。不断完善保障安全生产的制度体系，相继制定实施了《北京电视台非常规节目编播管理规定》、《北京电视台所属部门和职工利用互联网公共信息平台的管理规定》、《北京电视台网络报道守则》、《关于加强北京电视台实名微博信息管理的通知》、《北京电视台印章管理规定（试行）》、《北京电视台合同管理规定（试行）》等 39 项全台性工作制度。切实加强财务监督和审计工作，建立了年度审计制度，推动了审计工作常态化、制度化；加强对各类招投标的监督审计，逐步建立了更加严格规范的财务管理监督体系。完成全台资产清查工作，盘实了资产，制定了改进措施。加强对规章制度的落实和各项工作的监督检查，保证台里重大决策、重要工作部署件件有回音、事事有着落。

信息沟通交流更加及时有效。进一步推动台务公开，建立了每月台情通报制度。完善落实职工代表座谈会制度，畅通了台内交流渠道。重视信息工作，信息报送水平进一步提升。2011 年《北京信息》采用本台报送信息 25 条、《昨日市情》采用 10 条。圆满完成向《中国新闻年鉴》、《中国广播电视年鉴》、《北京年鉴》等年鉴志书的图文供稿任务。

区域和行业合作开创新局面。成功举办首届华北五省区市省级电视台联席会议，签署了战略合作协议及 2012 年合作项目，首次提出了打造中国电视版图中的“华北板块”概念；与新京报社等媒体建立了长期战略合作关系，在跨媒体、跨领域合作方面发挥了媒体示范作用。

五、加快实施新媒体发展战略，积极筹建北京网络广播电视台

北京网络广播电视台获得批复，实质性建设已经起步。北京电视台成立了北京网络广播电视台筹备组，积极申请，扎实筹备，于 2011 年 12 月底获得国家广电总局正式批准，包括时政类视听新闻节目首发服务在内的几乎全部互联网视听业务。并将北京网络广播电视台定位为：“政府在新媒体领域的喉舌，是新形态广播电视播出机构”。经充分论证，网络广播电视台选址在苏州街台址。整体技术方案通过了专家论证，完成了基建改造、技术工程

建设、视觉形象系统等的招投标工作。组建了工作团队，各项基础性工作已经进入实质性推进阶段。

IPTV为重点的三网融合试点工作扎实推进。按照国家广电总局、北京市三网融合协调小组要求，完成了IPTV集成播控平台的建设，联通了光纤链路，在全国率先实现总分平台对接。规划了自由内容，制订了一系列管理流程，EPG开发趋于完善，IPTV随时可以上线播出。

六、提升广告创收能力，拓展产业经营范围，全台经济实力进一步壮大

夯实广告经营基础，挖掘广告增量空间。进一步完善广告价格和销售体系，加强客户服务，促进大客户增量投放。深度挖掘媒体资源，开发新客户及特殊合作项目。2011年全台广告收入32.5亿元，超额完成1.5亿元，同比增收6.33%。

增强经营意识，拓展版权经营范围。依托核心内容资源，节目版权价值得到提升。2011年版权经营业务收入3056万元，利润总额662万元。其中，传统电视媒体版权销售额2098.77万元，较去年同期增长6.75%。新媒体版权销售额865.13万元，较去年同期增长60.72%，发行渠道达30家，覆盖了所有主流视频网站。

规范企业管理，增强创收能力。在实现事企分开、管办分离的基础上，基本理顺了台属企业经营管理机制，企业创收能力进一步显现。2011年北京电视台五个一级企业创收3.88亿元。

七、切实加强人才队伍建设，着力提升党建工作水平

大力推行竞争性选拔任用干部工作机制，24名中层干部和93名科级干部、制片人分别通过竞争上岗程序走上领导岗位，选人用人的民主化科学化程度得到显著提高。完成对17名中层干部离任经济责任审计工作，切实查找和纠正干部行使权力过程中的突出问题。适应市场化发展要求，加强对企业领导班子的充实和完善。积极推进“台校合作”，充分依托与北京大学等七所高校共建实习基地，吸引优秀毕业生来台实习。规范人员招录使用方式，按照“凡进必考”的原则，招聘录用166名新员工和270余名高校实习生，组建BTV高校记者团，充实了发展力量。

积极推进“定岗、定编、定员”工作，完成全台岗位设计整体方案，为实现岗位管理奠定基础。加强从业人员管理制度建设，开发新型人力资源管理系统，形成临时用工管理“四联单”机制。深化收入分配制度改革，根据不同岗位的类型和特点，分别建立考核分配方式，有针对性地完善相关奖惩措施。调整提高效益工资基数，首次实施半年度动态业绩的考核奖励。

积极构建全员培训体系。先后选送68名优秀节目制片人和技术、职能部门科级干部、业务骨干，分赴英国、加拿大开展以《电视与新媒体》和《媒体管理最佳实践方法》为主题的培训活动，吸收了大量新的传媒发展理念。注重对专业人才的个性化培养，先后选派27人前往专业性院校或权威培训机构开展脱产培训，积极打造重点领域业务带头人。开展了为期1个月的新员工入职培训、频道值班员岗位培训、443人参加的编辑记者职业资格培训，对全台178名制片人实施岗位能力测试。

持续深入开展创先争优活动，党组织和党员队伍建设成效明显。围绕庆祝建党90周年，开展征文、表彰、党史学习、走访慰问等“十个一”系列活动。严格落实“三重一大”决策程序，加强台党委和台领导班子自身建设，召开46次党委扩大会和2次台领导班子专题民主生活会。首次开展党支部工作考核，对部门负责人强化“一岗双责”意识提出要求。全年发展党员45人，全台党员总数达到1327人。着力健全党风廉政建设工作机制，开展“加强台风建设，预防职务犯罪”主题教育活动和“小金库”、假发票专项治理工作。

卫视节目中心工作概况

卫视节目中心

2011年1月1日，北京卫视频道以“传播先进文化，扩大社会影响力，提升全国排名”为宗旨，进行了全面的改版。改版后的北京卫视推出八大品牌栏目，从早到晚依次是《北京您早》、《身边》、《特别关注》、《养生堂》、《北京新闻》、《BTV秀场》、《档案》、《剧说》。这次改版，使北京卫视成为全国省级卫视栏目最多的频道。

通过一年的努力，北京卫视在2011年实现了历史性突破。

2011年，北京卫视在省级卫视的排名稳居第五位，全国的收视份额由2010年的1.26%提升至2011年的1.81%，位居包括央视在内的所有上星频道之首。与此同时，北京卫视与排名第四的安徽卫视的收视率差距由2010年的0.03%缩小到0.01%。

北京地区收视份额由2010年的9.1%上升至12.1%，增幅达到32.8%。截至2011年底，北京卫视全年自制栏目的平均收视率，由2010年的1.6%增长到2.5%，增长幅度达到58%，连续46周位居北京电视台首位。

2011年，北京卫视全国30城市外地贡献率由2010年的35.7%上升至42.9%。其中，《身边》栏目的外地贡献率突破50%；《养生堂》、《档案》的外地贡献率突破60%。

特别是2011年5月5日至5月18日，北京卫视在全国省级卫视“周平均收视”排名力超湖南、江苏等卫视，连续两周取得了收视排名第一的成绩。5月16日的平均收视率更是位列全国所有频道（包括中央台各频道）的第一名。北京卫视在北京地区以外的收视贡献比重达62%，首次超过本土贡献比重。青年观众比重明显上升，25岁至44岁的观众增加239%，高中学历观众增加111%，大学学历观众增加108%。这一成绩，是近年来北京卫视取得的最好成绩。2011年，卫视品牌栏目《身边》、《养生堂》等节目连续数周获得同时段全国排名第一。

北京卫视的收视佳绩也助推了自身

的网络传播力、影响力和美誉度。百度指数显示，5月5日至12日，关键词“北京卫视”的用户关注度激增441%，媒体关注度增66%；整个5月份，百度指数里“北京卫视”的用户关注度增加222%。

2011年下半年，市委市政府对北京卫视提出了新的要求，不仅要实现“首善媒体，大美品质”的频道定位，更要成为北京文化领域的改革先锋。自2011年10月开始，北京卫视用一个月时间完成第二次改版，成功打造了《非凡北京》文化通档，策划推出了《北京观察》、《好人故事》、《倾听》、《大戏看北京》、《我的春晚我的北京》等一系列凸显文化与新闻属性的新栏目。在这些节目中，体现了新闻媒体的责任感，传递着精神品质与社会道德的力量，弘扬了“真、善、美”的情怀，使北京卫视成为宣传、践行“北京精神”的主力军。

为了扩大北京电视台的品牌影响力，2011年下半年，北京卫视又以中国和北京文化为核心，策划推出了《〈金陵十三钗〉电影书全球首发式》、《文化北京年度盛典》等大型文化跨年晚会。

为了贯彻落实“走转改”，北京卫视记者深入一线，开展体验式报道，拍摄制作了60余个一分钟版的宣传片。

文艺节目中心工作概况

文艺节目中心

2011年，北京电视台文艺节目中心成功举办了几十台风格多样的晚会与大型活动，进一步提升北京电视台的品牌形象与影响力。

五场网络春晚青春炫动、时尚新潮。

2011BTV网络春晚，通过《网络潮人夜》、《经典怀旧夜》、《魔幻传奇夜》、《喜庆欢乐夜》、《梦想希望夜》五场各具特色的晚会，对2010年度风靡网络的流行语、歌曲、红人进行了全方位的搜罗、整合、编排，精雕细琢的每一个节目都体现了“出奇、出新、出彩”的网络特色。从腊月二十五至二十九（1月28日至2月1日），每天19：35在北京电视台文艺频道首播，22：30在卫视频道重播，每场时长约90分钟。从受众群体来看，本届网络春晚年轻观众的构成比例较大，其中25～34岁观众群收视较为集中，15～24岁青少年观众也为数更多，这在北京电视台各频道节目中是少有现象。

观众除了通过BTV文艺、BTV北京收看网络春晚，还可以通过BTV在线、BTV手机电视、腾讯网、优酷网、PPTV、3G门户等多家网站的专区页面收看晚会的网络版，并通过专区留言和微博等方式与晚会进行实时互动。

春节联欢晚会节目精彩，温馨动人。

2011年北京电视台春节联欢晚会大年

初一晚在北京卫视和青少频道并机播出。为了体现春晚的特色，晚会录制现场BTV大剧院舞台的设计更加绚丽夺目，镂空雕花的木质边框装饰，融入了窗花艺术，尽显中国传统的古朴典雅之美。主持阵容除了大家熟悉的BTV主持人春妮、孔洁、栗坤、罗旭外，BTV的老朋友杨澜和“海派清口”创始人周立波也一同携手亮相。伶牙俐齿、反应机敏的周立波，除了以周氏幽默串场主持外，还精彩演唱了自创歌曲《因为》。歌舞类节目的嘉宾众星云集，蔡琴、谭晶、汤灿、李宇春、陈坤、潘玮柏等一线明星悉数亮相，海清、黄海波、张少华、吴秀波、林永健、李菁菁、沙溢、胡可、苗圃、范明等影视演员也都以温馨组合的形式，用歌声为观众送去新春的祝福。参与演出的舞蹈演员超过1200人。其中，开场舞《建设世界城市·万众欢庆新春》300多名演员通过多场景的变化，渲染辛卯兔年喜庆祥和的氛围。语言类节目的表演嘉宾也是星光熠熠，冯巩、小沈阳夫妇、大兵、郭冬临、方清平、贾玲、白凯南等都为此次春晚奉献了原创语言类节目。来自中国戏曲学院附中的孩子们在舞台上装扮成几十个可爱的“兔宝宝”，融合在观众席中随着节目进行台上台下的互动。此外，《春晚e起来·我是大明星》和《春晚e起来·我的榜样家庭》地面活动中涌现出来的草根达人和榜样家庭也都来到了晚会现场，胡松华、胡宝善、胡军一家，多名百岁老人，玉树孩子和北京妈妈为春晚带来了温暖、幸福和感动，大家一起在辞旧迎新的团圆时刻“感受温暖，传递幸福”。这台晚会BTV在线、BTV手机电视、腾讯网、优酷网、PPTV、3G门户等多家新媒体平台也进行了同步视频互动直播。据不完全统计，通过BTV在线观看春晚的人数比2010年增长了63%，约有八千万以上的网友通过网络观看了BTV春节联欢晚会的直播和点播。网民除来自北京、上海、广东等30个省市自治区和直辖市外，还有港澳台地区及北美、欧洲的一些国家。

2011姹紫嫣红中国年——十城市春节文艺晚会。

北京、上海、广州、成都、沈阳、贵阳、昆明、长春、济南、武汉十个城市电视台联手打造的《2011姹紫嫣红中国年——十城市春节文艺晚会》，正月十五在BTV文艺21：25播出，节目时长70分钟。这台晚会以“城市美、城市情”为主题，围绕“东西南北中，神州大联欢”的诉求，融入传统中国年中的“十全十美”元素。在喜庆的气氛中，凸显每个城市的个性特质，品味每个城市的文化与进步，多视角、多形式地展现各地民俗以及时代背景下的城市节拍，给广大观众带来一次全新的视听享受。为了更加贴近百姓，展示城市魅力，晚会各城市选出的十个普通家庭来到晚会现场，通过不同的地域方言、颇具地方特色的“脸谱”，真实地表达了各地人们内心的新春愿望和对兄弟城市的祝愿与向往。十个城市电视台选送的节目都注重突出地域风情，展示城市风采。例如，北京电视台选送的相声、沈阳电视台选送的二人转、昆明电视台选送的少数民族歌舞、济南电视台选送的配乐山东快书，都反映了地方文化神韵和风貌民俗。

“清明赋·家国情”第四届清明诗会。

3月29日晚，由市委宣传部、首都文明办、市文化局、市民政局、石景山区委区政府、北京电视台共同主办，文艺节目中心承办的“清明赋·家国情”——第四届北京清明诗会在石景山体育馆举行。本届清明诗会以“爱党”、“爱国”、“爱家”、“爱人”为主题，分为“天地清明”、“家国情深”、“春天畅享”三个篇章，通过吟诵古诗文，朗诵红色诗词，表演现代歌舞等演出形式，诠释清明节追忆先贤、缅怀先烈、热爱生命、感恩生活、亲近自然、倡导和谐的文化内涵和精神实质。由志愿者、社区居民、中小学生、环卫工人、文艺工作者、驻京部队官兵、大学生村官及公务员共2000余人组成方阵，与7个业余合唱团体以及40多位朗诵界、影视界的老艺术家，共同唱响春天的诗句，追古怀远，抒发豪情。

“唱响中国——群众最喜爱的新创作歌曲”北京演唱会。

4月20日晚，庆祝中国共产党成立90周年“唱响中国——群众最喜爱的新创作歌曲”北京演唱会在北京电视台大剧院举行，众多歌唱家与十几支合唱团同台演出，36首词曲俱佳的歌曲，唱出了百姓心声，唱响了新时代经典。演唱会分为“豪情放歌、幸福赞歌、前进颂歌”三个篇章，通过绚丽的多媒体背景、丰富的舞台语言和多样化的电视手段，将现场拉歌与场外互动相结合，而观众参与的热情也时时高涨。此次演唱会是对中宣部倡导的“唱响中国——群众最喜爱的新创作歌曲”征集评选活动入围36首歌曲的全面推介，网民可以按照自己的喜好，在中国网络电视台专门开设的36首入围歌曲的网络投票页面对36首歌曲进行投票。北京演唱会于2011年4月23日19：30在文艺频道首播，21：30在北京卫视重播。

“有爱就有希望”——什邡重建汇报演出。

5月6日晚，《“有爱就有希望”——什邡重建汇报演出》在北京电视台800平方米演播室举行。这次演出以展示北京对什邡援建重建3年来的成果为主线，通过文艺演出结合短片、图片、访谈等形式，多角度、生动形象地反映了北京对什邡对口援建的历程和感人故事，以及什邡人民对北京人民真诚炽热的感恩之情。什邡市直机关、文化馆、艺术团的工作人员们，利用业余时间创作了《感恩祖国感谢北京》、《因你而美丽》等歌曲，深切表达了援建3年来京什两地人民的深情厚谊。感动过无数人的微笑女孩唐沁的坚强与乐观、什邡市北京小学校长宣杰对3年前援建情景的回忆、红白镇书记陈玉堂对红白镇科学重建的讲述、什邡公交司机王明对北京大道的讲述，深深打动了现场观众，观众席上时而是闪闪的泪光，时而是雷鸣般的掌声。

大型文艺纪实片《国风》。

为庆祝中国共产党建党90周年，北京电视台推出8集电视文艺纪实片《国风》，每集时长30分钟，于6月22日至29日每天21：25在文艺频道首播，6月23日至30日每天13：03在卫视频道重播。“国风”取《诗经》之体、传精华之“风”，展百艺之母、呈时代之光。该片唱响集成生于民间、兴于民间、贴近社会、贴近生活的民族艺术——曲艺，全景记录90年间人民生活的真实状态和精神风貌，因此定名为《国风》。这部电视片通过“新生”、“颂扬”、“流行”、“重生”、“发展”、“舞台”、“融合”、“传承”等分集主题，对中国曲艺的过往、沿革、变化、发展进行角度独特、风格鲜明的叙述和阐释，让见证者、亲历者、传承者的讲述跨越历史经纬，长卷式地展现中国现代曲艺的绵延历程和当代中国波澜壮阔的发展嬗变，折射出党的文艺方针政策对民族文艺的传承、保护、促进和发展所起到的巨大作用。

北京市庆祝中国共产党成立90周年主题晚会——“党在百姓心中”。

6月24日晚，北京市庆祝中国共产党成立90周年主题晚会——“党在百姓心中”在北京电视台大剧院举行。晚会从普通党员和老百姓的视角出发，展现党和百姓的鱼水之情，讲述了广大人民群众身边发生的平凡而又动人的故事，形式新颖，生动感人。在演出结束后，市委市政府的各位领导对本台晚会给予了充分肯定，并向晚会的各位工作人员祝贺演出取得圆满成功。这台晚会于7月1日晚在北京卫视黄金时间播出。

北京市庆祝中国共产党成立90周年大型群众歌咏活动“我爱我唱”。

6月24日晚，由中共北京市委宣传部、北京日报报业集团、北京广播电视台、北京市国有资产经营有限责任公司、北京演艺集团主办的北京市庆祝中国共产党成立90周年大型群众歌咏活动——“我爱我唱”在国家体育馆举行。中共中央政治局委员、市委书记刘淇出席歌咏活动，与12000名群众同声放歌。全市16区县的社区群众、工人、学生、志愿者、解放军、老同志等各群体组成的200多支合唱队伍、12000人组成的巨型合唱方阵阵容恢宏，歌声排山倒海。全场齐唱《中华人民共和国国歌》为活动拉开帷幕；最后在全场高唱《歌唱祖国》的嘹亮歌声中完美落幕。经典革命歌曲的优美旋律响彻全场，唱出了全市群众祝福中国共产党九十华诞、祝福祖国美好未来的时代主旋律和最强音。

《京张心连心·两岸一家亲》大型文艺演出。

8月8日，张家口市桥东区龙泉广场上歌舞欢腾、掌声如潮，由北京市委宣传部、河北省委宣传部、张家口市委市政府主办，北京电视台承办的大型文艺演出《京张心连心·两岸一家亲》在这里隆重举行。来自北京、台湾、张家口三地的艺术家联袂演出，用歌声和舞蹈共叙京张两地的深情厚谊，同享海峡两岸的骨肉亲情。作为京张两地友谊的见证，本次“京张心连心”文艺演出是京张两地开展对口支援与合作以来的第15届演出。恰逢第四届海峡两岸“三祖文化”交流周暨第十届冀台经济合作洽谈会在张家口举行，来自北京、台湾、张家口三地的数千名观众和艺术家相聚于此，共同观看了演出。这台晚会于8月14日14：23在文艺频道播出，时长70分钟。

卢沟晓月　乐动中秋——2011北京月亮歌会。

该歌会于9月12日21：40在卢沟桥宛平广场圆满落下帷幕。本次歌会尝试了多点直播的概念，整个直播场面宏大、衔接流畅，营造了全城共度中秋夜的理念。歌会主打“和”的概念，以和睦、和美、和谐贯穿整场，通过中秋团圆文化的亲情、友情、爱情的情感诉求，以月亮的名义，集中升华了各类人群的情结、情感、情怀。立足于燕京八景之“卢沟晓月”的人文背景，本场歌会古今交融、动静相宜，打破了电视观众对传统“中秋晚会”

静雅、唯美，但气氛略显清冷的感性认知，创下了北京电视台历年中秋晚会的收视新高。

《感动——首都公共文明引导行动十周年》主题晚会。

9 月 28 日晚，《感动——纪念北京市公共文明引导员行动十周年》主题晚会在北京工人体育馆隆重举行，北京理论界、公共交通部门、社会志愿服务组织、市民代表，以及 6000 余名公共文明引导员参加了活动。晚会围绕十年来北京市公共文明引导员队伍发展历程和发生在公共文明引导员身边的真实感人的故事，以歌舞、相声、小品、故事讲述、诗朗诵、服装秀、500 人团队表演等多种艺术表现形式，展示了公共文明引导员们用真情奉献社会，用爱心温暖民众的动人风采。晚会为十个北京市公共文明引导行动品牌站台、十名金牌引导员授奖，并为 135 名坚守在岗位上十年的引导员颁发了“十年贡献奖”。这台晚会于 10 月 3 日晚 21：25 在文艺频道播出。

第三届首都道德模范颁奖典礼。

9 月 29 日，“因为有你——第三届首都道德模范颁奖典礼”在 BTV 大剧院隆重举行。本次颁奖典礼以“今天的你，明天的我”为口号，围绕“因为有你”的主题，通过道德模范事迹的电视化表达，拉近道德模范与观众之间的距离，让人们感受道德的力量，将道德、美德传递到每个人的内心。典礼分为助人为乐、见义勇为、诚实守信、敬业奉献、孝老爱亲 5 个篇章，每个篇章分别采用播放视频短片、现场访谈、情景再现、歌舞表演和朗诵等形式，生动展示了首都道德模范的感人事迹和崇高风尚。典礼简约、庄重、感人，现场气氛热烈，掌声不断，许多观众被道德模范的感人事迹深深打动，用一次比一次更加热烈的掌声表达对道德模范的崇高敬意。濮存昕作为第一届首都助人为乐道德模范在现场宣读了颁奖词，陶红、沈丹萍、方明、赵立新、石维坚、刘秉义、成方圆等明星的加入，也为晚会增加了很多亮点。节目时长 70 分钟，10 月 3 日播出。

国粹生香——2011 北京京剧票友段位评授季。

由北京市文化局、北京非物质文化遗产保护中心和北京电视台共同主办的《国粹生香——2011 北京京剧票友段位评授季》授段大典于 10 月 19 日在北京电视台 800 平方米演播室隆重举行。本次段位评授是 2009 年以来的第三季，也是北京市文化局和北京非物质文化遗产保护中心继 2010 以后第二次全程参与北京京剧票友段位评授活动。本次评授活动七月份启动报名，共进行了 15 场段位评授自我挑战赛，200 多位来自北京和其他地方的票友粉墨登场，最后有 97 位票友成功入段。在授段大典上，京剧名家、首届青年京剧演员北京擂台邀请赛中获奖的部分优秀青年演员，分别为所有入段选手授段颁奖。青年演员还和部分票友联袂演唱经典名段，彰显申遗一年来的传承之路，突出专业和业余携手共进，共同承担传承大业。

北京电视台首届“观众喜爱的主持人”评选揭晓晚会。

11 月 20 日晚，首届“观众喜爱的主持人”评选揭晓晚会在 BTV 大剧院举行。春妮、徐滔、栗坤、王旭东、田歌、李向显、阿龙、曹一楠、高燕、贺贝奇荣获“观众喜爱的十佳主持人”奖；桑朝晖、文燕、悦悦、向真、刘婧、蔡紫、乐文、魏翊东、王业、杨硕、陈晨、罗旭、王小佳、聂一菁、彩虹、范红军、谭江海、长盛、姜华、马迟二十人荣获“观众喜爱的优秀主持人”奖。

绿满京华——首都全民义务植树三十周年纪念晚会。

11月26日晚，天籁般的童声在北京电视台大剧院响起，拉开了“绿满京华——首都全民义务植树三十周年纪念晚会”的帷幕。晚会现场动用了500多名专业演员与群众演员，创作了大歌舞《绿色创举》、儿童歌舞《树娃娃》、北京琴书《就爱这片树林》等，并全新创作了主题歌曲《绿在说》。其中，百余演员参与的大歌舞《绿色创举》，表现了在小平同志倡导下，工农兵学、社会各界人士踊跃参与义务植树的大场面。北京琴书《就爱这片树林》邀请到每天在景山公园晨练的老人们来到晚会现场，用他们的生活来为观众呈现一个真实的、充满绿色韵味的北京早晨。老艺术家刘秉义、程志、姜嘉锵共同演唱了《留下一片阴凉》，“前人栽树，后人乘凉，也许我们尝不到果子，也许我们乘不上阴凉，即使那样又有何妨”，三位老歌唱家铿锵有力的歌声，用简单的道理唱出了每一个绿化人的心声。

《善行天下》第四届首都慈善晚会。

11月30日，《善行天下》第四届首都慈善晚会在北京电视台大剧院举办。本次晚会由北京市委宣传部、北京市民政局和首都慈善公益组织联合会共同主办，北京电视台承办。晚会以“善行天下”为主题，以“小行动+许多人+规则=大不同”为核心，以励志、感人的故事为内容，为2011年度首都优秀公益组织及个人颁奖，让慈善的理念根植于每一个人的内心，树立北京“首善之区”的风范。中国文联副主席李维康、航天英雄杨利伟少将以及杨澜、于丹等知名人士作为颁奖嘉宾参加晚会，孙楠、孙悦、刘和刚、陈楚生、王莉等众多一线演员为晚会呈现精彩节目。

“文娱十年影响力”庆典在BTV大剧院举行。

12月4日晚，在文艺节目中心《每日文娱播报》栏目10周岁生日之际，北京电视台在BTV大剧院举行“文娱十年影响力”庆典。庆典以“肩负媒体责任，彰显品牌力量”为主题，以颁奖的形式，对过去10年里为推动文娱事业发展而作出突出贡献的单位、团体和个人进行了褒奖。颁奖分为电影、电视剧、流行音乐、戏剧四个单元进行。莅临现场的嘉宾，既有韩三平、王中军等行业领军人物，也有葛优、陈宝国、唐国强、蒋雯丽等演艺界明星，还有张继刚、付林、小柯、科尔沁夫等专业人士，于蓝、陶玉玲、葛存壮、刘江等老艺术家与近百位嘉宾欢聚一堂，共同回望十年岁月，展望美好未来。

选拔民间喜剧人才　搭建百姓欢乐舞台——2011北京喜剧幽默大赛。

12月22日晚，由中国曲艺家协会、北京电视台联合主办，北京曲艺家协会协办的“2011北京喜剧幽默大赛”在BTV大剧院举行。喜剧幽默界的许多明星如冯巩、郭达、巩汉林、魏积安、宁静、沈傲君、尚敬等到场祝贺并对本次大赛给予充分褒奖。这次喜剧幽默大赛历时三个月。初选阶段，通过基层选拔、各地曲艺家协会推荐及观众电话、网络、信函等多渠道报名，组委会共收到作品1300余件。大赛秉承“推新人、出新作、选拔民间喜剧幽默人才”的宗旨，努力寻找民间幽默喜剧力量，挖掘和展现百姓中最具表现力的幽默人才，继承传统文化，创造时代精品。在复赛和决赛阶段，来自全国的各路选手齐聚北京，其中既有名不见经传的新人新作，也有在舞台上已小有名气的当红演员，评委们一致认为今年的大赛相声、小品、幽默才艺门类齐全、品种丰富，其中有不少是近年来少见的佳作。演员阵容也强于往届，给观众带来了很好的艺术享受，为弘扬民族传统文化、营造和谐社会氛围作出了贡献。比赛过程中，主创人员带着参赛选手走进大专院校、会展场所、公交系统以及居民社区，与京城百姓近距离接触，从基层中寻找素材，听取意见，将欢声笑语送到基层。这台颁奖晚会将于12月24日至30日晚在文艺频道播出。

百余期“七一”特别节目，庆祝中国共产党成立90周年。

为隆重庆祝中国共产党成立90周年，文艺频道发挥首都文艺媒体的优势，提前进行统筹规划、周密部署，集合全中心力量，精心制定了“合纵”、“连横”的“七一”整体宣传战略。“合纵”即联合日播通档栏目，充分运用红色资源，推出一系列特别节目，全天纵向播出精彩不间断；“连横”则是打通一周黄金档栏目，根据栏目特色打造多种节目样态，一周横向播出好戏连连看。从6月下旬至8月上旬，纵向、横向两条播出带完美交错，整个文艺频道弥漫着喜庆的节日气氛，欢欣鼓舞地庆祝伟大中国共产党的生日。15个栏目共推出130多期风格多样、形态各异的特别节目，真诚献礼党的90华诞，精彩呈现了“幸福中国 最美北京”的盛世图景。

基层是永远的沃土——文艺中心“走转改”专栏《爱在北京》。

为深入贯彻落实“走转改”精神，文艺节目中心在周末黄金时间开辟了“走转改”专栏《爱在北京》，组织首都演艺界人员下基层采访采风，挖掘鲜活感人的人文故事，为当地人民群众慰问演出。10月30日21：25播出的《爱在北京——走进房山》节目中，导演组带领耿莲凤、于爽、亚民、毕诗考、李然、石头、回想、傅强等知名演员，先后到达房山水峪村、长阳汽车北京基地、佛得乡幼儿园，与当地群众开展联欢活动。在房山水峪村，村民们表演了2008年北京奥运会的表演项目女子中幡等有当地特色的节目；在长阳汽车北京基地，来自四川的工人一起用歌声表达了建设北京、建设第二家乡的决心；佛得乡幼儿园的老师们，展示了为身处大山的孩子们制作的4000多件玩具，栩栩如生的中国馆、编钟、泥塑，让编导们赞叹不已。除了文艺表演之外，导演组还挖掘出专为孤寡老人送豆浆的老党员和走进大山支教大学生的人物故事，制作了人物专题小片，在节目中与文艺表演交织呈现。

《爱在北京——走进怀柔》在怀柔风景区优美的自然风光中，演艺界人士和大学生村官、DV拍客、道德模范等上千名怀柔区各行各业的代表人物欢聚一堂，深度联欢。此次走基层文化下乡活动不是单纯的文艺演出，而是综艺节目与新闻的一种混搭，随着文艺表演的进行，导演组前期拍摄的7个人物小片也穿插播放。在节目表演中，人物的出场方式也别具一格，由魔术师樊磊根据人物特点通过变化莫测的魔术变幻而出，新颖的表演得到了当地群众的阵阵喝彩。为了表达对文化下乡的激动之情，当地农民也发挥专长，表演了很多有特色的节目。一位农民阿姨，专门为此次文化下乡“走转改”活动创作了快板，怀柔区道德模范更是和京剧演员合作了京剧表演，展现了当地农村丰富多彩的文化生活。

《爱在北京——走进平谷》没有搭建华丽的舞台，而是将活动的举办地点选择在一个农家小院门口，与农民朋友进行零距离的联欢。随行的歌唱演员们都挑选了老百姓熟悉、喜欢的歌曲进行演唱，这种高水平又亲切朴实的演出，得到了当地老百姓的称赞。农民们纷纷拿出自己种的山楂等土特产送给演员，表达自己的喜悦之情。歌手常思思也拿出200份个人专辑，送给平谷的农民朋友，感谢观众对自己的喜欢和支持。此外，导演组还专门拍摄了四个农民人物专题小片，反映新时代农村、农民的精神风貌。其中，有一个农民文化志愿者，每当农闲时，就组织老百姓跳秧歌、唱戏，丰富了当地农民的文化活动。

科教节目中心工作概况

科教节目中心

2011年，北京电视台科教节目中心坚持以创新促发展、以发展塑品牌，坚持规模化、概念化、碎片化和“科教”气质、“大教育”的理念，积极稳妥地进行节目改革调整，取得了较好成果。

一、以“三化”理念整合频道时段品牌

2011年，科教频道本着“规模化、概念化、碎片化”的三化理念，营造符合“科教”气质的频道特色，重点推出三个时段：午间法治时段、傍晚健康科学时段、晚间人文时段。

法治时段。

2011年3月2日《第三调解室》开播。这是一个与司法局合作，首个具有法律效力的电视调解节目，使科教频道午间法治时段从65分钟扩展到95分钟。法治时段经过规模化和碎片化的处理，使全时段4档栏目《现场说法》、《法治进行时》、《大家说法》和《第三调解室》均位于同时段收视排名之首，稳固了科教频道的“根基”。栏目开播以来，坚持依法调解，大力普及法律知识，宣传法律精神，为缓解社会矛盾起到积极作用。

健康科学时段。

2011年对傍晚的节目编排进行了重新调整，将《健康北京》、《魅力科学》以及法治节目重播置于此时段连续播出，有效串联了全天黄金时段与非黄金时段的衔接，并在此时段逐步引导观众形成收看科学栏目的习惯，为科教频道今后的工作打下良好基础。

人文时段。

晚间8：00～8：50播出的《八点非常故事汇》节目，注重影响力和品质，注重节目的文化品位，始终保持稳定的收视率。《非常向上》9月制作的白方礼老人十几年如一日，靠蹬三轮车资助贫困学生上学的感人事迹，引起了较好的社会反响。

二、坚守科教定位，彰显媒体责任

2011年是建党90周年和辛亥革命胜利100年。科教频道本着做一个负责任的媒体，做一个有担当的媒体人的信念，制作、播出了多期特别节目，弘扬社会主义核心价值观。

《笔墨春秋》：巨匠荟萃　文学作品视觉化。7月7日开播的《笔墨春秋》，全片共10集，每集30分钟。从1921年到2011年，以每集10年的时间跨度，从文学的视角，用充满人文关怀的笔触，表达文学家的家国情怀，呈现中国共产党90年的风雨历程。其中采访了王蒙、贺敬之、莫言等当代著名文学家。老舍之子舒乙、郭沫若之女郭平英、丁玲之子蒋祖林、沈从文之子沈龙朱等已故著名作家的家属第一次汇聚北京电视台荧屏，是中国文学界最为华丽的一次集体亮相，更是一项纪录文坛巨匠影像资料的抢救性工程，透过文学大师们鲜为人知的心路历程，真实地、有张力地再现文学作品中每一个震撼心灵的动人细节，饱含深情地挥洒出对祖国山河的炽热情感。

《为你而歌》（第九部）：叙事创新党员形象生动感人。《为你而歌》作为一个品牌节目已经有11年的时间了。与前八部一样，2011年的《为你而歌》（第九部）仍然紧扣主题，以真实展现各行各业优秀共产党员的高尚品德、扎实作风、奉献精神为主旨，体现中国共产党的先进性，以此鼓舞人、激励人、教育人、引导人。影片先后选取了14位典型共产党员的模范事迹，用情节悬念化、人物故事化、故事细节化的叙事手法，折射出他们的崇高境界和无私奉献的时代精神，突出了为建党90周年献礼的立意，有较强的时代特征。

打造五彩暑期季，探索季播节目运营模式。科教频道在稳固收视的基础上，于7、8月份陆续推出“走进博物馆”、“教育大讨论”、“开学了”等涵盖科学、教育主题的暑期特别节目，形成2011年规模化的亮点。

9月1日，开学第一天推出了《开学了》大型直播活动，从早7：30开始持续4个小时，精心选取了四五家具有鲜明特色和代表性的中小学校，对他们的开学典礼进行现场直播。还精心遴选3节特色课完整地展现在观众面前，其中包括：呼家楼中心小学的德育课、北师大附中的语文课、宏志中学杏林班中医传统文化第一课，将特色德育课堂呈献给广大电视观众。

三、开展“走转改”活动，打造科教频道亮点

在开展“走转改”活动中，《健康北京》栏目组携北京安贞医院心内科主任医师马长生、安贞医院临床营养科主任医师吴小珍，来到朝阳区管庄社区，为社区居民义诊，并将演播室搬到了社区文化广场。《魅力科学》栏目推出“科学进社区”板块，邀请科普专家进社区，以贴近百姓的方式将科学宣传送入社区。

《非常故事汇》"十一"长假期间，配合市公安局首届"我最喜爱的首都人民警察"评选活动，推出了特别节目"警察故事"，将20位候选民警请进演播室，讲述他们真实而又不平凡的感人故事，观众将视线投向身边为社会和谐、首都平安默默奉献的普通民警。

"十一"长假之后，科教频道晚间人文时段配合市委宣传部"关于优秀来京务工人员的宣传表彰活动"，连续6天播出《家在北京》系列节目，邀请6位优秀来京务工人员的代表进入演播室，讲述他们既普通又不平凡的故事。

影视剧中心工作概况

影视剧中心

2011年，北京电视台影视剧中心努力在选好剧、促收视上下功夫，强化内部管理，完善业务体系，使中心上下保持了良好的工作氛围和精神面貌，各项工作全面推进。

2011年，影视剧中心共审看电视剧268部、8211集；审读剧本176部、4558集；实际购买电视剧138部、4268集，累计首播、重播电视10000余集。

这一年，影视剧中心购买、播出了诸多由北京电视台联合出品，并拥有获奖权的高品质电视剧，如《你是我兄弟》平均收视率达9.83%，为今年《红星剧场》收视冠军；《永不磨灭的番号》平均收视率9.04%；《家常菜》平均收视率9.6%；《风车》平均收视率7.5%；《师傅》平均收视率6.2%。

2011年8月，由北京电视台出品的电视剧《媳妇的美好时代》获第28届中国电视剧飞天奖一等奖，《黎明之前》、《家常菜》、《师傅》获飞天奖二等奖。

几个主要首播剧场：卫视红星剧场平均收视率6.5%；影视频道黄金剧场平均收视率4.15%；文艺频道炫剧场平均收视率1.11%；科教《星月剧场》平均收视率0.57%；影视《都市剧场》平均收视率0.55%。

一年来，影视剧中心主要做了以下五个方面的工作：

一、规范并增加了审片会制度，完善购片决策机制

2011年，影视剧中心进一步完善购剧工作管理机制，除了细化三级审评制度外，还加大了"决策机制建设"。在三级审片制的基础上，强化"集体决策机制"，规范了编排会制度。采购、审评两大系统的评审意见分别汇总到编排会和审片会，执行电视剧三审制度。审片会对重大项目或一审、二审有意见分歧的项目审看样片，由中心主任、购片科长、审片科长、编播科长投票决策。

完善后的管理机制，各运作环节相互

衔接、环环相扣，既有效地降低投资风险和不正之风的发生，又最大限度地激发了同志们的工作活力，增加了购片工作的准确性。

二、选剧优先、编排优先、推广优先，全力打造北京卫视《红星剧场》

2011年，影视剧中心进一步加大了向卫视倾斜的力度，全面实现卫视预算优先、选剧优先、编排优先、推广优先的原则。经过努力，卫视《红星剧场》收视显著提升。截至10月底，北京卫视《红星剧场》北京地区平均收视率达到6.5%，比去年同期增长18.2%，占全国35个城市平均收视率的0.82%，同期增幅18.8%。《午茶剧场》北京地区平均收视率0.95%，比去年同期增长69.2%。在全国35城市平均收视率0.17%，同期增幅41.67%。

三、调整电视剧播出策略，扩大收视效果

2011年，影视剧中心面临着市场环境加剧变化的新局面。在外部，电视剧产业生产和播出格局经历了三年的调整，逐渐形成了一种以省级卫视平台为主导，地面频道资源获取严重削弱，网络平台崛起为重要新兴市场的局面；在内部，一方面，在以“卫视争创一流”为目标的全台战略部署下，黄金档三档主力剧场出现了收视大幅转换的新态势。截至10月底，影视频道《黄金剧场》平均收视率4.15%。

针对上述问题，影视剧中心对电视剧播出策略积极进行调整。

一是推行大板块编排和4集连播策略。从8月7日起，将黄金剧场3集连播改为4集连播，开播时间提前到18：55，并提出大板块编排思路：上午4集黄金剧场（重播）+2集电影+下午4集家和剧场+2集英雄剧场+4集黄金剧场+2集都市剧场的编排格局。通过3个月的实践，影视频道已经走出收视低谷，大大提升了收视率。

二是实行灵活的动态编排。从2011年6月开始，在总编室和广告部的帮助下，实行相对灵活的动态编排：将上午电影首播时间紧贴黄金剧场重播，提高时段收视价值。从7月份起电影较上半年相比，幅度增长4%左右。在下午《家和剧场》和《英雄剧场》之间（16：30左右），用情景剧进行勾连，提高剧场与剧场之间的有效时间的利用，起到了稳定这个时段收视份额的作用。

三是针对暑期观众的特点和收视习惯对影视频道实行暑期特别编排。影视频道白天安排7集联播，选取了许多经典剧目进行回放，以大体量播出的方式留住观众，如《错位人生》、《拜托小姐》、《父子同心》、《媳妇的美好时代》、《婚姻保卫战》等。傍晚《英雄剧场》由每天2集改为3集，精心安排了部分优秀的抗日战争题材电视剧，如《绞杀1943》、《断喉弩》、《生死归途》、《天堑1949》等。

四、积极配合建党90周年重大宣传，播出影视剧精品

为配合建党90周年、辛亥革命100周年重大历史节点的宣传，影视剧中心积极准备，提前编排，分阶段、分步骤播出精品电视剧。年初，表现新中国成立初期鞍钢建设发展的电视剧《钢铁年代》首先登上荧屏，进行宣传预热；之后讴歌共产党员奉献精神的电视剧《借枪》、《风声传奇》进一步加大宣传势头；接着表现抗战时期爱国主义情怀的电视剧《中国1945》、《智者无敌》、《永不磨灭的番号》等集中优势献礼，将建党90周年宣传推向高潮。此后，展现蔡锷将军风云传奇故事的电视剧《护国军魂》在黄金时间段播出，以配合辛亥革命100周年纪念活动。

在6月27日至7月3日的一周里，《电影时间》栏目推出了“庆祝建党90周年经典影片展映”特别节目，集中播放了《洪湖赤卫队》、《林海雪原》等7部革命经典电影。

五、将审片、购片、宣传等封闭式作业，逐渐变为开放式作业

影视剧中心的同志们认识到，北京电视台电视剧的影响力要“上去”，从业人员就要“下去”，倾听观众心声，了解社会反响。结合自身工作特点，将审片、购片、宣传等工作由原来的单纯封闭式作业逐渐变为开放式作业。建立了影视剧中心观众测评团队和观众测评制度，广泛听取观众对影视剧播出的意见。组织购片人员、审评人员深入社区、走进百姓，形成了与观众经常面对面交流的工作制度。把观众请到台里来，直接帮助影视剧中心购剧、审片，在宣传上出谋划策。将优秀影视剧宣传推广活动从演播室搬到基层社区，让影视剧接上地气。此外，还确定中关村街道办事处作为影视剧中心的基层联系点，组织召开多次座谈会，走进社区，走到社区大爷大妈身边，倾听他们的心声，更好地为他们服务。

财经节目中心工作概况

财经节目中心

2011年，财经节目中心全体员工本着“牢记责任、忠于职守、求真务实、大胆实践”的工作原则和态度齐心奋战，努力提升财经节目的专业品质，顺利完成了2011年的各项工作。

一、突出专业特色，提升专业品质

《首都经济报道》、《城市》、《天天理财》、《财经五连发》、《北京议事厅》等各栏目秉承“用经济卡尺卡位社会问题、用经济视角解读社会现象”的核心理念，严抓选题管理，专业性、时效性、新闻性明显增强。

《城市》节目全面改版，将大调查结构细化、分割为小版块结构，扩充信息量，加快节奏感。

《经济法眼》为吸引周末的观众群入流，拓展为一周七播，节目扩充自拍剧，提升可视性。

《天下财经》增加新闻资讯版块“网罗天下”，提升时效性、扩大信息量。

《超级访问》为使节目内容更加符合频道定位，主打娱乐明星的理财观，增加节目的经济元素。

开辟新节目《财富大家谈》、《拍

宝》、《财富晚间道》、《谁在影响我》、《股市快评》五档节目，其中《财富大家谈》、《拍宝》和《财富晚间道》收视良好。

二、扩大话语空间，凸显舆论功能

配合京沪高铁开通，推出系列报道。

为配合京沪高铁开通，6月开始，财经节目中心采取特别节目和日常报道相结合的方式，全方位、多角度报道了这一经济盛事。其中，《首都经济报道》连续一个月推出系列报道；《城市》制作了3期以设计者、建设者、使用者等人物故事为主的专题节目《穿越梦想》；《天下财经》邀请证券市场研究人士，对高铁版块相关个股进行针对性分析，提出投资建议及风险提示；大型电视论坛《点击年关键——千里京沪一日还》力邀三位副部长走进演播室，畅谈京沪高铁开通的经济意义。节目邀请的嘉宾层次之高、演播室制景之大气恢弘都是财经中心不曾有过的。

配合建党90周年进行宣传报道。

为配合建党90周年的宣传报道，财经节目中心推出特别节目《人民的货币》。节目结构新颖，视角独特，受到台领导的表扬。

举办《中国经济新春论坛》。

中国经济50人论坛中的绝大部分顶级专家学者都走进了《中国经济新春论坛》，把脉中国经济，为此还诞生了《问道中国经济》一书。

直播王府井品牌节。

9月4日上午，财经频道推出了“王府井品牌节”大型直播节目，整个直播过程井然有序，节目收视率超过了原时段电视剧的收视率，既扩大了财经频道的社会影响力，又使编辑记者在大型直播活动中得到了锻炼。

《北京影响力》评选活动深化财经频道影响力。

第五届北京影响力评选活动突破原有经济类评选活动的形式，在遵守权威、缜密、完善的评定规则基础上，巧妙融入电视元素，搭建一个既权威又开放的晋级平台，从策划立意、舞台设计、元素搭配及参与形式上都别具一格。

三、深入开展“走转改”活动，呈现感动人、有深度的好节目

建立“走转改”长期联系点。

为深入开展“走转改”活动，财经中心与密云县委宣传部展开密切合作，将密云县作为长期联系点和定点报道基地。中心主任、制片人带头走基层，带领栏目组把新闻视线深入到最边远的山区，反映基层群众经济生活中的焦点、难点，帮助群众解决实际困难。

多档栏目推出“走转改”专栏报道。

《首都经济报道》8月29日开始，挂标播出“触摸北京——记者走基层”专栏，每周播出两集，以纪实方式反映首都经济各方面、各行各业鲜为人知的岗位故事、百姓生活的焦点难点，以及各区县的发展变化。“十一”期间，《首都经济报道》推出了八集特别节目——“走转改区县行”，记者足迹遍布北京东城、西城、海淀、房山、通州、平谷、丰台、密云等8个区县，报道了北京普通劳动者火热的劳动场面。从守水库的人到种植园的农户、从郊区的小煤窑到城市的小胡同。《首都经济报道》记者见证了新时期各区县的转型以及转型期最基层劳动者的工作、生活状态，并用丰富的电视手段加以表现。节目一经播出即得到好评，先后收到了海淀区区委、房山区区委以及密云广电中心的表扬。经济调查类的专题节目《城市》栏目推出“我从基层来”人物报道特别节目，通过普通人物透视社会经济的变迁。《经济法眼》推出“主创人员走一线”专栏，跟随法院工作人员深入田间地头，了解百姓在经济生活中遇到的法律纠纷，维护百姓的合法利益。《天天理财》推出“我这样理财”专栏，用普通人的视角解读财富经。

深入、生动报道“沟域经济”。

目前，北京市已经启动房山、门头沟、昌平、延庆、怀柔、密云、平谷等远郊区的沟域建设规划。财经中心将“沟域经济”报道作为走、转、改活动的一项重要内容，由《首都经济报道》与《城市》两大重点日播栏目联动制作播出，为做强现代都市农业尽到媒体职责。《首都经济报道》对延庆百里山水画廊、四季花海沟域、门头沟爨柏沟、古北口汤河沟域、平谷十八湾、房山蒲洼沟等六条沟域进行了深入、生动的报道，报道时长 50 分钟。《城市》用讲故事的手法，以记录的方式，从小人物入手，以点带面透射出沟域经济在改善山区生态环境，调整产业结构，促进农民财富增长等方面的显著作用。报道总时长为 100 分钟。

体育节目中心工作概况

体育节目中心

一、丰富体育频道内容，提升体育节目影响力

2011 年没有奥运会、世界杯、亚运会、全运会等大型赛事，节目源不足，精品赛事少。经过体育节目中心多次研讨、规划，群策群力确定了 2011 年体育频道发展思路。

一是首次购入了亚洲杯足球赛、世界田径锦标赛、中国足球队 20 强赛、中国网球公开赛等赛事资源；

二是确定了全面转播中超联赛的策略，确定了以“国安”为亮点，新闻和专栏节目规模化报道的方向；

三是制作和播出了“铁人三项世锦赛系列赛总决赛”、“首届环北京职业公路自行车赛”等北京市重大比赛；

四是延续了“海洋沙滩狂欢节”、“鸟巢欢乐冰雪季”等大型群众体育休闲活动，开创了竞技型群众体育活动“北京百姓足球超级联赛”（京超）。

这些措施，丰富了体育频道节目内容、提升了体育频道品质和影响力。

二、赛事报道、重大活动、重要项目取得突出成绩

一是“首届环北京职业公路自行车赛”，BTV 立体转播达到世界水平、亚洲唯一。环京赛是国际自盟世界巡回赛在亚洲的唯一一站，也是一项与环法自行车赛同等级的高水平赛事，总长近700多千米。体育节目中心经过6个月的反复考察论证，运用2辆转播车、2辆卫星车、2架直升机、3辆摩托车、12个固定机位相互配合，在为期5天的环京赛转播中，完成了525分钟的高清赛事直播信号、330分钟的赛事集锦、30分钟的新闻集锦制作，每日向包括ABC、ESPN、SBS在内的58家国际电视机构进行卫星信号传送；在BTV屏幕上呈现了近800分钟体育频道和北京卫视的直播，60分钟的新闻报道；在每日全球直播时段播出9个区县宣传片，把北京的美丽风光展现在了全世界面前。首届环京赛的直播，其复杂程度、实现难度乃至最终的完美呈现，开了中国及亚洲自行车赛电视转播的先河，提升了BTV的国际影响力。

二是“铁人三项世锦赛”转播达到国际先进水平。9月10日至11日，“国际铁联铁人三项世锦赛系列赛总决赛”在十三陵水库举行。体育节目中心对本次赛事进行了全程直播，并将信号提供给BBC、NHK、EUROSPORT等40多个国家和地区的电视台播出。在转播中，使用了12+6数字高清转播车、带陀螺仪摄像机的航拍、摩托车追随、无线高清渔竿式摄像机、无线斯坦尼康摄像机和高速摄像机，无线传输信号达到了七路。无论是讯道数量还是各机位的科技含量，得到了国际转播机构的一致认可，国际铁联电视委员会的技术代表认为赛事的转播水准已经达到了国际先进水平。

三是在中超转播中使用“虚拟在线包装系统”，全国领先。在8月1号中超联赛直播中，北京电视台正式启用了“虚拟在线包装系统”，包括越位线、人墙距离、放大镜、射门距离、球速等功能，令人耳目一新，在中国足球电视转播中独树一帜。在随后的转播中还架设了高速摄像机、斯坦尼康等，使得北京电视台足球转播达到了国内领先，也接近了欧洲联赛转播的最高水平。中国足协、各地电视台，以及论坛、微博中的全国各地网友都对此交口称赞。

四是在亚洲杯足球赛报道中，实现网络视频直播新突破。在卡塔尔亚洲杯足球赛报道中，体育节目中心在新媒体技术应用方面取得新突破：民用3G网络视频系统实现广播级跨国直播、网友通过互联网以远程视频连线的方式在直播状态下与BTV演播室主持人和嘉宾以及卡塔尔前方评论员进行实时的交流沟通、率先在直播电视节目中推出了“微博上墙”这一新媒体传播样态。使得新闻采访不再受场地、时间和传输限制，对提升报道实效性有重大作用。

五是自主品牌赛事、品牌活动继续发力。第二届“鸟巢欢乐冰雪季”和第三届“北京海洋沙滩狂欢节”于2011年如期成功举办，参与的群众累计近40万人次。“海沙节”中还包括了“千人比基尼大赛”、“首都职工工间操大赛”、“北京—青岛海洋环保公益歌会”等现场活动。BTV品牌号召力、美誉度不断提升。

“第一届北京百姓足球超级联赛”是体育节目中心自主创办的赛事。16支参赛队伍来自社区、行业、俱乐部、企业等各个联赛，涵盖了绝大多数京城业余足球人口，代表了北京业余足球的最高水平。

三、品牌节目有新突破

一是赛事转播强化赛事直播前的包装

节目，今年的多项赛事收视屡创新高，其中中超3场收视率超过6%。

二是《足球100分》节目多次走出演播室，在云南、河北、广州、上海制作特别节目；开辟了《对话国安》版块，赢得俱乐部和球迷的赞赏，今年收视率历史上首次突破2%。

三是《天天体育》继续巩固北京地区晚间体育新闻王牌地位，2011年首次收视上3%。播出了《又见安德雷斯》等享誉全国的优秀节目；落实“走转改”，播出了系列节目“基层体育人”。《体坛资讯》以增加时效性、加大信息量为手段，收视率与去年同期相比上升102%。

四是《快乐健身一箩筐》着力突出体育特点，编导、主持人与健身专家一起进社区，使节目更贴近、更实用。同比去年收视率增长幅度达到69%。

四、贯彻领导指示精神，推出两档特色鲜明的新节目

一是根据鲁炜部长“增加体育评论”的指示精神，于5月推出了《体育议起来》。“以体育焦点事件、人物为核心内容，以新媒体传播方式为基础形态，主持人、嘉宾与观众一起表达鲜明观点”。同比去年同时段收视率提高51%。

二是对原有栏目《步步为赢》进行改版，举办“北京市民扑克大赛”，是体育益智类节目新的尝试。栏目在目标受众中产生了非常大的影响，两次受到了市领导的表扬。

五、加强互动，全方位为观众服务。

一是6月1日，成立“BTV体育观众俱乐部”，并以此为平台，充分结合频道节目，在三个月时间内，组织各类观众活动15次。

二是推出“BTV体育官方微博”，专人管理，每天为观众实时提供节目信息、赛事资讯。

三是组织了四场观众座谈会，对于观众的建议和意见，积极解决、努力推进。

通过多项工作，观众来电、来信、微博留言数量明显增长。许多观众留言表示，对体育频道贴近观众、服务观众的做法非常感动和感谢。

生活节目中心工作概况

生活节目中心

2011年，北京电视台生活节目中心调整频道定位，践行“首善媒体、大美品质”，为重塑生活频道风格做了大量基础工作，取得了明显成效。

一、重新梳理思路，明确生活频道定位

2011年，生活节目中心在梳理思路、明确生活频道定位方面，重点解决了4个问题。一是重新理解“生活”二字的内涵和外延，拓展其市场价值和传播能力，使生活频道成为都市生活频道的第一品牌。二是重点提升本频道的传播强度，全面强化生活观念的正面引导力。三是全面拓展受众面，实现生活价值观念的跨阶层传播。四是全面优化本频道的传播特性与风格，使北京生活频道传播水平与北京地区受众的国际化、跨区域特征相符合，不断提升首都市民的生活品质和审美需求。

二、准确把握生活频道定位和特点，完成各项宣传任务

特别策划，推出庆祝建党90周年特别节目。

《生活面对面》栏目组连续五天推出5期纪念中国共产党成立90周年特别节目“别样的北京”，以纪录片的方式让群众在平凡生活中感悟中国共产党的光辉历史。《生活无间报》栏目制作播出10集系列短片《生活影像志》，以小见大，从生活看党史，让观众在亲身经历中体验到中国共产党的伟大。

深入开展“走转改”活动，推出既动人又有深度的节目。

为深入开展“走转改”活动，《生活面对面》推出系列报道“我们在基层”；《七日七频道》栏目推出系列报道“寻访北京好人”；《超级出租车》栏目推出系列节目“文明有我”；《生活大调查》栏目调查百姓“菜篮子”，推出系列节目“追问菜篮子”。这些节目紧密联系实际，生动感人，广受观众好评。

宣传贯彻六中全会精神，弘扬社会主义核心价值观。

《咱爸咱妈的美好时代》携敬老爱老模范及“万名孝星”代表，拍摄制作了“重阳节敬老月”宣传片在各频道播出，营造和谐温暖的氛围，弘扬尊老敬老的优良传统。《选择》栏目服务首都百姓，促成无数对嘉宾牵手成功，创造幸福生活。《食全食美》中百姓成主角，凸显媒体公共服务职能。《7日7频道》的系列报道“寻访北京好人”在采访中深入挖掘受访对象的高尚精神，倡导良好的道德风尚。

三、举办大型活动，增强节目影响力

承办2011《中国时尚大典》。

生活频道承办的全台重点项目2011《中国时尚大典》，与时尚集团联手共同评出中国时尚领域最具权威性的系列大奖。与以往不同，2011年《中国时尚大典》的评价体系，是建立在媒体责任和社会主流价值观基础上的，所依据的评价标准主要有五个：即每一个候选事件和人物都要具有新闻性、先进性、时代感、创新性和影响力。为了增强时尚活动的贴近性、参与性和互动性，《中国时尚大典》的评价方式，建立了“媒体推荐+大众投票+专家评审”三位一体的机制，力求百姓和社会相关方面专家、时尚人士、明星、名人的共同参与，使中国时尚大典的传播力度、品牌的影响力达到最大化。12月13日，2011《中国时尚大典》在北京电视台大剧院顺利录制完成，于12月30日在北京卫视黄金时段播出。

举办大型百姓互动真人秀“家有能人”。

暑期，由生活频道主办、《生活面对面》栏目承办了大型百姓互动真人秀“家有能人”，鼓励百姓展示自我风采，互动性强、参与度高，在观众中产生了强烈反响。

青少频道工作概况

青少·海外节目中心

2011 年，北京电视台青少频道紧扣“青年·国际”的频道定位，构建日常栏目、特别节目、大型活动三位一体的内容生产构架。一年来较为明显地提升了青少频道的影响力，取得了较好的成绩。

2011 年，青少·海外节目中心成功地推出了一系列高品位、高价值、高影响力的优秀栏目，内容涵盖生活、文化、军事、情感、娱乐等各个领域，用青年受众喜闻乐见的方式进行主流价值传播。经过近一年的培育，《军情解码》、《书香北京》、《谁在说》、《北京青年》、《北京客》、《最强阵容》等栏目均成为各领域内的知名品牌，拥有了稳定的观众群。

截至 10 月，频道平均市场份额 2.16%，比去年上升 21%；15～34 岁分众收视份额比去年上升 32%，大学以上学历受众收视份额比去年上升 34%，频道在北京电视台各频道排名由第 9 位升至第 6 位，在北京地区排名由第 17 位升至第 13 位。

频道制作的第二届环球春晚于大年初二在北京卫视首播之后，还分别在香港电视广播有限公司、加拿大城市台、美国中文电视台和西班牙国家电视台、美国广播公司、美国哥伦比亚广播公司、英国独立电视台、法国电视台、澳大利亚电视台等中外主流媒体播出，成为民间外交的文化使者。晚会在由中国电视艺术家协会电视文艺委员会、中国电视艺术家协会城市电视台委员会联合组织的 2011 全国春节文艺晚会及春节特别节目评比中广受好评并获得“最佳节目奖”和“创新作品奖”。

为纪念中国共产党建党 90 周年，中心还承办了由北京电视台、共青团北京市委员会、北京儿童艺术剧院股份有限公司联合主办的“星火相传”大型系列文化活动。活动分为“一校一首歌”校园主题歌咏活动、“五个一工程奖”获奖剧目儿童剧《红孩子》“六·一”巡演活动以及首都百万青少年“永远跟党走”大型青春歌会三大部分，在首都青少年中成功掀起了一阵红色热潮。

2011 年，青少频道成功制作播出了多部系列专题节目和特别节目。为纪念中国共产党成立 90 周年，青少·海外节目中心特别制作的高清纪录片《少年中国》，充分考虑青年人的观影感受，以明快的剪辑节奏提供了一道视觉盛宴。节目播出后，《人民日报》专门刊登文章对纪录片予以肯定，广电总局阅评员也对节目的主题立意、呈现方式给予了高度评价。该专题片还获得了由中国电视艺术家协会、中共文献研究会、中国党史学会、中视协纪录片工作委员会联合评选的“红旗飘飘九十年红色经典纪律片展评——最佳创意奖”，中国传媒大学则将该片作为纪律片经典案例在教学课上推广。

全面梳理展现北京文化大发展大繁荣建设成就的10集系列专题片《文化北京》是青少·海外节目中心承制的另一部高质量专题片。在时间紧、任务重的情况下，中心搭建高水平团队，仅用40天就完成了10集节目的全部摄制任务，播出后得到了市委宣传部领导的充分肯定。

另外，频道还圆满完成了“五一”、“十一”天安门大屏幕宣传片和辽宁省、青海省用于天安门大屏幕播出的宣传片的摄制，两省宣传部为此分别向北京电视台写来感谢信。

公共·新闻频道工作概况

新闻节目中心

2011年，北京电视台公共·新闻频道立足“文化品位、大家风范”的频道定位和“立足北京、面向全国”的传播理念，以“坚持科学发展，提升传播能力，创有影响力强台”为目标，推出了一系列新闻改革创新举措，谋求北京卫视新闻节目影响力由首都向全国辐射，收到了明显效果。

这一年，新闻节目中心在以《北京新闻》为主的新闻节目中通过重大报道、大型活动、大型直播，圆满完成了北京市“两会”、全国“两会”、庆祝建党90周年、十七届六中全会精神宣传、“走转改”等一系列重大宣传和报道任务，受到各级领导和广大观众的一致好评。

实施两大新闻行动：《温暖一家亲——BTV春节大型记者关爱公益行动》和《幸福绽放——五一国际劳动节走近幸福的劳动者》，推出了大型系列报道“开局之年走一线”。

春节主打特别节目《温暖一家亲——BTV春节大型记者关爱公益行动》，从1月23日启动，到2月7日共16天，在《北京新闻》等五档新闻全天滚动播出，总时长约500分钟，上百名编辑、记者、主持人参与节目。节目播出后，得到了中宣部和北京市委主要领导的高度赞扬，在有关部门和广大观众中产生良好反响。

《幸福绽放——五一国际劳动节走近幸福的劳动者大型新闻行动》，在五一前后策划实施。其系列报道再次得到了领导的高度肯定。市委书记刘淇两次在会议上提出表扬；市委常委、市总工会主席梁伟予以充分肯定。此外，《幸福绽放》新闻行动也引发了全国几十家中央和地方媒体以及网络手机等新媒体持续、广泛的关注。

2011年是“十二五”开局之年。新闻节目中心策划了大型新闻行动“开局之年走一线”，记者们在台长王晓东、总编辑赵多佳的带领下，走区县、下基层、搞策划、摸选题、作报道，得到了市委宣传部的肯定和观众的好评。

出色完成多次大型直播。

新闻节目中心利用公共·新闻频道的推出，尝试大型直播动态编排。如，1月27日至30日直播《春运·过年回家》；2月10日直播《风雪北京·你我同行》；6月30日直播《中国速度——京沪高铁全线通车》；9月25日直播《天宫一号·再探苍穹》等，全年共进行了21场直播报道。

圆满完成《心心相印——庆祝中国共产党成立90周年大型直播特别节目》。

7月1日，北京电视台推出《心心相印——庆祝中国共产党成立90周年大型直播特别节目》。直播活动以“幸福中国、最美北京”为主题，从7月1日上午6点到2日子夜零点，长达18小时。

出色完成《红色地图》等庆祝建党90周年宣传报道任务。

配合庆祝建党90周年，新闻节目中心先后完成了《红色地图》、《我的中国心》、《心心相印——七一大直播》等特别报道。其中，《红色地图》先后播出50多集，受到了各界的好评和各级领导的肯定，并入驻了由北京市委组织部、市委宣传部和市委党史研究室等单位联合主办的“一切为了人民——北京市纪念中国共产党成立90周年展览”。

全力打造新闻评论栏目带，新栏目《锐》系列推出后获得良好收视效果。

2011年，新闻节目中心倾力打造了互动性主流新闻评论系列节目《锐》，由《锐观察》（周一至周六）、《锐周刊》（周日）栏目构成，以统一的风格、定位、价值取向、新媒体互动体系，以及不同的样态打造层级丰富的晚间时段新闻评论节目带。播出半年多来，《锐》系列获得了广泛的社会影响力。

积极践行“走转改”活动，“我在基层”系列报道获得高度肯定。

8月底全市开展“走基层、转作风、改文风”活动后，在《北京新闻》节目中，策划推出了“我在基层”系列报道，台领导、部主任、主持人、编辑、记者分别到基层去，与基层群众、职工同吃同住同劳动，认真调查、切实体验群众生产生活的新情况新变化，用群众的生动语言记录下来，呈现在电视新闻报道中，涌现出了一大批优秀作品。截至10月24日，新闻节目中心《我在基层》系列报道首播63期，共播出129期。深入基层、文风清新的新闻报道先后受到了刘云山、鲁炜等领导的大力表扬。

推出《一封家书》、《重阳贺寿》等特别报道营造喜庆节日氛围。

新闻节目中心在春节、国庆等节假日推出了“一封家书”系列报道，在重阳节期间推出了“重阳贺寿”探访百岁老人系列报道，受到广大观众的赞扬。

大型历史纪录片《辛亥》备受关注。

纪念辛亥革命100周年，新闻节目中心制作了10集大型历史纪录片《辛亥》。《辛亥》是北京电视台与北京人民艺术剧院联手打造的百年辛亥史诗。节目播出后，获得了市委宣传部和各界的广泛关注和高度评价。

推出《新闻热线》栏目和《12345需求与反馈》专栏。

2011年，新闻节目中心推出了《新闻热线》栏目和《12345需求与反馈》专栏。《新闻热线》依托新闻热线，及时反映观众遇到的难题和困惑，并与相关部门联系，促使问题得以尽快解决。《12345需求与反馈》专栏由北京电视台与北京市信访办、北京市非紧急救助服务中心合办，该专栏以市政府便民服务电话12345为依托，反映市民需求，跟踪处理结果，展示首都打造服务型政府的决心和力度。

“记者节”举办大型特别节目《在路上》。

大型电视特别节目《在路上——2011中国记者节》，请中央及市属媒体的优秀记者和老一辈新闻工作者共同讲述生动感人的故事，展示中国新闻工作者风采，阐释新闻工作者在新时期的使命与职责。

推出《美丽乡村·文化之旅》大型系列报道。

2011年10月底，新闻节目中心启动了《美丽乡村·文化之旅》大型电视系列报道，与市农工委合作，联动13区县，展示乡村居民丰富多彩的文化生活，宣传北京乡村文化的特色、亮点，反映乡村文化事业发展成就。

动画节目中心工作概况

动画节目中心

2011年，北京电视台动画节目中心在确保正确舆论导向和安全播出的前提下，打造精品栏目、实现节目创新、稳定收视份额、拓展节目经营、开拓节目渠道，在打造频道品牌影响力，提高收视率和频道美誉度上取得了成效。

一、深入实践“走转改”

针对“走转改”的工作要求，动画节目中心在夯实党务工作、学习贯彻台文件精神的前提下，深入开展“走转改”工作，精心组织、务求实效，将内容生产和“走转改”工作相结合。

各栏目组、动画剧场和大型活动围绕“动人、深度”四个字，结合自身节目特性，策划制作特别节目、特别活动或特别版块，推出关注儿童成长的教育类少儿栏目，播出孩子们喜闻乐见、寓教于乐的优秀国产动画，真正把“走基层、转作风、改文风”融入每一次节目制作和生产中。

一年来，中心召开动员部署会9次，发起具有频道特色的走基层活动7次，大规模问卷调查6次，大型特别节目1台，群众路线教育培训1次，频道字幕宣传累计近千次，编辑、记者自发提交“走转改”活动心得体会过百篇。

通过“卡酷进校园、爱心手拉手”、“我的卡酷、我的七年”14小时特别节目和“青少年维权岗”服务日、卡酷图书乐园等特色鲜明的活动，将“走转改”精神贯彻落实到每一档节目、每一位员工的思想和创意中去。

二、提高节目收视率

2011年，动画节目中心北京地区平均收视率为0.41，超过指标（0.33）24.24%；平均收视份额 2.08%，超过指标（1.80）15.56%。其中，4～14 岁核心收视率为 1.62%。这一年，频道在北京地区收视排名共有 11 周进入前 10 名，特别是第 33 周超过央视新闻、央视八套等频道，以 2.96% 的占有份额在北京地区各频道排名中跻身第 6 位。频道北京地区全龄收视份额超过央视少儿近 1 倍，是湖南金鹰卡通的 8 倍。

2011 年，动画节目中心在全国 35 城市卫视频道排名第 17 位，占有率 0.68%，最高排名全国卫视第 11 位。第 26 周全国 35 城市占有份额 1.00%，达到频道上星播出以来最高的全国收视成绩。

截至 2011 年底，频道已覆盖全国 23 个省区 68 个大中城市，其中河北、贵州、陕西、内蒙古、海南 5 省区全境覆盖；在央视索福瑞收视调查的 35 中心城市中，已实现 25 城市落地覆盖。

三、做强动画剧场

*细分剧场受众。*动画节目中心在 2011 年推出了《中国制造 I》、《中国制造 II》、《酷片酷映》、《午喜欢》、《幼幼堂》、《周末超级大连播》、《夏令营》、《冬令营》八档动画剧场，每日动画片首播近 8 小时。根据受众收视习惯对各剧场进行受众

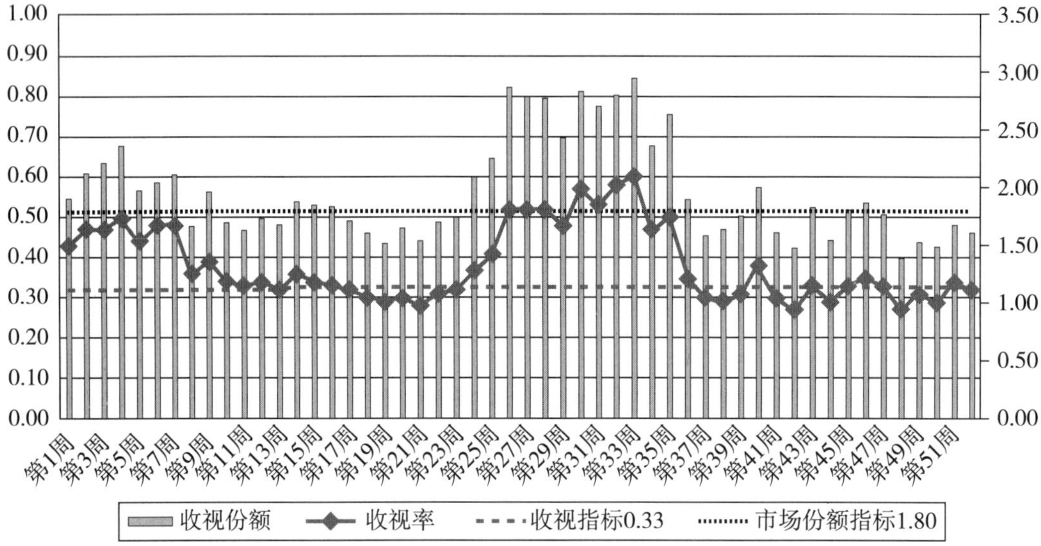

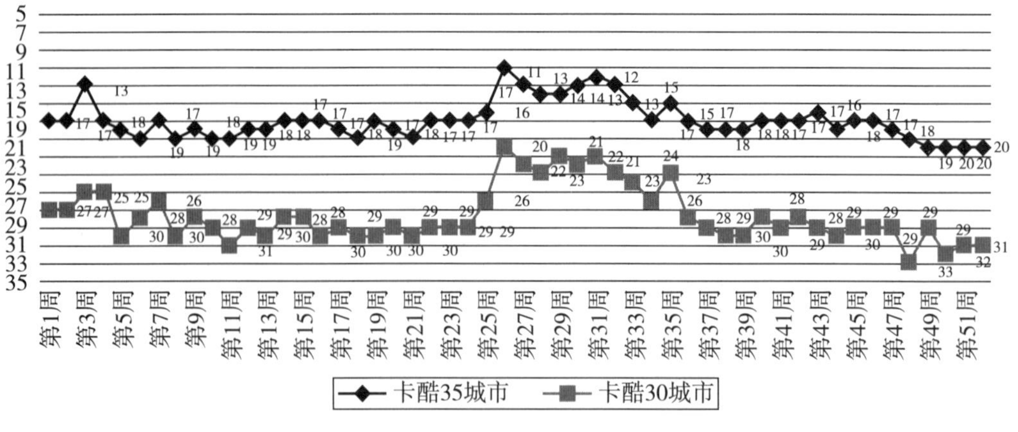

细分，合理安排各时段节目，如早间时段的《幼幼堂》定位学龄前低幼儿童，播出寓教于乐的动画片；午间时段的《午喜欢》安排了动画评书、相声，打造“可以听的动画剧场”；在黄金档剧场《中国制造》中安排热门首播动画新片吸引4～14岁核心受众人群。通过时段细分，既提升了黄金时段收视率，又拉动了非黄时段收视率。

扩展播出片源。准确分析当前国产动画产业和生产市场，进一步开放思路，完善动画片引进合作播出方式。截至10月底，共购买动画片41部（含合作片1部、定制片3部）、3158集、48622分钟，其中全国首播7394分钟。特别是购进了《奇思妙想喜羊羊》、《大耳朵图图魔法师》、《莫麟传奇》等“叫好又叫座”的重点片，取得了较好的收视成绩。

四、扩大栏目优势

频道以4～14岁少年儿童为核心目标受众，以“着力打造全家人共同收看，陪着孩子体味欢笑、享受快乐、共同成长、实现梦想的播出平台”为使命，实现每日首播近10小时、全天播出24小时的平台规模。

频道在2011年推出了8档栏目，其中4档自办栏目《七色光》、《十分开心》、《闪天下》、《漫话天下》，4档合办栏目《宝贝星计划》、《卡酷全卡通》、《动漫酷地带》、《卡酷七色光》。节目定位明确，类型丰富，囊括竞技类、才艺类、脱口秀等多种节目形态，具有稳定的收视群体和一定的品牌知名度，尤其在4～14岁核心受众中影响深远。

大型少儿综艺互动类节目《七色光》作为频道品牌栏目，在节目创新、品牌影响、全国战略、收视表现上全面提升，取得了骄人成绩。全年四大节目季《玩具大赢家》、《校际达人》、《HIGH翻暑假》、《成长加油站》获得了孩子和家长的支持拥护，取得了较高收视率。其中《HIGH翻暑假》辗转香港、深圳、苏州、重庆、哈尔滨等城市的游乐场，为全国小朋友送上一个难忘的狂欢暑假，十期节目平均收视率为1.12%，成为《七色光》栏目平均收视最高的赛季，并7周排名频道收视第一。

动画脱口剧栏目《闪天下》，将栏目剧与动画短片播出平台相结合，形成了天马行空的特色风格。并且在今年积极开拓市场、广开片源，与千余家高等院校签约，收集了近万条国内顶级原创动画短片，成为全国最强的动画短片播出平台。

五、创新大型活动

2011年，动画节目中心立足全国，发挥卫视优势，通过大型活动增加与观众的互动，进一步打造频道在全国范围内的品牌影响力。

2011BTV卡酷动画春晚。该动画春晚以“原创动画故事＋真人节目＋互动”的全新模式，开展了“爆豆达人全国征选”、“全民种豆”等活动，同时积极拓展新媒体合作，通过腾讯网、淘米网、人人网、飞信网、土豆网等新媒体平台实现了全面整合传播，探索出了一套全新的电视媒体与新媒体相结合的宣传推广模式。北京地区收视率达到1.43%，在北京地区所有频道中名列第四，仅次于央视；在各地方卫视除夕节目中名列第一。4～14岁核心收视人群的收视比例比去年同期提高了60%。

“卡酷星系大穿越”主题活动。为了形成关注热点，推高频道暑期收视，增强频道与观众间的互动，中心策划并组织了暑期主题——“卡酷星系大穿越”活动。该活动将有奖收视、互动游戏、主持人宣传、公益活动、节目推广融为一体，形成了以电视平台为主体、网络与地面同步双向互动的创新活动模式。活动历时近两个月，近7万人次通过此活动参与了主持人评选投票，317名小朋友参与了公益爱心捐赠活动，收到了显著效果。

“我的卡酷、我的七年”卡酷七周年14小时特别节目。在9月10日当天，中心推出“七周年特别企划——我的卡酷、我的七年”14小时特别节目。节目定位“孩子的节日、家庭的盛会、大家的狂欢”，七大时段、特别企划、整体串联，配合前期宣传推广，掀起了卡酷动画频道又一阶段性收视高潮。

六、做精原创动画

动画节目中心依托优势的播出平台和扎实的制作实力，以创新思维为驱动，以原创精品为准绳，以运营开发为保障，几大项目齐头并进。

《中华五千年》作为频道重点项目，已确定了100集动画片的篇目选题，完成了58集大纲和54集剧本的创作，并计划在2012年年初完成全部100集剧本创作。

《星游记》作为2011年的重点对外合作项目，第一批26集已于2011年10月拿到播出许可证，10月30日首播。

《豌豆镇》于2009年正式提出，几经完善，获得了领导的认可和好评，随后获得60万社会资金，进入制作阶段。

《卡酷漫游记2》剧本创作工作已于2010年完成，2011年初完成了全部52集的动画制作。

纪实高清频道工作概况

纪实高清频道筹备组

2011年，北京电视台纪实高清频道全体人员按照既定的工作目标，完成了2011年度的工作任务。

完成频道开播任务。纪实高清频道从筹备初期开始，在不足15人的情况下，全力以赴、夜以继日地工作，圆满完成了频道于7月1日开播的任务。

建立健全频道管理制度。频道筹建之初，按照本频道的业务定位和业务规律，反复研究、制定了北京电视台纪实高清频道管理条例。条例对于人员考勤、主任办公会、部门例会、节目运行、选购节目、选题申报、节目审查、节目录制播出、消防安全等，都做了明确规定，使频道管理有章可循。

初步建立频道日常栏（节）目框架体系。频道开播之初，构建了由三大播出时段、多档自制栏目为首播的播出框架。这些节目，以引进全国首播纪录片为主导，以国内优秀纪录片为支撑，用自制纪实栏目打造影响力，建成《经典》、《全景》、《口述》、《影事》和《国家大剧院》等五大栏目和“国产优秀纪录片展播”系列节目，目前首播3小时，全天共播出14小时。

发起“红色经典”优秀纪录片评选与展映活动。为了纪念建党90周年和扩大频道影响力，纪实高清频道率先倡议，与中视协纪录片学术委员会联合发起全国“红色经典”优秀纪录片展映活动。此项倡议很快扩展为一个由中央党史研究室、中央文献研究室、中国电视艺术家协会、中央新影集团主办，北京电视台纪实高清频道、重庆卫视等近百家电视台承办、遍及全国的“红色经典”优秀纪录片展映活动。“红色经典”展映活动已于2011年“七一”在本频道推出，收集到全国各家电视台选送的“红色经典”纪录片两百余部。

发起成立全国地方台纪录片联盟播出带。为加强各省纪实频道、纪实节目横向联合，北京电视台纪实高清频道利用首都特有的地缘之优，联合中广协纪录片工作委员会，以签订合作协议的方式，于2011年9月初建立了战略合作关系，向全国各省纪实频道和纪实栏目发起共同投资、联合打造全国精品纪实栏目带的活动。

策划“北京国际设计周”系列节目。纪实高清频道与“北京国际设计周”媒体战略伙伴——北京易海乾元文化发展有限公司紧密联手，派出四台摄像机、多路人马，对2011年首届“北京国际设计周”的盛况进行了全方位的影像记录，为日后制作反映北京文化创意的纪录片留下了一批珍贵的影像资料。

率先开展5.1环绕立体声播出实践活动。为了适应文化创新和科技进步“双轮驱动”的文化发展需求，纪实高清频道首次推出5.1环绕立体声播出节目，并率先制定了5.1环绕立体声播出体系相关标准，在全国高清节目播出方面起到了技术引领的示范作用。

率先开展3D节目制作播出实践活动。2011年，纪实高清频道尝试进行了3D节目的拍摄和推广项目。新完成的3D节目于2011年四川电视节上亮相，彰显了北京电视台作为首善媒体在文化科技创新方面的引领作用。

自主拍摄制作纪录片。青海玉树，是北京市对口支援的地区。为了宣传玉树，2011年8月底，纪实高清频道摄制组，深入青海高原腹地进行实地拍摄。其间，摄制组与玉树电视台同仁深入交流、密切合作，建立了良好的合作关系，并利用拍摄的素材，制作了纪录片。

积极参与国际国内学术活动、扩大频道影响力。7月1日频道开播以来，在学术界及业界形成了不同程度的影响。目前已经有BBC、Discovery、NHK、新西兰国家地理历史节目公司先后向纪实高清频道表示了合作拍摄意向；另外，纪实高清频道与国际国内的纪录片学术交往活动也日渐活跃，首都主流媒体的气质逐渐显现。

总编室工作概况

总编室

2011 年，北京电视台总编室紧紧围绕全台工作重点，充分调动部门员工的积极性和创造性，以内容管理、编播安全、品牌宣传、媒资建设、制度建设为重点，践行“服务一线，创新发展”的工作要求，加强融合，促进发展，务实、高效、有序地完成了各项工作。

一、以创新节目管理、编播管理为核心，加强统筹协调，为保障内容安全、播出安全把好关、服好务

根据电视节目内容生产需求，及时制定新的节目管理制度，不断完善规范宣传管理。2011 年，重新制定或修订的管理制度有《北京电视台非常规节目编播管理规定》、《关于规范栏目重播的通知》、《关于加强北京电视台实名微博信息管理的通知》、《节目生产管理文件汇总》、《北京电视台播音主持管理规定》、《北京电视台常规节目（栏目）管理办法》、《联办合作节目管理办法》、《北京电视台节目生产管理系统工程》、《北京电视台节目版权网络管理系统》。

在进一步完善宣传管理制度的同时，总编室还深入探索内容生产管理新路径，严把导向，促进内容生产科学有序前行。从 10 月起《一周编排提要》改版为《近期编排提要》，突出近期节目重点、亮点选题策划，加强节目部门之间信息交流，促进内容生产。改进提升监评工作，完成监看意见 40 期，阅评季报 3 期，监评报告 24 期，“走转改”监评专刊 13 期。庆祝建党 90 周年重点宣传期间增办《每日监评报告》，强化内容安全。从 9 月开始启动重播节目监管，增加情感类节目选题专项审查。为解决栏目同质化问题，还专门召开了去同质化专业研讨会，制定了改进措施。完成 14 个频道全年约 10 万小时节目编播工作；承担体育赛事及重大活动直播过程监播、调整 16370 小时，包括常规直播约 5000 场，非常规直播约 400 场；办理节目带入库 17600 多盘，发备播带 15000 多盘。

二、以节目品牌、主持人品牌建设为重点，创新包装形式，丰富推广手段，强化重点宣传，扩大宣传效果

统筹协调，整合宣传，全程参与了纪念建党 90 周年宣传工作。发挥统筹职能，提前一年着手制定北京电视台庆祝中国共产党成立 90 周年宣传工作方案，包括《宣传报道策划方案》；与研发部、广告部共同筹划“幸福中国　最美北京”主题宣传方案、《宣传包装工作方案》等。组织召开多次协调会、落实会、直播技术需求会、“心心相印”大型直播动员会。从 2011 年 6 月中旬开始，组织协调相关部门对全台纪念建党 90 周年节目进行整体包装：统一制作“幸福中国　最美北京”专用角标和广告标版；统一宣传标识；“七一”直播当天主持人统一着装；制作播出两版60秒《幸福中国　最美北京》系列主题宣传片、各频道全面启动《心心相印》直播特别节目宣传、陆续启动《京沪高铁直播公益宣传片》、“一切为了人民”主题展览宣传片、“2011年首都共产党员献爱心”公益活动宣传片，对电视剧《雪花那个飘》、《师傅》等进行宣传报道，对各中心制作的重点节目、特别节目进行宣传，形成强大声势。

建党90周年宣传期间涉及大量节目调整、暑期编排、频道改版和日常节目调整，总编室逐一细致落实。为确保编播环节不出现任何问题，专门制作了《北京电视台庆祝建党90周年重点节目一览表》，及时安排播出《心心相印》、《国风》、《少年中国》、《笔墨春秋》、《我们的旗帜——庆祝中国共产党成立90周年文艺晚会》等专题片、晚会、特别节目。在《中国速度》、《心心相印》大型直播中，值班导播认真核对直播节目源，督促检查各频道备播、垫播节目，确保节目播出安全。

为打造品牌，提升影响力，增强传播力，总编室配合全台重点节目（活动）、节假日宣传，策划制作各类宣传片51个，包括《北京精神》、《创建文明网站》、《百岁老人祝寿》、《端午节》、《公益宣传创意大赛》等。《电视先锋榜》除完成对全台栏目、电视剧日常宣传报道外，先后策划制作《少年中国》、《心心相印》、《辛亥》、《2011春晚》等30多个推介专题，推出了“走转改”、“观众喜爱的主持人”评选等10多个系列报道。拓展对外宣传渠道，继续保持与平面媒体、网络媒体良好合作关系，加强与总台媒体管理部合作，利用移动电视、楼宇电视、户外大屏电视等宣传北京电视台节目和活动。

加大力度培养打造播音员、主持人品牌形象，制定实施了《北京电视台年度播音主持作品专家奖评奖办法》，成功举办“2010年度播音主持作品专家奖”评选活动。完善“金话筒”奖选拔机制和报送流程，根据“专家奖”获奖情况，选拔出2011年“金话筒”奖参评人员。完成首届“北京电视台观众喜爱的主持人”评选活动及相关公益新闻行动。组织召开了“2011年北京电视台播音员、主持人座谈会”，草拟《关于加强播音员、主持人培养的若干意见》，初步形成播音员主持人管理、考评、激励和培训体系的整体设想。

三、积极创造条件，加强艺术与技术的融合，推进媒资规划进程，推进节目资源共享和利用，为传统节目生产和新媒体发展提供支持

完成全台栏目、电视剧版权登记工作，对非常规节目进行版权追踪管理。修订2011年外购栏目合同书，完成16个外购栏目定价、签约和付费工作。完成全台节目录音作品版权信息登记和2010年使用录音制品统计、测算工作。与技术部门合作设计音乐使用版权登记计算机系统，2012年正式投入使用。尝试《时尚大典》等品牌节目的商标注册工作，保护本台自创节目知识产权。保存资料版节目和素材17.2万小时；累计审核归档版节目19800多条（约1.6万小时），完成媒资编目数据18500小时，数字化上载37000小时，为台内节目制作提供媒资库素材和成品节目查询、调用和下载20200多小时。完成2000余册图书采购、编目任务，完成12期《电视文摘》出版、发行及内网平台电子推介宣传。

四、贴近百姓，结合工作实际践行“走转改”活动

组织台级阅评员深入社区，就本台栏目品牌建设、舆论导向把控等问题进行座谈，征集社区群众意见建议。组织首届“观众喜爱的主持人”投身一线，开展“感恩社会　服务北京”公益新闻行动，深入社会基层，关注百姓生活，服务首都市民，传播人间真情。《电视先锋榜》对各频道、节目“走转改”活动跟踪采访，制作播出“春晚剧组两采下基层”、“《身边》栏目走郊区”、“新闻中心主持人走基层系列报道”、“影视中心组织演员进社区”、“卡酷走进基层小学”等专题报道。

外宣工作概况

青少·海外节目中心

长城平台于2004年10月1日正式开播，是全球最大的中文电视平台，包括美国、亚洲、欧洲、加拿大、拉美、东南亚、澳大利亚共七个平台。北京电视台频道的节目在上述七个平台以每天首播6.5小时、24小时滚动的方式播出，目前全球付费用户已突破10万户。

2011年，北京电视台国际频道利用国家广电总局中国电视长城平台为对外宣传的主要渠道，辅以与其他境外播出媒体的合作，向世界各地介绍中国和北京的发展变化。为配合北京“世界城市”的建设，青少·海外节目中心策划并精选了多档优秀栏目，精心编排制作出国际感和时代感强、符合海外受众需求的对外报道节目，努力使北京电视台国际频道成为对外宣传北京良好形象的重要窗口。

一、日常播出节目

长城平台北京电视台频道：精编全台各类优秀节目，首播节目达6.5小时、全天24小时滚动播出。节目题材多样、内容丰富，适应海外观众的需求。2011年，北京电视台频道在长城平台位居收视前列，年度创收180万元。

纽约中文卫视：定期向该平台提供体现北京文化特色的节目。每周一至周六晚7：35、周日晚8：00等黄金时间播出，每周共计240分钟。

加拿大城市电视台：定期向该平台提供体现北京文化特色的节目。周三、周四、周六、周日播出，每周共计160分钟，收视范围覆盖全加拿大，是北美最大的华语电视台。

黄河台：目前播出两档体现北京文化特色的周播栏目，共计65分钟，覆盖北美和中南美地区400多所大学、7000多所中学和50多个城市的有线教育电视网，受众1500万人。

凤凰欧洲台、美洲台：分别在周六、周日播出一档体现北京文化特色的周播栏目，共计80分钟，覆盖美国全境及英国、法国、德国等欧洲主要国家和加拿大及其他北美地区。

二、特别策划节目

国际频道《北京新闻》。

通过整合台内新闻资源，每天制作一档50分钟的新闻节目，反映北京发展变化，反映市民生活，展现古都文化风韵及国际城市活力。新版《北京新闻》在内容设置上增加“读报时间”、“财经资讯”、“天天体育”、“文娱舞台”等能够展现北京城市特色、城市变化的内容，同时也符合海外华人观众收视兴趣。

2011年上半年，为配合建党90周年，京沪高铁开通等重大事件的对外宣传，国际频道的新闻节目选择“红色地图”、“见证京沪高铁”等专题片，以丰富多彩的视觉形象，对重大事件、关键人物进行客观翔实的介绍，让海外受众充分了解这些热点事件的宏大背景、深远意义等。

以节假日为契机，用特别节目丰富荧屏。

每逢周末假日或中华传统节日到来之时，恰是海外华人思乡之情最浓之际。在春节期间国际频道增加播出《2011年北京电视台春节联欢晚会》、《2011年北京电视台环球春晚》、《2011年BTV网络春晚》及各中心春节特别节目，节目时长近22小时。2011年，还在周末播出精编版系列片《北京的胡同》，在清明、端午等传统节日播出和传统文化民俗相关的专题片，以共同的情感和文化作为内在推动力，提高传播效果。

加强国际频道特色包装，做好频道宣传和节目推广工作。

每天播出26段频道宣传片，并为海外用户提供中英文电子节目单，宣传北京电视台的特别节目和大型活动，扩大北京城市在海外的影响力。

研发部工作概况

研发部

2011年，北京电视台研发部紧密围绕全台工作要点，积极投入力量，最大限度确保各项工作高质量完成，确保研发职能高效服务全台发展。

一、围绕中心任务，全力推进发展规划制定工作

制定全台“十二五”发展规划是北京电视台2011年的重要任务，也是研发部的核心工作。为了确保发展规划切实贴近实际，切实符合发展需要，切实体现科学性、前瞻性和可操作性，作为发展规划领导小组办公室，研发部在反复论证和多次征求台领导意见的基础上，制定了细致、严谨的工作方案和“一加八”的规划框架体系。

自4月中旬全台正式启动规划制定工作以来，研究发展部积极开展了各项工作：一是开展宏观战略环境研究，搜集整理了相关环境信息资料。二是积极协调，理顺工作机制，明确各专项报告责任部门任务安排。三是深入开展内部调研工作，全面听取了各中心部室和相关产业部门的意见、建议，组织了13场座谈和第一季度节目战略研讨会；深度走访调研了十几个部门，充分了解真实情况；完成了《北京电视台竞争力十一五期间五年整体发展的全面梳理与总结报告》。四是为提升规划的专业水平，拓宽研究视野，组织召开了业内著名专家参加的研讨会，并深访了十几位业内权威专家。五是为了动员全台力量，凝聚发展共识，在内网搭建了“发展大计，战略规划”规划专区。六是完成了外部调研工作。7月，两组合计40多人，由台领导带队，分赴上海、江苏、浙江和广东、深圳、四川调研，形成了几万字的调研材料。

在系统研究和充分调研论证的基础上，相关部门已提交了规划初稿，下一步将以贯彻十七届六中全会精神为核心，对初稿进行系统完善。

二、创立以“品质”为核心的全新节目考评体系

2011年，北京电视台以“品质”为核心重新构建了全新节目评价体系，提出了“首善媒体，大美品质”的全台整体发展目标，这是北京电视台建台以来首次提出内容生产战略目标和核心品牌价值。该评价体系将北京电视台战略目标分解为“社会责任、品牌价值、文化品质和专业品质”四个可测量指标予以具体化，并建立了“台—频道—栏目”三个层次垂直延伸、互相关联的体系，形成如金字塔般逐层支撑的完整系统，从而建立全台可管可控、可感可知、可测可量、清晰明确的总体发展目标与衡量方法。该节目考评体系经中央宣传部、国家广电总局有关领导批示后，引起了全国广泛关注，广电总局专门听取了汇报，并给予充分肯定，认为该体系具有开创性，是国内首家电视媒体明确提出全台层面可测量战略目标、并明确测量路径；在构建社会主义核心价值观、加强思想道德和文化建设方面具有示范带动作用。正在制订的全国节目评价体系也将以此为蓝本。

三、全面梳理和明晰频道定位

围绕“首善媒体、大美品质”的全台整体战略目标，开创性地对全台十一个频道的定位、品牌目标、专业化发展方向进行了全面梳理，推进频道专业化建设，逐步实现节目内容的创新发展与升级换代，提升北京电视台总体竞争力。各频道在明确自身的定位、品牌愿景、使命、价值、个性、口号等的基础上，细化目标观众群、核心节目类型，从而建构符合本频道定位和品牌目标的节目架构、频道编排，实现差异化创新；真正形成频道面目清晰、受众群清晰、发展目标清晰的良性发展态势，提高媒体的传播效率。

四、以“节目创意季”为核心工作，尝试建立全台节目创新体系

为提升全台创新能力，营造创新氛围，研发部提出了包括创意征集、评选、创新节目测试等一系列节目开发环节在内的系统性创新机制，由台党委会、编委会讨论通过，确定每年度举行两季“电视节目创意季”创意征选活动，每年设立创新基金2000万元，并形成制度持续进行。2011年的首度“节目创意季”活动收到了来自各节目中心报送创新电视节目方案152件，其中最佳创新方案正在进行样片制作和样片测试，根据测试结果将于2012年推出创新电视节目。“节目创意季”活动是逐步完善节目创新体系的重要举措，对调动全台各中心创新积极性，起到了显著的推动作用。

五、适应全台战略调整，全面改进目标责任考核方案

2011年度对全台目标责任考核进行适当调整，以青少节目中心为试点，进行分众考核，以财经和体育为试点，增加专业品牌目标。在考核指标方面，下调收视率数据的比重和主观评价比重，上调投入产出比重。

六、完善节目测试设施，形成节目前期开发测试分析系统

借助本台新媒体实验室，开发研制出改善创新节目环节的前期观众测试系统，并将测试系统运用到节目的实际开发中。在对青少·海外节目中心创新节目《最强阵容》进行系统跟踪测试后，为该节目提供了大量的分析数据，协助节目中心改进节目质量。

七、缜密安排日常业务，确保质量和效率

积极推动课题研究工作，完成总局部级社科项目。

由台领导主持，研发部承担的总局部级社科项目《三网融合背景下电视媒体三屏联动发展战略》已进入论证定稿阶段。作为国家级项目，研发部对此高度重视，仅对研究框架就进行了多次讨论和十几次修改。在课题撰写过程中，也是几易其稿，并就许多具体问题召开了专家研讨会和进行了十几次走访咨询。

以健全“节目资源库”基础工作，服务全台一线节目创作。

全年累计搜集样片100余部，目前全部国内外样片资源总计1000余部，同时，根据不同节目类型、节目样式，为节目中心提供查询、借阅服务。并依靠专业电视研究机构，组建固定研究团队，深入研究典型节目，定期以趋势报告等形式推出研究成果。

与节目中心合作，提供服务。

参与频道节目调整、编排调整以及节目深度分析，开辟了与节目中心深度融合的新模式。对北京卫视实施收视监测，完成北京卫视落地情况与优化覆盖调查。

继续实施全面品牌发展监测。

连续四年发布《北京电视台品牌影响力调查》、《北京卫视全国影响力调查》等权威调查报告，今年还把范围扩大到主持人品牌和北京卫视全国品牌的监测。

完成收视分析报告，监测传媒环境，评估发展趋势。

继续每周发布《北京电视台收视分析报告》、《北京卫视每周35城市收视分析报告》以及《一周传媒动态》。为了更及时地反映本台收视情况，每天日报告内网发布时间大幅提升。

北京电视台思想政治工作概况

党委办公室

2011年，北京电视台党委深入贯彻落实科学发展观，紧密结合全台改革发展和内容生产重点工作，全面推进党的思想建设、组织建设、作风建设、制度建设、反腐倡廉建设，提升干部人才队伍建设水平，进一步加强工会、共青团、老干部工作，为做好北京电视台各项工作提供了思想动力和组织保证。

一、不断推进思想理论建设，深入开展群众路线教育活动和“走基层、转作风、改文风”活动

认真学习贯彻党的十七大、十七届五中、六中全会和胡锦涛同志在庆祝中国共产党成立90周年大会上的重要讲话精神，及时组织开展学习研讨活动。

全年开展党委中心组学习活动28次，包括传达学习中央和市委有关重要会议、领导讲话以及对节目考评体系、财务审计知识等内容的学习培训。组织开展《马列主义经典著作选编（党员干部读本）》、《马列主义经典著作选编学习导读》、《六个“为什么”——对几个重大问题的回答》、《七个“怎么看”——理论热点面对面·2010》等读本学习教育活动，配发学习读物，开展学习研讨。

注重抓好思想理论建设成果的转化，将上级重要精神和决策部署贯彻落实到北京电视台的发展实际中去。

在贯彻胡锦涛总书记“七一”讲话过程中，台党委提出了五个方面的学习思考重点，即如何在荧屏上体现全心全意为人民服务的宗旨，发挥好党和人民的喉舌作用？如何在荧屏上传播主流价值观，传播社会主义先进文化和社会主义核心价值体系，体现宣传文化工作的代表性和引导力？如何防止、克服精神懈怠的危险，振作精神，敢于担当，善于作为？如何避免能力不足的危险，善于学习，不断提高自己的综合素质和能力？如何以更宽的视野、更高的境界、更大的气魄，吸引、用好、留住各类人才，把我们的干部人才队伍建设好？在学习贯彻党的十七届六中全会精神过程中，台党委要求以“首善”为标准，以“示范”为标杆，逐一对照中央要求，提出工作举措。

继续深入开展“三项学习教育”活动，自年初以来先后开展了“深入采访、文明采访、依法采访，转变采访作风”专项教育活动、党的群众路线教育活动。

特别是8月以来，根据中宣部等中央五部门的要求，积极开展“走基层、转作风、改文风”活动，累计召开动员会、学习会、报告会、研讨会等300余场，建立基层联系点或开展基层蹲点活动近380个（次），编辑、记者、主持人等3000余人次深入基层调研、采访，各频道开设相关

专栏、版块30个，采访、制作、播发相关报道（节目）400余条（期），为群众办实事、办好事和解决实际问题150余件；活动领导小组办公室编发活动简讯69期，上报工作动态、舆情动态、思想动态94份，并在台内网开设“走、转、改”专页。通过开展“走、转、改”活动，涌现出了一批好栏目、好作品，广大从业人员深受教育，电视荧屏呈现出了新气象，社会反响较好，活动取得积极成效。

二、隆重庆祝中国共产党成立90周年，持续深入开展创先争优活动，着力加强党组织和党员队伍建设

深入开展领航工程、先锋工程、聚力工程，推动党的建设科学化发展。

围绕庆祝中国共产党成立90周年，开展了“十个一”系列活动：一是组织了一次征文活动，全台党员干部职工共提交征文82篇，经过专家评审，对获得一、二、三等奖的45篇征文进行了表彰奖励；二是开展了一次党建工作创新项目评选活动，共评选产生一等奖项目2个、二等奖项目4个、三等奖项目6个，其中，1个项目获得北京市建设学习型党组织品牌活动和全市宣传系统优秀党建创新项目称号，3个项目获得北京广播电视台优秀党建创新项目称号；三是结合深入开展创先争优活动，开展了一次党内先进评选活动，共评选产生先进党支部14个、优秀共产党员126名和优秀党务工作者25名，另外，北京电视台1个党支部、1名党员分别荣获全市宣传系统先进党支部、优秀共产党员称号，6个党支部、26名党员、6名党务工作者分别荣获北京广播电视台先进党支部、优秀共产党员、优秀党务工作者称号；四是各党支部（党总支）围绕“立足岗位创佳绩”的主题，组织开展了一次主题教育活动；五是开展了一次网上党史知识学习答题活动，共有1010人参与；六是组织全台共产党员、入党积极分子开展“共产党员献爱心”活动，共1562人参加，捐款总数为187680元；七是组织开展了一组观摩学习活动，包括组织观摩电影《建党伟业》、《杨善洲》、电视专题片《为你而歌（第九部）》和“一切为了人民——北京市纪念中国共产党成立90周年展览”等，约4000人次参加；八是开展了一场以“永远跟党走”为主题的职工歌咏比赛，1000多名干部职工组成20支合唱队，在BTV大剧院唱响红歌；九是组织开展了一次集中慰问老党员活动，对本台入党40年以上的35名老党员进行慰问，送上慰问信和慰问金，表达了对老党员的敬意；十是召开了北京电视台庆祝中国共产党成立90周年大会，对获得先进党支部、优秀共产党员、优秀党务工作者、优秀党建工作创新项目的集体和个人进行隆重表彰。

加强台党委和台领导班子自身建设。

全年召开党委扩大会46次，研究议题290个。党委扩大会作为全台最高决策会议，按照民主集中制原则，严格遵守“三重一大”决策程序，决策推进全台重大事项；同时，为进一步加强党务公开、台务公开工作，从年初起，党委扩大会议题及形成的决议，在编前会上向全台通报；10月起，建立北京电视台台情通报制度，每月由台主要领导向全台副科级（副制片人）以上干部通报当月北京电视台改革发展主要情况，并开展互动交流。

加强党支部（党总支）的执行力、战斗力建设。

首次开展党支部工作考核，对照确定的12项标准，对2010年度党支部（党总支）工作情况进行评估考核，参加考核的党支部（党总支）均达标，其中，22个党支部被评定为优秀。深入开展创先争优活动，以党支部为主体，开展领导点评创先争优活动，党支部书记、委员、普通党员层层开展点评，42个党支部共对1114名党员进行点评，推动创先争优活动取得实效。强化“一岗双责”意识，各党支部（党总支）充分发挥在推动业务工作、开展统筹协调、加强队伍建设、优化部门环境等方面的作用，组织了多种形式的主题教育实践活动，形成了一定的工作特色。此外，按照上级要求，各党支部（党总支）分别组织开展了反邪教教育主题党日活动。

加强党员队伍的凝聚力、向心力建设。

在创先争优活动中推行党员公开承诺，积极发挥党员的模范带头作用。一年来，北京电视台各岗位涌现出了一大批坚持正确导向、敢于冲锋陷阵、精通业务工作、保持良好作风、服务基层群众的共产党员，得到了全台干部职工的认可。深入做好发展党员和党员组织关系转接工作，累计发展党员45人，预备党员按期转正28人，调入23人，调出27人，全台党员总数达1327人。进一步加强党的后备力量建设，全年组织59人参加有关部门组织的入党积极分子培训活动。

三、积极拓宽工作渠道，深入推进干部人事制度改革，大力加强干部人才队伍建设

干部选拔任用工作迈上新台阶。

按照北京广播电视台党委和北京电视台党委的决定，全年累计调整中层干部64人次，其中，提拔任用30人次（正处级5人，副处级25人），台内轮岗交流21人次（正处级4人，副处级17人），推荐到台属企业或参股企业任职5人（正处级1人，副处级4人），退出现职6人（正处级3人，副处级3人），辞职1人（正处级），开除公职1人（正处级）。创新和完善干部选拔任用工作机制，制订印发了《北京电视台中层干部选拔任用工作规定（试行）》、《北京电视台中层干部竞争上岗工作实施办法（试行）》和《北京电视台中层干部选拔任用工作记实办法（试行）》，对中层干部选拔任用工作作了明确规定。全面实行党委讨论决定中层干部票决制和差额票决办法，目前已累计票决中层干部47人次。加大竞争性选拔中层干部工作力度，4月、6月和11月，分别通过公开报名、资格审查、笔试、演讲答辩、组织考察、公示等程序，面向全台分三批选拔产生了3名正处级干部和21名副处级干部。在此过程中，先后有114名同志报名参与竞争，76名同志登台参加演讲答辩，对54名同志实施组织考察；5928人次通过填写评分表、考察谈话等方式，对竞争人选发表意见；相关信息在台内网点击量达到26229人次，第三次竞争上岗尝试通过台内网进行现场直播，累计点击量达2432人次，竞争上岗工作得到了广大干部职工的充分肯定。探索台属企业干部选拔任用工作的有效途径，加强企业领导班子建设，先后安排5名在职中层干部担任北京电视台参股或全资控股的北京儿童艺术剧院股份有限公司总经理、北京电视产业发展集团总经理、北京卡酷传媒有限公司总经理和副总经理职务。同时，按照法定程序，对北京电视台黄金海岸培训中心总经理进行了调整。

干部监督管理不断加强。

认真贯彻落实干部选拔任用工作“四项监督制度”和有关干部管理规定，组织开展2010年干部选拔任用工作“一报告两评议”和组织工作满意度调查。分别以用好台领导班子和领导干部2010年度考核测评结果、“坚持以人为本执政为民理念 发扬密切联系群众优良作风”为主题，召开了两次台领导班子专题民主生活会，台领导班子成员结合思想实际和工作实际，针对群众提出的意见、建议，进行思考分析，制定整改措施。进一步完善干部监督制约渠道，开展对全台中层以上干部、台属企业负责人个人有关事项报告和配偶子女移居情况报告工作。深入做好中层干部离任经济责任审计工作，先后完成对17名中层干部的离任经济责任审计。加强干部日常管理，建立健全中层干部基本信息资料库，加强中层干部离京外出请销假、学习培训、收入申报、提交年度理论文章、参加在线学习教育等工作，提升干部管理工作的科学化水平。实施新的中层干部年度考核工作模式，在考核程序、评价内容、参与范围、结果评定等方面进行了调整优化，增加了干部年度考核的维度，有效发挥对干部履职尽责的引导作用。

四、深入开展党风廉政建设和反腐败斗争，加大监察审计工作力度，努力营造风清气正的办台环境

认真贯彻党风廉政建设责任制的各项要求，建立健全制度，完善监督机制，党风廉政建设取得积极成效。

继续开展“小金库”、假发票专项治理工作，深入开展“加强台风建设，预防职务犯罪”主题教育活动，不断推动行风建设。实现廉政风险防范管理工作的重点向领导班子、领导干部延伸和向制片人延伸，加强相关制度建设，出台制度文件39份，与全台制片人签订岗位管理责任书。认真剖析工作程序、制度、管理等方面存在的廉政风险，进一步查找廉政风险点，制定了有针对性的防控措施。

加强《中国共产党党员领导干部廉洁从政若干准则》教育，通过举办中层干部培训班、纪检干部培训班、专题辅导报告会、播放学习贯彻《廉政准则》专题讲座录像等多种形式，组织开展学习活动。

认真开展《廉政准则》自查工作，全台3名局级干部、125名处级党员领导干部对照检查内容，逐条进行对照检查，并提交《北京市党员领导干部遵守〈廉政准则〉承诺书》。围绕群众来信举报的问题，进行认真调查处理。建立健全《廉政准则》相关配套制度，对干部选拔任用、节目编排、印章使用等工作进行了进一步规范管理。全力配合有关纪检部门、司法机关做好违法违纪案件的调查处理工作。

加强监督审计工作，认真抓好各项招投标监督工作。

做好17名中层干部离任经济责任审计工作。共参与各类招投标监督活动98次，涉及金额1.718亿元，涵盖工程建设、货物和服务采购、节目评审、频道包装及频道宣传推广等方面。其中，参与委托社会中介机构组织的招投标监督活动22次，涉及金额1.36亿元；自行组织的招投标、竞价、谈判监督活动76次，涉及金额358.7万元。配合有关会计师事务所对北京电视台5个大型节目进行专项审计，涉及金额 4493 万元。为进一步加强财务审计工作，台党委决定，自 2011 年起建立北京电视台年度审计制度，对各中心、部、室和台属企业年度财务运行状况进行审计。

五、进一步加强宣传教育，积极开展精神文明创建活动，做好社会服务工作

充分发挥台内各类宣传载体、宣传资源的作用。

分别设置于两个工作区的 3 处党委宣传栏全年更新 11 期，内容涵盖国家和北京市重要活动、重点宣传报道工作、先进党支部形象展示等。加强对台内网党建功能的开发利用，及时发布台党委重要文件和动态信息，公开党建工作数据，上传《杨善洲同志先进事迹报告会》、《和你在一起——北京电视台对口支援什邡灾后重建历程》等视频教育片 15 部，特别是专门开设的“走基层、转作风、改文风”活动专页，分别设置了资讯专区、征文专区、互动专区、编导手记专区等，累计点击量达到约 5500 人次。组织观看电影《建党伟业》、《杨善洲》等，参与人数达到 1600 人次。

积极开展群众性精神文明创建活动。

每月 16 日设立的“BTV 低碳环保日”，先后以“减少使用‘一次性’”、“新春播新绿”、“节约用电”、“远离噪声”、“降低碳排放”等为主题，介绍有关常识，进行集中宣传，全台从业人员积极参与。组织广大干部职工通过网络和报纸投票方式，参加“北京精神”表述语评选活动和“做文明有礼的北京人——绿色出行文明交通时尚达人”征集活动，组织参与百姓爱心故事宣讲活动、首都道德模范候选人推荐活动等。集中开展为财经节目中心患病女记者闫雪同志捐款活动，共有 2354 名干部职工自愿慷慨解囊，为其筹集治疗费用 341315 元，体现了 BTV 人的同事情谊；台党委还决定从“春风行动”经费中拨出 3 万元，用于闫雪同志的治疗。

不断加强社会服务工作。

继续深入开展城乡文明共建活动，在北京电视台对口支持的昌平区兴寿镇进行扶贫慰问、送书下乡、交流走访等，就下一步共建工作进行研究商议。密切保持与北京电视台所在的朝阳区建外街道、海淀区紫竹院街道等单位的沟通，服务地方发展和社区建设，协助开展区县人大换届选举，做好选民登记、候选人推荐、选举准备等工作。在“走基层、转作风、改文风”活动中，积极为社会、为群众办实事办好事。对于记者采访过程中了解到的密云县冯家峪镇西庄子村 3 名生活困难老党员的情况，台党委决定分别从党费和工会会费中各支出 5 万元，为他们解决居住和生活上的困难。

六、深入做好群众工作和离退休干部工作，不断提升工会、共青团、老干部工作水平

加强工会组织建设，拓宽服务职工的工作渠道。

进一步推进台务公开和民主管理，召开第三届职工代表大会第五次会议，审议通过职工住房补贴使用公有住房售房款和台住房基金事项；组织召开三次职工代表座谈会和“凝聚全员智慧、共享发展成果”建言献策有奖征集活动，对收集的意见、建议进行分类汇总和办理。充分发挥宣传教育职能，挖掘工会宣传阵地，组织开展优秀女职工系列表彰活动，组织三批共 60 名先进工作者赴海南三亚休疗。开展职工新春大联欢、职工乒乓球团体赛、羽毛球团体赛等活动，成立职工合唱团并参加有关比赛和活动，积极组织和参与“我心中的优秀员工”摄影比赛、《党在我心中》北京广播电视台职工文艺会演和有关业余体育赛事。深入开展送温暖系列活动，慰问患大病、重病职工上百人，为病逝职工和家属发放慰问金5.5万元，办理女职工安康互助保险续保和理赔工作，为工会会员办理公园年票，积极解决职工子女入学问题，开展联谊活动等。

以组织建设和社会活动为载体，进一步加强共青团工作。

加强团员意识教育，开展创先争优活动，增强团员青年的光荣感、责任感和使命感。做好志愿服务工作，主持人爱心团为地铁十号线工地外来务工人员举办慰问演出，并送去北京电视台职工捐赠的200张返乡车票；组织学雷锋活动、2011北京国际数独大奖赛语言类志愿服务活动、《红孩子》公益演出活动、“BTV希望之星”共建活动等。切实发挥共青团组织服务青年成长的功能，开展主题突出、各有侧重的岗位创新创效活动；开展网络读书论坛活动，开发影视俱乐部、青年系列卡、交友俱乐部等阵地，构建服务青年的多样化平台。加强团的建设，召开团员代表大会，选举产生30名出席共青团北京广播电视台第一次代表大会代表；开展先进团支部、优秀团干部、优秀团员评选表彰活动；继续开展推优入党工作，加强党团支部的沟通；以“我在团组织中成长”为主题，组织超龄团员离团活动；组织开展“绿色、科技、人文、健康、友谊”主题团日活动；注重与兄弟单位团组织的交流合作。

高度重视离退休干部工作，建立健全相关工作机制。

召开2次老干部座谈会，听取离退休干部对北京电视台改革发展和老干部队伍建设的意见建议。加强老干部活动场所建设，传达上级精神，开展学习交流活动，创造老有所学、老有所教、老有所为、老有所乐的环境和条件。建立老干部工作制度和退休人员谈话制度，关心重病和生活困难老干部的生活，为每位离退休人员发放一次性生活补贴10000元，解决离退休职工医疗费用问题，办好老干部摄影书画社、老年合唱团和退休职工垂钓俱乐部等。加强离退休党支部建设和思想政治工作，组织座谈会、学习交流会、专题学习辅导、电影观摩等。组建老干部志愿者队伍，分设医疗组、宣传组、摄影组、服务组、联络组等，开展扶老帮困、互助关爱等活动。丰富老干部文化生活，主办“颂党恩、抒豪情、添光彩、乐晚年——北京市离退休干部纪念中国共产党成立90周年主题党日活动”，并荣获北京市纪念建党90周年展览工作最佳现场奖。

七、深入抓好全台思想政治工作专兼职队伍建设

进一步发挥党委办公室、工会、监察审计办公室、人事部、老干部工作办公室等思想政治工作专职部门的职能，加强干部调配和人员培训，提高工作的主动性，强化服务意识、纪律意识和责任意识，全年策划、筹备、组织开展思想政治工作项目100余个，参与人数约20000人次，形成文字材料近90万字。

切实抓好党支部委员队伍建设，在中层干部调整幅度较大的情况下，明确业务负责人对所在部门党建工作的领导责任，提出工作要求，确保党建工作不缺位。

回顾总结 2011 年北京电视台思想政治工作，在按照上级要求认真完成各项工作任务的同时，主要形成和取得了五个方面的特点和成效：

一是深化了对思想政治工作重要性的认识，在开展涉及全台改革发展的重要工作、重点节目、重大活动过程中，台党委提出党的建设和思想政治工作及时跟进，提供政治和组织保障，并作出明确部署；

二是提高了思想政治工作的规范性，陆续推出的一系列工作规定和制度，初步搭建起了北京电视台党的建设和思想政治工作制度体系；

三是将公开、民主、透明的要求贯穿于思想政治工作的始终，推出的中层干部和科级干部、制片人竞争上岗工作以及台情通报制度等，既维护了台党委的权威，又有效调动了广大党员干部职工的参与热情；

四是不断开辟新途径、推出新举措，形成做好思想政治工作的新思路，增强网络化、互动性、贴近性，发挥各类新媒介的作用，提升了思想政治工作的吸引力；

五是立足实际，促进思想政治工作与业务工作相结合，推动思想政治工作取得实效。

办公室工作概况

办公室

2011 年，北京电视台办公室发扬“落实有力、运转高效、管理科学、服务优质”的工作作风，切实履行好“管理、服务、保障”三项职能，较好地完成了各项工作任务。

一、着眼于服务决策参谋大局，信息报送保证规范强化精品

信息工作广泛搜集，加强沟通，讲究真、实、新、准、深。办理文件坚持“两手抓”：第一手抓公文起草。强化精品意识，既重文以载道，又讲成文之法，从领导平常说话中琢磨其思路，从每次领导改稿中体会其风格，力求文稿思路清、高度够、表达清、特色明；另一手抓公文运转。在格式上，保证规范性，在内容上保证可行性，在程序上保证合理性，在时效上保证及时性。全年共报送信息专报 101 期，宣传系统快报 133 期，229 条，《北京信息》采用 25 条，《昨日市情》10 条。北京电视台被授予 2010 年度北京市宣传系统信息工作先进集体称号及中央电视台《电视决策》全国 2010 年度信息报送工作“优秀进步奖”；2011 年办公室被北京市广播电影电视局评为信息工作优秀单位，秦新春同志被评为优秀信息工作者。

二、着眼于枢纽环节运转高效，公文流转一丝不苟落到实处

秘书科对文件传阅、会签工作进行条

块化管理，专人负责台领导的签批文件，提高公文流转效率。增强主动服务和超前服务的意识，公文处理不推、不脱、不等。做到"收集信息第一时间、报送信息第一时刻、处理信息第一时段"。全年上报请示、报告413件（含外事、未剔除），京视函60件；下发京视发文件61件；组织召开了38次台长办公会，16次专题会；圆满完成涉密文件的传阅，及时、准确、安全地完成了中央领导讲话精神的传达工作；办理市委宣传部、市广电局转人大建议、政协提案26件；及时将《北京电视》及台内发文刊发内网，方便全台职工了解台里各项规章制度及重大事项；文印档案根据档案形成满20年，应向档案管理部门移交的规定，将2010年度《京视发》文件汇编成文件选编单行本，印发各部门；组织召开公文、信息写作讲座会，提升公文、信息的写作水平。

三、着眼于业务工作现实需求，深化外事管理延伸服务

外事工作重新梳理工作流程，进一步加强了审批管理程序，做好每位出访人员行前教育，在每个团组回国后收回护照（通行证）和出访总结。深化对台领导外事出访的服务，送机、接机、随时关注团组在外行程。全年外事科共办理因公出访手续56批，261人次；办理邀请境外人员参与节目录制上报请示161件，500人次。此外，外事科根据台领导的指示精神逐步理顺工作流程，重新设计、印制了《北京电视台发文审批单》，完善相关工作制度；做好外事宣传、节日走访、纪念品购置及设计制作、全台年度报刊订阅、部门内勤、职工薪酬填报、重大活动摄影及海关报关等常态工作。

四、着眼于沟通交流窗口展现，参观接待统筹规划精简高效

综合科接待工作坚持按照"干大事，从细节做起；做小事，从大局着眼"的总体要求，增强工作的前瞻性和主动性，为使接待工作精简高效、运转有序，制定了北京电视台重大活动的工作流程图，形成办公室牵头协调、有关部门密切配合的工作形态，做到事前早准备、程序巧安排、费用细打算、服务高质量。全年共接待国内外参观来访175批，1636人次；参与协调约50次会务接待、大型活动接待以及兄弟单位来台培训实习等接待任务；做好"开局之年走一线"活动协调保障工作，陪同台领导到朝阳、海淀、丰台、房山等区县调研。此外，2011年综合科完成《每月台情》12期；处理信件1048封，回复市长信箱、督办观众意见、内网上载来信等63封。

五、着眼于内外联络畅通无阻，热线短信即时互动多快好省

2011年7月，96168热线受到高度重视，将其纳入办公室管理。为提高业务能力，调动工作积极性，培训组联合质检组对全体坐席人员进行培训、考核，并根据测评成绩奖优罚劣。96168热线为88个栏目提供栏目热线及观众互动服务，全年共受理观众来电39.9万件，完成咨询、查询、记录线索、题材、收集意见、建议、提供宣传解释等工作；定期汇总观众意见、建议并上报领导，即时收集上报本台重要节目、大型活动的观众反馈，协助相关部门快速掌握播出效果，节目影响；短信群发共计六万余条，做到全天候零差错不延误，保证上级指示和会议通知准确、及时到位；管理、发放移动话费充值卡逾

461万元，约3400余人；5月为本台132位中层以上干部办理了“预存话费换手机业务”。

六、着眼于规避风险保驾护航，法律事务慎重把握规范管理

为切实发挥好法律服务为全台事业、产业保驾护航的作用，2011年在台党委重视下正式建制了法务科，从2人扩编到5人，实际人员4人。“下好先手棋，打好主动仗”，法律事务科服务靠前，重点项目前期介入，有效规避法律风险；对使用格式合同的部门进行业务指导、执行监督；对广告发布合同、影视剧播映权授权许可合同、卫视落地合同等格式合同提出修改意见；与总工办、监审办形成合作机制，公正、公开、公平管理招投标工作、中标合同、政府采购合同；与业务部门密切配合，直接介入与中远设计院的谈判、与肯威公司的谈判等，代理诉讼包括亚洲广告公司诉本台著作权合同纠纷等2件，处理完结往年遗留案件3件。

七、着眼于安全顺利保障直播，通讯团队兵马未到粮草先行

通讯科技术维护人员始终保持严谨的工作态度，全力配合各频道节目组完成直播中的通讯保障工作，本年度共计完成大型直播节目20项、170多场次、480多直播小时的通讯保障工作，技术维护人员直播出勤达340多人次，其中通讯指挥车出车参与直播5场次、20个直播小时，随车人员出勤30人次；参加新闻直播报道40多场次、100人次、150多个直播小时；参加体育节目中心重大赛事转播及大型户外体育节目直播共5项、120多场、200多人次、近300直播小时；全力保障科教节目中心“5.12庭审进行时”、财经节目中心“第三届王府井国际品牌节”、公共·新闻频道“北京国际旅游节”3场大型直播节目，出勤20多人次，完成10多个直播小时的通讯保障任务；为各节目组在台内演播室提供100多直播小时的电话连线服务；提供通讯设备租用，对讲机2680台次，815电话耦合器45台次；完成电话维修165次，开通、调整电话数量296台次。

八、着眼于联系紧密交流便捷，通讯坐席强化技能提升服务

日常话务工作升级软件促效率，深度服务树形象，强化责任意识，提高业务技能，完善服务规范和考核管理制度。总机85336688话务接听查询698700次；为上级领导机关、台领导及处级干部联系人员13900次；传达口头会议及其他通知18590次；发送短信16775次；收取传真290份；发送传真92份；受理国际、国内长途320个；与秘书科紧密协作联系工作6785件；与总值班默契配合，协助值班主任传达工作552件；与工会、行政部合作发放生日蛋糕短信提醒3474件；协助党委办公室、人事部、计财部、各节目中心等部门联系工作860件。

九、着眼于预防保健关爱员工，医务工作耐心热情细致入微

医务室严格遵守医疗规范，热情服务，账目清晰，无医疗差错、事故；无误诊、漏诊。全年门诊诊疗约13853人次（含口腔科），其中理疗248人次、肌肉注射75人次、血糖监测19人次、心电图62人次，急诊救治4次；全年药品购进14次，金额1025046.20元；冬、夏两季为全台职工发放预防保健药品；根据北京市基本医疗保险实时结算要求，对台内医疗保险医疗系统升级改造，发布实时结算就医流程、报销办法等通知，解答职工医保相关问题数千次；全年台内医保报销538人次，金额960346.43元；收集、整理、建立计划生育档案两千余份，办理各项手续65人次；发放计划生育奖励费用1787645.00万元；为外埠户籍女职工报销生育医药费15人次，金额44913.29万元。

党风廉政建设工作概况

监察审计办公室

2011年，北京电视台党委认真贯彻党风廉政建设责任制的各项要求，积极推进廉政风险防范管理工作，继续开展“小金库”专项治理工作，深入开展“加强台风建设，预防职务犯罪”主题教育活动，党风廉政建设取得了明显成效。

一、签订廉政建设责任书，开展台风建设教育

2月，台党委书记、台长王晓东分别与8名台领导班子其他成员和35名各中心、部、室一把手签订了廉政建设责任书，强化了他们的责任意识。

3月初，监审办在全台组织了“加强台风建设，预防职务犯罪”主题教育活动考试，各中心、部、室副科长（制片人）以上干部和台属企业部门副职以上干部共514人参加了考试，其中转传部、技术设备部、动画节目中心、科教节目中心还组织部门其他职工参与答题活动。

4月，制订下发《关于北京电视台2011年党风廉政建设和反腐败工作主要任务及分工》，明确了党风廉政建设各项工作的主办部门、协办部门和完成时限。

认真抓好各项招投标监督工作。全年共参与各种招投标监督活动126次，涉及金额1.925亿元，其中台外委托26项，1.57亿元，台内组织招投标100项，涉及金额0.4251亿元。

二、认真贯彻《廉政准则》

2011年《〈中国共产党党员领导干部廉洁从政若干准则〉实施办法》发布后，台领导班子全体成员及时组织学习了文件精神，并要求全台党员领导干部认真学习。同时，通过举办中层干部培训班、纪检干部培训班、专题辅导报告会、播放学习贯彻《廉政准则》专题讲座录像等形式，组织党员领导干部学习。此外，还在3个频道播出了《廉政准则》系列宣传片，共播出宣传片32个、520余次。

8月24日，认真组织开展了《廉政准则》自查工作。全台3名局级干部、125名处级党员干部在对照检查的基础上，上交了《北京市党员领导干部遵守〈廉政准则〉承诺书》。2011年，全台共收到上缴礼金6200元。

在建立健全《廉政准则》相关配套制度及围绕完善防止利益冲突清理相关法规

和规范性文件方面，监审办分别制定了《关于进一步做好两项法规贯彻实施工作的通知》、《北京电视台2011年党风廉政建设和反腐败工作主要任务及分工》、《北京电视台中层干部选拔任用工作规定（试行）》、《北京电视台中层干部竞争上岗工作实施办法（试行）》、《北京电视台非常规节目编播管理规定》、《关于北京电视台投资企业归口管理的通知》、《关于印发〈北京电视台印章管理规定（试行）〉的通知》、《关于规范我台参与社会节目招投标管理的通知》等文件，对干部选拔、节目编排、印章使用等工作进行规范管理。为加强内部审计工作，台里决定从2011年开始，对各部门一把手实行年度经济责任审计制度。

三、抓好廉政风险防范管理工作

监审办将廉政风险防范管理工作的重点放在向领导班子、领导干部延伸和向制片人延伸的“两个延伸”上，突出抓好整改措施的制定和防控制度的建立完善工作。

加强制度建设。制定或修订全台性工作制度24件，重点是规范中层干部选拔任用和竞争上岗以及科级干部、制片人竞争上岗工作，先后制定了《北京电视台中层干部竞争上岗工作实施办法（试行）》、《北京电视台中层干部选拔任用工作规定（试行）》、《北京电视台中层干部选拔任用工作记实办法（试行）》、《2011年北京电视台科级干部、制片人竞争上岗实施方案》。先后两次举行中层干部竞争上岗，共16名同志走上中层干部岗位。先后举行4次科级干部、制片人竞争上岗，271人报名、224人参加了演讲答辩，通过竞聘共有105名走上了科级干部制片人岗位。

同时，监审办对大型活动节目经费预算、非常规节目编排管理、栏目重播、网络报道、利用互联网公共信息平台、印章管理、合同管理、投资企业归口管理、事业资产清查、企业清产核资、“三员”岗位设置及人员管理、临时工作人员管理、首席制试点等工作进行了规范管理。

加强制片人队伍管理。制片人作为节目生产的中坚力量，掌握栏目的节目制作、财务管理、人员使用、薪酬分配，也是廉政风险防范管理向下延伸的重点。2011年，进一步加大了对制片人的管理力度，与全台100多名制片人签订了岗位管理责任书。

认真抓好领导干部廉政风险防控工作。台领导围绕班子结合群众反映的突出问题和近期台内出现的违纪违法案例，剖析工作程序、制度、管理等方面存在的廉政风险，认真查找各自的廉政风险点，并制定了针对性的防控措施。

四、抓好审计工作

监察审计办公室采取内外结合的方式对全台17名领导干部进行任期经济责任审计工作，为台党委考察任用干部提供参考依据。年8月25日，监审办组织全台审计知识讲座，台领导班子成员、副科级（副制片人）以上干部、台属企业经营管理人员和财务、审计部门工作人员共300余人参加讲座。9月，对各中心、部、室和下属企业的财务运行状况开展全面审计，对6个大型节目、专题纪录片的资金支出情况开展专项审计，对新台址工程开展了4次季度财务专项审计。

工会工作概况

工 会

2011 年，北京电视台工会紧紧围绕全台工作重点开展工作，取得了很大成绩。

一、进一步推动台务公开，民主管理

组织召开节目、技术和职能三个类别的职工代表座谈会，就北京电视台事业发展献计献策。座谈会的内容经工会整理归纳后以《办理通知单》的形式转发给相关部门落实。工会还与规划领导小组办公室、团委、老干部办公室联合发起“凝聚全员智慧、共享发展成果”建言献策有奖征集活动。在北京电视台第三届职工代表大会第五次会议上，对职工住房补贴使用公有住房售房款和住房基金使用作出了决定。

二、发挥工会宣传教育功能，树立先进职工典型

组织女职工在“三八”节期间开展评选表彰优秀女职工、“穿出你的高雅气质”女职工职业风采知识讲座、女职工外出踏青采摘活动。与党办、人事部共同开展2011 年度职工敬业爱岗和岗位创新评选活动。分三批组织 60 名先进工作者赴海南三亚休疗，受到他们的一致好评。

三、开展丰富多彩的文体活动，增强全台职工的凝聚力

连续三年主办全台职工新春大联欢，改编和自创开场歌舞和音乐快板，与各部门 400 多名演员联合演出，实现台内网同步直播，1200 多人在线观看点评，职工反响强烈。成立北京电视台职工合唱团并参加比赛，获首都新闻界庆祝建党 90 周年合唱比赛二等奖。作为首都新闻之声合唱团成员，亮相于市委宣传部《唱响中国》电视晚会和《党在百姓心中——北京市庆祝中国共产党成立 90 周年主题晚会》活动。成功举办“永远跟党走”职工歌咏比赛，23 个部门 1000 多名职工参加演出，与 500 多名拉拉队员实现互动，台内网直播实况，开辟两个聊天室，反响强烈。承办北京广播电视台《党在我心中》职工文艺会演，举办职工乒乓球团体赛和羽毛球团体赛，参加首都职工第八届艺术节和北京广播电视台“我心中的优秀员工”摄影比赛，还组队参加全国广电系统羽毛球比赛、北京市记协等单位举办的足球赛，取得较好成绩。

四、深入开展送温暖系列活动，全方位为职工提供服务

看望慰问本台参与北京市“两会”报道的新闻中心编辑记者和春节联欢会剧组，看望慰问本台患大病、重病职工上百人，为病逝职工和家属发放慰问金 11 万余元。为全台女职工参加安康互助保险续保，并为患病女职工做好理赔工作。组织本台与首都经贸大学联谊活动，帮助大龄青年尤其是女职工解决婚姻问题牵线搭桥。鼓励职工业余时间积极锻炼身体，为职工发放健身场地费 34 万元。向全台职工发出倡议，为身患癌症的年轻记者闫雪捐款，共募集资金超过 34 万元。

干部人事工作概况

人事部

2011 年，北京电视台深入推进干部人事制度改革，大力加强干部人才队伍建设，为推动全台各项事业科学发展提供了强有力的组织保障和人才支撑。

一、从业人员现状

北京电视台从业人员状况见下表：

二、干部选拔任用工作迈上新台阶

2011 年 1 ~ 6 月，全台累计调整中层干部 26 人次。其中，提拔任用 10 人次（均为副处级），台内轮岗交流 10 人次（正处级 2 人次，副处级 8 人次），推荐到相关台属企业任职 2 人（均为副处级），退出现职 3 人（正处级 1 人，副处级 2 人），辞职 1 人（正处级）。干部选拔任用工作表现出五大特点：

北京电视台从业人员状况一览表

岗位分布情况

采编岗位	管理岗位	技术岗位	工勤岗位	总计
1890	587	726	304	3507

年龄情况

35 岁以下	36 ~ 40 岁	41 ~ 45 岁	46 ~ 50 岁	51 ~ 55 岁	56 岁以上	总计
1703	640	427	362	267	108	3507

职务级别情况

副科级	正科级	副处级	正处级	副局级	正局级	总计
185	209	99	45	2	1	541

职称情况

初级职称	中级职称	副高级职称	正高级职称	普通工	技术工以上	无职称	总计
383	634	323	37	163	141	1826	3507

学历情况

初中毕业	高中毕业	中专毕业	专科毕业	大学毕业	双学士毕业	研究生毕业	总计
84	127	16	343	2692	17	228	3507

一是创新和完善干部选拔任用工作机制。经过长达半年多的调研、起草、修改，4月初，制定实施了《北京电视台中层干部选拔任用工作规定（试行）》和《北京电视台中层干部竞争上岗工作实施办法（试行）》；随后，《北京电视台中层干部选拔任用工作记实办法（试行）》也正式出台。这三项制度，紧密结合上级要求和本台实际，对中层干部选拔任用工作作了明确规定，大大提升了干部选拔任用工作的科学化、民主化、制度化水平。4月开始，全面实行党委讨论决定中层干部票决制和差额票决办法，截至6月底，已累计票决干部14人次。

二是加大竞争性选拔中层干部工作力度。上半年，通过公开报名、资格审查、笔试、演讲答辩、组织考察、公示等程序，面向全台选拔了办公室、总编室等6名副主任。此次竞争上岗工作，从最初的42人报名到最终确定6名任职人选，全台干部职工1070人次参与了演讲答辩会并填写评分表，237人次参与组织考察，相关信息在台内网累计点击量达到9129人次，充分体现了公开、平等、竞争、择优的选人用人理念，得到了广大干部职工的积极评价。特别是首次实行差额考察的方式，首次与第三方专业机构合作命题，有效提升了工作的科学性和公正性，为今后的干部选拔任用工作积累了经验。

三是积极推动中层干部轮岗交流。加大中层干部轮岗交流工作力度，先后对10人次进行了轮岗交流。其中，2人在职能管理部门与内容生产部门之间交流，体现了促进融合的工作理念。

四是探索台属企业干部选拔任用工作的有效途径。1月和6月，分别推荐2名在职中层干部担任本台参股的北京儿童艺术剧院股份有限公司总经理职务和本台全资企业北京电视产业发展集团总经理职务。同时，对北京电视台黄金海岸培训中心总经理进行了调整。

五是着手开展后备干部队伍建设准备工作。结合开展科级干部、制片人和中层干部竞争上岗工作，对全台科级干部、制片人和中层干部进行基本信息数据的采集、调查、分析，摸清底数，了解相关群体的年龄分布、任职情况、岗位特点、培训状况等，制定出台了加强后备干部队伍建设的具体意见和措施。

三、干部监督管理工作稳步推进

积极开展干部选拔任用工作“一报告两评议”和组织工作满意度调查，用好评议调查结果。

1月14日，全台2010年干部选拔任用工作“一报告两评议”和组织工作满意度调查，与台领导班子和领导干部2010年度考核测评一并进行。100余名干部职工代表对本台2010年干部选拔任用工作情况、选拔任用的中层干部和组织工作总体情况进行了评价。5月20日，在通报评价结果的基础上，台领导班子召开专题民主生活会，重点从选人用人、改革创新、施政成本与效益、服务基层等四个方面查找不足、分析原因，对进一步加强台领导班子建设提出了目标任务和具体要求，并就推进收入分配改革、理顺事业与产业关系、加强党务公开和台务公开、加强部门领导班子和中层干部队伍建设、推动后备干部队伍建设、系统梳理全台节目（栏目）、畅通信息传递渠道、落实台领导班子成员定期深入一线制度等8个方面的工作形成了整改措施。

认真贯彻实施两项法规，加强对干部的监督制约。

1月，组织全台100余名中层以上干部、台属企业负责人按规定填写个人有关事项报告和配偶子女移居情况报告，并对报告情况变化提出明确要求。

做好中层干部离任经济责任审计工作。

上半年，委托有关会计师事务所，先后完成对5名中层干部进行了离任经济责任审计。同时，加强对审计结果的运用，台党委扩大会听取了对去年下半年以来十余名中层干部进行离任经济责任审计情况的报告和有关审计建议，对优化财务收支流程等作出了具体安排。

四、人事制度改革得到进一步深化

加强从业人员管理制度建设。

制定了《北京电视台制片人管理暂行办法》，第一次全面系统地对制片人的任职条件、责权利和考核、培养、使用、聘用程序进行规范；起草形成《北京电视台工作人员年度考核办法（试行）》，首次将工作满一年的派遣制人员纳入到考核范围中，赋予其参与部门内部民主测评的权利；另外，制定实施了《北京电视台副科级以上干部及重要岗位人员离京外出请销假管理办法》、《北京电视台“三员”岗位设置及人员管理暂行办法》、《北京电视台临时工作人员管理暂行办法》、《北京电视台安全用工责任书》（补充条款）等管理制度。

不断提高从业人员福利待遇，优化管理使用方式。

加强派遣制用工管理，逐步为派遣员工提供工作就餐、健康体检、通讯补助、补充医疗保险等条件，提高相关待遇水平。实施“两卡合一卡”工程，将派遣制员工基本工资、绩效奖金等由派遣公司统一发放，实行统一计税、统一缴纳社会保险，解决了绩效工资上劳务税的问题，维护了他们的权益；规范临时工作人员使用程序，开发了新型人力资源动态化管理系统，制定了加强临时工作人员管理的“四联单”运行机制，即将付诸实施。

积极推进全台“定岗、定编、定员”工作。

制定并下发了《北京电视台“三定”工作方案》，召开了“三定”工作动员会。与北京双高志远咨询有限公司签订了“三定”工作《项目合同书》，经过几十次的调研分析、沟通研讨，作出了全台人力资源情况的整体诊断，完成了节目中心、技术、职能部室压力测试和部门职能梳理及节点的调整，完成了全台岗位设计整体方案，为实现从身份管理向岗位管理转变，打下了坚实的基础。

深化分配制度改革，建立多元化评价体系。

根据不同部门的类型和特点，在原有考核分配体系的基础上，分别建立了节目中心、职能技术部门、经营创收部门三类考核分配方式，进一步将工作业绩与收入分配挂起钩来，并有针对性地完善有关奖惩措施，变年终一次性考核奖励为年中和年底两次考核，实施了半年工作业绩考核，发放了业绩考核奖，进一步发挥了动态分配、有效激励的作用。

五、人才使用和培养创造了新的经验

建立健全适合未来发展需要的人才引进机制。

继续采取“台校合作”模式，与北京

大学、清华大学等 7 所著名高校共建实习基地，吸引优秀毕业生来台实习，并作为新员工的主要来源；落实“凡录必考”原则，严把进人关，通过笔试、专业性测试与面试相结合的方式，规范用人程序；探索与优秀人才直接签订劳动合同、协议工资的新模式，积极探索专业化、高素质、复合型管理人才引进机制，取得了初步成效。

积极打造重点人才。

开展了 128 个科级干部、制片人岗位竞争上岗工作，竞聘涉及台内 18 个部门。有 218 人报名，181 人参加了演讲答辩。通过此次竞聘 95 位同志走上科级干部、制片人岗位。对落聘 86 名人员谈话鼓励，听取建议；在新闻节目中心试点建立“首席制”，推出了首席记者、首席摄像、首席编辑、首席编导、首席播音・主持人五个岗位，明确评聘程序和管理要求；制定实施《北京电视台播音员主持人管理暂行办法》，对新引进的主持人实行重点打造，为表现优异的主持人开辟了特殊人才使用通道。

着力加强人才培训工作。

制定了《2011 年度北京电视台培训工作方案》，确定了 25 项培训工作重点项目；通过民主公开推荐方式，选送优秀节目制片人和技术、职能部门科级干部 46 人分批赴英国、加拿大参加培训活动，收到了良好效果（第三批 22 名一线编辑、记者、技术骨干赴英人员正在办理中）；加强专业人才培养，先后选派 22 人前往专业性院校及权威培训机构培训，打造重点领域的业务带头人；开展对制片人岗位能力的讲座、培训和考核测试。组织了 2 次制片人岗位能力考核测试（首次 184 人，二次 180 人）。会同北京大学经济学院举办了三期 164 名制片人参加为期三天的岗位业务能力培训班；首次实现了摄像、频道值班员岗位的全员培训；为 443 人开办了编辑记者职业资格培训班；举办了微软操作系统及办公软件使用技巧培训等活动。上半年，共举办专业技术培训和业务讲座 37 期，培训 2343 人次。

计财部工作概况

计财部

2011 年，北京电视台计财部继续完善财务管理，积极探索解决新形势下财务工作面临的新情况新问题，努力为全台各部门提供全面、周到、细致的服务，圆满完成了各项工作任务。

2011 年，我部在做好日常工作的同时，主要做了以下工作：

一、加强预算管理，规范预算执行

根据 2011 年上半年预算执行情况及各部门下半年工作安排，为了维护经费预算的严肃性和有效性，保证经费预算能完整、真实地反映全台客观变化的实际情况，年中进行了经费预算的中期调整工作，使预算更符合实际，更有可操作性，从而完成了全年收支计划，国有资产得到保值增值。

二、完善各项财务管理制度，切实加强财务管理

不断修订和完善各项财务管理制度，拟定了《关于加强事业财务管理的指导意见》（征求意见稿）、《关于加强企业财务管理的指导意见》（征求意见稿），努力提高全台的财务管理水平。进一步做好财务分析工作，为台领导决策提供依据。在抓好管理的同时，积极为全台各部门提供全面周到的服务，为大型晚会和大型活动现场发放劳务费。为了解决财经节目中心、生活节目中心、新闻节目中心部分栏目两地奔波、办事不便的问题，计财部克服人手不足等诸多困难，每周定期派人上门为上述三个中心现场服务，努力解决节目部门遇到的实际困难。

三、做好资产清查工作

为了更加科学、高效地配置、管理、使用资产，确保国有资产保值增值，2011年下半年，按照市委宣传部和市财政局关于开展宣传文化系统行政事业单位资产清查工作的要求，计财部牵头组织开展了全台资产清查工作，经过三个月的努力，按时完成了任务。

四、认真落实“小金库”专项治理工作

2011年，计财部和监审办一起开展了全台各部门和各企业的“小金库”治理工作，清理复查面达到100%，通过认真自查，未发现“小金库”情况。

五、开发完成新的财务管理信息系统

经过两年的艰苦努力，计财部开发完成了一套适应本台财务管理需要，同时能满足未来发展战略的新的财务管理信息系统。半年的新旧系统并行，目前已正式启用了新的财务管理信息系统。新系统在保证正常财务管理和会计核算功能的基础上，在预算管理、资金管理、合同管理、资产管理、票据管理、财务分析等多方面体现了业务创新和管理创新思路，规范了财务行为，加大了信息公开力度，加强了风险防范措施，消除了原财务系统的安全隐患。

行政部工作概况

行政部

一、职工餐厅的监管及经营

2011年，各种农副产品价格上涨，用工成本提高，给食堂的伙食调剂带来很大压力。为公正、公平、透明的执行好伙食经费预算管理，与各餐厅责任人签订了岗位目标责任制协议书，并通过岗位责任制的管理和经费的合理运用，平抑了物价上涨，丰富了职工伙食品种，提高了饭菜质量。全年共增加伙食花样品种100余种，获得了北京市全民健康生活方式行动办公室颁发的“示范食堂”的荣誉称号。

考虑到台内一线节目部门编辑、记者、编导、摄像等人员的工作特点和作息习惯，弥补早餐到午餐间的用餐时段空白，提供人性化服务，11月23日起在四层西餐厅推出西式自助营养早餐，品种丰富，受到职工的好评。

为提高食堂员工的服务技能和服务水平，3、4月完成了对员工服务技能、食品安全和消防安全共40个学时的培训，特邀中国烹饪技师及卫生防疫专业人士到职工食堂给厨师及服务人员做现场示范。同时，为进一步科学管理职工餐厅，更新菜肴制作理念，提高厨师的厨艺水平和餐厅餐饮质量，使菜品样式更加多样化，营养更加科学均衡。据测评统计，职工对食堂的满意率平均达到81%。

在保证好全台职工一日四餐情况下，各餐厅积极配合，团结协作，接待各种宴会约3800人次，配合各节目中心完成了网络春晚、动画春晚、环球春晚、中秋晚会、台工会红歌会演、“京沪高铁”开通、“七一”直播等活动约12万人次的盒饭供应及约1万人次的各项快餐保障工作。

二、新台址物业监管

2011年是北京电视台与天鸿宝地物业公司续签服务合同的第一年，也是物业监管科深化物业服务管理，全面提升物业服务质量较明显的一年。

加强物业服务监管，控制物业费用支出。

精简人员，压缩预算。自第二季度起，减少中控系统20人，使2011年物业费用预算减少79万元。在人员考勤管理上采取指纹打卡方式，并以此作为员工薪酬发放依据，杜绝了物业公司吃人头空额的做法。对物品采购实施“指导价格采购方式”，仅此一项全年就节约13.8万元。对废旧物品回收后及时处理，防止重复利用。在财务支出管理上，要求物业公司提供费用使用详细清单，必要时提供支出凭证。

加强员工业务技能培训。

督促物业公司落实“三级培训制度”，一是公司层面，对入职员工集中培训，内容包括公司制度、安全教育、员工日常行为规范等；二是部门层面，对分配到物业公司办公室、工程部、护卫部、客服部、环境部的员工进行岗位职责、工作技能培训；三是班组层面培训，具体到工作标准和操作技巧，并结合具体工作的区域有针对性、有重点的培训。2011年，各种培训2100余人次。

做好节能减排，降低消耗。

新台址是一座智能化程度非常高的综合体，能耗较大。实现有效节能也是物业管理工作的一个重点。一是节电，这项工作自新台址启用以来一直在做。今年在地下车库、综合楼电梯厅、疏散通道、公共区域以及洗手间、开水间、吸烟室、大开间办公室等地，采取更换节能灯管，撤掉多余灯管、隔排开启、分时段开启等办法节约能源，较2010年节电56.38万度。二是节水，主要是控制好设备的有效运行时间和各项参数，减少空耗时间，有效地节省了水源。

三、房屋管理

通过努力，解决了首师大宿舍24户职工和其他7户职工的“房屋所有权”问题。调整办公用房累计约2000平方米。为相关部门配备办公家具累计约3000件。通过货币化的方式全年累计发放职工住宅物业费、供暖费19169826元；完成待分配和空置住房约70套的物业费、供暖费支付工作，全年累计支付费用约30万元。

四、车辆及交通安全管理

开展安全知识培训以及车辆保险、维护等相关内容的培训，出版10期展板，宣传安全知识，收到良好效果。开展汽车“关爱服务日”、车友俱乐部、紧急医务协助、紧急车辆救援、汽车修理保养等全方位的咨询服务活动，为台内职工提供了便利。

五、加强装修施工管理

严格工程立项、审批。开支5万元以下的项目报行政部主任审批、签字；5万元以上项目报主管副台长审批、签字；照台里有关规定50万元以上项目由基建办完成。采购配件必须报行政部主管修缮副主任和主任审批。选择施工单位，要进行实地考察，核对其资质是否真实有效，对施工单位的组织结构、施工形式、技术人员、管理人员、施工管理、项目负责人、技术骨干力量等情况进行全面了解。在此基础上，邀请监审办全程监督测评程序，由基建办、房管科、修缮科等相关部门，按照测评条件和专业特长，对施工单位进行测评，最终选定施工单位。

保卫部工作概况

保卫部

2011年，北京电视台保卫部坚持落实各项安全管理制度，坚持树立服务理念，坚持抓好内部建设，为电视台的安全播出提供了有力保障。保卫部也荣获北京市公安局授予的集体三等功。

一、切实加强安全管理工作

重大节日和重要活动加强安全保卫工作。全年共上报和下发各类通知、文件、方案、应急预案、总结汇报共32份。为了做好突发事件和上访事件的处置工作，全年共处理来台上访事件409批、681人次。强化日常安全管理工作，建立了各级负责人责任制，实行台、部门、科组（栏目）三级安全责任网，逐级签订安全责任书，对会客、接待、治安、警卫、安检等工作进行了认真部署。同时狠抓了“两室”（消防中控室、安防中控室）的管理，确保了园区每个角落始终处在可看、可控的范围内。

二、做好消防安全工作

加强宣传教育，增强全台职工的消防安全意识。全年召开台级安全领导小组专题会议4次，部门协调会15次，下发和上报防火专项文件5份。坚持“预防为主，防消结合”的原则，先后9次组织安全领导小组成员和有关部门人员参加全台安全大检查，对发现的消防安全隐患责令限期整改。每周一还组织部门人员进行一次拉网式检查，并规定值班员每日两检查一登记，不留死角。高度重视苏州街台址消防设备、设施的老化问题，联系维保单位对消防报警系统进行了全面改造。组织消防常识及灭火演练等培训 7 次，受训职工近 2000 人。加强消防设备、器材维修保养，使各种设备始终处于良好状态，排除火警、故障1500 余次。

基建办公室工作概况

基建办公室

2011 年，北京电视台基建办公室较好地完成了全年工作任务。

新台武警宿舍、物业用房、物业小白楼拆除，新建部分园区围墙及东大门传达室等改造工程全面完工。

新台主楼八层演播室改造任务按时圆满完成。

苏州街工作区维修工程全面启动，在上半年做了大量细致准备工作的基础上，截至 2011 年底已按工期目标完成年度改造任务。

下半年启动的网络电视台建设，克服了难度大、难点多、协调工作繁琐、政府手续难办等诸多困难，实现了在 11 月开始基础施工的目标，为 2012 年全面铺开奠定了基础。

及时启动皂君庙磁带库改造项目，目前，方案设计已取得初步成果，改造任务已走上正轨。

配合有关部门较好完成了新台址内的质保工作。

部门内部制度建设工作上了新台阶，结合各项改造项目，编制了苏州街工作区维修工程管理原则和程序，并获得台长办公会通过；编制和完善了部门工程管理程序，健全了各科室管理制度。

配合固定资产清查工作的开展，历时三个月圆满完成了该项工作，对部门管理起到了推动作用。

配合各项改造工作的展开，对外协调、手续办理和原遗留的厂洼职工宿舍供电等问题都有了一定进展。

电视中心工程结算工作在台领导重视和支持下，有了突破性进展，截至 2011 年 12 月底，仅剩北京建工集团和北京天图公司二家尚在审核中。

广告经营管理概况

广告部

2011 年，北京电视台广告收入 32.5 亿元，比去年增长了 6.3%，圆满完成了创收任务，再创历史新高。

这一年，北京电视台的广告经营面临着严峻的形势：对外新媒体增长迅速，省级卫视竞争激烈，广告监管力度进一步加强；对内广告资源稀缺性凸显，客户对分众收视率的要求越来越高，节目内容资源老龄化，缺乏市场竞争力……这些都为广告经营工作提出了新的要求。面对压力和挑战，广告部在坚持总体经营方针不变的前提下，适时调整了经营策略，用科学发展的创新思维打赢了一场广告创收的攻坚战。

一、不断完善广告价格体系和销售体系

广告部在确保原有价格体系和营销体系稳定的前提下，根据对各频道栏目收视数据的监控，按月撰写《北京电视台收视与收入简析》，及时对 2011 年新增栏目和收视有异动的栏目制定或调整价格，完善广告价格体系，稳定广告销售体系。

二、加强客户服务，促进大客户增量投放

2011 年，通过精耕细作，加强服务，促进了众多大客户的增量投放，增量累计超过 1.5 亿。

同时，通过积极扶植本地企业，促进行业竞争，带来了可观的广告增量。首农集团（原三元集团）从 2006 年的百万投放量逐年增长到 2011 年的 4000 多万元，增幅比例超过 250%。首农集团的广告投放有效带动了蒙牛、伊利在本台的巨量投放，2011 年，两大品牌在北京电视台的投放总量超过 1 亿元。

三、深度挖掘媒体资源，开发新客户

2011 年，广告部通过深度挖掘媒体资源，不断开发特殊广告项目，累计开发新客户 200 余家，投放量上百万的约 40 家，共计带来约 1.3 亿元的广告收入。

四、开发特殊项目，争取社会效益与经济效益双丰收

2011 年，北京电视台为迎接建党 90 周年，推出了“北京红色地图”特别节目，在获得良好社会效益的同时也获得了王老吉上百万元的广告赞助。

2011 年下半年，广告部与北京市商务委员会、旅游委员会、卫生局等部门开展合作，利用北京电视台的宣传报道平台和广告资源平台，对北京市政府的相关政策进行全面宣传，并进一步吸引客户投放。

五、重视安全播出，打造“绿色收视率”

2011 年，广告部顺利完成了全台 8 个频道、40 万个时段、110 个栏目、10 万条广告的安全播出任务。

同时，广告部通过严格的审片制度，确保了广告内容的正确导向；通过设立逐级审查、广告监播制度，确保杜绝任何违法广告，营造了首都荧屏的良好广告环境。

经营管理部工作概况

经营管理部

一、完成经营管理部与产业集团事企分开、管办分离

为加强北京电视台经营性国有资产监督管理，维护资产的安全完整，合理配置和有效利用国有资产，规范企业经营行为，在调研论证基础上，6月24日经北京电视台台党委扩大会议讨论通过，正式实行经营管理部与产业集团事企分开、管办分离的产业经营监管体制。

二、经营管理部协助台属一级企业完成领导班子配备

按照经营管理部的职责分工，根据企业工作需求，完成北京电视产业发展集团和紫禁城影业有限责任公司副总经理的选拔。

三、台属企业资产保值增值情况

北京电视台对台属五个一级企业投资总额为1.44亿，截至2011年9月末，五个一级企业的总资产规模为9.54亿、净资产6亿，其中归属于北京电视台的净资产5.22亿，累计国有资产增值率为264%。

四、台属企业经营情况

截至2011年9月末，五个一级企业创收2.98亿，利润总额2751万，净资产收益率为4.59%。

五、北京电视产业发展集团对下属企业实行全面财务预算和经营目标责任制管理

本着“成本费用增长要小于经营收入增长幅度，人员工资福利费用增长要小于企业利润增长幅度”的基本原则，北京电视产业发展集团全年经营收入目标12000万元，截至9月30日已完成8748万元。

六、积极妥善解决历史遗留问题，逐步完成经营状况恶劣企业的关停并转工作

根据企业经营的相关法律法规，完成了北京嘉利华汽车租赁有限公司的关闭注销工作、北京京视广告公司广州公司在北京产权交易所挂牌转让工作以及北京京视国际媒体咨询有限公司清算和货币资金分配工作；正在积极稳妥地处理文化旅行社经济纠纷调节工作。

总工办工作概况

总工办

2011 年，北京电视台总工办围绕“项目招标采购”和“技术规划管理”两个工作重点开展工作，圆满完成了各项任务。

完成市发改委批复执行的高清二期项目招投标工作 7 项，签订合同金额共约 10123 万元。

完成市财政局政府采购项目招投标工作 10 项，签订合同金额共约 4000 万元。

完成台自行组织的常规招标、谈判项目 61 项，签订合同金额共约 2948 万元。

执行高清项目的督办工作，截至 10 月底，高清一期 52 包项目中已完成了 42 包项目的终验测试；高清二期完成了 7 个项目的招标采购，其中“远程上载传输系统”、“新建高清综合制作网”已于 2011 年 8 月完成建设，现正在组织培训演练，2011 年 11 月中旬投入使用；后续的立项审批、招标采购、项目实施等工作正在推进。

参与北京网络广播电视台 IPTV 临时系统搭建的协调工作，完成北京网络广播电视台 IPTV 临时过渡技术系统建设项目的招标工作。

配合台内有关技术测试工作，包括高清电视技术系统工程项目一期验收测试方案的制订、播出音频声音电平与响度的测试、纪实高清频道电视伴音的测试等。

组织完成了技术系统相关计划、规范、标准的编制工作。组织完成了 2010 年技术改造计划的制订，完成了《北京电视台技术发展规划（2011—2015）》的编写，制定了《北京电视台安全播出奖评审办法（试行）》。

跟踪、推进高新技术发展应用，完成北京电视台 3D 试验片《BTV2011 年环球春晚》的前期拍摄和后期制作工作。

组织召开北京电视台 2011 年技术工作会议，圆满完成了会议的策划组织、材料准备和会务服务等工作。

组织进行苏州街台址三个频道播出系统搬入新台址的技术协调、管理工作。

组织技术部门各类奖项的申报工作，包括国家广电总局电视节目技术质量奖“金帆奖”的申报、北京市广电局电视节目技术质量奖“华彩杯”的组织评审、广电影视协会组织的高清杯节目送选工作等。

组织技术部门修订应急预案，调整组织结构信息，学习市广电局广播电视安全播出管理体系要求和手册，印发、修订本台安全播出管理体系手册文件及 37 个管理控制程序文件，开展广播电视安全播出风险评估工作。

完成台安全播出联络工作，承担了上级单位调度命令的传达工作，负责台内例行检修、临时检修、紧急传输等播出变更事项的上报、协调工作，并每月报送安全播出月报表。

完成台安全播出事故调查、信息报送、统计分析、监督整改工作，包括高清新闻演播室闪黑、AVID 高清制作网数据库故障、播出服务器故障等事件的原因调查分析和解决方案的制定。

负责安全播出技术协调工作，完成春晚、高铁直播、七一直播、天宫一号发射、新年环球大直播等 20 余场大型直播节目的技术协调工作。

完成了本年度北京电视台与中国直播卫星公司、中央发射台、无线局广视卫星公司、中国有线电视网络公司和北京鼎视公司的电视安全播出合作合同新订和续签工作，督促合同的履行，并在重要安全播出时期和重大节日前到中塔、地球站等相关单位检查执行情况，保障北京电视台上星频道和地面无线电视频道的安全播出。

全力支持北京市广播电视村村通工作，今年完成了 4 个远郊山区县的 97 个村的有线广播村村通覆盖工程，并完成了 2011 年度村村通广播方案、预算的审核工作。

完成与广电总局合作开展的广电系统播出安全评估方法的调研、编写、推广工作。

制作部工作概况

制作部

2011 年，北京电视台制作部克服了技术人员缺口大、分散办公、部分设备老化等困难，较好地完成了各项任务。

一、技术保障

2011 年，制作部完成了一系列重大任务的技术保障任务。

“七一”期间，制作部承担了“中国速度”京沪高铁首发报道的直播和建党 90 周年“心心相印”大型节目直播的技术保障任务。这两档直播总计 25 小时，间隔时间短，环节设置多，涉及台内多个部门。制作部参与科室齐心协力、团结奋战，顺利完成了技术保障任务。

“七一”前夕，制作部后期制作还完成了《少年中国》、《为你而歌》、《笔墨春秋》等多部大型专题片的制作任务。

春节期间，制作部完成了《春晚》、《网络春晚》（5 场）、《环球春晚》共计 7 台晚会的后期制作任务。

2011 年，BTV 大剧院推出一系列重点晚会和庆典活动，如 4 月 13 日，英国顶级奢侈牌 Burberry 全球盛典；4 月 20 日，“庆祝中国共产党成立 90 周年《唱响中国》群众最喜爱的 36 首新创歌曲北京演唱会”；5 月 11 日，举办了北京市宣传系统纪念建党 90 周年宣讲报告会；5 月 28 日开始，作为向中国共产党建党 90 周年献礼剧目，五场大型音乐互动儿童剧《红孩子》；6 月 18 日，中共市委宣传部及关心下一代工作委员会、市文明办、团市委、市教育局主办的“红星闪闪 永放光芒”主题合唱音乐会，有近 2000 名演职人员参与演出；7 月 12 日，施华洛世奇（Swarovski）2011 秋冬“幻羽舞曲”系列的盛大发布会；7 月 17 日，2011 年度中国播音主持“金话筒奖”颁奖典礼；10 月 13 日，“2011 北京国际设计周”颁奖典礼等。在举办这些重点晚会和重大活动中，制作部承担了技术保障工作并圆满完成了任务。

此外，制作部还完成了大型专题片《辛亥》、《环球春晚》、《人民大会堂》，以及《温暖一家亲》等特别节目的制作任务。

二、技术培训

组织大量的日常技术培训活动，提高技术人员的技术水平。

5 月，举办了“最美的制作部”形象片大赛。大赛分前期培训、形象片拍摄制作、作品展映和业务研讨四个阶段。共有 140 余人参赛，收到 14 部参赛作品。9 月 22 日，制作部特邀著名电影剪辑师、导演张一凡对作品进行讲评并与参赛选手交流心得体会。

3 月 21 日、22 日，召开高清技术研讨会，制作部科以上干部及技术骨干共 80 人参加，就如何做好高清二期建设、更好地为内容生产服务进行了研讨。在 5 月 18 日、19 日召开的台技术会上，制作部技术人员认真听取台领导的讲话，结合工作实际撰写学习体会。

从 5 月 30 日开始至 6 月 5 日结束，制作部在六个直播科室开展了“2011 年度直播安全评比周”活动。

组织参加各类奖项评奖工作。包括“SONY 高清杯”节目评奖；组织参加“王选科技论文”评选；组织参加“影视协会优秀论文”评比；组织参加“华彩杯”节目质量评比。8 月 24 日，制作部派出由部门历年评选出的剪辑业务能手代表及“2011 最美制作部”形象宣传片大赛参赛选手代表组成的 20 人团队，参加“2011 年 BIRTV 中国影视数码剪辑大赛夏令营之大师讲评”活动。

开展 2011 年度节目技术质量评比活动。经过细致评审，评定了 7 个一等奖、8 个二等奖、2 个三等奖和 2 个参与奖。从中选出 7 个节目请专家进行二次评审，送广电总局参加“金帆奖”评奖。

10 月 26 日、27 日举行 2011 年“应知应会”岗位技能考试，全部 18 个业务科室十类不同岗位的 420 位一线职工参加了考试。

三、技术管理

组织重大节日前安全检查及平日安全巡检。为确保春节、“五一”、国庆等重大节日期间的安全，制作部安全检查小组分别对新台及苏州街台址进行了认真细致的检查。平时设备管理科周一至周五每天对新台、苏台各演播室进行安全、卫生巡查，每月进行检查汇总，及时发现问题，认真整改。

配合计财部、设备管理部完成固定资产清查任务。制定了《制作部固定资产负责人工作内容及管理办法（草案）》。

建立了《制作部主任办公例会制度（试行）》。规范了会议内容、会议召开、会议程序、纪要存档。开展了团队之星评选活动。

四、技术系统建设

演播室方面，完成两个高清 600 平方米演播室的建设任务，将 600C 演播室交给文艺节目中心使用，集中录制文艺节目，将 600B 演播室交给青少海外节目中心集中使用。

后期制作方面，完成共享审片网搭

建，完成自动技审的软件测试及应用推广。完成公共·新闻频道30站点高清网络的设计规划和招标工作。

灯光方面，从春节前夕开始到五一前结束，对800平方米演播室灯光进行改造；另外完成150高清演播室内灯光改造工程；完成二期高清300平方米、250平方米演播室灯光吊挂设备系统工程。

播出部工作概况

播出部

2011年，北京电视台播出部出色完成各项工作。

一、几项重大任务圆满完成

圆满完成春节、北京市“两会”、全国“两会”、“七一”和“十一”等重要安全保障期播出任务。

截至2011年12月31日，14个频道安全播出109600.9小时，较去年同期增长了7%。发生黑场、静帧、无伴音、误播等事故12次，事故时长共计532秒，停播率为0.49秒/百小时，仅为国家广电总局62号令规定的一级电视中心标准停播率5秒/百小时的1/10，其中因播出部设备及人为原因发生事故5次，故障时间386秒，停播率为0.35秒/百小时，与2010年同期相比大幅下降，进步显著。

11月15日，顺利完成苏州街台址播出的BTV公共新闻、BTV财经和BTV生活三个频道搬迁至新台址播出的任务。为了保证三个频道顺利安全地迁入新台，配合总编室、网管部、制作部以及各节目中心，提前一个月开始进行上载、传输、磁带对传和收录的演练。对启用机房进行调试，对传输信号进行调整。同时，对老台的值班员进行了全面培训和笔试、实际操作的考核。

完成北京卫视高、标清频道不停机检修系统的搭建和运行。

接到北京卫视高清、标清节目检修设备不停播的任务后，播出部立即组织传送科、维修科、中心科等共同搭建一套卫视高、标清播出编码系统。特别是传送科在很短的时间内，完成了系统方案制定、招标、施工和调试等一系列工作，于12月20日实现了不停机检修任务。

二、全方位增强安全播出能力

加强全员业务培训。

1月中旬，对播出中心一至五科、备播科和传送科等97名安全播出重要岗位的技术人员进行了岗位资格考试，考核成绩均达到合格标准。在苏州街台址三个频道搬迁至新台址之前，就着手安排值班员的培训计划和内容，首先将相关的图纸资料发到部内邮箱中，供大家学习下载。9月底检查培训内容准备情况；10月，分两批集中进行现场培训和轮流上岗实习；11月1日、3日分两批对20名苏州街值班人员进行了考试，考试分为笔试和实际操作两部分，全部合格上岗。

打造业务骨干梯队。

播出部注重青年技术骨干的培养，为他们提供更多的锻炼机会。在培训苏州街值班员时，安排了5位年轻同志，负责培训高清、标清系统软硬件各部分的内容。他们利用业余时间，找资料、拍照片、编写讲义、请教有经验的老同志，并提前试讲，大家互相切磋，完善讲课内容，均出色地完成了培训任务。在搭建卫视高、标清频道不停机检修系统的项目中，大胆启用新同志，取得可喜成果。

设备运营维护常规化、制度化。

建立了每日、每月、每季度一次的设备运营维护制度。每日进行的设备运营维护，重点是观察设备运行状态，有无错误报警信息，及时处理异常，并填写《播出系统设备系统故障记录表》；每月运营维护制度，主要是针对某些设备特性，按月进行重启，保证设备性能稳定，运行可靠；每季度运营维护制度，为每季度末20日凌晨进行停播检修，完成常规检修和设备安装、更新、改进等任务。截至12月31日，设备故障共计177次，其中现场检修80余次，夜间检修维护60余人次，故障率比去年减少18%，有效地消除了安全播出隐患，保障了设备的良好运行。

形成良好技术探讨管理模式。

在高标清同播频道开播后，播出系统高清化技术上了一个新的台阶，同时在运行中，也会遇到新情况、新问题。面对这些情况，播出部形成了值班员及时发现、处理问题，当班科长写出书面总结，部门干部例会上进行交流、讨论，并制定出新的应急预案和措施的技术探讨规范流程，使安全播出工作建立在技术进步的基础之上。

转传部工作概况

转传部

2011年，北京电视台转传部实现了全年安全直播无事故的目标。一年来，完成各类节目直播及录像共计645场次，其中节目直播295场次，录像350场次。

转传部的职责是为编播部门在台外进行各类节目录制提供技术支持与保障。为了克服艰苦的工作环境和复杂的转播现场条件，转传部全力提高部门技术人员的综合素质，实现了全年直播无事故的目标。

一是圆满完成多项体育赛事和重要活动的直播任务。1月份，完成北京市人大、政协“两会”的重要直播工作；完成六里桥长途车站、西客站、首都机场等地连续5天春运高峰的直播；1、2月，在冰天雪地的鸟巢体育场内，完成了为期3个月的鸟巢欢乐冰雪季的直播；6月至8月，完成为期3个月的朝阳公园海洋沙滩狂欢节直播；8月，使用8+2讯道高清转播车，在深圳圆满完成世界大学生运动会的国际公共信号的制作和技术保障工作；9月，完成十三陵水库国际铁人三项的直播；10月，圆满完成了首届环北京自行车赛的直播。

此外，2011年还完成了中国足球甲级联赛、中国足球超级联赛、篮球联赛、排球联赛、台球比赛、老山自行车世界杯赛、围棋等多项国内、国际重要体育赛事直播工作；完成了京沪高铁通车、“七一”活动直播、前门大街花街巡游、金宝街花街巡游、“开学了”等重要活动的直播。

12月9日至16日，首届世界智力精英运动会在北京国际会议中心举行，历时8天的比赛共有国际象棋、国际跳棋、围棋、桥牌和象棋五个项目。由于此次比赛项目比较多，比赛规格较高（国际赛事），每天的比赛又是各个项目同时展开，转传部人员前期详细了解赛事转播流程后，设计了安全稳定、备份方案充分的转播方案。部门出动部里一辆8讯道标清转播车、4讯道高清EFP系统以及外租4套EFP系统对赛事进行了全程公共信号制作。

二是圆满完成各项节目录制任务。1月，完成了春晚、环球春晚等多台晚会的录制工作；完成了戏曲、音乐、晚会、新闻、市领导讲话等多场次的节目录制工作。

三是完成高清建设项目。为了更好地为编播部门提供技术支持与保障工作，为了确保高清节目的制作与播出，转传部承担了台里交办的多项高清项目建设工作。全国第一辆C波段4讯道DSNG高清卫星车完成验收，在京沪高铁通车等大型直播中发挥了良好的作用。10讯道具备完整3D功能的高清转播车招投标已经完成，前期到货的3D设备临时组成了一套3D地摊，从2011年11月开始，应3D试播频道的要求，录制了多期的《养生堂》、《身边》专题3D立体电视节目，为我国3D试播频道提供了大量片源。新闻高清卫星车、足球转播的虚拟多媒体在线包装设备等招投标工作也已完成。

技术设备管理部工作概况

技术设备管理部

一、固定资产管理

2011年，技术设备管理部完成新设备到货清点、登记、入库、出库，人民币合同83个，合同金额1.6亿多元；美元合同2个，合同金额190多万美元。办理出入库手续5000多份，录入资产卡片5000多张，磁带入库出库达到6.6万余盘。完成磁带采购1400万元，各类耗材出入库共5万余件。此外，还配合总工办完成多项设备维修，采购的谈判工作，为保证一线办公需求紧急发放计算机、打印机700多台。

为配合固定资产清查和高清审计工作，技术设备管理部投入了大量的人力和物力，对固定资产账务、实物及固定资产库房、磁带库房、耗材库房作了非常细致的核查，核查资产记录26000多条。

二、设备维修管理

完成2011年度全台办公计算机硬件和专业设备1356台（件）的日常维护维修工作，配合总工办完成SONY高清杯评选期间的3D培训和拍摄工作，完成新台制播网代理运维的协议审核、谈判等项工作。

三、技术质量检测

完成高清一期测试验收项目共计29个，完成其他技术系统验收，包括《北京电视台机房及配线间物理监控系统采购项目》HT9111、《北京电视台卫视频道、备播机房和二级存储改造和扩容项目》10026B、《北京电视台信息发布系统》HT9112、《北京电视台播出信号监录系统》ZXHT0051、《北京电视台高清频道购摄录设备项目（EFP+录制机房)》HT5183、《北京电视台影视剧节目管理系统（一期)》ZXHT0046K、《北京电视台广告业务管理系统》ZXHT0048A、《账户系统管理软件》HT8114、《医保卡信息管理软件》HT10136等。

四、播出信号监录

截至2011年10月31日，通过监测系统共监测发现并及时上报播出质量故障155次，累计录制全台所有频道播出节目总时长124032小时，累计存储节目总量约126TB，输出节目素材时长为465小时30分钟。

启动了播出关键岗位监控系统扩容项目，完成了标清播出质量、广告信息存储系统升级项目的设计方案，完成了新增高清频道监录的方案设计。

信息网络管理部工作概况

信息网络管理部

2011年，北京电视台信息网络管理部圆满地完成了各项任务。

完成制播网高清第一阶段项目改造工作，实现BTV卫视、文艺两个频道节目的整体高清网络化制播。

制播网高清第一阶段项目包括：新建高清综合制作网、高清新闻制播网改造、高标清兼容包装合成网改扩等11个项目。高清制播网络系统投入运行已超过10个月，整体运行态势平稳。目前，节目日均首播量约105小时，截至2011年10月底，总编室备播库节目保有量约6.7万小时，媒资库资料保有量约17.2万小时。

制播网高清第二阶段改造项目处于规划设计阶段，部分项目进入招标、实施阶段。

制播网高清第二阶段项目包括：主干系统扩容改造、AVID后期制作系统高清化改造、高清体育网改造、高清高端制作网、公新频道高清制作网等 16 个项目。其中，新建高清高端制作网、AVID 后期制作系统高清化改造等项目现处于规划设计阶段。高清新闻网改造、制作系统适配改造项目已经完成招标工作，公新频道高清制作网改建项目已开始在新台实施。

办公网各应用系统整体运行情况正常，年底开始进行 OA 项目、节目生产管理系统二期项目的规划设计工作。

办公网络系统整体运行正常，截至 2011 年 10 月底共完成办公网计算机维护 3758 台次，综合布线信息点施工 186 个。完成新台址 WLAN 无线网络覆盖一期工程的实施。完成官网的日常运维工作。完成了财务系统、广告系统、节目生产管理系统一期、阳光工程 2.0 系统、公共组件平台等信息化建设项目的上线和验收。年底已开始重点推进 OA 项目的实施进程和节目生产管理系统二期项目的调研和规划，预计 2012 年将陆续投入使用。

协助网络广播电视台进行 IPTV 的规划、实施、建设和运维工作，目前 IPTV 已正式投入运行。

2011 年 7 月开始，协助网络广播电视台筹备组完成了 IPTV 集成播控平台一期方案设计、实施、建设和运维工作。制定 IPTV 播控值班管理细则、应急方案，开展值班岗位教育、培训工作，协助解决 IPTV 试播期间碰到的各类问题，确保该系统按计划投入试运行。参与推进北京网络广播电视台技术方案设计工作，并承担了其中门户网站部分、媒资部分、网络与安全部分的建设准备工作。

重视人员培训，加强人才培养，建立并完善部门各项规章制度。

为提高技术人员的综合素质，提升网络运行维护人员总体技术水平，本年度组织了数字电视、存储技术、云计算、虚拟化、Oracle 数据库、微软操作系统、网络安全、以太网设备、FC 网设备、信息安全管理、项目管理、交换机配置等多项专业技术培训。进一步完善了各项规章制度，做到各项工作流程规范化、工作执行标准化、工作落实有序化。

动力部工作概况

动力部

2011 年，北京电视台动力部在人员紧、任务重的情况下，经过全体职工的共同努力，较好地完成了各项工作。

一、做好安全保障与服务工作

保障动力系统安全稳定运行，为全台提供高质量的服务，是动力部的核心工作。年初动力部重新梳理了岗位职责、操作流程、规章制度、安全播出风险点，并简化了应急预案程序，缩短事故处置时间。动力部通过做好日常动力系统设备的运行、维修维护等工作，确保了新中心、苏州街、皂君庙办公区供配电、空调系统及电梯设备的安全稳定运行，保证了节目播出、制作的安全稳定用电，也为全台各项工作的顺利进行创造了良好的条件。

2011 年，动力部将增强职工服务意识，把提高认识、分析、解决实际问题的能力作为工作重点，要求职工在工作中将被动服务转化为主动服务，深入办公室、机房主动征求使用部门的意见，及时调整、改进以满足各部的使用要求。

二、做好监管工作

动力部自 2011 年开始对物业公司工程部进行监管后，迅速抽调技术骨干了解物业公司的管理、运行模式，尽快熟悉其所负责运行管理的电气、空调、电梯、锅炉、楼宇自控及生活水和消防水等系统运行情况。动力部在充分调查、了解的基础上，对物业公司的责任范围和工作职责进行了重新界定，规定物业公司负责设备的运行管理和日常维修维护，而备品备件的采购、设备的更新改造大修及设备定期维保合同的签订与执行等工作由动力部负责。为做好对物业公司的监管工作，动力部与物业公司各专业实行对口管理，并建立了协调机制，每月定期召开协调会总结布置工作，研究解决设备运行维护中遇到的问题及工作设想。一年来通过动力部和物业公司广大职工的共同努力，逐步理顺了工作和业务关系，保证了设备的安全稳定运行。

三、深化节能减排工作

新办公区茶水间、卫生间、吸烟室采用5 瓦替换11 瓦节能灯850 余支，每年节电4.4 万度。综合楼7～19 层52 个卫生间减少镜前灯、照明灯数量，每年节电 3.6 万度。

苏州街办公区泛光照明 1994 年安装使用，设备老化，备件已不易购买，能耗高，动力部对其分批改造，将 400W 灯具更换成 36W 的 LED 照明灯具，节能效果显著，灯光效果也得到提升。

通过改造新办公区管道将原来排掉的空调冷却水和直饮水系统的反冲水回收到中水池中，用作卫生间便池冲水，每年可节约自来水 1 万吨左右。

四、进行动力系统设备的更新改造工作

动力部配合高清和网络电视项目，完成了综合业务楼 8 层新闻网主机房、演播楼 6 层制作机房和苏州街办公区 400 平方米、250 平方米演播室导控室、网络电视机房及部分制作机房供配电、空调设备的改造和新装工程。完成苏州街办公区的空调设备改造和网络广播电视台设计施工中的相关配合工作。对生活楼空调进行了改造，增加了补风量，降低了电梯井风对电梯运行的影响。对冬季漏风严重的综合业务楼管道间进行了堵漏，加装了保温层，为地下车库入口处的消防水管加装了电伴热装置，防止冬季水管冻裂跑水。

BTV 在线概况

网络信息编辑室

一、突出视频网站特色，加大对电视节目的宣传力度

2011 年，BTV 在线将视频碎片化加工服务由 2010 年的北京卫视一个频道向 10 个频道扩展，扩大了视频拆条碎片化规模，电视栏目视频化由 2010 年同期的 89 个增长到 103 个，全台节目上网点播数量同比增长了 16%。同时电视节目的视频碎片化率大幅增加，共发布视频 5.08 万条，时长 11510 小时。与去年全年视频发布量相比，视频条数增长 34%，时长增长了 56%。

二、加强台网融合，网络直播实现 3 个创新

截至 2011 年底，BTV 在线共进行了 103 场网络互动视频直播活动，累计直播时长 199 小时，直播总访问量 163 万页。与 2010 年的 60 场、188.5 小时、直播访问量 42 万页相比，均有大幅增长。特别是直播访问量增长了 288%。2011 年 BTV 在线的网络直播实现了三个创新：

一是创办网络访谈节目《走进 100》。针对电视节目宣传对网络直播和互动的需求越来越多，以本台开展的“观众喜爱的主持人”大型评选活动为契机，经过精心策划和筹备，7 月 27 日，BTV 在线《走进 100》访谈节目顺利开播，这是一档网络直播互动访谈节目，以“百分百的讲述，百分百的精彩”为宗旨，每周播出一次，时长 60 至 90 分钟。截至年底，已经完成了 22 期对本台主持人的直播访谈节目。

二是首次连续直播重大体育赛事。2011 年 BTV 在线在网络上首次连续直播重大体育赛事——中超国安比赛。每周的国安赛事直播，吸引全国不少球迷网民在网上观看比赛、参与互动。对体育赛事网络直播，扩大了地面电视频道传播的范围，共进行国安赛事直播 30 场，时长 60 小时，访问人数 3.7 万人次，直播访问量 6.1 万页。国安专题总访问量 27.3 万页，总访问人数 19.1 万人。

三是春晚直播再创网站访问量新高。2 月 3 日大年初一，BTV 在线对“北京电视台春节联欢晚会”进行视频互动直播。共有 36 万人在线观看直播和点播，同比 2010 年春晚网络直播的观看人数提升了 63%，总访问量达 143 万，创 BTV 在线网络直播访问量新高。

作好网络舆情监控，编写《网络舆情》简报。

自 2011 年初起，开始搜集网络舆情，编写《网络舆情》简报，简报每周一期，截至 2011 年底共编写了 49 期。《网络舆情》有效发挥了作用，各节目中心逐渐重视网民的反馈，开始在 BTV 论坛、BTV 微

博、栏目空间以频道、节目、主持人的身份积极主动地与网民互动交流，受到网民欢迎。

发挥网络整合优势，制作网络专题114个。

2011年，BTV在线对台里的重点电视节目、大型活动和特别节目采用网络专题的方式进行宣传报道，共制作、整合各类网络专题114个，专题数量与去年同期相比增长了175%。如《纪念建党90周年》宣传将全台各节目中心摄制的红色题材的节目及时整合上线，在一个多月的时间里，网上呈现的特别节目和系列片达到30多部，约300集。

北京电视台的微博平台“BTV微博”上线。

BTV在线与中国移动合作，在其覆盖全国的“移动微博”技术平台基础上，建立北京电视台自有品牌的“BTV微博”平台。2011年1月21日上线测试，12月19日正式上线。2011年初，BTV微博已成功完成“BTV网络春晚”的微博推广，短信下发量为350万条。BTV微博还对“海洋沙滩狂欢节”、“我最喜欢的主持人评选”等活动进行推广，同时在移动微博进行营销推广和短信群发工作。

进一步推进网络专题的模板化应用，提高工作效率。

由于部门人手紧张工作量大，在保证发布内容丰富的情况下，推进专题设计制作模板化，一方面规范了专题的形式，提高了专题版面设计的利用率，另一方面大大地提高了专题制作的效率，缩短了制作周期，提高了上线速度，同时还使得多个专题在实践中逐渐形成多个系列，有利于内容整合。

对网站使用的技术系统、网络功能进行测试和改进。

加强对各种统计系统、视频播放器、视频制作系统的测试并及时加以重新设置和改进，在工作中，发现FLASH视频播放器存在着浏览器兼容问题，例如苹果的safari，由于播放器代码有缺陷，不能播放BTV在线的视频，为此重新编写了播放器代码，并对整站进行了更新，成功解决了苹果电脑用户的难体验问题。

对网站进行整站优化，提升网站影响力。

根据用户体验等一系列问题，对BTV在线的全站页面进行整体评估，发现存在问题并进行优化：1）协调技术部门，商议解决首页跳转问题，使网站地址与首页地址一致，便于搜索引擎搜索和网站数据分析，为网站推广做好前期工作；2）对BTV. COM. CN与BTV. ORG进行权重优化，从技术层面解决了页面合理跳转问题，最终将BTV. ORG的权重成功地转移到BTV. COM. CN上，解决了一个网站流量被两个网址分流的问题。

技术运维突破创新，不断改进。

为满足电视节目需求，网站技术运维突破创新，开发、设计了多套软件应用平台，其中空间首次运用了内嵌FLASH导航程序，节省了页面空间，提高了效率。网站还根据节目要求，及时制作了在线投票，总计生成了53个投票软件系统，并且全部成功有效。

探索网站广告经营模式。

2011年3月，网站就探索广告经营等一系列的问题，与广告部进行了座谈，根据会上提出的可实验性方案，尝试在BTV在线投放广告。2011年底，首页上线客户已达60多个，实现了网站广告经营的零突破，销售广告10万元（货值）。

积极开展业务培训。

在人事部的大力支持下，大部分编辑参加了两次重要的业务培训，由中国人民大学新媒体研究所组织的“首届微博客应用与运营管理研讨会”和由国家新闻出版署组织的“全国互联网信息与新闻编辑业务培训班”，参加学习的编辑认真总结了学习收获，并结合BTV在线各项具体业务，将学习的心得体会与部门的同事进行了分享和交流，有力促进了业务工作的开展。

加强网站图片使用规范管理，防侵权、防盗用。

为防止网站原创图片版权被盗用，网页推荐图、页面导航、专题背景或显著位置，都加BTV在线logo。加强网站编辑和美工使用图片的规范管理，提出建设内部素材库的同时，提倡美工采集设计素材，进行自主设计，杜绝使用原图。

服务内网，展示BTV在线工作新风貌。

2011年，BTV在线积极支持台内网的各项工作，设计制作内网的多次改版页面、参与台内网各类活动。包括：“2011年北京电视台职工新春大联欢”、“永远跟党走”职工歌咏比赛和“北京广播电视台庆祝七一活动”的页面策划设计、网络互动直播、点播及页面文字、视频的发布。策划、设计研发部、台医务室、党办、纪监审等部门的独立网站的整体页面的内容。

艺委会工作概况

艺委会

2011年1月，与总编室一起进行了台内评奖工作。从全台2010年度参评节目中评选出了71个节目并下发了奖金，圆满完成这一任务，同时摸索出一套台内评奖的程序。

2月、3月，组织本台节目参加北京广播影视奖的评奖，从全台参评节目中评选出106个节目上报到北京广播电视学会参加评奖。

2月，挑选本台7个节目参加了上海电视节白玉兰奖国际电视节目的评选，同时，还组织4个节目参加了另一个国际性奖项首届亚洲彩虹奖的评选。

4月至5月，开展了北京电视台节目参评北京新闻奖和中国新闻奖的评奖工作，有16个节目获北京新闻奖，8个节目参评中国新闻奖。

推荐本台节目参加中广协和中视协相关部门组织的春节晚会和春节特别节目的评奖工作，共有6个节目参评中视协的春节晚会和特别节目评选活动，4个节目参加中广协的春节晚会评选活动。

推荐本台4个节目参加中广协纪录片委员会主办的“纪录中国”评奖活动，有2个节目获奖。

完成本台节目参评中国广播电视大奖星光奖的评奖工作，共上报25个节目参评。

6月至8月，与总编室一起完成上半年台内作品奖的评选工作。

7月至年底，完成了各有关专业协会举办的评奖工作。

9月、10月，利用评奖工作间隙走访有关评奖组织机构，就有关评奖方面情况与对方进行沟通和协调。

老干部工作概况

老干部工作办公室

2011年，北京电视台老干部工作办公室紧紧围绕全台中心工作，以纪念建党90周年活动为契机，以特色党日活动为抓手，不断深化“创先争优”活动，进一步提高了退休干部管理工作水平，圆满完成了各项工作任务。

一、开展党建创新，思政工作取得新成绩

2011年，探索老干部工作与思想建设、党建工作有机结合的新路子，围绕台党委中心工作，以特色党日活动为抓手，为老同志发挥作用搭建平台。5月，组织“颂党恩抒豪情、添光彩乐晚年”主题党日活动，在市老干部局组织的2011年北京市最佳离退休干部党支部“主题党日”评比活动中获一等奖；9月，组织179名老干部“节水我行动，造福你我他”志愿者大行动，影响广泛，受到宣传部领导的肯定。

7月，在世纪坛举办的市纪念建党90周年展览活动中，老同志呈献了一台精彩的组歌演唱会，在市纪念建党90周年展览专项活动展示中获得最佳现场奖。参加本台纪念建党90周年征文，组织投稿19篇，获奖14篇，居全台第一，有2篇获市级奖。参加市宣传系统“抒豪情，展风采”纪念建党90周年书画展，北京电视台上报展品最多。通过系列活动及组织老干部座谈和学习交流会，台领导通报上级精神和台情，听取建言献策等内容，使老同志有成就感、参与权、知情权，自身的价值得到了体现。

为充分发挥退休、内退职工党支部和党员的作用，深化创先争优活动的开展，2011年3月5日学雷锋纪念日，由老干办党支部组织，联合四个退休、内退职工党支部，向本台老党员和全体老同志发出组建志愿者队伍的倡议。在台党委的关怀和指导下，2011年12月21日，成立老干部志愿服务团。志愿团有档案、标识、章程、负责人，尝试分设了医疗组等6个组，志愿者们扶老帮困，互递关爱，在组织日常及专项活动中发挥了积极作用，提升了老干部服务管理水平。志愿者行动的影响力日益扩大，从开始的40人达到92人，带动了台青年人参与。志愿者在践行北京精神，传递友爱、传播文明、服务他人的同时，实现了老有所乐、老有所为的目标。《组建老党员志愿者队伍，搭建创先争优新平台》项目代表宣传系统参评，获市委创先争优工作领导小组、市委组织部、市老干部局党支部建设工作创新奖。

二、依托社团活动，文化生活又添新亮点

组织多项健康向上的文化活动，展示老同志风采，提升文化修养。如参观规划展览馆、中国博物馆、太阳观测站，组织春游、秋游、趣味运动会、采摘垂钓等。社团俱乐部活动内容丰富，形式多样。扩大了摄影书画社、合唱团和垂钓俱乐部的活动规模。在参加海淀区文明交通书画作品展和参加市文明办、团市委等多家单位组织宣传北京精神的活动中，老同志摄影作品在地坛书市北京精神宣传墙上展示。合唱团从30人增加到60人，今年修订章程，完善管理，推选负责人，在台春节联欢会上，获最佳风采奖；台职工歌咏比赛中，获一等奖第一名。丰富多彩的活动愈发让BTV退休人感到生活幸福，夕阳红最美。

三、落实“两项待遇”，管理服务实现新突破

坚持老同志座谈会制度。年内召开两次老同志座谈会，主管台领导出席会议并通报上级精神和台情，听取建言献策等内容。为方便离退休干部了解全台发展情况，通过邮寄、发电子邮件等多种方式让老同志及时了解本台最新的发展动态。

切实落实老同志生活待遇。年内为老同志发放一次性生活补贴，确保生活质量不下降。

送温暖工作实现制度化。重大节日送温暖、患病住院慰问、帮扶困难老同志等工作已形成制度。每年安排老同志健康体检专场和女同志乳腺检查，发放防暑降温药和防流感药，并接种流感疫苗。

北京卡酷传媒有限公司概况

北京卡酷传媒有限公司

2011年，北京卡酷传媒有限公司围绕“播出平台”和“原创动画”两大重心，着力于“产业渠道”建设，积极打造具有卡酷特色的“播出平台与销售渠道双轮驱动、动画原创与衍生产业双轴联动”动漫全产业链，在节目收视、自主原创、品牌推广、产业开拓、公司运营、内部建设等方面均取得了较好的业绩。

一、坚持正确舆论导向，确保全年播出零事故

卡酷动画始终把全面提高未成年人的思想道德素质、促进未成年人身心健康发展作为频道的重要社会职责。在节目策划制作、宣传播出以及重大活动等方面面向广大少年儿童，努力构建动画专业卫视平台，打造“绿色收视”。由于卡酷健康的媒体形象，频道荣获“国家广电总局全国少儿节目精品及动画精品评审优秀动画频道特等奖”，这是全国动画频道首次获此殊荣。

频道高度重视播出安全工作，严格“三级”审查播出节目，强化节目制作、播出队伍建设，确保了全年播出零事故。

二、丰富节目形态，收视排名领跑全国少儿媒体

在把握正确舆论导向的前提下，卡酷动画继续坚持灵活的编排策略，完善动画片采购及合作播出方式；推行栏目竞标机制，加强原创品牌栏目的创新；制定以节目编排创新为突破，围绕优势资源做文章的思路，应对卫视收视竞争日趋激烈的形势。

2011年，频道设置了八档动画剧场、四档自办栏目、四档合办栏目。截至12月底，共购进动画片42部，3158集，48622分钟，其中全国首播量7394分钟，合同购片费约383万元。全年共播出动画片103部，共计8299集。频道收视率占全国动画频道第一。

三、加大自主原创，提升品牌核心竞争力

卡酷坚持“原创为先，内容为王”，视原创为核心竞争力。2011年，公司以动画项目为核心，以创新思维为驱动，以原创精品为准绳，以运营开发为保障，几大项目齐头并进。

重点打造了大型动画系列片《飞越五千年》（原名《中华五千年》），现已确定百集篇目选题，并完成部分大纲、剧本、分镜台本绘制、人物设计和场景设计，计划在2012年年初完成全部100集剧本创作。完成了重点对外合作项目《星游记》第一季，并于2011年10月30日在央视少儿频道首播。同时，今年启动制作了《2012BTV动画春晚》、《豌豆镇》、《卡酷漫游记2》、《孔子》等十多个原创动画项目。全年共完成原创动画7000多分钟。其中，《星游记》（Rainbow Sea）获第十五届“首尔国际动漫节”（SICAF 2011）动画作品类“最佳创意奖”；《2011BTV动画春晚之章鱼哥预“爆”系列宣传片》获“2011 Promax&BDA全球奖少儿节目宣传类”金奖，并获2011（第十一届）四川电视节“金熊猫”奖国际动画作品最佳国产宣传片提名奖；《2011BTV卡酷动画春晚》独揽“2011年度全国春节文艺晚会及春节特别节目好作品奖”、“盛视2011·绽放牡丹江”第二届全国春节电视文艺晚会综合类一等奖及视频特效奖多项殊荣。

四、资源整合营销，实现节目收视和广告创收双赢

2011年，公司积极探索适合北京电视台动画频道的软性广告运营模式，将栏目、剧场和频宣三部分资源进行整合，实现整体营销战略，在栏目软性广告植入和动画电影、大型活动等项目运营方面进行了诸多有益的尝试，实现了节目收视和广告创收的双赢。

2011年，部门全年签约金额总计1915.11万元，已到账收入总计1750.92万元。其中，栏目软性广告植入合作项目8个，签约金额总计1582.05万元，约占总收入的82.6%。动画电影等商业合作软广宣传项目6个，签约金额总计229.32万元，约占总收入的12%；子公司授权分成等业务收入103.74万元，约占总收入的5.4%。

特别是《七色光》与比如世界的合

作，开创了频道栏目制作以销定产的新模式，为栏目扩充制作资金，拓展创作空间，创造了良好的条件，进入了栏目制作和广告运营互相促进的良性循环。此外，公司还与《闪天下》栏目共同开发主持人情景剧定制项目，并于今年一季度和四季度分别引入联想乐 Phone 和现代汽车两个合作品牌，累计实现创收近 500 万元。同时，公司在单一栏目软性植入的经验基础上，将栏目资源与剧场和频宣资源进行整合，在《熊猫总动员》、《摩尔庄园》等联合出品的动画电影项目中尝试立体整合宣传，不仅取得了电影票房的好成绩，也增强了我台原创动画品牌的影响力，实现了社会效益和经济效益的双丰收。

五、提升公司业绩，努力实现跨越式新发展

2011 年，卡酷传媒期末总资产 2.7 亿元，净资产 2.16 亿元，全年合并营业收入 1.96 亿元，剔除非常规因素（因分设一次摊销购片成本 782 万元后），合并利润总额 2670 万元，合并净利润 1791 万元。

北京京视传媒有限责任公司概况

北京京视传媒有限责任公司

2011 年，京视传媒有限责任公司以版权经营为核心业务，强化版权经营能力，以演艺经纪为主要目标，积极寻求新的经营资源，打造新的演艺经纪业务版块。公司全年实现经营收入 3057 万元，加上制作部应付设备款 290 万元，超额完成收入指标；利润总额 662 万元，超额完成利润指标 405 万元的 63.5%，较 2010 年增长 9%。公司上缴台发行利润 1062 万元，比 2010 年上缴利润 832 万元增长 27.6%。公司利润与上缴台发行利润合计 1669 万元，较 2010 年增长 15.98%。公司 2011 年底的资产总计已达 1.6 亿元，超过 2004 年注册资本 3 倍，很好地完成了国有资产保值增值的任务。

一、公司营收概况

2011 年，公司在经营资源大幅萎缩，业务类型单一的情况下，通过挖潜、创新等措施，确保了经营收入的稳定，并实现了经营利润的增长。

京视传媒 2011 年收入明细表

业务	2010 年收入（万元）	占比
节目发行	2098.77	68.7%
新媒体版权	865.13	28.3%
其他	93.10	3%
合计	3057.00	100%

与2010年相比，公司的收入结构持续单一化，包括传统节目发行与新媒体发行在内的版权节目经营收入已占公司收入总额的97%（2009年只占27.4%，2010年占76.4%），版权节目经营已经成为支撑公司的唯一核心业务。

二、公司主营业务经营情况

（一）全力开展版权经营工作，实现新突破

电视节目版权经营是公司的核心业务，也是公司2011年最重要的收入来源。经过2009年、2010年两年高速增长，版权经营已遇发展瓶颈。公司一方面是在提高收入上下功夫，另一方面积极开拓新的版权经营模式。

1. 版权经营收入再创新高。2011年，京视传媒电视节目版权经营收入总额为2963.90万元，较去年同比增长19%；其中电视台等传统渠道收入2098.77万元，较去年同比增长6.75%；新媒体版权收入865.13万元，较2010年同比增长60.72%。

2011年，京视传媒节目交易渠道进一步拓宽：

国内传统渠道覆盖辽宁、四川、内蒙古、上海、天津等22家省及直辖市电视台；以及大连、沈阳、成都、南京、石家庄等24家地市级电视台；海外覆盖到马来西亚、文莱地区。

新媒体发行渠道达到30家，覆盖所有主流视频网站，包括门户网站新浪、搜狐、腾讯、网易，视频分享网站优酷、土豆、酷6、56，直播网站PPTV、PPS、UUSEE，广电类网站百视通、华数、凤凰、新华，其他视频网站奇艺、乐视、迅雷、风行、鸿波、激动、优朋普乐、263在线、CR，另外，我们还把节目发行到海外IPTV运营商麒麟电视、ITV、汉雅星空等。

2. 进一步扩大品牌影响力，成功举办“全国地面频道节目创新与合作发展研讨会”。作为扩大京视传媒版权经营品牌的重要举措，2011年8月24日，公司与中国传媒大学广告学院共同主办了“全国地面频道节目创新与合作发展研讨会”。本次会议是在2009年、2010年两届会议的基础上举办的，但会议规模及影响力实现了前所未有的提升。来自全国24个省、直辖市，45家电视台64个电视频道、24家网络媒体的相关负责人参加了本次大会。参会人数172人，其中台级领导3人，总监级负责人58人，其他也多为频道、部门负责人。参会人员的数量、规格不仅在同期各类会议中位居前列，还是近年来地面频道研讨会中规模最大的。

3. 积极尝试开展版权代理业务。公司于2011年8月与内蒙古电视台签订战略合作协议，独家代理内蒙台所有版权节目的电视媒体发行。公司于9月份组团前往新加坡电视节对内蒙古台部分专题节目进行重点推介，得到了海外部分电视机构的积极回应。目前，该合作尚未给公司带来直接收益，但这项合作标志着公司电视节目版权集成业务的正式启动，对于公司的版权经营业务具有重大的战略意义；同时，内蒙古台虽然栏目制作能力稍弱，但其纪录片具有较高的国际市场发行价值，今后一定能为公司创造经营收入。

4. 搭建电视节目版权交易平台。为了稳固公司在全国电视节目版权经营市场中的领先地位，同时为公司开拓版权集成业务提供必要的平台支撑。2011年年初，公

司开始筹备搭建面向全国的电视节目版权交易的互联网电子商务平台。公司以 www. ibtv. com. cn 为基础，对其进行了全方位的改造，目前，网站已进入试运行阶段。实现了节目整合、管理、发布、搜索等必要功能，并且已经将合同管理等运营功能融入平台中。

（二）演艺经纪业务开始破冰

公司积极开展演艺经纪和演艺培训项目的前期市场调研和筹备工作，经过长达半年的调研、研讨、方案策划，2011 年 7 月 7 日，台领导批准京视传媒开展演艺经纪和演艺培训业务。这项业务的启动对改善京视今年来经营资源匮乏、业务类型过于单一的状况具有非常重要的意义。

《环球春晚》的艺人统筹工作标志着公司演艺经纪业务正式启动。2011 年底，公司与青少海外中心合作，协助《环球春晚》负责艺人的整体统筹工作。台领导对该合作给予了肯定批复："这是一次非常有益的尝试，如果成功，类似问题可照此办理"。

从 2011 年 10 月初开始，京视传媒演艺培训部工作人员进入晚会筹备组，开始协助剧组开展《环球春晚直通车》演员选拔工作。从 11 月初开始艺人谈判及签约工作，至 2012 年 1 月 14 日、15 日在水立方的晚会正式录制，期间做了大量的沟通和协调工作。本次京视传媒代表《环球春晚》剧组总计签署中、外演员合同和确认函 43 份，发放现场劳务费 29 笔。

北京紫禁城影业有限责任公司概况

北京紫禁城影业有限责任公司

北京紫禁城影业有限责任公司成立于 1997 年，注册资本 3200 万元，是一家集影视策划、制作、营销为一体的大型专业影视制作公司。成立 14 年来，北京紫禁城影业公司的经营业绩一直稳居中国电影生产企业的前列，多部影片票房居当年年度票房冠亚军的地位，总票房超过 10 个亿，影片还行销到美国、日本、韩国、香港、台湾等多个国家和地区。紫禁城影业公司经过多年的实践，已形成从策划、拍摄、宣传到影片发行及衍生产品的开拓等完整有效的一条龙运营机制，在同行业公司中取得了骄人业绩。

北京紫禁城影业公司共摄制完成影片 60 余部，电视剧千余集。其中既有《甲方乙方》、《不见不散》、《没完没了》、《刮痧》、《红色恋人》、《谁说我不在乎》、《赤壁》、《倩女幽魂》等商业大片，也有《离开雷锋的日子》、《张思德》、《生死牛玉儒》、《背起爸爸上学》、《法官妈妈》、《紫日》、《嘎达梅林》、《香巴拉信使》、《山乡书记》、《一个人的奥林匹克》、《铁人》、《万家灯火》、《第一书记》、《杨善洲》等主旋律影片，均取得社会效益和经济效益的双丰收；紫禁城影业公司摄制出品的《重案六组》、《玉观音》、《少年天子》、《天下第一楼》、《牟氏庄园》、《人是铁饭是钢》、《李春天的春天》、《双城生活》等电视连续剧在中央电视台和各地电视台播出后，均创造了极高的收视率。成立十四年来，紫禁城影业公司连续获得过“华表奖”、“五个一工程奖”、“金鸡奖”、“百花奖”、“金鹰奖”、“百合奖”等多个国家级大奖以及开罗、莫斯科、东京等国际电影节的大奖。

2011年，公司拍摄了电影《杨善洲》、《惊沙》、《倩女幽魂》、《隐婚男女》、《最爱》、《堵车》、《大路朝天》等电影作品。特别是电影《杨善洲》3月6日接受中组部领导交付的任务，5月1日正式在云南保山施甸县开机拍摄。影片从创作到拍摄得到了各方面领导的高度重视和关怀。中组部、中宣部领导多次批示，中央创先争优活动领导小组办公室、广电总局、北京市委宣传部等方面的领导也多次召集会议，听取汇报和部署工作，对创作工作提出具体要求。拍摄期间，市委常委、宣传部长、副市长蔡赴朝亲自前往拍摄地看望慰问剧组同志。影片经有关领导多次审看并于6月27日经李源潮、刘云山同志最后审查通过，获得很高的评价。6月30日，在人民大会堂举行了隆重的首映式，首映式由中组部、中宣部、中央创先争优活动领导小组办公室、广电总局、中共北京市委、中共云南省委联合主办。蔡赴朝、王秦丰、傅思和、鲁炜、张丕民等领导出席首映式。首映式前，李源潮同志专门接见了剧组主创代表和杨善洲的亲属与同事代表以及出品单位负责人，对影片的成功拍摄给予了充分肯定。首映式之后，又与央视电影频道节目中心一起合作主办了《杨善洲》首映庆典晚会，取得了很好的效果。根据广电总局、电影局的统一安排和要求，这部影片由华夏电影发行公司和中影股份有限公司联合发行，紫禁城影业和云南电影集团协助。中宣部等六部委联合下发文件，要求各地各部门作好影片的组织观看。

年内，公司还摄制发行了电视连续剧《人是铁饭是钢》、《李春天的春天》、《双城生活》、《错婚》、《怪医文三块》、《天道人道》等作品。

北京网络广播电视台（筹）工作概况

北京网络广播电视台筹备组

北京网络广播电视台筹备组（以下简称网络台）自2011年9月1日正式组建以来，在北京电视台“首善媒体，大美品质”的激励下，以饱满的工作状态投入到国家三网融合背景下北京广电新媒体发展的全面建设中。

一、科学规划，谋定而动

《新媒体与传统媒体融合发展规划》

是北京电视台“十二五”规划子报告之一，网络台的领导将此规划视为今后网台发展的路线图、任务书和时间表，给予高度的重视。经过两个月调研、专家论证和反复修订，规划稿已初步完成，对于我台新媒体发展的目标、路径和策略、重点业务、保障需求等进行详细分析和论证，为下一步网络台战略发展总体规划奠定基础。

二、重点切入，顺势而为

2011 开播 IPTV 业务是北京作为三网融合试点城市业务开展的重要标志，发展 IPTV 业务具备了天时、地利和人和，因此顺势而为，以 IPTV 为重点，是网络台业务展开的切入点。围绕 IPTV 试播，网络台完成了以下工作：

• IPTV 内容管理平台测试：与 CNTV、联通对接测试完成，达到了开播的要求。

• 自有内容规划：除了中央平台的内容，网络台规划了自有轮播频道，并进行了点播版块、专题界面的设计。

• 流程管理：针对播出，制定了一系列流程管理，如内容流程管理和日常运营维护流程管理。

• EPG 开发及完善：IPTV 用户对于 IPTV 内容和服务的使用是通过 EPG 实现的。网络台采用了当前先进的理念和技术自主开发 EPG 系统，经过不断改进趋于完善，旨在给观众流畅的用户体验。

• 网络台 VI 系统设计：通过招投标，完成网络台视觉形象系统的设计。其中网台 LOGO 已经制作完成，频道标识正在制作中。商标也正在申请注册中。

• 启动在线用户调查及 CRM 管理系统开发：新媒体可持续性发展的核心在于对于用户需要的挖掘，用户调查及用户研究管理不仅是 IPTV 业务的需要，也是实现网台全业务发展的依托。

三、技术支撑，保障发展

• IPTV 内容服务平台建设：IPTV 内容服务平台基本建设完成，达到的播出要求。2011 年年底全部完工。

• 深化设计基本完成：目前已形成具体的技术方案以及初步预算。

四、基建改造，打造地标

完成了苏台欧式大厅改造工程招投标，确定了新媒体展示中心的选址，充实了设计要求，与施工单位和装修单位达成协议。新媒体展示中心将成为北京新媒体的地标性建筑。

五、人才建设，充实队伍

人才是事业发展的核心因素。网络台筹备组通过台内招聘组成约 30 人的团队，为了适应业务的发展已制定了实习生 30 人用人计划以及台内 50 人的用人需求。

典型经验

以小见大观北京，层层剖析评时事

——北京卫视新栏目《北京观察》创办经验

卫视节目中心

《北京观察》是北京卫视2011年10月新改版后推出的一档电视新闻周刊类栏目，将深度报道与新锐评论相结合，以全新的视角关注发生在北京的重大新闻事件。整个栏目打破版块限制，采取多事件专题的组合报道方式，对重点新闻事件和话题进行层层剖析。同时以贴近性和关注度为着眼点，抓住百姓关心的民生话题进行多角度、全方位的解析，收到较好的社会效果。

一、观察敏锐，选题具有较强的新闻价值

作为北京卫视的全新栏目，《北京观察》的首批选题包括重阳节、老照片、周末车载蔬菜市场、永定河治理等一系列热点新闻，无论是对北京市民而言，还是从宏观政策角度来说，都具有很强的新闻价值。

重阳节过后不久，便推出了《老有所为才能老有所乐》专题，调查在老龄化社会越来越严重的当下，老年人如何通过基金会的集群集优效应来发挥更大的个人价值。

而《体验半小时社区医疗服务圈》则播出于二十四节气中的霜降当日。正值北京秋冬交替的时节，气候的变化导致呼吸道感染、肠胃不适等常见病的多发。《北京观察》抓住这一由头，以社区医院这一较为新颖的就医渠道为主题，对其看病便捷性和专业性进行剖析。社区医院就是社区的卫生医疗服务机构，从政策层面来讲，国家正大力发展社区医疗服务体制；而从市民角度来讲，在家门口解决看病难的问题正是其渴望的。无论是时新性、重要性还是接近性，这一选题的新闻价值都是很强的。

二、以小见大，小人物命运铺陈大时代背景

在选题策划上，《北京观察》如同望远镜，着力于窥探潜在的重要的热点事件；而在叙述方式上，《北京观察》又是显微镜，着力于放大小人物的命运，以呈现大北京的变化。这种叙述方式改变了传统意义上的宏观叙事视角，呈现出主角平民化、题材民生化的特点，更注重个人化感受，强调人性化理念。

《用声音寻找光明》专题中，从盲女董丽娜报考播音专业遭拒的个人经历说起，经丽娜之口呈现盲人群体的生活现状，用丽娜之行证明盲人群体的多样化能力。原本只是以按摩讨个生计的盲女董丽娜，在偶然中接触并喜欢上了播音主持，凭借自己的努力赢得了社会的感动与帮助，教育考试院也终于同意她参加成人高考。董丽娜在节目采访中说道："盲人选择自己的专业时范围特别窄，不是所有盲人都适合推拿，其实每一个个体都是有个性的。如果你给他们贴上标签，那真的对他们是一种抹杀。我们最需要的是真正的平等参与的机会。"这是个体的呼唤，也是整个盲人群体的心声。不需要更多的解说词和其他传播符号的渲染，人物的一句肺腑之言，就能在最大限度上感染受众，达到良好的舆论引导效果。

在《老有所为才能老有所乐》专题中也有类似的小人物命运叙述法。老教师王举在退休后感到无法为社会贡献自身价值，便在基金会的帮助下，当起了支教志愿者。这就自然而然地让人感受到，无论是老教师，还是推广到老医生、老律师，或者其他，老年人的二次就业能给社会创造不小的价值。

除此以外，《体验半小时社区医疗服务圈》通过陆大妈去社区医院看病折射医疗制度的改革现状；《一颗蔬菜的"轻松之旅"》通过北航社区的周末车载蔬菜市场折射产销对接的新型农贸流通模式；《把青春还给母亲河》通过郭大爷回忆小时候在永定河边的场景折射母亲河对老北京市民的重要性。小事件呈现大变化，据事说理，有理有据，材料丰富，表现力强。

三、层层剖析，符合受众接受习惯

《北京观察》打破了版块的限制，采取多事件的组合报道方式。而在重点新闻事件的起承转合上，力求做到环环相扣，按照受众接受习惯层层剖析。如《一颗蔬菜的"轻松之旅"》专题中，记者为了摸清蔬菜运送环节的成本变化，兵分两路，分别在凌晨一点赶到延庆和大兴进行跟踪拍摄，并对每一个环节进行记录，以"算账"的方式给观众展现蔬菜沿路加价的全过程。在进行大量的前期采访与周边市场调查后，将周末车载市场的成本优势与普通市场的加价过程进行对比。而《老有所为才能老有所乐》则从退休教师王举的志愿支教经历引申出常青支教项目，指出专业的公益组织正帮助老年人实现老有所为，为老年人达到老有所乐提供了解决措施和途径。

四、电视语言丰富，多种传播符号并用

《北京观察》较为灵活自如地配合运用画面语言和声音语言。

善于通过"画面＋音效＋同期＋字幕"的形式呈现每个小专题。《体验半小时社区医疗服务圈》的第一部分以挂号看病的具体时间节点作为线索，以字幕形式打在屏幕下方，配合打字声音的音效，串联整个小短片，节奏紧凑，展现社区医院从挂号到取药共计 27 分钟的方便快捷。再加之同期讲解，非常直观地反映了社区医院的便利性。

善于利用图表、图饼、三维地图等形式使抽象内容具象化。《一棵蔬菜的"轻松之旅"》说到在海淀区、朝阳区、丰台区和石景山区四区开办的周末车载蔬菜市场试点时，运用三维立体图加以展现。还用对比图将周末车载市场与普通市场售卖蔬菜的加价过程进行对比，使普通市场上多出的物流成本、摊位管理成本、人工劳务成本显而易见地呈现出来。

演播室将每期节目的选题分别以封面杂志的形式，选用最经典的图片和标题表现出来，让人一目了然。标题的命名也颇为讲究，如《用声音寻找光明》、《体验半

小时社区医疗服务圈》、《一棵蔬菜的“轻松之旅”》、《把青春还给母亲河》、《寻找家族记忆里的老北京》等。

运用拍摄技巧，调动受众兴趣。如《用声音寻找光明》开端，以董丽娜优美动听的播音配合以抒情音乐，画面一直不出正脸，完全感受不到丽娜是一位弱视者；《一棵蔬菜的“轻松之旅”》则以一大清早的买菜场景作为开头，再切回到演播室的解说，给人以最直接的视觉感官，让受众猜想画面背后的故事。

北京卫视《大戏看北京》呈现六大亮点

卫视节目中心

《大戏看北京》是北京卫视2011年10月新改版后推出的一档新型演播室互动访谈栏目，以电影、电视剧首映及经典影视剧的回眸为契机，聚焦热门影视作品、文化活动，邀请北京乃至全国的影视明星、导演、文学艺术界名家和普通观众共同做客演播室。栏目开播后受到了影视娱乐界的高度关注，也获得了不少受众的欢迎。

一、定位服务化：节目联动

《大戏看北京》配合北京卫视热播剧的宣传推广，并通过对热门影视作品、文化活动的关注，反映当下的社会面貌和社会心态，反映当前人民精神生活领域关注的重点。这一定位，带有很强的服务性和目的性，体现了北京卫视各节目间的呼应、配合和联动。如《〈男人帮〉爱情向左　友情向右》、《双城生活　真爱可以跨越距离》、《荧屏夫妻携手人到四十》等分别针对《男人帮》、《双城生活》、《人到四十》等在北京卫视上映的最时新、最热门的电视剧进行宣传、推广，以吸引更多的潜在观众，同时“巩固”已有的剧迷，提高忠诚度。

《大戏看北京》节目对热播剧进行了多层次的宣传推广。首先，在故事层面，介绍故事梗概或主要剧情，以吸引观众。如《荧屏夫妻携手到四十》这期节目，通过较为完整的叙事，用镜头表达了故事梗概，即男主角查出癌症，仅剩半年生命，想通过冷处理方式让妻子远离，而妻子得知真相后不离不弃。其次，在结构层面，通过冲突化、对比反差等叙事手法，在短短50分钟尽可能地呈现给观众跌宕起伏、一波三折的看点，以吸引观众。第三，在语言层面，通过经典台词等展现时尚元素，在较短时间内吸引年轻人，制造良好的宣传态势。如《〈男人帮〉爱情向左　友情向右》每集都有一段顾小白的内心独白，这部分经典语录会呈现在每集的片头上；另外在剧中，还有一些颇为“后现代”的台词，譬如“还让不让人有气质了”、“战争的号角又吹响了”、“凭什么你们女人结婚就要我们男人有房有车啊，我们上辈子欠你们的啊”等，拉近了影视剧和年轻人的距离。

二、活动营销化：量身订制

《大戏看北京》栏目在为热播剧宣传的同时，更是与北京卫视宣传推广团队密切配合，通过整合优势资源，打造“独家”活动，在为热播剧打造声势的同时，也提升了北京卫视的整体影响力。如最近一期《〈金陵十三钗〉电影书全球首发典礼》就是北京卫视独家打造的。《金陵十三钗》的导演张艺谋、出品人张伟平及栏目主创悉数亮相节目制播现场。这期节目制作非常精美，身着华美旗袍、无限风韵的“十三钗”、全球首发的电影片段，规整的、书本式的“第一章”、“第二章”等设计，甚至每一小节之间的串联语，都精心设计，大气、厚重、华丽，给观众带来一种视觉震撼。

在活动营销宣传上，卫视宣传推广团队和新画面公司合力邀请了包括新华社、美联社、路透社等在内的300余名国内外媒体记者现场采访报道。同时，微博、论坛也呈现出极大的活跃度：播出前仅仅不到两天时间，微博覆盖人群已达2500余万用户，转发量7000余次，其中不乏粉丝超百万和在业内颇具影响力的“名博”积极转发和评论；在论坛上，两天4篇论坛贴点击总数逼近25万，为节目的播出营造了强劲的收视期待。

三、选题多样化：双向拓展

《大戏看北京》以北京现时的电视剧、电影首映资源和戏曲、话剧、演出、展览、文化活动等资源为关注点和切入点，同时，对一些过去的经典电影、电视剧作品和大型演出以及传统文化经典作品展开回忆式的宣传报道，这就在选题上进行了双向拓展。如目前已播出的节目《〈男人帮〉爱情向左　友情向右》、《双城生活　真爱可以跨越距离》、《荧屏夫妻携手人到四十》等属于时新选题，策划重点在于通过对电视剧的剧情介绍以及主要演员对自己戏中和现实中经历的讲述，向观众传递相信爱情、珍视友情等主题。《〈芙蓉镇〉25年再聚首》、《国粹传承一生缘》和《惊险奇绝　杂技盛宴》等选题则属于“旧题新做”，前者借“中国著名导演谢晋导演逝世三周年”这个由头，召集了谢晋的名作《芙蓉镇》的原班人马，通过刘晓庆、徐松子等人讲述当年拍摄电影时的珍贵记忆，缅怀谢晋，再现谢导的人格魅力和艺术追求；后面两期则分别聚焦京剧与杂技：一是邀请到了京剧琴师泰斗姜凤山先生和京剧梅派传人梅葆玖先生做客演播室，深情讲述他们与梅兰芳大师的友谊和故事，以揭秘中国京剧艺术的博大精深与中国京剧人的非凡技艺和人格魅力，推动人们对国粹的继承与弘扬；一是请到了中国杂技团的艺术家，通过现场表演、互动、连线访谈等方式，表现杂技的悠久历史，彰显杂技魅力。从选题层面来看，这种双向拓展一开始就奠定了节目的开阔视野。

四、戏剧冲突化：设计感强

《大戏看北京》将戏剧等选题进行冲突化处理，在戏里、戏外及其二者的对比上调动观众情绪，吸引人们的注意力。

首先，《大戏看北京》的戏剧冲突化体现“戏”里，利用事先剪辑好的电视短片，把戏里故事的局部或某种迹象与征兆向观众作预先提示，通过镜头语言表现人物冲突，展现故事的曲折性，在短短几分钟内调动起观众对该电视或电影的兴致，跟随剧中人物命运、遭遇而产生相应的或愉悦、或紧张等情绪，达到戏里故事与戏外观众“共鸣”的效果。

其次，《大戏看北京》的戏剧冲突化体现在“戏”外。如《双城生活　真爱可以跨越距离》中女主人公郝京妮的扮演者马伊琍在现实中也面临异地，甚至多地的婚姻恋爱生活，主持人梳理了“吃不到一块”、“聊不到一块（语言）”以及“距离”三大问题，清晰地展现矛盾，并通过马伊琍现身讲述真实的幸福生活，如何一一化解矛盾，设置节目的高峰和低谷。

最后，《大戏看北京》的戏剧冲突化还体现在戏里戏外的对比上。如《国粹传承一生缘》这期节目中，姜凤山先生爆料：戏里的梅兰芳动人、聪慧，将角色演绎得活灵活现，而戏外现实中的梅先生却很“笨”；周总理爱戏，爱梅派，外表俊朗的周总理是个顶天立地的男子汉，唱戏时却选择了旦角，邓颖超则唱老生。这些都是精心设计的故事点，通过对比、反差的叙事手法展现出来，更能激发观众的兴趣。

五、细节典型化：以小见大

《大戏看北京》善于从看似平凡的生活细节入手。受众在电视中看到的场景同生活中的场景有重合时，会产生共鸣。同时又以小见大，以细节表达人物的人格魅力。如《国粹传承一生缘》中有三个细节让人记忆犹新，一是梅葆玖讲述父亲的教导，梅兰芳告诫梅葆玖：“不许说爸爸在家是怎么唱的，老师怎么说就怎么唱”，这略显平常的一句话却让人领略到了梅兰芳尊师重道、谦逊敦厚的大师风范；二是于兰讲述姜凤山老先生感动她的一件事，即姜老先生在病房给李胜素讲一个多小时的戏，以此来表现老一辈艺术家的平易及对京剧的热爱和尊崇；三是巴特尔爱看戏剧频道，有一次爸爸换台，巴特尔还咬了爸爸一口，这一细节生动、鲜活，比万千华丽的语言更让人心悦诚服。

六、引导点睛化：恰到好处

访谈节目需要故事、情节、细节各个层次的支撑，也需要主持人画龙点睛的点评和引导。如《〈大宅门〉十年再聚首》中，斯琴高娃对《大宅门》这部作品给予了很高的评价，称之为当代《红楼梦》，并提议大家为郭宝昌导演起立鼓掌。在场观众掌声热烈，此时栗坤插了一句小结：“金杯银杯不如老百姓的口碑，今天观众的掌声就代表了我们对这部戏的口碑”。这句话一方面肯定了观众的重要作用，一方面不卑不亢、不媚不俗地夸赞了作品，为之后顺利完成该期节目营造了良好的氛围，点评简洁到位，恰到好处。

再如，《荧屏夫妻携手到四十》这期节目中，王思思在讲述跟王志文初识、搭档时，仍显得有些局促、紧张，第一次看到王老师还脸红、紧张，但看到王老师一笑，心里觉得稍微好一些了。这时候，栗坤适时地插入一句：“王老师，您看您这一笑，给一个姑娘留下了多么深刻的印象。”一下子就逗乐了现场的观众，同时缓解了王思思的紧张情绪，访谈气氛显得轻松、愉悦、融洽。

强化特色，精益求精，打造纪实类品牌栏目

——北京卫视《档案》栏目深受欢迎

卫视节目中心

北京卫视《档案》栏目自2009年2月4日开播以来，在全国掀起了“揭秘尘封历史”的热潮，培育起一批忠实的“档案迷”，并形成了自己特定的收视群体。随着2011年北京卫视的全面改版，《档案》栏目由周播改为日播，据《工人日报》1月15日的报道称，改版后仅4天，该栏目收视率便比去年同时段增长了125%，单期收视排名全国第二。2011年4月14日，《档案》被国家广播电影电视总局作为创新创优栏目向全国广电系统推荐。

一、鲜明的“揭秘”定位，活用各种元素全面还原历史

《档案》栏目以真实、客观、全面地还原历史为定位，为吸引对历史事件、历史人物感兴趣的受众群体，《档案》充分运用电视表现手段，灵活运用各种元素，如舞台元素、实物元素、音乐元素、影像元素等，以期全面还原历史。其中，栏目组想方设法找到的一些实物，给观众不少惊喜。如《长江·炮战之谜》这期节目里，故事情节中“紫石英”号上有一只受到英国军队表彰的名叫西蒙的黑猫。结果，栏目组找来一只黑猫“演员”，让主持人怀抱着它讲述这段背景故事。《迈克尔·杰克逊终极报告》中找来了迈尔克·杰克逊演唱会时曾用过的手套的仿制品。这些都有助于观众对历史事件建立更真实、完整的印象，对节目传达的历史信息更为信服。

《档案》栏目的录制现场是一个一千多平方米的演播室。它被分为几个区：一个大屏幕（30平方米的LED）、档案区、幻灯区、16毫米放映区、录音区、沙盘区、中央演示区和景片区。不同区域放置有专门的道具，讲述人运用翻阅、播放、展示、聆听、演示等丰富的现场手段，配合事件的讲述，最大限度地还原事实。这些看似微不足道的小细节变为故事讲述的必要环节和故事推进的关键手段，用以整体烘托现场讲述的氛围，强化节目的视觉元素。同时也充分体现了节目纪实性的特点，给人以真实可信的感觉。

只有充分地占有资料才能更为真实、客观、全面地还原历史、展示历史，使观众回到那个情境中并感同身受，从而进一步接受节目所要传达的信息。为此，《档案》和《中国档案报》等多家档案机构合作，力图大范围、多角度地在“故纸堆中找新闻”，挖掘一些独有的内容。如《张国荣死亡之谜》这期节目中，其中一个细

节是以往有关张国荣之死的纪录片中没有提到的——关于张国荣“哥哥”这个称谓的由来。《档案》正是通过挖掘细节和以往被人们忽略的事实，使故事更全面、生动、趣味地展现在观众面前。

二、创新的节目形态，开创纪录片栏目化的新样式

《档案》的节目形态是由讲述者（主持人）在演播室现场讲述和展示，通过解密档案中的历史秘密，探寻解读各种历史人物和事件的缘由脉络，还原一个又一个惊人事件和传奇人物背后的真实故事。除主持人在演播室口述外，还会出具一个个真实档案物证或复制件，或现场播放有关历史事件、人物的影像资料，透着厚重的历史感。这样的形态既新颖，又能在有限的时间内传达更多的信息量。

《档案》既不同于深度反映某个主题的专题片，也不同于单纯呈现史料的纪录片，而是开创了纪录片栏目化的新样式。所谓纪录片栏目化，就是在电视栏目中运用纪实的手法和元素加以呈现。特别是运用故事性表达手法，层层设置悬念，结合“口述历史”的形式，通过主持人的讲述串联起历史的文件、书信、手稿、影像、照片、实物等纪实性的元素，带领观众一同揭秘。

三、风格独特鲜明的主持人，成为栏目的品牌符号

《档案》栏目的讲述者是节目内容呈现的主宰，由于没有观众的互动，讲述者的作用就变得非常关键。讲述者依据节目内容不断抛出悬念，成为节目吸引观众的最大卖点。讲述者根据内容设计演播室内的行动路线，以及多种节目元素的使用，从而形成独特的戏剧化的呈现效果。讲述者主要由著名影视演员石凉担任，扎实的外语能力、睿智理性的气质、果断风趣的语言风格、富有磁性的嗓音等，使得他具有独特鲜明的主持风格，成为一个极具个性的主持人。他担任《档案》的讲述者既很好地发挥了他的个性优势，又快速地打造出栏目特色，起到了双赢的效果，大量“石凉迷”的出现也正说明了这一点。

北京卫视《好人故事》真感人

卫视节目中心

《好人故事》是北京卫视在2011年10月推出的一档将演播室采访与外拍纪录片相结合的大型访谈节目，邀请到的嘉宾主要是具有非凡经历和动人事迹的普通人。讲述普通百姓“不平凡”的感人故事、感恩故事，通过他们身上种种闪光的美德，弘扬“真、善、美”的情怀，让观众感受人间真情，感悟人生真谛。

一、走亲民路线，平凡之中见真情

在全国新闻战线大力开展“走基层、转作风、改文风”活动的背景下，《好人故事》坚持走亲民路线，通过访谈对象的平民化、访谈话题的人性化和访谈环境的生活化来讲述好人们的故事，平凡之中见真情。

访谈对象平民化。以往访谈节目的访谈对象，大多具有较高的社会知名度，卖点首先在于“谁在说”，其次才是“说了什么”。《好人故事》选取来自基层的平民嘉宾，靠其具有一定话题性的故事吸引观众。如《大爱无垠，润物无声——记首师大的好书记张雪》是讲述一位以兢兢业业的奉献精神和工作态度而赢得人心的高校党委书记；《厚德载物，孝行天下》是讲述一位以奉献自我、孝敬长辈的孝心而触动人心的孝星；《坚强，不是一个简单的词汇——抗癌11年的奇迹缔造者李蕾》是讲述一位凭借坚强毅力抗癌11年而激励人心的女孩；《高墙内，风景因你而不同》是讲述一位高墙内忠于职守、以教育感化服刑人员为己任的监狱人民警察。《好人故事》力图把“人”作为节目运作的核心，关注嘉宾身上与普通百姓相通的人生境遇，找寻最纯真、最原始的人性本质，在情感上引起观众共鸣。

访谈话题人性化。话题的选择对节目成功与否起着至关重要的影响。《好人故事》宣扬的是一种普通人生活的人生哲学，话题的选择不仅有趣味，更有人情味。《大爱无垠，润物无声——记首师大的好书记张雪》节目中，访谈对象张雪在调到中国音乐学院任党委书记后，首都师范大学不少教师写信要求调其回来。中国音乐学院的老师联名签字挽留，退休老教授李文珍老师是唯一没有签字的人，她说：“看着她我真心疼，她太累了，该歇歇了！”《坚强，不是一个简单的词汇——抗癌11年的奇迹缔造者李蕾》节目中，跟很多女孩一样，李蕾也爱漂亮，尤其爱自己一头长长的秀发，家里有着各式各样美丽的发卡，然而为了治疗，李蕾不得不剃掉她的头发。《高墙内，风景因你而不同》节目中，一位精神病监区姓黄的服刑人员入狱九年多，亲人一直避而不见。而在狱警的感化下，黄某的女婿终于前来探监，感受到岳父九年来一直记挂家人的人性化一面。如此这般，在访谈话题的择取中，《好人故事》呈现了很多充满人性化的故事，有血有肉，有感有情。

访谈环境生活化。电视谈话节目访谈环境的布局对于节目场的营造具有直接的影响。《好人故事》的演播室以柔和的蓝紫色调为大背景，中央高起的圆台上，相对着摆放白色和黑色两张长沙发，配色明快而悦目。两张沙发分别是嘉宾和主持人的座位，中间放了一个小圆桌。这样家庭会客厅般的节目现场能为嘉宾提供一个温馨舒服的交流场，营造一种生活化的氛围，有助于嘉宾愿意把心底深处的话讲给观众听。《300个孩子一个爸——石清华》，节目开头，主持人与孩子们一起围坐在演播室中央的台阶上，娓娓道来这些孩子们共同的“爸爸”，也就是故事的主人公石清华。而《坚强，不是一个简单的词汇——抗癌11年的奇迹缔造者李蕾》节目，在主人公李蕾的母亲流下眼泪之时，主持人从沙发上起身给予她拥抱：“对不起，我今天真的不想揭您的伤疤，您原谅我，其实我最受不了的就是当妈的哭。”不拘束于传统访谈节目主持人与受访人的身份，在拉近两者关系的同时，也拉近了与观众的距离。

二、内外场配合，访谈秀与纪实片相辅相成

《好人故事》穿插大量的外拍素材和

相关资料，用真实画面的纪录弥补现场访谈所不能呈现的画面故事。而演播室访谈则主要承担着抒发情感、升华立意的作用。访谈秀与纪实片交相编排，相辅相成。

内场访谈主持人掌控能力较强。主持人是电视谈话节目的核心，电视谈话类节目成功与否很大程度上取决于主持人的主持能力。《好人故事》主持人栗坤在内场掌控能力上较有经验，在她的巧妙引导下，《好人故事》呈现了真诚自然的谈话过程，变“采访”为“谈心”，于“平常”中显“深度”，使交流双方建立起一个彼此信任的平台，实现了情感和观点的双重交流。主持人栗坤表现出三个优点：一是善于倾听。在《好人故事》内场访谈中，栗坤总是身体前倾地坐在沙发上，安静地注视着对方，时不时做出认同的动作，并保持良好的目光交流。二是善于追问。倾听的目的在于分析体会嘉宾话语的真正意味，抓住他们话语的闪光点，引导、启发嘉宾深入访谈主题。《厚德载物，孝行天下》节目中，丈夫离世后，妻子王书霞照料患有老年痴呆、生活不能自理的婆婆30多年，不离不弃。主持人便追问：“您爱人走的时候您还年轻，完全有重新选择的机会，而您每天守着婆婆，一把屎一把尿地料理她，忍受她的打骂，心里没委屈吗?”王书霞回答：“没有，我觉得我应该伺候她。跟我婆婆过了30多年了，我离不开她，她也离不开我。我就跟她过一辈子了。”朴实真诚的王书霞打动了观众，而这个回答也源自于主持人的追问。三是善于引导。如何控制访谈节目的走向，调动现场气氛，是很见主持人功力的一项能力。在《300个孩子一个爸——石清华》节目中，石清华为了照料流浪孩子亏欠了儿子，觉得愧疚而流泪。主持人说：“我们的心里都特别难受。爸爸多不容易啊，为了你们放弃了自己全部的生活。还等什么呢孩子们，抱抱爸爸。”现场气氛一下子温馨起来，受访者也得到了最大的安慰。

外场纪实片制作较为精良。除了演播室内场访谈外，《好人故事》较为充分的前期采访提供了大量的外拍素材和相关纪录片，用事实本身来诠释故事，弥补访谈中缺失的画面感。一是善用剪辑手法。在《300个孩子一个爸——石清华》中，灵活整合推拉摇移等多角度的拍摄镜头，运用渐入渐出等转场特效，配上相衬的背景音乐，展现了石爸爸和他收养的流浪孩子们在一起的或艰辛或快乐的生活，并运用蒙太奇手法，呈现孩子们的张张笑脸，使得整场的纪实片都颇具可看性。二是长于叙事编排。在《大爱无垠，润物无声——记首师大的好书记张雪》中，有一个短片记录了还处于癌症病人非常关键的恢复修养期的张雪，却坚持带病工作的敬业精神。片子以时间为序，记录了她一天从上午7：30开始一直忙活到深夜一点的忙碌生活。在开会会场，镜头聚焦在桌上一个已经剥开却还没来得及吃的橘子，以小见大，配合以解说道：“这是雪书记的一天，也是她的每一天。”三是活用镜头语言。在《坚强，不是一个简单的词汇——抗癌11年的奇迹缔造者李蕾》中，几次播放了李蕾在患病期间，面对亲人的发誓视频：“老爸你放心，我保证我绝对不会有事的，我说出来的话都算话。我给您，还有我奶奶、妈妈、姥姥养老送终，我发誓，我要是做不到，我就不是李蕾。我再也不哭了，我做您的好姑娘，下辈子我还做，咱俩拉钩，下辈子您还当我爸，说话不算数的是小狗……”一边说，李蕾一边给爸爸擦眼泪。通过声画结合的镜头语言，李蕾的坚强和懂事一览无余。

灵活转换的内外场衔接。在内外场的衔接上，《好人故事》实现了两者间的灵活转换。这为更好地服务访谈主题、表达节目组想法，提供了叙事形式和技巧上的帮助。

三、策划用心，用细节展示人物形象

嘉宾生动的个人故事，很大程度上需要靠细节来支撑。从看似平凡的细节入手，挖掘人物的内心世界，便容易抓住受众的注意力，见微知著，富有张力。《好人故事》在这方面十分用心，通过对一个个细节的强化，有效地展示了人物形象。同时，通过这些细节调动起不同感官的情感体验，丰富、深化了主题。

强调特定语汇。在《300 个孩子一个爸——石清华》中，由于经济问题，石清华长期以来能提供给 300 个流浪孩子的伙食只有蔬菜，便有了“白菜爸爸”的称号；在《坚强，不是一个简单的词汇——抗癌 11 年的奇迹缔造者李蕾》中，反复通过李蕾的亲身经历强调“即使受到伤害，也要学会爱人”和“我要活着”的信念。

设置特别环节。在《大爱无垠，润物无声——记首师大的好书记张雪》中，由于主人公张雪没有亲临演播室现场，受访者是与其有密切关系的同事和学生，于是让他们每人在卡片上写一句话，主持人抽一张念一张，由此引出一轮轮受访对象，推进节目进程。

展示特殊物件。在《厚德载物，孝行天下》中，王大姐为观众展示了其照顾脑栓公公而自制的东西，如用旧雨伞做的不渗水围嘴、防止长褥疮的垫子等。

抓取特写镜头。在《坚强，不是一个简单的词汇——抗癌 11 年的奇迹缔造者李蕾》中，镜头多次切到李蕾紧紧握住母亲之手的特写。

四、注重故事的延续性，积极报道最新情况

《好人故事》善于在片尾跟进报道人物的最新情况，注重故事的延续性和完整性。《300 个孩子一个爸——石清华》节目，以纪实片配合解说结尾：“10 月 2 日，志愿者们为石清华和他的孩子们找了一个条件更好的家。这里有了暖气，孩子们冬天不会再挨冻了。石清华说，他还会带着他的孩子们一直走下去。相信有这么多人的帮助，会越走越好。相信也终会有一天，再也没有孩子在街头流浪。其实每一个孩子的心里都如同一个等待填满的百宝箱，希望我们能给予他们的是关爱、保护、温暖和无忧无虑。”结尾给人以温暖和希望。

《坚强，不是一个简单的词汇——抗癌 11 年的奇迹缔造者李蕾》节目，简要介绍了李蕾的抗癌经历后，提到在节目录制的前几天，她的身体出现了新情况：嗓子眼里脱落了一块看起来像是风化了的骨头，需要等待进一步的诊断。于是，节目组邀请了李蕾的主治医师拿着李蕾最新的检查报告赶到录制现场，并在节目最后请出他，告诉大家李蕾的最新身体状况，是一切良好的。结尾呼应开头铺设的悬念，又在最大限度上深化了“坚强”一词的内涵，强化了李蕾与癌症作斗争的激励性作用。

历史性、故事性和艺术性的有机结合

——北京电视台《辛亥档案》受到好评

卫视节目中心

在辛亥革命100周年纪念日到来之际，北京电视台《档案》栏目在全国政协文史和学习委员会指导下，与人民政协报社合作，于2011年10月6日至13日播出了《辛亥档案》8集系列节目。该节目以不为人知的历史档案为基础，通过百年历史中的传奇人物和不为人知的生动故事，向观众展示了辛亥革命那段真实的历史，体现出历史性、故事性和艺术性的有机结合。

一、历史性

作为历史纪实类的电视节目，确保史实的真实至关重要。《辛亥档案》系列节目在这方面下足了功夫，确保了节目内容的历史性，为观众呈现了有关辛亥革命颇具权威性的回顾和阐释。

按照历史进程铺陈节目内容，让观众概览真实的历史全貌。《辛亥档案》8集系列节目从1894年7月甲午海战开战开篇，一直讲述到1925年3月12日孙中山病逝，按照历史进程铺陈节目内容，分为《风起云涌》、《保路运动》、《武昌起义》、《袁氏出山》、《南北议和》、《清帝退位》、《复辟闹剧》、《孙中山最后的岁月揭秘》8集，系统性地介绍了辛亥革命前后的重要历史事件，让观众能通过节目概览真实的历史全貌。

充分挖掘大量档案资料，靠史实说话。为加强节目内容的权威性，《辛亥档案》强调用第一手的历史资料说话。讲述人每说到一个历史事件，都会找出相关的档案资料来进行佐证，无论这些历史事件是众所周知的，还是鲜为人知的，栏目组在制作节目过程中极其用心地从全国各地的档案馆搜寻来了近千份珍贵的历史档案，其中有些是国家档案局特批的独家内容，如来自中国第一历史档案馆、第二历史档案馆的部分档案，在其他节目中均从未出现过。

充分利用指导单位、合作单位资源，大量采用“三亲”史料。《辛亥档案》充分利用了指导单位全国政协文史和学习委员会和合作单位人民政协报社的资源，以全国政协文史和学习委员会编纂的系列丛书《亲历辛亥革命》为蓝本，大量运用了历史事件当事人和相关人的亲见、亲历、亲闻的“三亲”史料。如第3集《武昌起义》中采用了当晚起义的班长熊炳坤对当晚情况的详细回忆。第7集《复辟闹剧》中运用了袁世凯的三女儿袁静雪对袁世凯获悉袁克定印制假《顺天时报》后的反应。这些口述史资料，与档案资料有机结合，相得益彰，既深化了系列节目的历史厚重感，也让人觉得真实可信。

注意采纳专家观点，增强节目的权威性。《辛亥档案》特别注意采纳具有权威性的专家学者的观点。从其采访的专家来看，有北京大学、中国社会科学院、南开大学、河南师范学院等学术机构的历史学专家，都是当下研究辛亥革命具有一定权威性的学者，从而保证了节目的权威性。

二、故事性

多重叙事方式的悬念营造。电视纪实片的创作手法在许多方面可以与文学艺术的创作手法相通。《辛亥档案》巧妙而灵活地借用了文学艺术顺叙、倒叙、插叙这三种叙述方式。从第1集讲述辛亥革命前中国的时局以及孙中山的行动一直到第8集孙中山逝世、中国共产党完成孙中山先生的事业，其叙述是顺着时间线来进行的，这种叙事方式使得系列节目逻辑思路清晰明了。

但在具体的每一集当中，《辛亥档案》采用的是三种叙事方式混用的办法：顺叙依然是让整个主题清晰完整，而倒叙和插叙的运用则使整套片子波澜起伏、悬念叠生。具体来说，倒叙在整个《辛亥档案》当中所起的作用基本是背景资料的补充。如第3集《武昌起义》中，叙述者先说了武昌起义由文学社和共进会主导发起，之后又在武昌起义发起和发展之间插叙了文学社和共进会的基本情况，这便使观众对于武昌起义有了一个更加立体的认识。倒叙的作用在文学当中主要是用于制造悬念，使文章波澜起伏，而在《辛亥档案》中它也发挥了同样的作用。看《辛亥档案》时，一个最大的感受就是悬念不断、高潮迭起、引人入胜。如在第5集《南北议和》的开篇，讲述者说在1911年11月6日，北京法部大狱院内聚集了1000人，这其实是事件的结果，讲述者并没有开篇就说这个结果的原因，而是先抛出了结果，在引起人们的好奇心之后，讲述者才说明原来这是人们在等待刺杀载沣的两个年轻人被释放，这样的一种叙述让整个故事变得更加生动。

"说书人"的角色设计与道具运用。在《辛亥档案》栏目当中，主持人存在着很大的表演成分，并且其语言也比较接近于口语，这些特点与说书人很相像。传统章回小说的说书人往往是一边讲故事，一边配以肢体语言与面部表情，并时不时模仿故事主人公的说话语气来增强故事的趣味性，这些做法的目的是为了引起听众注意，激发听众的兴趣。在《辛亥档案》中的主持人讲故事的方式就好像说书人一样，唯一不同的便是其演示的手段更加多样化，不仅仅靠说和表演，还有图片、影像、道具和演员作为辅助，这就使整套节目更加丰富好看，并且也使整个历史故事更加生动形象，容易被观众记住。

在《辛亥档案》当中，能够看到大量道具的使用，比如孙中山被囚时的场景道具、载沣陷害袁世凯时的椅子，还有表现袁世凯剪发时的屏风等。这些道具的使用，使观众能够用形象的思维来理解历史，同样便于提高节目的故事性。

三、艺术性

大历史、小切入的两极碰撞：从有形到无形。历史总是分为两个组成部分。一部分是历史事实，它是有形的；一部分是对于历史规律的理解和认识，它是无形的。作为一部严肃的电视系列片，《辛亥档案》必须要面对和解决的一个问题，就是如何在整套片子中，将历史事实的呈现和历史规律的发掘有机地结合起来，处理好有形和无形的关系。这也是决定这套系列片艺术性成就高低的一个重要评价指标。应当说，《辛亥档案》用大历史、小切入的两极碰撞，很好地完成了对历史事实的讲述和对历史规律的呈现。

《辛亥档案》系列节目的每一集基本都是先由一个具体并且有趣的事件作为因子，并逐渐将这个具体的事件扩大到当时整个中国的局势，之后再导向整集电视片的主题，其每一集的开篇，都是由一个简单而具体的小事件、小人物切入的。如第一集是由妈祖像引出甲午战争，之后又以甲午战争引入辛亥革命前中国的局势以及孙中山的活动。第2集则以纤夫引出英国货轮的搁浅，从而引出列强在我国取得筑路权，于是便有了后面的保路风潮。

这种讲述历史的方式，是一种十分有效的艺术表现方式。这是因为，首先，这种从小事到大事的叙述方式，从具体的感性体验到抽象的理性概括，符合人类认知的基本过程，使观众在观看节目的过程中思路清晰、逻辑通畅。其次，从一个故事开始讲述历史的方式，避免了人们在认识历史的过程中走向空洞的宏大叙事，而这种具体的事实更容易吸引观众的注意力，引导观众深入挖掘和认识历史规律。

大历史、小细节的两极转换：从抽象到具象。细节决定成败。其实在历史发展过程中，细节同样扮演着重要的角色，甚至可能成为推动历史进程的偶然因素。《辛亥档案》高度重视大历史、小细节之间的两极转换，用适合电视的表现方式，呈现从抽象到具象的历史过程，充满了讲述的魅力。

在《辛亥档案》系列节目中，栏目组对历史细节高度重视，多次借用这种常常用在文学当中出现的表现手法来重构历史。如第一集《风起云涌》中有一个细节——清政府花费7000英镑租了一艘船，目的仅仅是押解孙中山一个人回国，在清政府的文书当中也强调了这一点。这一细节内涵颇丰：它并非只是为了告诉观众清政府为了押解孙中山花了很多钱，而是暗示了当时的清廷已经摇摇欲坠，而国内的革命形势愈发猛烈，花重金押解孙中山说明了当时清政府对于革命者的恐惧和对清廷前途的担忧，同时也有力地映衬出孙中山先生的历史价值和地位。还有一个典型的例子，第八集《孙中山最后的岁月揭秘》中，讲述者以中山装来诠释孙中山的革命理想，从中山装的衣兜到纽扣，其中的每个细微之处都体现着孙中山的理想。

与文学当中的细节描写能够吸引人一样，《辛亥档案》中历史细节的展示也同样引人入胜。一方面，细节的展现使整个历史不再像一副空空的骨架而只有抽象的概念，而是将历史的血肉填了进去，使得整个历史过程更加生动，同时大大提升了系列片的艺术观赏性；另一方面，历史细节的体现其实为历史大事件的发生提供了一个基础和铺垫，即历史大事件并不是凭空发生的，而是有其根源的，而这些根源往往就存在于历史细节当中，如果将这些细节充分展示给观众，不仅能够让观众认识到更多的历史背景，也更能够支撑整个节目内容的可信性和真实度。

向民生新闻栏目转型，兼顾“大服务”与“小服务”

——北京卫视《身边》栏目办得好

卫视节目中心

创办于2004年4月的《身边》，是北京卫视一档老栏目，在北京观众中已具有较高知名度。2011年10月北京卫视全新改版后，《身边》栏目进一步改革创新，受到广大观众一致好评。

一、与时俱进及时调整，契合北京卫视整体定位

作为北京卫视一档50分钟的大型演播室谈话类节目，《身边》自创办以来，基本上秉承了贴近受众、服务百姓日常生活的定位，以向观众提供政策解读、生活新知、事件剖析为出发点，不断改版创新。在全国新闻媒体积极投身“走基层、转作风、改文风”活动的背景下，《身边》栏目于9月起先后推出“走进社区”、“身边行”、“身边新事”系列特别节目，将演播室陆续搬到社区、医院、乡村等普通百姓熟知的环境中，将政府推出的惠民政策与百姓的实际生活对接，将居民生活中的大事小情、身边遇到的问题纳入政策解读的范畴，在对话中体现服务，在互动中体现亲和，在交流中弘扬社会主义主流价值观，在幽默、诙谐中体现北京市民积极健康的生活态度与生活方式，新改版的《身边》正逐渐在观众与政府之间搭设起一道沟通的桥梁。

二、定位于生活服务，挖掘身边的人、事、情

正如其栏目名称一样，《身边》定位于普通百姓的日常生活，通过对生活中发生的故事以及遇到问题的深入探讨和权威解析来为居民解疑释惑，提供帮助。因此，《身边》的选题一直以来以生活服务类为主，如秋天来了，推出《秋季不能做的八件事》、《秋季苹果营养多》、《秋分该做些啥》等时令性节目；节假日到了，推出《走进社区过花样中秋》、《新生活从新造型开始》等针对性节目；针对居家生活中的问题，推出《阳台就是咱家小药房》、《阳台就是咱家菜园》、《家中隐藏的致命污垢》、《缉拿家中八脚怪虫》等可操作性节目，这些选题都充分体现出栏目与居民日常生活的贴近性、实用性和亲切感。

三、内容细致，现场活跃，主持人诙谐幽默

尽管每期节目都是在演播室中进行，但节目尽量做到了内容深入细致，将大量的外拍短片融入现场的访谈，同时主持人运用诙谐幽默的语言和一些夸张性的肢体语言活跃现场，带动现场观众的情绪，让观众更多地参与到主持人及嘉宾互动交流中，简单的面对面访谈因而变得亲切、活泼。比如5月10日播出的《重罚！司机醉驾入刑》节目，特邀了相关专家到演播室现场“说法”，并灵活切入多段VCR的方式，将演播室访谈与前期全面深入的采访结合起来，极大地丰富了节目的信息量和知识含量；同时，一些段落设计生动，主持人发挥灵活，寓教于乐，让观众深刻地认识到了酒驾的危害，起到了很好的导向作用。

四、节目选题与受众定位较一致，抓住了有效的收视群体

伴随着我国人口老龄化进程的逐步加快，老年受众群是一个不断增长并有望实现相对稳定的市场份额。目前，《身边》播出时间是每周一至五的早上8：36，由此可以判断出其主要受众群体定位为居家生活的中老年人，因此，节目选题的策划、设计明显有所倾向，基本达到了吸引并长期占有这部分受众的目的。

《倾听》栏目亮点多

卫视节目中心

《倾听》是北京卫视2011年10月份推出的一档以文化界名人为主的深度访谈电视栏目。开播以来，《倾听》播出了《孟玲：漫过心扉师生情》、《于荣光：亲情伴我奋斗》、《韩红：爱相随》、《赵青：讲述父亲赵丹》、《娜仁花：花开金鸡》等节目，呈现出很多亮点。

一、栏目定位：讲述文化界成功人士的情感故事，有自身特色

从《倾听》的定位来看，它不以猎奇、娱乐为主旨，而是深度挖掘文化界知名人士价值观和性格上的闪光点，讲述至情至性、感人至深、令人深思、发人深省的故事，相对于其他情感类谈话节目，有自己的不同之处。

《倾听》的创作空间大，可以邀请的嘉宾更广泛，话题更丰富，节目风格相对轻松，因而有更多的创作空间。《倾听》面向的主要是成功人士。选择具有代表性的文化界成功人物，通过挖掘嘉宾的情感故事和人生感悟，使观众收获情感体验和思想启迪。

二、嘉宾选择：范围更加广泛，亲和力更强

《倾听》的嘉宾对象是文化艺术界的成功人士，选择面更加广泛，而且对嘉宾选择并不侧重在其是否高端，而是侧重在是否有感人的奋斗经历和情感故事、心灵感悟。这样的嘉宾选择范围和侧重点缩短了嘉宾和观众之间的距离，更有现实感染力和情感亲和力。如10月12日第一期邀请了声乐教育专家孟玲老师和几个学生，包括青年歌手大奖赛金奖获得者刘和刚、银奖获得者泽旺多吉、中央民族大学副教授哈辉；10月19日第二期邀请了京剧名角、知名演员和导演、制片人于荣光；10

月26日第三期邀请了著名歌手韩红；11月2日第四期邀请著名演员赵丹的女儿、舞剧名家赵青；11月9日第五期邀请金鸡奖获得者娜仁花和丈夫宁才。这些嘉宾既是文化艺术界的成功人士，但又不限于高端、大腕级人物，而且都有许多鲜为人知的奋斗故事和不平凡经历。通过他们讲述自己的奋斗历程、情感故事、人生感悟，能给人许多教育和启迪。

三、谈话内容：经过精心策划，富有文化内涵

一次谈话往往围绕一个主题和相应具体话题展开，由主题和话题构成的交谈内容是一个谈话节目成功与否的关键。对每一期节目的谈话内容，《倾听》不仅归纳了明确的思想主题，并且对具体话题作了精心的策划。

在《孟玲：漫过心扉师生情》中，围绕老师敬业、学生爱师的主题，设计了学生们怎么到孟老师门下、学唱的第一首歌曲、老师对学生的“四不准”要求、老师的缺点等几个饶有趣味的问题展开话题，体现出老师对学生大爱无疆、对家人大爱无言的崇高师德，表达出学生对老师由衷的感激之情。在《于荣光：亲情伴我奋斗》中，通过讲述于荣光学戏、转型做电影演员和导演、和父亲患病后的亲情交往，表达了亲情支持下不懈奋斗的主题。在《韩红：爱相随》中，通过展现韩红参加的公益活动，回顾和奶奶的故事、讲述和“伯乐”张越的故事、描绘历险回西藏做公益活动的经历，表达了艺术家的社会责任和公益爱心主题。在《娜仁花：花开金鸡》中，通过讲述嘉宾与金鸡奖的三次结缘、和母亲的情感交往、拍摄的影视剧、对老师的感恩等故事，表达了对艺术理想的坚持，对母女爱、师生情的赞美和对无疆大爱的追求。

经过精心策划后，《倾听》体现了较高的文化品位，在不同嘉宾不同的人生故事中，观众不仅了解了光环背后成功人士的丰富人性，也体验到了感人至深的情谊。《倾听》栏目努力弘扬真善美的高尚品质，展现传统美德，体现人与人之间的浓厚情谊，充满了温暖、乐观、积极、向上的品质，具有深厚的文化内涵。

四、主持人：形象气质符合栏目要求，业务素质突出

谈话节目被称为“主持人的节目”，主持人在节目当中起着十分重要的作用。在播出的几期节目中，出现了三位主持人，包括两位男主持和一位女主持。这三位主持都具有知识分子的气质、形象有亲和力，符合栏目定位和文化类访谈节目的需要，经验较为丰富，话题把控、时间把握、语言的组织和表达能力，和嘉宾展开较好的情感交流，体现了较强的业务素质。而且在谈吐举止、语言功力、知识底蕴、人格品质等方面具有一定的个性特征，初步形成了自己的差异化风格，不仅有利于和嘉宾的交谈沟通，也有利于观众的识别和接受。

五、艺术形式：形象设计有创意，运用多种电视元素

内容和形式是谈话节目相辅相成的两个方面，和较为丰富的节目内容相适应，《倾听》节目的形式也可圈可点。在栏目形象符号设计上，设计了独特的类似耳朵的栏目形象，选择相应的颜色和声音，并配以“艺海扬声”的文字标识，主持人开场的口头语言“有一种温暖可以在倾听中慢慢传递，有一种关爱可以在倾听中慢慢升华”，“倾诉心声，聆听感悟”既表明了栏日主旨，又进一步强化了栏目的形象。节目演播室的设计绚丽大气不失活泼灵动，营造了较好的交流环境，体现出较好的文化品位和栏目形象。同时，在节目中运用了较多的电视元素，如图片展示、文字说明、视频资料、道具物品，嘉宾现场才艺表演、谈话中涉及人物的现场出现并参与节目等，这些电视元素的运用提高了节目质量，吸引了观众的眼球。

北京卫视《今夜访问》办出特色

卫视节目中心

北京卫视2011年10月改版推出的《今夜访问》，是一个专题访谈节目。该节目播出后受到各方面的关注和好评。

《今夜访问》栏目的主要亮点是：

一、循序渐进地挖掘深层次故事

《今夜访问》力图通过嘉宾构成、节目内容选取以及对思想维度多元化的开掘，使得节目具有领先的思想和有价值的声音，从而彰显首都卫视的大台风范，体现媒介话语权，提升影响力。

在一般的谈话节目中，往往是通过打明星牌或聚焦社会热点人物和问题来吸引注意力，对于问题的剖析浮于表面，没有深入探讨社会热点问题和人物背后的故事。《今夜访问》通过专题的形式，较好地弥补了这个不足。

10月31日和11月1日，《今夜访问》围绕着在北京和上海等地受到热烈欢迎和支持的中文版音乐剧《妈妈咪呀》制作了两期连续播出的专题节目《妈妈咪呀——有一个梦，想给你听》。在10月31日的节目中，嘉宾是剧中的三位女主角田水、沈小岑和杨竹青，主要的话题讨论围绕着中文版《妈妈咪呀》这部音乐剧的选角过程、排练故事和演出情况展开。而在11月1日的节目中，增加了中文版《妈妈咪呀》的制作人田元参与讨论的内容，讨论的主要内容也由这部音乐剧本身逐渐过渡到中文版音乐剧如何与世界接轨，如何进一步形成我国音乐剧的品牌效应和长青剧目等等。由此，专题的讨论形式，使得《今夜访问》不再仅仅局限于谈话节目对于话题本身浮光掠影般的探讨，而是通过第一天的铺垫，能够在第二天的节目中对于话题有更加深入的研究、思考和反思。

而随后三天连续播出的《动漫原动力》分别请来了中国动漫集团党委书记李扬、北京电影学院动画学院院长孙立军、漫画家熊亮和徐瀚制作了三期节目。这三期节目以第十二届世界动漫大会暨2011北京国际动漫周的举行为访谈背景，提出了中国动漫如何赶超世界脚步和如何讲好中国故事这两个问题。讲述了上一代动漫人的探索、当代中国动漫人中流砥柱般的支撑作用，讲述了新兴动漫形象和动漫家们的个性追求，展现了中国动漫创新发展的曲折历程。

二、选题更加注重时效性

谈话类节目虽然不像新闻一样对时效性具有严格的要求，但是如果忽视了社会热点问题就会造成节目内容与日常生活的脱节，使得节目本身的吸引力下降。过去《BTV 秀场》中的部分栏目，由于其选题的特殊性而难以契合时下热点问题。如《收藏秀》这档展示艺术品和鉴别藏宝真伪的节目，它的选题就相对超脱于现实热点；又如《幸福秀》这档讲述老百姓家庭生活冷暖的节目，其选题也难以追求时效性，停留在家庭情感纷争的层面。而《今夜访问》在选题的时效性上有了长足的进步。

10 月 20 日中文版音乐剧《妈妈咪呀》在北京的最后一场演出落下帷幕，10 月 31 日这部音乐剧的主演和制作人的采访就在《今夜访问》中播出，时效性很强。

10 月 15 日至 18 日，党的十七届六中全会在北京召开，会议上提出，要深化文化体制改革，推进文化产业结构调整，推动社会主义文化大发展大繁荣。而 11 月 2 日至 5 日连续三天播出的《动漫原动力》就契合了这个重要的话题，体现了《今夜访问》及时而灵动的时效性特点。

三、多维挖掘视听元素，现场采访与专题片切换自如、形式多样

在《今夜访问》的访谈过程中，每每提到一个人物、一段故事或者一个场景，总穿插有大量的图片、视频资料片段，采访现场的访谈和资料片有机协调，观众们可以通过更加形象的视觉和听觉感受的融合，在嘉宾的叙述中体会他们的心路历程。如《妈妈咪呀——有一个梦，想给你听》中，节目穿插大量剧照、演出片段，再结合三位女主角现场的演唱和表演，使得观众能够体会音乐剧的感染力和活力。

在访问的进行过程中，演播室中的大屏幕起到了很重要的作用，通过不断地变换图片，营造了良好的访谈氛围，同时也提示了嘉宾的特点和经历。例如在《动漫原动力（一）》中，投射在大屏幕中的唐老鸭的形象，很好地提示了李扬老师曾经为唐老鸭配音的故事，拉近了观众与嘉宾之间的距离，提升了亲密度。

四、重视主持人评论，确保主题升华

一档谈话类节目，如果仅仅就事论事，而不就事论理，有所阐发，那对主题的升华作用自然就不明显。以原《BTV 秀场》中的节目为例，如 8 月 17 日播出的《巨星秀——撒贝宁、张绍刚别样兄弟情》，主持人栗坤和悦悦对撒贝宁和张绍刚的采访展示两人之间深厚的感情，并体现了他们的不同特色，但节目最终还是流于一般的谈话节目，主要通过名人效应吸引观众，并没有能够为观众提供更多的启示和感悟。

相比之下，《今夜访问》在评论上有了长足的进步，每期节目的结尾，都会由主持人栗坤进行一段总结，既体现了深度，也有效地升华了主题。如 10 月 31 日播出的《妈妈咪呀（一）》中，栗坤总结了演员为一部成功的音乐剧付出了大量的努力和心血，同时也指出一部优秀的音乐剧背后必然需要成功的商业性运作和支持，由此为 11 月 1 日播出的《妈妈咪呀（二）》作了铺垫。而在 11 月 1 日节目的结尾，栗坤在总结时肯定了我国目前“中国化”西方经典剧目所取得的成功，并展望了我国未来音乐剧的发展前景。这两期节目不再仅仅局限于对演员的采访和挖幕后故事的层面上，而是进一步地升华了主题，引发观众的思考和对音乐剧的热情和执著。

五、灵活使用小道具，激发观众共鸣

在电视节目中，道具，特别是重要的演出道具和具有价值的物件，能够给观众直观的感受，有助于激发观众的共鸣，并使得谈话本身更加生动自如，因此其作用不容小觑。在《今夜访问》中，频频使用的道具起到了较好的效果。

在《妈妈咪呀——有一个梦，想给你听》中，主持人栗坤展示了在舞台上女主角们穿过的高跟鞋，以此来体现演员们排练的艰辛与不易。同时还展示了中方与《妈妈咪呀》版权方签约时的企划书的一部分，厚厚的一本笔记本中，满满的都是各种定妆照，它不仅体现了《妈妈咪呀》版权方对于这部音乐剧的悉心维护，同时也体现了中方为了促成中文版《妈妈咪呀》的成功而付出的努力。

在《动漫原动力》中，栗坤分别展示了李扬老师配音的唐老鸭玩偶、有万籁宁老先生亲笔所画的孙悟空头像的记事本、徐瀚笔下的阿狸玩偶、熊亮的作品和《楚辞图》等道具。这些道具大多具有十分深远的意义，它们的出现能够使得故事的讲述更加生动流畅，增强可信可知度。

六、小标题的提示作用得到重视和展现

在原《BTV 秀场》的各栏目中，小标题的提示作用体现得不够充分，在节目中一般只出现每期节目的大标题，而没有对节目的各个不同部分的细分和提示。在《今夜访问》中，这个问题逐渐有所改善。在《妈妈咪呀——有一个梦，想给你听》中，小标题的提示作用尚不够明显，但在11月2日至4日播出的《动漫原动力》中，情况有了明显改观。如在11月3日播出的《动漫原动力（二）》中，通过四个小标题——“接过恩师的笔”、“‘嘎子班’班长”、“兔侠：中国味道”和“原动力：机遇来了”的提示作用，展现了孙立军院长由一个立志于成为油画家的大学生，到中国动漫事业的主要领军人物的演变过程，使得整个故事条理分明清晰，更有助于观众的体会和理解。

独到策划　独家采访　娴熟叙事

——北京电视台庆祝建党90周年系列报道《红色地图》创作经验

新闻节目中心

为庆祝中国共产党成立90周年，北京电视台公共·新闻频道联合北京市委党史研究室、北京市旅游发展委员会精心策划了大型系列报道《红色地图》。该系列报道共90集，自5月4日至8月4日，每天在北京卫视以及公共·新闻频道《北京新闻》、《北京您早》、《特别关注》、《都市晚高峰》和《晚间新闻报道》等栏目中滚动播出，受到观众和一些专家广泛好评。

一、主题鲜明，视角新颖，策划独到

北京是一座历史文化古城，同时也是一座具有光荣革命传统的城市。在中国共产党艰苦卓绝的战斗历程中，无数先烈殷红的鲜血抛洒在古都的热土上，他们用铮铮忠骨为这座城市书写了骄傲。90 年沧海茫茫，一座伟大的城市见证了一个伟大的政党发展、壮大的传奇。《红色地图》系列节目组正是基于这种认识，独家策划了该系列报道。

《红色地图》主题鲜明，视角新颖，策划独到，把镜头对准中国共产党 90 年革命历程中北京的一些代表性历史遗迹，讲述了共产党人在北京开展革命活动的历史事件、著名人物故事、革命活动遗迹等，生动展现了革命先烈可歌可泣的英勇事迹。该系列报道在建党 90 周年前夕播出，时宜性很强，目的明确，通过编年体方式构建观历史框架，逐年逐点寻觅、追忆、讲述，串接近 90 个北京党史地标，勾勒出一条中国共产党成长奋进之路，为观众呈上一幅幅生动恢弘的北京党史画卷。

这 90 集节目挖掘鲜为人知的历史故事，其中既有北大红楼、李大钊故居等京城著名的纪念馆，也有吉安所左巷 8 号毛泽东旧居、京报馆旧址等隐藏在京城胡同中鲜为人知的革命遗迹；既报道了卢沟桥、焦庄户等京郊著名的红色景点，也挖掘了堂上村、马栏村等京郊大山里的革命故事，同时还涵盖了龙须沟、八宝山革命烈士公墓，首钢、“中国硅谷”中关村、国旗班等社会主义建设时期众多的革命、建设内容；既有观众耳熟能详的抗日名将，也有普通百姓的亲身斗争……

如果将庆祝建党 90 周年的主题比喻为“规定动作”，那么《红色地图》即是结合实际创新主题报道的“自选动作”。这一系列报道翻新花样，通过一个个地点，串成整幅“地图”，带领观众重温艰难困苦、光辉灿烂的革命历史。

二、准备充分，独家采访，报道出彩

《红色地图》这一系列报道之所以能够获得观众认可，因其权威性、厚重感，而这不仅来自于党史专家、学者，还缘于“重量级”的采访对象——革命后代和亲历者后代的支撑。

第一，《红色地图》报道组的记者们案头工作准备较为充分。历史是一条长河，想要了解一段历史，最好的办法是置于这条长河的大背景中，顺流而行，一个环节一个环节地了解。比如，记者李莲在其采访手记中说，做《长辛店留法预备班旧址》节目时，先从梁启超欧洲之行，了解他“求一点学问，尽一份责任”的想法；还要从“巴黎和会”中国对列强说“不”来了解当时的形势，从而了解到进步青年勤工俭学法兰西的一些基本情况。但选题可能在史籍中的记载只是三言两语，这就需要在前采上下“功夫”。

第二，用真诚打动采访对象。如《吉安所左巷 8 号毛泽东旧居》这期节目中，因为住在这“红色地标”已然是普通民居，记者采访时，房东一开始连大门都没开就拒绝了采访，然而最终房东不仅同意记者拍摄，还接受了采访，为观众讲述了房东从祖辈那里听来的鲜为人知的故事，这就是记者的智慧。

第三，独家采访最出彩。《红色地图》率先在各媒体中掀起了纪念建党 90 周年的宣传热潮，通过记者的深入挖掘和大量采访，找出了很多新线索，采访到很多革命后代、史学专家，讲述了很多鲜为人知的故事，其中不少属于独家采访。如6月17日《北京您早》播出的《黑山扈战斗纪念碑》，已经96岁高龄的焦若愚同志讲述国民抗日军（平西游击队）打落敌机的往事，这位北京市老市长曾经是平西游击队的一名战士，一生从未接受过记者的专访，而今《红色地图》的独家专访，不仅让节目更加生动丰富，也为研究北京抗战历史记载下了珍贵史料。

三、贴近群众，节目风格亲切

作为严肃主题报道的《红色地图》，尽管基调厚重，显得深沉严谨，但在表现形式上不同于以往党史宣传报道的风格，节目贴近群众，风格亲切，进一步缩小了与观众之间的距离，在轻松活泼的气氛中发挥了积极的导向作用。

比如有观众收看《长辛店留法勤工俭学预备班旧址》后表示，通过电视画面，才发现他们工作、生活的这栋老楼原来是那么漂亮。还有居民说，能把本地区的光荣党史通过电视节目传播出去，他们觉得很自豪，能让更多人知道这些不能忘却的中国革命史。一位徐老先生称，看到播出《鱼子山抗战纪念馆》这期节目时，非常激动，自己就是当年鱼子山地下兵工厂的负责人之一，曾经的峥嵘岁月历历在目。一位梅女士在热线中说，自己的爷爷曾是法国医生贝熙业大夫的司机，没想到《贝家花园》这期节目把那段被人淡忘的历史故事又重新挖掘出来，感慨万分。还有很多观众打来电话称，希望能到节目中报道过的地方去看看、走走，回味那些红色记忆。

《红色地图》系列节目之所以赢得了社会各界的广泛好评，正是因为采用了贴近百姓的角度，通过系列报道让他们知道了很多鲜为人知的党史故事，而这些历史就发生在他们所居住的这座城市，就发生在他们身边，因此产生亲切感。

四、挖掘生动细节，钩沉珍贵史料

用久远的历史吸引现在的观众，就需要好的故事，需要精彩的细节。但片子时长大多不超过7分钟，故事不可能讲太细太长，这就要求记者用镜头说话，选取能够“说话”、触动人心的细节。比如在5月13日《北京您早》播出的《李大钊故居》中就有这么一个细节——当年李大钊的工资条。其中有一段解说词是这样说的：“这是他在北大任教的一张工资条，一个月200元～240元的收入，这在当年绝对可以说是高薪，然而有很长一段时间李大钊家里却经常出现揭不开锅的情况。”显然“高薪”与“揭不开锅”是一对矛盾，记者正是通过这一冲突，抖包袱。还通过采访李大钊的孙女李乐群，揭开了这个细节中矛盾的真相，讲述了李大钊的故事——“他一个月大概给我奶奶30元～50元钱作为家用，剩下的作为党的活动经费，资助贫困的学生、工人，谁有困难就给谁了，以至于有时候我父亲和我姑姑都开学了却交不起学费。有一年冬天特别冷，他们都没有钱买烧火的煤。”

再比如《香山碧云寺孙中山纪念堂及衣冠冢》中爆出孙中山先生并非死于肺癌，而是胆囊癌转移，这样的具有解密性质的细节也是能够吸引观众的。

《红色地图》在钩沉历史资料上下了很大功夫。比如《正阳门东站》这期节目，当年在九·一八事变之后，数百名学生从正阳门车站南下示威，让这里成为历史的节点。但如今车站已经彻底没有了，变成了中国铁道博物馆，而且还没有重要的历史人物。而最终记者联系了铁道部，又到博物馆的资料室仔细查找，费尽心思终于找到了十秒资料画面，就是这十秒画面，让观众能够通过电视银幕看到当年火车站的样子。再如，在《没有共产党就没有新中国》这期节目中，曹火星生前接受采访的视频资料也被挖掘出来充分利用，增加了历史的沧桑感。

五、拓展节目资源，助推京城红色旅游

在《红色地图》特别节目播出之后，有很多观众通过热线电话表示对节目中报道的红色遗迹很感兴趣，希望能沿着红色地图走一走，看一看。北京电视台公共·新闻节目中心抓住这一拓展节目资源的机遇，顺势启动了“游《红色地图》　览京城名胜”活动，由北京电视台新闻主持人担当义务红色宣讲员，在每个周末，组织在校学生、社会各界人士沿着北京红色地图规划的经典路线参观学习，重温党史。6月12日，第一批观众在主持人赵彬彬的带领下参观了北大红楼和李大钊故居；6月16日，数百名社区老党员来到平谷区鱼子山抗日战争纪念馆参观；6月18日，主持人陆放为观众讲解陶然亭公园里的高石墓和慈悲庵的故事……

《红色地图》“游《红色地图》　览京城名胜”活动，大力助推了京城红色旅游，在一定程度上掀起了北京红色旅游的热潮，拓展了其他产业链盈利渠道，也增加了节目知名度、美誉度。北京市拥有大量的红色旅游资源，建党90周年是北京红色旅游产业再上台阶的重要契机；而《红色地图》无疑为挖掘北京红色旅游资源、扩大红色旅游影响起到了积极的作用。《红色地图》播出后，北京市旅游发展委员会联合各区县旅游局，共同打造了纪念建党90周年北京红色旅游系列活动，推出19条北京红色旅游线路，每条路线均包含《红色地图》中播出的若干个红色旅游纪念地或红色旅游景区，既是党艰苦卓绝的革命斗争的真实写照，也直观体现了在党带领下，当地人民改革、发展并走向富裕的真实面貌。该系列活动历时近半年，包含6个市级活动和10余个区县活动。

六、捐赠首博扩大影响，充分发挥节目教育作用

从观众及专家的评价和收视情况看，策划独到、积极创新的《红色地图》不仅是北京电视台在重大主题报道上的一次成功尝试，具有对节目创新的启发价值，也对深入了解党的光辉历程具有价值，是一部生动的党史教科书；对重温首都的红色历史具有价值，是一套实用的京城红色旅游指南；对教育后代牢记历史具有价值，是一部寓教于乐的党史故事科普读本。在节目播出后，不少单位将其作为加强党政教育的良方，纷纷要求本单位党员或全体员工共同观看；不少博物馆、图书馆、学校等也表达了收藏《红色地图》影像资料的愿望。为了让更多的人通过《红色地图》了解北京革命史，6月29日，《红色地图》栏目组特意将《红色地图》影像资料捐赠给首都博物馆，希望借助这个平台，充分发挥节目教育作用，让党的精神代代相传，融入每一位参观者的心中。

BTV公共·新闻频道《锐》系列栏目有特色

新闻节目中心

《锐》系列是北京电视台公共·新闻频道2011年推出的一档新闻评论系列栏目，采用5+1+1的布局：即周一至周五直播言论互动调查评论栏目《锐观察》+周六播出的影响力人物周刊《锐面孔》+周日播出的新闻周刊《锐周刊》，每天22：25~22：55播出，时长30分钟。栏目旨在利用新闻评论的方式，阐释北京走向世界城市过程中的法治与人文精神，关注前行中的城市步伐，为广大市民提供公共话语平台，以还原主流舆论的真实和温度；同时，对北京人生活、行为、思想产生影响的国际国内新闻进行点睛评论，在交锋和碰撞中进行探讨，以期得出有价值的判断和思考。该栏目自开播以来，以新颖的形式、独到的观点、犀利的语言受到不少观众欢迎。当然，作为一档新生栏目，《锐》系列也并非十全十美，在具体操作层面上尚有可待完善之处。

一、栏目定位：定位准确，特色鲜明

以言立台，填补空白。作为北京电视台公共·新闻频道重点打造的新闻评论类节目，《锐》系列在很大程度上填补了北京电视台在新闻评论领域的空白。于年初开办的《锐周刊》，梳理、点评一周大事，并针对一个焦点话题展开交锋式辩论。5月，又开设了《锐观察》和《锐面孔》两个栏目，前者定位为“观点鲜明具有独立媒体视角的调查式谈话类评论栏目”，强调调查的公共参与性与延续性，重点对当日的舆论热点事件、现象进行个性化评论；后者邀请当周新闻事件当事人或网络红人与主持人对话，以日常聊天式口吻谈事件原委、聊心路历程、叹感悟得失，对新闻事件和新闻人物做深度描摹，进而探究新闻事件背后的社会意识走向。三档节目虽各有侧重，但“评”与“论”的精神却贯穿始终，对每一个新闻事件、新闻人物，都不只是予以简单化、表面式的呈现，而是在告知、介绍的同时，对其出现的原因、体现的趋向、潜在的意义等进行揭示和评判，引领观众进行深度思考，树立正确的舆论导向。

个性言论，注重引导。作为以言为主的节目，《锐》系列在进行评论与解析时十分注重观点的个性化，强调与众不同的视角。如5月1日播出的《世纪大婚，谁是赢家?》，选择了当周最热门的英国王室婚礼作为话题，但是节目并没有拘泥于探讨婚礼的奢华、热闹，而是着重分析婚礼背后的经济、文化、政治意义，还特别谈到了其对中国的启示——利用仪式化的形式加强人们对传统文化的认识和价值认同感。这就使节目升华到了更高层次，不仅是呈现与解读，更有启发与建议，让观众在看热闹的同时，体会其中的门道，并进行由此及彼的思考。利用微博等形式与观众进行互动时，也不只是将微博的内容进行简单呈现，而是注重对其进行解析与评价。如针对一条“交警抱走被困车流中的小狗”的微博，评论员就作出了“温暖、有尊严的执法”、“细节提升形象”等点评，从小事中总结出“大道理”，进一步增强了节目的舆论引导价值。

关注本地，强化服务。栏目十分强调内容的公共服务价值。特别是《锐观察》，由于较多聚焦本地题材，又结合调查形式，因而可更多关注北京老百姓的衣食住行，为他们答疑解惑、提供建议。如5月24日播出的《公交优先，京通！今通!》，记者兵分三路，分别体验了公交、自驾走京通高速、自驾绕行三种出行方式，以亲身经历比较了各自优劣，为观众日后出行提供参考。8月17日播出的《京城楼市半年考》于北京住房“限购令”实施半周年之际推出，对北京楼市情况进行回顾展望，契合了时效性，更体现了对北京本地观众的贴近性和服务性。这些内容的引入，进一步提升了栏目的吸引力与价值。

二、话题选择：注重时效，以人为本

紧扣时事热点。《锐》系列以新闻公共频道为播出平台，以“关注新闻当事人的公共价值、关注新闻事件的公共影响力、关注新闻传播者的公共视角”为宗旨，“公共性”自然成为节目制作的一大标准。而公共性首先体现于以公众为中心，以公众的关注度、与公共利益的密切度、对公共生活的影响力为选题标准。《锐》系列基本达到了这一要求，既秉持了新闻节目所应有的时效性原则，又兼顾了公共利益。《你被谣言忽悠了吗?》、《是谁“毁”了药家鑫?》、《酒驾的你，伤不起》等节目，皆以当时百姓们所热议的焦点新闻事件为对象展开讨论；同时，这些事件又具有很强的社会意义。谣言引发的食盐抢购风波、药家鑫杀人案、高晓松醉驾案……这些个案的背后，都有着深刻的社会原因，体现了社会转型期存在的种种社会矛盾，因而事关每个人的利益。加深对这些事件的认识和理解，不仅对公民个人具有十分重要的意义，同时也是促进社会不断完善进步的重要推动力量。

反应迅速及时。作为时事新闻类栏目，能否对最新发生的重大新闻事件作出迅速及时的反应，也是十分重要的衡量标准。这一点，《锐》系列也做得不错。以7·23甬温线动车追尾事故为例。事件发生第二天，《锐周刊》便播出了《最惨痛的追尾》。此后两天，《锐观察》又连续推出了《聚焦7·23特大交通事故》、《高速时代更须系好“安全带”》两期节目，对事件进行了持续关注，构成了一个报道系列。更可贵的是，三期节目各有侧重，第一期感觉稍显匆忙，但巧妙地将主视角对准事故现场，关注救助过程中的人的感受和表现；第二期结合铁道部新闻发布会等最新进展，开始对事件背后所体现出的问题（包括政府部门信息公开、事故应急预案、高铁发展等方面）进行解读，并提出了一些引导性的观点；第三期则关注到更高层次，就微博在事故信息传播中的正负作用、民众对政府信任感的构建、国家经济发展中“速度与安全”的平衡等问题展开讨论。逻辑上由表及里、由浅入深，使观众对事件的认识也逐步得到深化和升华，起到了很好的引导效果。

彰显人文关怀。栏目在话题选择上很好地体现了人文关怀的精神，注重从人性化角度予以解读。特别是"锐荐"版块，所选取推荐的微博内容常常没有很强的新闻性和争议性，而更多强调趣味性和人情味。《救救女婴苗苗》、《可爱娃版〈春天里〉》、《母亲一个细节教人感动》等等，都从不同角度彰显了以人为本的理念，弘扬了人文意识和人文精神。《锐面孔》更是一档以人物访谈为主栏目，其谈论对象不再是新闻事件本身，而是聚焦于事件中的人物；嘉宾与主持不再独立于话题之外从旁观者视角进行观察与辨析，而是融入其中，成为话题不可分割的一部分。人的观察、感悟成为主要内容，进一步凸显了人的主体地位。

三、言论内容：观点鲜明，启发思考

《锐周刊》开播伊始，常选择一个具有争议性的热点话题，由两位评论员进行交锋式辩论，两人观点截然对立，针锋相对，从而大大增加了论辩的精彩程度，提高了节目的观赏性。然而，或许是过于注重观点对抗与交锋的过程，论辩到最后往往没有明确的结果。如《慈善要不要有条件?》、《电影中可不可以植入广告?》等，论辩双方从道德、法律、理论、经验等各个方面进行了充分的论证，但谁也无法说服谁。这导致许多观众在看完节目后依然感觉云里雾里、莫衷一是。5月份进行改版后，节目更加注重解析性，强调对事件的原因、意义等方面的剖析，《日化巨头缘何涨价?》、《如何乐在"骑"中》、《猪肉价格还能"飞"多久?》、《股指暴跌金融灾难来袭?》等，对同一事件予以多角度解读，回答观众心中疑问，启发他们理性思考。辩论色彩虽有所下降，但由于给出了确切答案，对于观众来说反而更易理解与接受，节目的舆论引导能力也得以加强。

四、表现形式：文风活泼，符号多样

语言浅显生动，文风活泼。《锐》系列的主持人和嘉宾对新闻进行点评时比较注重评论语言的生动性和贴近性，大量运用俗语、谚语等生活化语言及比喻手法。例如，在形容明星艺德修养的状况时，将其比喻为两边厚中间薄的"哑铃"，即艺人在刚入行和成为大师后，往往比较注重道德修养；刚刚小有名气的阶段却常常存在骄傲自满、耍大牌等现象。阐述如何树立防患意识时，将"防"字解释为"耳" + "方"，一定要让人们知道方法……如此一来，抽象的道理就被表述得浅显生动、通俗易懂，方便观众理解。而排比句和诗文的运用，如"官哨不禁，黑哨不止；黑哨不止，钱哨不停；钱哨不停，赌哨不息"、"借问墓穴何处有，炒客遥指济南城"等，既增强了语言的气势与韵律，提高了论点的说服力，又使观众印象深刻。

视听符号多样。《锐》系列为评论节目，题材多为严肃的"硬新闻"，很容易令观众产生枯燥之感。为此，节目十分注重调动各种视听符号，增强生动性。例如，对观众微博的呈现，就不仅在屏幕上打出了文字版，还进行了充满个性化的方言配音，使原本严肃的内容多了几分轻松与诙谐，也更凸显了微博"草根、非主流"的特点；此外，节目还充分发挥电视媒介的优势，利用图片、图表、动画、视频等视觉符号，配合说理。如5月24日播出的"公交优先"一期，结合北京城区地图，对自驾绕行时可供选择的线路一一介绍，清晰而直观。7月24日播出的《最惨痛的追尾》中则先后利用了动画（还原事故发生过程）、现场表演

（重现周立波与张生之口水战）、道具（讨论假学历）等多种手段，观众的注意力能够不断被吸引，观点内容的传递也就更加有效。

五、观众互动：充分重视，形式新颖

作为一档全新的新闻评论节目，《锐》系列在强调发出属于自己的个性化声音的同时，还十分注重与观众进行交流与互动。在节目中，经常穿插有对北京市民就该期节目话题所进行的街头采访，《锐观察》还引入了“特约观察员”，由普通民间人士发表自己对某一问题的较为系统的看法，既有助于推进节目进程，又充分保证了公众的发言权，使普通百姓也能够参与到节目制作与话题讨论中，从而真正实践了其“为市民提供公共话语平台”的初衷。

具体方式的选择上，节目突出利用了新媒体。例如，每期节目前，其官方微博上都会对讨论话题进行预告，邀请网友发表意见，并选择其中有代表性的观点在节目中进行呈现和点评，推动讨论进一步深入下去；对某个争议性问题的网上调查结果也会被嘉宾、主持作为支撑论点的依据；“锐荐”版块更是以微博推荐为主，不仅关注名人明星的最新言论，还有草根民众的微言大义，借助微博这个平台，受众的观点成为节目内容的源泉，从而进一步拉近了受众与节目的距离，增强了节目的贴近感。

重大主题宣传报道的一次成功实践

——BTV 文艺频道“七一”系列特别节目创作经验

文艺节目中心

为庆祝建党 90 周年，北京电视台文艺频道推出了主题鲜明的各种献礼性节目，收到了较好的社会效果。

一、提前筹划，巧妙布局，科学制定“合纵”、“连横”的整体方案

如何用群众喜闻乐见的形式作好建党 90 周年的宣传报道，北京电视台文艺频道高度重视，提前筹划，成立了相应工作团队，于 6 月下旬即启动了前置宣传报道。

为发挥本频道的优势，呈现自身特色，文艺频道巧妙布局，科学制定了“合纵”、“连横”的“七一”整体宣传报道方案。“合纵”即联合日播通档栏目，充分运用红色资源，推出一系列特别节目，全天纵向播出；“连横”即横向打通一周黄金档栏目，根据栏目特色策划多种节目形态。总体看，纵向、横向两条播出带互相交错，精彩纷呈的节目覆盖了文艺频道全天重要时段，主旋律文艺作品营造出浓郁的红色氛围，整个播出周期一直延续到 8 月上旬。据统计，为献礼党的 90 华诞，文艺频道共有 15 个栏目推出了 130 多期风格多样、形态各异的特别节目。这些节目本着“扎根人民、服务人民”的创作原则，在内容策划、创意设计、包装制作及宣传推广方面，既体现出了首都电视台的大气厚重，也不失青春时尚的频道特色。

二、特别节目覆盖全天，营造浓郁红色氛围

日播通档栏目发挥专长，推出系列节目。

文艺频道七档日播栏目发挥专长，策划推出了系列特别节目。从中午12点一直到午夜，在一天不同时段均有献礼性节目贯穿始终。中午12点的《文化快讯》，为庆祝建党90周年的演出和活动进行快报，坚持“最大的报道范围”和“最小的采访着眼点”两大原则，速递首都演出资讯。从6月20日起，《文化快讯》每天将建党90周年献礼活动相关的演出信息作为头条新闻重点报道，包括庆祝中国共产党成立90周年文艺晚会《我们的旗帜》、舞蹈诗《延安记忆》、大型交响音乐诗画《长江》、大型交响合唱音乐会《长征组歌》、歌剧《永不消逝的电波》、大型民族歌剧《白毛女》、舞台剧《大地铭记》等演出资讯。为重点宣传《一切为了人民》主题展览活动，还派出记者赴展览现场，第一时间发回相关报道，详细介绍了展览内容和意义、活动现场观众互动环节纪实、重点革命文物背后的故事、英雄人物的传奇经历等。

傍晚时段的《笑动2011》、《音乐风云榜》、《每日文娱播报》，分别推出社区红歌赛、千人歌友会、《红色记忆》专题片等系列特别节目，奏响歌唱党、歌唱祖国的时代旋律。其中，《笑动2011》举办了社区红歌赛，由两位主持人文文、李然带领小乐队和几位大众领唱，走进各大社区，借助唱歌这个低门槛、易传播、有群众基础的娱乐方式，来吸引大家对唱红歌的关注度；节目采用互动音乐方式，通过比听力、比记歌词等环节，让台上台下的群众在欢乐的歌声中共度党的生日，胜出的社区还获得奖品，从而调动了群众的积极性、参与性。《音乐风云榜》组织的千人歌友会，特别推出“蒙牛酸酸乳巨星梦想学院”期中大考“梦想公开课”，乐坛人气偶像付辛博、陈翔、刘惜君、胡夏纷纷到场“赶考”，用80后的个性化方式演绎经典红色旋律。《每日文娱播报》策划了系列节目《红色记忆》，一大批老中青三代艺术工作者，田华、葛存壮、蒋大为、朱时茂、濮存昕、冯远征、郭达、谭晶、佟大为、张国强、谢芳、蒋勤勤、祝新运、姜昆、陈数等人先后亮相，讲述红色经典影片和歌曲背后的故事，以及自己和父辈在燃情岁月中的成长经历，与观众一起回忆波澜壮阔的岁月，感受信仰与忠诚的力量。

晚间次黄金时段，《天天影视圈》、《最佳现场》利用各自资源优势，分别企划了“荧幕英雄人物”、“演艺圈军旅精神”等专题节目。其中，《天天影视圈》策划了六期专题节目“忆红色年轮，寻榜样印记”，采访了曾给观众留下深刻印象的“荧幕英雄人物”的扮演者，如《烈火中永生》中饰演江姐的于蓝、《英雄虎胆》中饰演曾泰的于洋、《青春之歌》中饰演林道静的谢芳等。在谈话中，老艺术家们回忆了自己在扮演角色时走过的心路历程，以亲身经历畅谈自己感受到的时代变迁，以及中国共产党给新中国带来的巨大变化和生机。《最佳现场》策划的系列节目，则采访了有军旅背景或拍摄过军旅戏的演员，并通过唱红歌分享作品表达的革

命精神，用红色作品感动人生。

深夜档《快乐今宵》发挥资源整合的优势，相继推出《光辉岁月》、《歌声嘹亮》和周末版特别节目这三大系列共45期特别节目，以不同风格和形式，回忆中国共产党的光辉历程，表达对当下美好幸福生活的赞颂，为全天播出的特别节目完美收尾。《光辉岁月》系列以优秀电视片《岁月如歌》和《百花》的素材为基础，对党领导下的新中国文艺成就进行梳理，重温中国人共同记忆中那些难忘的影像、旋律、面孔、感动和激情，汇聚了老中青近300位艺术家的采访资料，展示了影、视、歌、舞、话剧等多个艺术门类优秀作品的经典片段，具有较强的文献性和欣赏性。《歌声嘹亮》系列分门别类整理了经典的红色歌曲，让几代中国人耳熟能详的红歌再次唱响荧屏。周末版特别节目邀请著名歌手进行歌唱互动，歌唱家邓玉华、梦鸽、宗庸卓玛、万山红，对话青年歌手黄英、扎西顿珠、吉杰和金美儿，两代歌手以不同方式演绎《映山红》、《唱支山歌给党听》、《北京的金山上》等一系列脍炙人口的红歌经典；军旅歌唱家胡宝善、耿莲凤、程志、王静首次面对常思思、刘和刚、李丹阳和李琼等新一代中青年军旅歌唱家的“挑战”，一起“拉红歌”、“赛军歌”、“比歌词”，用军队特有的文艺形式，唱响红歌。

周播黄金档栏目各展身手，传递“红色接力棒”。

晚间21：25黄金档的周播节目，一直是文艺频道打造的重点。从周一到周日，每天一档形式各异的访谈类、互动类、综艺类、评论类节目，避免了黄金时段节目同质化，也为首都观众提供了更加多元的选择。此次“七一”特别节目，周播各黄金档栏目结合各自特点，制作了多期颂扬共产党好的高水准的特别节目。

周一《百姓秀场》栏目策划了三集特别节目《首唱的故事》，追溯红歌传唱的源头，请来红歌的创作者，再现难忘的经典声音，品读红歌背后的故事。第一集特别邀请了郭淑珍、李光曦、方初善、胡宝善、于淑珍、邓玉华等六位新中国的第一代歌唱家，为观众披露鲜为人知的金曲首唱的故事。第二集诚邀著名词作家阎肃，携第五代江姐扮演者王莉、刘和刚、蒋大为、孟广禄，讲述金曲创作背后的故事。第三集诚邀新中国培养的第一代著名作曲家吕远，深情讲述作品创作的历程，著名歌唱家关牧村、卞小贞、牟玄甫、魏金栋、柳石明现场唱响吕远的音乐作品，用歌声表达对党的热爱之情。

周二《光荣绽放》策划推出了以“唱支山歌给党听”和“银幕经典共产党员形象”为主题的四期特别节目。“唱支山歌给党听”以时代来划分篇章，充分利用台内资源，邀请北京电视台26位主持人，演唱建党以来的红色经典歌曲，主持人们一改荧屏上的工作形象和状态，换上了红军军装、民族服装，以红色经典人物的装扮亮相。“银幕经典共产党员形象”采访了与中国共产党同龄的“江姐”扮演者于蓝和影坛泰斗秦怡，深入挖掘其投身革命的艰辛历程，展现她们作为共产党员与命运抗争的坚强意志，探讨不同年代演员的世界观、人生观、价值观，邀观众一同追忆情深意长的革命征程，畅想美好幸福的生活。

周三《影视风云路》6月22日的节目中邀请热播剧《中国1945》周恩来的扮演

者刘劲和蒋介石的扮演者张国立两位主演及主创人员，共谈创作主旋律题材的心得感悟，解密剧组台前幕后的真实故事，畅谈对一代伟人的浓情记忆。29日的节目则邀请田歌、孔洁、向真、春妮、顾阳等北京电视台五位共产党员主持人，共同回忆他们从入党到成长的励志故事和红色记忆，共叙共产党员的光荣与梦想。

周四《神州音话》策划了三期风格不同、但主题一致的特别节目。现场访谈《大地铭记》以特型演员卢奇、王霙、谷伟、徐敏作为访谈对象，了解他们如何用生动准确的表演，在荧幕和舞台上塑造有血有肉、鲜活光辉的革命领袖形象，听特型演员讲述与领袖角色结缘的故事与情感。大型专题片《我知道光在哪里——濮存昕》，记录了优秀共产党员濮存昕的事迹，从事业、生活方面展现一个共产党员的敬业精神和伟大情怀。访谈加红歌互动节目《红旗歌手——刘媛媛》特别组织了党支部观众代表队，把唱红歌、听红歌作为过组织生活的一部分，红旗歌手刘媛媛、部队歌手王宏伟演唱自己的红歌代表作。刘媛媛还讲述了自己从文艺新兵成长为红旗歌手的故事。

周五《有一说一》的特别节目聚焦了国家大剧院历时两年策划推出的献礼剧目《王府井》，回望“中华第一街”的兴衰沉浮，评述文化精品的内涵与价值，评述文艺作品如何更好地贴近生活，弘扬主旋律。

周六《星夜故事秀》发挥讲故事的专长，推出“红色故事”和“心中的英雄”两期特别节目，与观众一同重温历史，见证辉煌。“红色故事”一期节目邀请解放军后勤指挥学院党史、军史研究专家闫树军，讲述天安门广场上鲜为人知的历史故事，在节目现场，闫树军将天安门广场位置的最初情形，勾勒成一段精彩历史故事，用收藏多年的照片展示人民英雄纪念碑背后的传奇故事。“心中的英雄”则邀请了影视演员谢园、谢孟伟及歌手王莉，介绍抗日战争题材电影将孩子树立成英雄的缘由，介绍电影拍摄的艰辛历程。

周日《你好先生》策划了特别节目《你好党员!》，邀请三名明星党员常莉、胡亚捷、甄齐出场介绍三名普通党员：1941年出生的王明华是浙江大学教授，是党的一大代表王尽美的长孙；1948年出生的王自强用自己的言行诠释着雷锋精神；1985年出生的王树光瞒着父母捐献骨髓，是北京市2011年优秀共产党员中唯一的一名在校大学生。用这三名不同年龄段的党员的先进事迹，讴歌党的先进性。

三、节目形态丰富，展现繁荣景象

为庆祝建党90周年，文艺频道策划推出的特别节目，涵盖了专场晚会、人物专访、主题歌会、综艺访谈、影视专题等多种形态，以百花齐放的姿态展现了文艺繁荣发展的景象。

*文化内涵与主旋律有机统一。*文艺频道策划播出的“七一”特别节目，注重节目文化内涵与主旋律的有机统一，艺术化地表达党的文艺方针政策，讴歌党的光荣伟大。如戏曲综艺栏目《欢天戏地》，联手北京市抗癌乐园，制作了主题为“国粹给我新生命，感谢社会感谢党”的特别节目，为病友中的票友搭起戏曲舞台，讲述他们学国粹、爱国粹、与病魔抗争的真情故事，通过病友们热爱生活、珍惜生命的精气神儿，表达对党的感恩之情。

深入基层、贴近群众，开掘文艺创作的源泉。在文艺节目的创作中，深入基层、走到群众中间去，为群众搭建表达思想情感的文艺舞台，是文艺创作的源泉和生命。《笑动2011》、《你好先生》两档栏目，都走进基层、走进社区，进行“七一”特别节目的创作，一个充满了歌声与欢笑，一个闪耀着普通党员的骄傲与自豪，节目中涌动的真情、传递的快乐，是群众发自内心对党的讴歌和赞美，用一种以小见大的方式反映了中国共产党的光辉历史和不朽功绩。

四、突出主题，强化对特别节目的宣传推广

面对“七一”特别节目多、播出时间变动大的特点，文艺频道在宣传推广上，采取了设计专用包装以突出主题、分类汇总捆绑推出、点面结合系统宣传等多种手段。

制作专用包装，纵向横向两套宣传片交错滚动播出。围绕北京电视台“幸福中国，最美北京”的宣传主题，文艺频道精心制作一套“七一”特别节目的专用包装对其进行宣传。鲜明的主题、大红的色调和简洁明快的组接，不仅凸显出热烈喜庆、大气恢弘的氛围，同时也在第一时间吸引观众的目光。

《文艺导航》开辟特别版块，各栏目主播独家推介特别节目。自6月24日起，频道导视节目《文艺导航》打破常规，采取“1条主打节目的常规报道”加“七一特别版块”的编排方式，对“七一”期间的重点节目进行集中报道。特别版块时长5~6分钟，由2~3条短片组成，所有短片统一采用各栏目主播独家推介的形式，与节目的常规报道形成互补。这种“短、平、快”的播报，使观众在短短1分半的时间里能够迅速捕获节目亮点。

卢沟桥畔唱中秋，对月当歌显“京味儿”

——北京电视台2011年“卢沟晓月，乐动中秋”特色鲜明

文艺节目中心

北京电视台于2011年9月12日中秋当晚直播的“卢沟晓月，乐动中秋”月亮歌会，对月当歌，情深意浓，是一台情景交融、特色鲜明的中秋晚会。

一、以“月”为轴，以“歌”为线，情感节奏错落有致

在中秋时节，月亮总是唱不完道不尽的主题。北京电视台立足既有古都风韵又具现代风情的北京，以自古至今人们共有的“月亮情结”为载体，依托北京八大景观之一的卢沟晓月，打造出了一台“卢沟晓月，乐动中秋”的月亮歌会，向电视观众传递着“天涯共此时，幸福在北京”的理念。歌会汇集众多演艺明星，用深情、悦耳、令人感动的歌声，展现着月亮的各种美，抒发着心中的各式情。

因为是歌会，所以歌曲，特别是华语流行歌曲则成为整台晚会的核心节目。音乐无国界，歌声中不仅有旋律，还兼有歌词，歌者可以通过饱含深情的旋律和歌词内涵来唤起藏匿于观众心中的各种情愫。比如，深情款款的《今夜你会不会来》、略带忧郁的《一样的月光》、依依不舍的《千千阙歌》等经典老歌唤起了全场和电视机前所有观众共同的温馨记忆。

晚会以《故乡是北京》拉开序幕，为歌会奠定了浓郁的“京味儿”。借着这股“京味儿”引出了生于北京的香港歌手黎明，天王的歌声和一句祝福“作为老乡回到北京，祝家乡的人中秋节快乐”将晚会推向高潮。来自塞拉利昂共和国的玛丽亚和匈牙利的魏丽以及美国的米妮三位姑娘，热情奔放地演唱了一曲深情的《嫁给北京人》，热烈活泼的基调与观众高涨的情绪正好形成共鸣。随着香港著名女歌手陈慧娴带来的两曲经典的粤语老歌，观众的情绪渐趋平静。在如水的月光下，静谧的卢沟桥边，让人不禁开始怀古幽思，此时永定河的上空荡漾起悠悠的童谣：“永定河，出西山，碧水环绕北京湾；卢沟渡，摆渡船，渡走春秋渡秦汉……”林妙可与满江站立小船船头，唱着《卢沟谣》推波而来，穿过卢沟桥桥洞，歌声传递在卢沟桥和宛平城的上空，余音袅袅，整个歌会达到最高潮。借着观众的思绪还在历史中游走，龚琳娜带来一曲《静夜思》，在这个团圆之夜，让人们想起了远在他乡的游子，在北京这座兼容并包的城市，有多少观众是这歌中所唱的游子呢？台湾歌手苏芮的一首《一样的月光》带领观众释放了心中的忧愁和哀怨。唱完亲情唱爱情，歌舞《但愿人长久》让爱意、祝福、浪漫充满了整个舞台。皓月当空，不仅要祈祷天下有情人终成眷属，同时也不忘祝福那些有梦的年轻人美梦成真。

月圆之夜，在卢沟桥的天然画卷中，以月亮为主线，亲情、爱情、乡情，入耳、入眼、入心，以歌曲为纸卷，融入幸福和梦想的理念，整个舞台充斥着浪漫温馨之味，整台晚会洋溢着祥和圆满的和谐之韵。

二、舞美设计匠心独具，诗情画意共度良宵

古时的中秋之夜，往往总有名伶在湖水边、在小船上吹箫抚琴、弹奏古筝，中秋与水总是有着不解之缘。北京电视台挖掘北京特有的人文景观，依卢沟桥，傍永定河打造出一台古今交融的中秋歌会，给观众一种自然天成的美的享受。在皓月当空的中秋之夜，观众不仅能欣赏听觉的饕餮，还能够体验绚烂丰富的视觉盛宴。

歌会主会场的中央舞台设计为圆形状，灯光以蓝白意境照上去，与天上的圆月遥相辉映，新生代歌手谭杰希身着白色衣服，舞台上白色的时光钟做点缀，他坐在舞台中央，手拿吉他，吟唱《带女朋友回家》，意境美妙。圆形舞台的两端延伸出弯曲的过道，使舞台又似“彩云追月”，又似水月交融，不仅极具视觉观赏性，还寄托着合家团圆的中秋情节。舞台的整体色调以蓝色和白色为主，风格清新淡雅，意境悠远。

晚会的舞台被饱经沧桑的宛平城和卢沟桥环绕，不仅中秋赏月的习俗应了“卢沟晓月”的美景，还为歌会增添了些许历史的厚重感和人文的气息。歌会还设立了三个分会场，分别是东边的北京电视台楼顶、北边的奥林匹克公园玲珑塔、中部的故宫角楼，试图营造出全市人民共赏一轮明月的节日氛围。中秋之夜，万家团聚之时，观众在卢沟晓月的浓浓京味儿中，赏月、尝饼、观演，并通过直升机的航拍俯瞰北京城，真可谓一种别样的良辰美景。

作为景观晚会，在室外建舞台可以巧妙地移景和借景，不仅可以有效地将自然和人文景观融入舞台，而且还会有更大的伸展空间，使舞台层次分明，更具立体感。晚会的高潮处，当身着白色演出服的满江和黑色衣服的林妙可，唱着《卢沟谣》，沿着卢沟桥，在永定河上荡舟而行时，晚会导演试图用宛平城上的宫灯、天上的月光、河畔两岸树的倒影以及永定河水的波光粼粼等元素和符号来构图，以期把天上的明月和水中的圆月同时呈现在荧屏上，再现当年"卢沟晓月"的恢弘气势和古典景象，达到水天一色、水月中秋的意境之美。

三、传统与时尚对接，古典和现代碰撞，欢乐与温情同在

作为中华民族的传统节日，中秋节的意义堪比春节，具有浓重的全家团圆的寓意和血浓于水的亲情。北京电视台的中秋歌会在蕴涵古老历史文化气息的宛平城边、卢沟桥头搭建主会场，利用灯光、水幕、视频、三维立体、航拍等多种高科技手段以及多媒体技术，再现了昔日卢沟晓月的恢弘气势，同时也凸显了现代首都的时尚魅力，正是这种传统与现代的融汇才能带领观众穿越时空，共赏明月。

本次晚会的宣传片画面以泼墨形式流畅地在一幅卷轴之上铺展开来，配以高山流水般的琴瑟之声，宣纸之上，金色晕染卢沟桥，遥相呼应水中晓月。水墨丹青、文房四宝都象征着中秋佳节的历史文化和古典意蕴，同时也赋予了这台晚会高雅的特性和精英的色彩。

开场节目《故乡是北京》充满着古典与时尚的激情碰撞。歌会结合浓郁的北京地域文化特点，由京剧专业出身的余少群演唱了京剧版的《故乡是北京》，歌手黄征又配以吉他表演了通俗版的，最后是踏着京剧的旋律女歌手用美声唱法呈现给观众不一样的《故乡是北京》。虽然是京剧和美声以及说唱的混搭，但晚会导演运用娴熟的艺术手法将不同风格进行了巧妙的组合，多元文化相容而达到和谐，为整场歌会奠定了基调。歌会后半场还有来自巴拿马、肯尼亚和美国的外国友人演绎了中国民歌《鸿雁》、《半个月亮爬上来》以及《小河淌水》，着实别具风情。这种古典与时尚相交融的表现方式，正好突出了东方文化的细腻唯美和现代中国的活力时尚。

北京电视台这场中秋晚会最大亮点是引入了中秋形象大使——"兔儿爷"。这只憨态可掬的"兔儿爷"被镶嵌在人工月亮之中，既让人联想起古老的民间传说中那只在广寒宫中对嫦娥不离不弃的玉兔，又因其新颖的卡通造型而体现出很强的现代感，"兔儿爷"既是中华民族传统文化的传播使者和形象大使，又是节目所体现的传统与现代交融的审美品格的外化，更重要的是它给晚会注入了一股新鲜灵动的气息。

在传统与现代的切换中，在古典与时尚的交汇中，月亮歌会让观众感受到了老北京的韵味，也体验了当下北京的激情。

如诗如画总关情

——第四届北京清明诗会《清明赋·家国情》创作体会

裴晓林

经过几十天紧张而充满创造活力的拼搏，当第四届北京清明诗会《清明赋·家国情》落下帷幕的时候，全组同事终于展露出欣慰的笑容。从接受创作任务起，全组人员就围绕着主题、内容和形式的最佳结合开始了深入探讨。北京清明诗会已经成功举办了三届，如何创新是摆在我们面前的一个艰巨任务。经过不舍昼夜的努力工作，精心策划的节目方案得到了各级领导的认可。回顾创作过程，本届诗会呈现出几个鲜明的特点：

一、内涵丰富，定位精准

清明诗会既是对中华文明的回顾和温习，也承载着振奋人们精神、弘扬新文化的使命，它是传统文化和现代文明融合而成的新习俗，它的传承意味和发扬意义同样重要，它是在习俗中回顾传统，在歌咏中传承中华文明。适逢今年是中国共产党成立90周年，纪念革命先烈的内容同样要得到充分重视。所以，诗会定名为《清明赋·家国情》，诗会结构设计为三个篇章："天清地明"、"家国情深"和"春天畅享"，将古老民俗和家国情怀全部容纳，为丰富内容和展现形式奠定了坚实的基础。

三个篇章各有侧重。在节目设置上，完整地包含了祭祀扫墓、敬祖尊贤、缅怀先烈、赏春踏青的内容。尤其是"家国情怀"和"畅享春天"两个篇章，更是让诗会主题厚重饱满又富有张力。长歌当哭，颂扬逝者的品质；没齿不忘，羔羊跪乳的深情。礼仪就是这样一代代延续，孝道就是这样一辈辈证明。守护这一片心灵的绿野，续写这一段伟大的文明。在"家国情怀"篇章里，张家声倾情朗诵的《大师爱母》表达了一代国学大师季羡林对母亲感人至深的爱，催人泪下；虹云、牛莉、温玉娟朗诵的江姐、赵一曼、赵云霄的《三封烈士遗书》充分展现了革命烈士对子女的爱，令人肝肠寸断；林达信、岳红朗诵的《烈士墓前的诉说》表达了首都各界群众对革命先烈的深切缅怀；大型歌舞《纪念碑》调动全场数千观众全部参与，将人民英雄纪念碑碑文演绎得气势磅礴，令山河动容。徐涛朗诵的《可爱的中国》更是实现了朗诵者与视频、现场观众三者之间的互动，将诗会气氛推向巅峰。"家国情怀"这个篇章将平凡人的"爱家"，民众的"爱党"、"爱国"层次分明地进行演绎，极好地诠释了"爱人"的深刻意义。

在"畅享春天"篇章里，有歌有舞，有剧有诗。为了完成"讴歌春天，讴歌自然，抒发积极向上热爱生活的情怀"的策划思路，特地创作了小品《清明时节》，让敬祖尊贤的习俗和尽责尽孝、赡养老人的仁德风气结合起来，为清明新习俗增加了合理内容。在如诗如歌的小提琴旋律中，广大观众喜爱的赵尔康、陈铎、朱琳、苗苗，深情朗诵专门为诗会创作的《畅享春天》：“不用留意第一株嫩芽的娇艳”，“不用等待屋檐的燕子呢喃”，“望着田野朦胧的绿色我就知道”，“她来了，春天”。最能唤起观众遥远记忆的影视演员陶玉玲、张勇手、袁霞、江庚辰，也在主题歌间奏里抒发春之情怀：“把浓浓的思念谱成乐曲，让亲情像春天一样温暖”，“把温暖的乐曲唱给思念，让春天像亲情一样灿烂”。淋漓尽致地体现了“感动、振奋、思考、品位”的策划初衷，同时也表达了倡导文明和谐的节日理念。

二、文化当先，品位突出

诗会与电视艺术结合的难点就在于诗歌呈现相对雅静。电视表现如果只注重突出吟诵者的声音和表情，未免过于呆板。我们的着眼点落在文化品位上，受古人诗歌同源、诗画同源的启发，首先就从结构设计上给电视呈现留出足够的空间。三个篇章设计成文化讲述，使段落间隔本身成为欣赏度极高的节目。“炼就五彩补天石之女娲，遍尝百草识五谷之神农，”“常思尧舜禹，追忆老庄孔孟，敬祖尊贤，才是中华儿女的清明。”任志宏的吟咏古韵十足，把人们完全带入追远怀古的意境之中。主持词也诗化处理，字斟句酌，成为朗诵元素：“这是一个哺育了李白的国度，这是一个培养了苏轼的民族。无数光荣的名字，从遥远的《诗经》开始，缔造了伟大的诗歌神话。”这样的主持词，早已超越了节目衔接的一般作用，让诗会的每一个环节，都充溢着诗情画意。在诗意处理了整体架构以后，舞美的处理和节目形式的空间就变得宽泛。视频上“水墨丹青”的设计淡雅别致，整体氛围用曼妙的红绸调节色彩，并将这个色彩元素一直延伸到每个节目的设计中。总体说来，在保证清明缅怀基调的同时，也利用歌舞和丰富的视频呈现调节了气氛。“歌李唐之诗，承魏晋之风”，诗会的文化品位凸显出来，很好地代表了文化之都的水准。

三、元素丰富，形式创新

在形式上靠近晚会，在内容上忠实于诗会，解决了这个问题后，节目的呈现就非常自如。开场节目如诗如画先声夺人，透明的伞花，朦胧的柳丝，给观众留下了深刻的印象。大家看到真实的雨帘出现在舞台上，一下子就被带入“清明时节雨纷纷”的氛围之中，在曼妙的舞蹈中得到艺术的熏陶。屏幕下方此时游动着这样的字幕：“这是一个追忆和怀念的季节，有一些寂寥，有一丝感伤。这更是一个集结和出发的季节，去追逐晴朗，去欣赏春色……”而在意境上，谁又能说这只是歌舞不是诗呢。寒食节的一段评书，传达着习俗考证、敬祖尊贤意味的同时，又是曲艺欣赏。

最为大胆的尝试，是在清明诗会中安排了小品形式。在人们几乎忘记了“小品”一词真正含义的娱乐时代里，《清明时节》这个催人泪下的作品提醒人们敬老尽孝，为清明节增加了厚重的内涵。《纪念碑》的合唱，将人民英雄纪念碑的浮雕用演员再现在舞台上，与视频呼应，视觉震撼；千人合唱场面宏大，群情激昂。此时，宏大场景和细节舞蹈，纪念碑浮雕和雕塑演员亦真亦幻，合唱队阵列气势如虹，电视手段得到充分显现。这样的处理虽然给导演工作增加了难度，但是它的艺术感染力也大幅度增加，给电视机屏幕前更广泛的观众群带去深刻的影响。

四、细节周密，处处匠心

朗诵节目里钢琴上铺设的红绸，《纪念碑》合唱进行中舞蹈演员舞动的红绸，既在色彩上让人眼前一亮，平衡了氛围，又蕴含着革命火种的深意。《清明上河图》的视频处理，让观众有走进历史，走进画境的感觉；古诗词群诵的互动，将文化传承的韵味表达得淋漓尽致；《可爱的中国》的视频表现，突出了北京特色，突出了继承特色，突出了全民特色，尤其是朗诵者与视频的互动和现场互动完美结合，让节目大气磅礴，回肠荡气。

我们播种诗歌，让诗情和万物一起生长，蓬勃我们民族文化的茂盛森林；我们收获诗歌，让中华文明之树硕果累累，万古长青；我们呼吸诗歌的芬芳，让生命的前行有浪漫一路相随；我们品味诗歌的神韵，让平凡的生活充溢着画意诗情。

第四届北京清明诗会是一次全新的尝试，它将对逝者的缅怀、对生者的珍惜、对美好生活的赞美完美融合，赋予了清明节这一传统文化节日新的理念。当然，它还有一些值得斟酌和商榷的地方，但是总体说来，这次尝试是成功的。这个成功告诉我们，诗会的电视化呈现是有新路可走的，那就是大胆突破语言文字、歌舞表演、视频影像的界限，只要遵循“诗为灵魂”的原则，一切皆可入诗。

北京电视台体育频道《三言二拍》三大特点

体育节目中心

北京电视台体育频道《体坛资讯》是一档以播报体育新闻资讯为主、时长 1 小时的日播栏目，《三言二拍》是该栏目中每周二播出的电视新闻评论性版块节目，每期时长约 20 分钟。节目从 2011 年初开播至今，体现出“应运而生、应时而作、应情而言”的三个特点。

一是节目应运而生，用评论体现话语权。电视体育节目一向以快速播报赛事资讯、反映赛场内外的动态性新闻为主，用电视的手段来展开评论被认为长枪当炮，很难达到评论的目的和效果。但是，随着电视观众日益走向成熟和网络新媒体抢占资讯高地，电视体育报道如果一味依靠动态新闻和赛事资讯，就会陷入节目单调的困境，进而失去观众，影响收视率。面对当前传播格局变化和新媒体的冲击，电视体育新闻尤其需要在资讯之外加强评论，用评论体现栏目的话语权。因此，《体坛资讯》开设《三言二拍》，可谓应运而生。

站在媒体的角度，体育评论是媒体的旗帜，是影响力提升的标尺，也是媒体树立品牌的关键；站在观众的角度，体坛内外赛事风云变幻，各种现象纷纷扰扰，观众在了解资讯之外尤其需要对现象的解读、对问题的分析和对新闻的点评。每周一期的《三言二拍》邀请两位嘉宾与主持人一起构成“三言”，主持人尖锐的提问与嘉宾犀利的言论构成拍案惊奇的“二拍”，不仅为观众深度评析热点事件，发挥媒体的舆论引导作用，而且增强了栏目的权威性，提升了栏目的品牌价值。

二是选题应时而作，新闻性、时效性较强。《三言二拍》开播以来，其评论的选题体现出较强的时效性与新闻性，比如，7月9日姚明退役消息传出，7月12日就有了《后姚明时代》的分析与解读；7月18日日本女足夺得世界杯冠军，7月19日就推出了《昨日玫瑰　今日樱花》；7月31日中国国家足球队抽签结果揭晓，8月2日就制作了《解签·20强》。《三言二拍》的选题基本都是针对上一周的热点话题进行评述，大大提升了节目的可视性与吸引力。

新闻性与时效性强的另一个显著效应是能够依托于新闻事件现场的、新鲜的记录，迅速帮助观众从众多新闻报道中抽丝剥茧，在嘉宾与主持人的对话、点评中厘清事实，把握方向。7月中爆出万达集团资助中国足协聘请洋帅的新闻，虽然新洋帅究竟是谁还不得而知，但《三言二拍》7月26日的选题就关注于此，推出《洋帅·洋经》节目，邀请知名足球评论员和资深足球人士谈论关于洋帅的话题，从历次洋帅的邀请到中国足球的长远发展，从洋帅带来的经验到对中国足球产生的问题与影响，犀利的观点、深度的评析让观众不再关注选帅本身，而深入到中国足球的长期发展上。

三是应情而言，显现出电视体育评论的亲和力和交流感。纸质媒体的评论可以用三段论、摆事实讲道理、逐层论证来展开，但如果将这种方式移植到电视评论上就会显得单调、枯燥，电视新闻评论需要在述评之间自然转换，并体现出亲和力和交流感。《三言二拍》一方面采取嘉宾和主持人对话的形式，一方面在对话和点评中插入新闻图像和画面，情景交融，情境交融，无论是主持人还是嘉宾，无论是话题的题目还是交流的语言，都呈现出很强的亲和力，让观众感受到一种面对面的交流。比如，《三言二拍》节目中的《短道非常道》、《兵谏恩怨》、《桑兰诉讼的傲慢与偏见》、《女排联赛目睹怪现状》等，题目带有鲜明的感情色彩和主观感受，不再是隔靴搔痒、无关紧要的官样文章，观众在观看时，多了一份与节目同喜、同悲、同恨、同爱的感受。

《三言二拍》的嘉宾以专业人士为主，这些人都具有鲜明的个人风格，他们的言论或犀利，或幽默，或辛辣，或尖锐，或深思，快人快语，嬉笑怒骂，虽然面对着电视镜头，但没有矫揉造作，没有故作深沉，好似与观众面对面地聊天，观众也并未有被说教与灌输的感觉。一些北京籍的嘉宾，他们的京腔京韵、北京的口语和方言更在无形中拉近了与观众的距离。

栏目制作中的一些细节也值得称道，比如打字幕，补充嘉宾谈话中不完整的省略语，适当地提炼对话的中心语和关键词等。

动漫产业化的可贵探索

——北京电视台卡酷动画卫视打造动漫全产业链

北京卡酷传媒有限公司

随着文化体制改革的深化和国家文化产业振兴纲要的实施，动漫产业化正成为我国动漫业界的探索热点和发展潮流。在动漫影视、动漫出版、动漫游戏等领域，一些企业迅速做大做强，改变着中国动漫企业多、小、弱、杂的格局。其中，北京电视台所属的北京卡酷传媒有限公司以“大产业”理念打造动漫全产业链的探索极具代表意义。

一、发展历程

动漫产业化的主要特征是“一鱼多吃”：以创造动漫艺术形象为核心，通过包装、传播形成影响力，进而对衍生产品进行多轮商业开发，提升动漫作品附加值，达到产业化发展的目的。目前，与动漫相关的产业已经涉及影视、出版、音像、玩具、服装、广告、旅游、娱乐、教育、食品、网络、通信、文具等十多个行业。在数字化、网络化时代，动漫还广泛应用于军事、医疗、气象、建筑、工艺、设计等领域。北京电视台卡酷动画卫星电视频道，就是在这样的背景下通过产业化运作发展起来的。

2004年，国家广电总局批准北京电视台、上海电视台、湖南电视台开办上星动画频道。同年，北京卡酷动画卫视、湖南金鹰卡通卫视、上海炫动卡通卫视三家动画专业频道正式开播。

2006年，北京电视台创新体制、激活机制，积极探索动画专业电视媒体的产业发展新模式。北京市委宣传部高度重视，召开专题部务会研究批准组建北京卡酷传媒有限公司，依托卡酷动画卫视频道进行产业化运作。2007年1月1日，北京卡酷传媒有限公司正式成立，注册资本4000万元，其中1000万元由北京市委宣传部以节目生产专项资金方式拨款支持。

北京卡酷传媒有限公司是国有控股企业，节目终审权在北京电视台，保证了宣传导向和内容健康。而公司化的运作体制，使其拥有灵活高效的决策、经营、用人、分配等机制，事业、产业实现跨越式发展。截至2010年12月，北京卡酷动画卫视在全国近百个大中城市落地，覆盖7.9亿观众；在国内5家上星动画频道中收视率大幅领先、稳居第一；4~14岁核心受众收视率稳居北京地区所有频道第一位。与此同时，卡酷传媒经济实力大幅增长，2010年全年总收入1.8亿元，总资产2.7亿元，净资产2亿元；与产业化探索之前相比，总收入增长5倍，总资产增长6倍，净资产增长4倍，国有资产4年累计净增1.6亿元。北京卡酷动画卫视不仅成为全国动漫电视发展的标杆，也对全国动漫产业化发展起到了显著的引领作用。

二、可贵探索

北京卡酷传媒的产业化探索主要体现在以下三个方面：

1. 内容为王，推出自有知识产权的原创动画

动漫产业的核心是“内容为王”。能否推出自己独有的原创动画明星形象，并形成巨大的社会影响力，是产业发展最关键的环节。

2007年，北京卡酷传媒借北京举办奥运会的契机，创作了百集原创动画片《福娃奥运漫游记》，实现全国百家电视台联播，全国铁路、航空、移动媒体全方位出击，收视率创国产动画片新高，赶超欧、美、日动画大片，成为当时国产原创动画最具影响力品牌。

目前，北京卡酷动画卫视是国家广电总局认定的全国十大原创动画制作机构之一，拥有《中华五千年》、《星游记》、《星系保卫战》等知名长篇动画作品的产权和品牌，更创作生产了《熊猫总动员》、《劳拉的星星》、《快乐奔跑》等动画电影作品，还有2010卡酷动画月球春晚、2011卡酷动画兔年春晚等大型动画节目品牌，先后获得“五个一工程”奖、电影华表奖、电视金鹰奖、电视星光奖等国家级大奖，在全国动画创作领域走在前列。

原创动漫形象为公司带来了巨大的品牌衍生效益。由卡酷动漫影视作品衍生的图书发行达400万册、DVD发行150万张，创造了骄人的业绩。国产原创动画商业大片《星系保卫战》引起了国际玩具巨头日本万代集团的浓厚兴趣，卡酷传媒公司以原创形象授权生产的方式，不仅获得500万元人民币保底收益，今后万代集团每卖一个玩具，卡酷公司还能得到7%的分账收益，成为中国动漫产品“走出去”的成功案例。

卡酷动画的成功得益于产业化运作。动漫产业高投入、慢回报的产业特性一直是制约发展的瓶颈。产业化探索前，卡酷动画制作资金来源于北京电视台的有限拨款和北京市委宣传部的扶持资金，频道年均自制动画片仅1～2部，既无核心竞争力，也无产业规模，自产自播。2007年卡酷传媒公司成立后，市场化的运作方式为原创动画注入了巨大活力。卡酷频道在加大自主投资的同时，实现动画投资主体的多元化、社会化、市场化。四年来，包括长篇动画片、动画电影、Flash系列作品和动画栏目在内的动画产量逐年上升，相较于产业化探索前1～2部动画作品的年产量，2010年产量达到近万分钟，增长近9倍。

2. 播出为重，打造强势动漫节目卫星电视频道

电视作为当今强势媒体，不仅是动漫作品的重要播出窗口，也是动漫产业链条的重要组成部分。在全国动漫业界，北京卡酷动画卫视是独领风骚的电视频道。

2006年，北京卡酷动画卫视仅在北京地区播出，仅有8小时内容滚动播出，两档5～10分钟小栏目辅助。为改变这一落后状况，北京卡酷动画卫视进行了大胆而艰苦的改制创新。

北京卡酷积极推进电视动漫栏目建设，广泛调研国内外优秀动漫栏目节目，改革用人机制、管理体制，一个栏目分A、B组竞争上岗，所有栏目实施招投标制，严格以收视率为考核标准，员工收入与收视率考核紧密挂钩，使整个团队充满活

力，在播栏目节目储备雄厚。

电视频道也是动漫电影的主要播出窗口。为此，北京卡酷加强频道的电视剧场栏目建设，以需求为导向，发挥播出频道在动画片市场的经济杠杆作用。它在全国率先实行购片收视率奖励政策，对于收视表现良好的优秀国产动画片，除了支付购片价格外，还按照收视超标点数另外给予奖励，这是国内动漫业界唯一由电视媒体推出的对动漫电影的激励政策。

目前，北京卡酷卫视是国内动画专业频道中落地范围最广、收视人口最多、市场份额最高的动画卫视频道。拥有10档强档栏目、专门播出动画电影的8大动画剧场，实现每日首播近10小时、全天播出24小时的规模。2010年在全国35个城市省级卫视收视率大排名中，北京卡酷卫视最高收视率排名全国第8，创造了专业频道收视奇迹。

3. 产业拓展，构建全国最具规模的儿童动漫衍生产品销售体系

动漫产业靠作品和形象产生影响力，靠商业开发获得丰厚的经济回报。在美国和日本这些动漫强国，漫画、动画、游戏、玩具业都是紧密关联的，设计常常出于同一个源头，在开发时就统一规划产业链的各个环节，使之环环相扣，产业流程分明，营利模式清晰，能迅速满足市场需求，实现赢利最大化。

北京卡酷传媒把握动漫产业衍生特性，积极进行产业拓展。他们改变卫视频道广告创收的单一营利模式，开创了动画制作+频道播出+玩具制作+品牌店销售体系的产业模式，并进一步向“三网融合”的网络动漫体系、儿童艺术培训、动画主题公园等新兴业态拓展，打造动漫全产业链，实现多元化、规模化增长。

为实现产业拓展，2008年1月1日，北京卡酷传媒公司旗下子公司北京卡酷全卡通动漫文化有限公司正式运营。主要业务包括动画片的投资制作和运营、动漫衍生产品研发生产、动漫衍生产品全国总代理、动漫衍生产品批发销售、动漫衍生产品全国销售网络建设运营。

几年来，卡酷全卡通公司实施品牌战略，积极开办连锁店，以卡酷品牌整合玩具和儿童用品连锁销售。到2010年底，在全国各地建成15家卡酷全卡通旗舰店、212家卡酷全卡通特许零售店、24小时运营的卡酷全卡通网络旗舰店，以玩具产品全国总代理制为核心，形成了中国最具规模的动漫衍生产品销售体系。在这些店里，既有卡酷动漫衍生产品，也有加盟卡酷的其他名牌玩具或儿童用品。卡酷以这种商业模式，在国内动漫衍生产品市场领先实现了全国覆盖和全网运营，有效占领了动漫产业附加值最高的环节。

另一方面，北京卡酷积极拓展衍生品开发授权，发行大型儿童动漫全景月刊《卡酷全卡通》。构建以动漫手机电视、儿童社区网络、动漫视频下载“三网合一”的卡酷动漫新媒体平台，在卡酷卫视播出的动漫节目，能即时在网上参与互动。最近，卡酷又准备开发以动漫作品《中华五千年》为主题的动漫历史主题公园、以系列动画片《福娃奥运漫游记》为主题的体育科普主题公园，进一步拓展娱乐游戏产业。

在多元化产业格局下，2010年北京卡酷动画卫视全年收入1.8亿元，较2006年产业化探索前单一广告总收入3050万元，增长了5倍，真正实现了跨越式发展，焕

发出现代企业的成长潜力。目前，北京卡酷动画卫视已成长为国内影响突出、业务形态完备的动漫全产业链运营平台，成为国内以“大动漫产业”为理念发展起来的龙头企业。

北京卡酷动画卫视的产业化探索及其对中国动漫产业的带动作用，得到了国家广电总局、文化部的高度肯定，连续4年获评国家广电总局优秀动画少儿频道一等奖，先后获评新浪网“2007年度中国最具投资价值动画电视媒体”、北京文博会“2008年度中国创意产业领军企业奖”、工信部中国游戏软件协会“2009年度中国动漫游戏行业优秀企业”、中国动画学会“2010年度中国最具影响力动画少儿媒体”、中国传媒年会“2010年度中国最具成长性媒体品牌”等。

北京卡酷动画卫视的动漫全产业链运营模式也获得了财经界、投资界的高度评价与认可。在今年国内颇具影响的“21未来之星”成长创新企业评选活动中，北京卡酷获评2010年度“21未来之星——最具成长性的新兴企业”。该活动十年来共评选出210家企业，约有30%的入选者发展成为所在行业的龙头企业，百度、腾讯、盛大、华谊兄弟等知名上市企业均曾入选。今年与卡酷一起获评“21星”的优酷网已于本月成功登陆美国纳斯达克。工银国际、弘毅投资、渤海基金、易凯资本、中科招商、联想投资等国内最著名的投资机构也对北京卡酷倍加关注。2010年11月，联想投资经过严格、专业的市场调查，与北京卡酷全卡通动漫文化公司达成以每股注册资本20元的超高溢价参与增资的议案，此议案目前正在报请北京电视台审批中。

（摘自《求是内参》2011年第9期）

技术管理和新技术应用

北京电视台节目制播业务网络化发展概况

毕　江

北京电视台新台址制播业务的网络化进程大致分为三个阶段：第一阶段是标清网络化节目制播体系的建设，从2004年底开始，到2009年初完成，覆盖BTV—1、BTV—2、BTV—3、BTV—4、BTV—6、BTV—8共6个标清频道。第二阶段是在第一阶段系统框架基础上进行的高清网络化节目制播体系一期建设，从2009年下半年开始，2010年底完成，覆盖BTV—1、BTV—2两个高清频道。目前处于第三阶段即高清二期建设，作为高清一期建设的延续，从2011年初开始，预计于2012年底前完成，目标是在现有基础上再覆盖三个高清频道，并实现台内高标清业务的全面融合，以及针对技术资源和业务实现深度优化。

现阶段该网络化节目制播体系在系统、业务方面，无论从系统配置、流程覆盖率、业务规模、技术复杂度还是资料保有量，均在国内外同类系统中处于领先地位。

北京电视台网络化制播体系一览表

序号	项目	明细	
1	设备数量（单位/台） 共计约2000台	工作站点	1550
		功能类服务器	550
		基础类服务器	400
2	跨系统流程（单位/个） 共计约16个	节目备播类	4
		资料调用类	4
		节目制作类	5
		演播传送类	3
3	用户规模（单位/个）	账户数量	2000
		栏目数量	120
		标清频道数量	6
		高清频道数量	2
4	业务承载量（单位/小时） 2011年1~12月日均值	节目首播量	115
		演播回采量	33
		素材收录量	30

续表

序号	项目	明细	
4	业务承载量（单位/小时） 2011 年 1～12 月日均值	节目归档量	62
		资料调用量	50
5	资料累计保有量 截至 2011 年 12 月	备播节目保有量	7.5 万小时　0.56PB
		媒体资料保有量	17.9 万小时　3.9PB

该网络化体系在正式启用后的近三年时间里，整体运行态势平稳。其间虽然经历了业务层面的需求、负载变化，以及技术层面的大规模改造过程，也发生过一些局部故障和异常，但在历次重大制播任务的考验面前总体上交出了一份比较圆满的答卷。与此同时，随着应用的不断深入，也发现了一些需要改进之处，例如系统运行稳定度与确保安全播出的日趋严格要求相比仍有提升空间，业务流程实现的适配度和方便性需要与节目形态进一步磨合，用户个性化需求满足程度和方式需要研究解决等。

2011 年初，北京电视台研发部通过台内调研提供了各节目中心、部门反映技术系统使用问题的列表，其中也包括针对网络化制播业务的部分。对此，技术部门进行了认真研究和讨论。5 月中旬，在台技术年会上，各技术部门自身也提出了很多针对制播网络发展的建议。在此基础上，从解决现存问题、跟随技术进步和顺应节目发展的角度，通过对业务、技术层面生产数据的分析和研讨，形成了一些初步思路和设想，总体来说就是通过改造、适配和优化，力图在系统安全、运行效率和用户方便性三个方面做到实质性提升。这些都将融入目前正在进行的高清二期规划和建设阶段进程。技术与业务之间的磨合是长期的，通过磨合达到的契合程度将给双方发展带来机遇。

北京电视台安全播出技术保障系统建设不断加强

总工办

保障电视节目的安全播出，一直是技术部门的首要任务。2011 年，北京电视台以系统设备的升级维护、管理体系的建立健全、技术队伍的培养锻炼为着力点，积极开展各项工作，圆满完成了全年安全播出任务。

一、电视节目播出情况

截至 2011 年 11 月底，全台 14 个频道播出总时长约 10 万小时（100284.5 小时），较去年同期增长 7%。发生黑场、静帧、无伴音、误播等各类事故共 12 次，事故时长共计 532 秒，停播率为 0.53 秒/

百小时，达到国家广电总局62号令《电视中心实施细则》中一级电视中心的要求（小于等于5秒/百小时），与去年停播率0.82相比下降了35%。

二、系统设备升级维护情况

2011年，为确保播出传输系统的安全，对传输分控矩阵进行了修复；更换了中央电视塔数字电视发射机关键部件，完善了其监视系统；铺设了连接新老台址的光缆新路由，在老台址搭建了远程节目上载系统，促进了新老台间节目素材的交换和播出信号的传输；搭建了独立的代播传送系统，实现了BTV北京卫视频道检修不停播。

三、安全播出自我评估及整改情况

2011年4月，对照《广播电视安全播出管理规定——电视中心实施细则》，北京电视台进行了自我评估。在评估表的53项评估内容中，本台达到最高等级标准的共49项，占92.45%。对未达到最高等级标准的4项内容进行了认真的整改。

四、安全播出管理

参照ISO9000质量管理体系组织开展《北京电视台安全播出管理体系手册》的编制工作，将全台涉及安全播出的技术工作划分为37个独立的工作程序，组织编订相应的程序管理控制文件、作业指导书、记录表格等。

2011年6月，制订出台了《北京电视台安全播出奖评审办法（试行）》，对安全播出保持零事故的科组，或是及时发现隐患、排除隐患的个人给予奖励。

北京电视台“制、播、存”一体网应用情况

总工办

北京电视台现有高标清节目制播体系包括高清新闻制播网、标清体育制播网、高标清兼容收录系统等共计18个，其中新台17个、老台1个。设备约900台服务器、1000台工作站。业务范围涵盖了与台内节目制播相关的所有工作流程。实现功能包括内容采集、后期编辑、文稿处理、演播室录制和播放、节目编排、内容存储、数据交换、资料管理等诸多方面。目前承载栏目约120个，编导用户超过2000人。2011年，高标清节目制播体系的业务运行基本数据如下：

节目首播和备播情况：节目日均首播数量约630条，首播时长约105小时。

资料管理和收录情况：制作系统日均归档节目约93条，归档时长约60小时。媒资系统调用资料日均约120条，调用时长约52小时。收录系统日均收录素材约81条，收录时长约33小时。

演播室素材准备和回采情况：演播室日均素材准备量约65条，时长约1小时；演播室日均节目回采约103条，时长约33小时。

2011年，高标清节目制播体系的库存

业务数据保有量如下：

总编室系统节目备播库：储存高标清节目约36万条，时长约7.4万小时、占用存储空间约0.56PB。

媒资系统资料管理库：共储存高标清资料约38万条，时长约17.9万小时，占用存储空间约3.85PB。

制播网高清第二项目包含：主干系统扩容改造、AVID后期制作系统高清化改造、高清体育网改造、高清高端制作网、公新频道高清制作网等16个项目。通过制播网高清第二阶段项目建设和应用推广，提升网络化应用效果，提高系统管理维护水平，促进系统资源整合和提供新媒体数据服务，在高清第一阶段项目基础上再上新的台阶。

北京电视台新技术应用情况

总工办

一、高清电视技术系统工程建设

2011年，北京电视台在2010年完成高清电视系统工程一期建设项目，实现BTV北京卫视频道、BTV文艺频道、BTV体育频道高标清同播的基础上，开始了高清二期项目的建设。高清技术工程项目小组组织召开项目组例会及专题会共25次；配合进行了高清一期8大项、34小项、42包的验收测试；完成高清二期7大项、37小项中27小项的技术方案深化设计，并提交台党委审议通过；协助完成高清二期8小项的招标工作；完成高清综合制作网、远程节目上载模块、高清新闻网改造共3个小项的搭建、调试和启用；协助完成了支持公共·新闻频道高标清同播的技术准备工作。

二、筹备3D电视试验频道播出

2010年6月，北京电视台成立了3D电视实验小组，陆续拍摄了《北京新闻》、《BTV园区》、《温榆河荷塘》、《大觉寺》、《2010时尚大典》、《意大利超级杯足球赛AC米兰VS国际米兰》等3D电视实验短片。

2011年初，北京电视台拍摄制作了《2011年BTV环球春晚》3D版。这是北京电视台第一部时长为45分钟的3D综艺电视节目，并在2011年8月下旬举办的BIRTV展会上展出，得到了各级领导和业界同仁的肯定。

2011年11月，中国3D试验频道的筹办方案基本形成，并定于2012年元旦开始试播，2012年春节正式播出。从确定开办3D电视频道到开播日期，只有短短两个多月时间，北京电视台克服设备、人员短缺的困难，通过各种方式，迅速搭建起3D电视拍摄制作系统。同时将原3D电视实验小组成员、制作部特技制作科人员，以及总编室有关人员，组成了3D电视节目制作团队，全力投入到3D节目生产中。通过日以继夜的努力，北京电视台3D节目储备已有20余小时。

三、网络广播电视台建设

2011年7月，网络信息管理部协助网络广播电视台筹备组完成了IPTV集成播控平台一期方案设计、实施、建设和运维工作，制定了IPTV播控值班管理细则、应急方案，开展了值班岗位教育、培训工作，协助解决了IPTV试播期间碰到的各类问题，确保该系统按计划投入试运行。参与推进北京网络广播电视台技术方案设计工作，并承担了其中门户网站部分、媒资部分、网络与安全部分的建设准备工作。

北京电视台引进亚洲第一辆3D转播车

谢　原

3D电视技术在欧美发展比较早，亚洲地区刚刚起步。北京电视台与SONY公司合作引进的3D转播车是亚洲第一辆3D转播车。

北京电视台3D转播车

这辆转播车采用双侧拉结构车体。为通行方便采用了10米长的车身，车体在英国著名专业制作转播车的SMITHS工厂制造。北京电视台12+6高清转播车的车体也是这家工厂生产的，转播车的主要设备由SONY公司提供，使用的是目前世界上最先进的技术。具体设备主要有10台SONY HDC1580高清摄像机，2台SONY HDC3300高清高速摄像机，4台便携式SONY HDC P1高清摄像机，2套无线摄像机；2套8路EVS系统；2台SONY高清切换台；128×136大型矩阵等等。

这辆3D转播车的主要特点是可以做到2D/3D同播，也就是说2D视频信号与3D视频信号可以互不干扰同时切换播出。在2D/3D同播的时候，可以组成5个3D迅道（如果加上2个2D转3D的迅道，最多能够达到7个3D迅道），9个2D迅道。2D/3D同播的系统配置如下：

5个3D迅道，4台便携式SONY HDC P1高清摄像机组成2路上下式结构的3D迅道，6台SONY HDC1580高清摄像机组成2路平行式结构的3D迅道、1路上下式结构的3D迅道。9个2D迅道，4台SONY HDC1580高清摄像机加5个3D讯道的左眼或右眼信号。而当此车只作为2D高清转播车使用时，可以组成12讯道（10个

2D 有线讯道加 2 个无线讯道）。

虽然此车系统集成工作还未完成，但北京电视台将前期到货的 3D 设备临时组成了一套 3D 地摊，从 2011 年 11 月份开始，应 3D 试播频道的要求，录制了多期《养生堂》、《身边》等 3D 立体电视节目，为我国 3D 试播频道提供了大量片源。

3D 转播车的引进，带来了新的技术、新的制作理念，同时也带来了新的机遇和挑战。广大技术人员要努力学习并尽快掌握 3D 的技术设备和制作方法，为 3D 电视频道的推出作出贡献。

北京电视台足球转播虚拟在线包装设备投入使用

杜 波

虚拟在线包装是通过强大的数字处理能力和高效的虚拟模型演算，第一时间在观众面前展现最全面、最真实的比赛数据和现场情况，让以往只能看到单纯的现场画面，转变成既可以看到画面又可以掌握现场实时信息的数字技术。足球比赛里的越位线和射门距离、台球比赛里的虚拟可视角度、游泳比赛里的世界纪录线等，由于引用了虚拟在线包装设备，从根本上提高了节目的观赏性，实现了转播技术和水平质的飞跃。如今国外知名赛事都在使用此项技术，如世界杯、欧锦赛、欧冠联赛等。

经过不断努力和不懈的试验，北京电视台在 2011 年中超联赛中率先使用此项技术，成为虚拟制作中国足球超级联赛的全国第一个电视台，在全国足球转播中引起轰动，足协内部会议上用“惊艳”二字来形容转播水平的提升。

BTV 手机电视发展情况

北京京视传媒有限公司

2011 年，BTV 手机电视已经全面接入中国移动、中国联通、中国电信三大运营商视频平台。受北京地区网牌照所限，接入全网运营商平台的形式是以内容提供方的形式完成的。自主运营的主要是北京移动视频平台，北京联通视频平台以及以客户端为形式的苹果商城和 3GBTV 平台。见下表：（用户数截至 2011 年 9 月）

平台	接入运营模式	覆盖范围	用户数		备注
			包月用户数（人）	浏览次数（次）	
北京移动	自主接入、运营	北京地区	2460		
北京联通	独立计费点，自主运营	北京地区			需与华数传媒（全网牌照方）分成。11 月初开始运营
中国移动	通过央广视讯	全国		113182 次	内容提供
	国视传媒接入	全国		51000 次	内容提供
	人民视讯接入	全国		30000 次	内容提供（娱乐类）
中国电信	通过央视接入独立计费点，自主运营	全国	2294		
中国联通	通过央广视讯接入 wap 业务	全国		120000 次	内容提供
	自主接入联通 iphone 业务	全国		200000 次	
BTV 手机电视苹果客户端	独立接入运营	全国		830 万次/月	

一、经营情况

产品类型。目前，BTV 手机电视的产品类型主要包括与移动运营商及牌照方合作的视频业务、自有平台的手机视频业务以及信息服务业务三块。

运营商业务。在移动、联通、电信等平台上的手机视频业务主要有直播、点播，生活服务等频道。直播包括北京电视台 10 套电视节目直播，点播则包括影视、娱乐、新闻、体育、音乐、财经、动漫、生活、法治、综艺等十个分类。细分栏目如下：

影视	尖端影院、全景剧场、宣传片
娱乐	名人趣谈、娱乐资讯、笑翻天、大大娱乐
新闻	焦点播报、时政要闻、百姓身边事
体育	体育资讯、天天体育、全民健身
音乐	新歌速递、老唱机、影视金曲
财经	股市行情、经济报道
动漫	经典剧集、快乐天地、酷乐地带
生活	生活时讯、美食、时尚阶梯、四海漫游
法治	焦点案例、现场说法、法制进行时
综艺	书香北京、网络春晚、大剧院

自有平台视频业务。包括：（一）IPHONE 客户端业务。主要内容涵盖新闻、综艺、娱乐、影视、财经、生活、体育、法治、音乐等北京特色节目及大型独家栏目，为用户提供各类视频内容的直播（北京卫视、青少频道、生活频道、财经频

道、影视频道、科教频道、文艺频道)、点播、下载的服务。(二)3GBTV 是京视中信公司打造的“集流媒体手机电视、无线互联网(CMNET)、无线增值业务为一体的全新的综合视频服务平台”。用户登陆 www.3gbtv.com,即可以收看北京电视台 10 套直播节目。(三)财经客户端。财经客户端是京视中信专为 BTV 财经频道打造的一款手机客户端,提供 BTV 财经频道电视直播、财讯中国视频点播等免费内容,并提供收费的理财产品。(四)CMMB 数据广播内容业务。CMMB 数据广播内容业务是京视中信公司与中广传播北京公司合作的一项数据广播业务,用户通过 CMMB 手机内置的客户端即可收看由北京电视台制作的精彩生活版块。主要内容见下表:

一级分类	二级分类	采用模板	内容提供	备　注
首页	尾号限行	首页合并模板	北京	
	小贴士		北京	
	最新内容		北京	
时尚	衣饰		北京	附加:《时尚装苑》
	手机		北京	附加:《在线 e 起来》
美食	餐饮(餐厅推荐)		北京	
	食全食美		北京	
	馋嘴小吃		集团	附加:《魅力周末》
	优惠券		集团	
	菜价		北京	
居家	装修		北京	附加:《生活 +》
	房屋		北京	
出行	交通		北京	附加:《我爱我车》、《超级出租车》
	汽车		北京	
	红绿灯			
	出行查询		集团	
商旅	旅游		北京	与四海漫游合并
	风景		北京	与京郊大地合并
	京郊大地			附加:《这里是北京》
	四海漫游			
	去哪儿		集团	
购物	商城		北京	
	团购		北京	
娱乐	演出		北京	
	影视		北京	

续表

一级分类	二级分类	采用模板	内容提供	备　注
健康	医疗		北京	附加：《养生堂》
	问诊		北京	
	咱爸咱妈的美好时代			
	健康北京			附加：《健康大智慧》
	健康生活			附加：《快乐生活一点通》、《生活大调查》
	孝亲工作室			
	健康服务		集团	
科教	科技		北京	附加：《科学实验室》、《在线 e 起来》
	教育		北京	附加：《中华文明大讲堂》
	法制进行时			
	魅力科学			
人才	人才招聘		集团	
	职场		集团	

信息服务业务。除了手机视频外，自有平台还大力发展用户急需的贴身信息服务业务，主要包括健康信息、随身理财、电子书城、电子商务等。

随身理财。随身理财整合首运通数字技术有限公司和三网金融信息有限公司，将中国台湾和欧美发达国家财经服务理论及模式引入中国市场，提供大陆、港台、美股及全球投资相关的全方位金融服务，各股投资教育、培训、咨询、金融分析、投资交易软件和实时金融数据处理与传输。

此外还和国内的专业机构中投证券、和讯财经资讯网合作，提供国内股票、基金等实时行情和行业分析，与 CMCMarket 第一家银监会批准成立的非银行外汇交易商代表处合作，提供实时外汇交易平台和资讯。

健康服务。公司独家与国家人口与健康科学数据共享平台强强合作，并联合卫生局、药监局等机构共同推出“3GBTV 健康”平台。

健康服务将分为大众版和专业版。大众版主要内容有个人健康管理、公共信息发布与查询、999 紧急救助和健康饮食。普通用户可以登录查看订阅相关信息与服务；专业版为医生园地，专业医生实行实名注册制，提供最新医学论文发表、专业数据查询、远程教学、远程会诊等。

健康中国平台主要内容。

电机电子商务。与电视购物相结合，以网络、手机购物为主体，发展新媒体电子商务，目前购物平台正在搭建过程中。

二、营利模式

BTV 手机电视营利模式分为当前和计

划实施两大类：当前的营利模式主要有两种：第一种是单次点击或包月收费，主要针对与移动运营商合作的业务，通过其收费系统，对用户进行点击或包月收费，然后进行分成。分成比例多为50%：50%（其中移动所获比例为60%）。若作为CP提供内容给其他全网平台，则所获分成比例约为总收入的25%～30%。第二种营利模式是与移动运营商深度开发项目，获得分成或运营商提供费用，如联通的视频手机报项目。

BTV手机电视实施的营利模式主要包括三种模式：第一种是免费内容加广告模式。该模式主要针对IPHONE客户端以及3GBTV移动互联网站，通过精彩内容，吸引大量用户，然后吸引广告主投放广告获得收益，目前IPHONE客户端已经具有广告价值，开始与部分广告代理公司洽谈合作。第二种是内容收费模式。该模式主要针对在3GBTV网站上提供财经等有较高附加值的内容，向用户实现包月或单次点击收费。第三种是电子商务模式。这也是BTV手机电视下一步重点推进的模式，即通过提供视频的B2C移动电子商务服务，向手机用户在线销售商品获得销售收入。

BTV手机电视目前主要的收入来自于移动运营商的合作分成以及与其他全网牌照方的合作分成。由于受地方牌照限制，本地用户非常少，收入情况仍不理想，但还是有了较大提高，相较2010年同期同比增长102.4%。

专项纪事

北京电视台“走转改”活动效果明显

党委办公室

2011年8月9日，中宣部等五部门对全国新闻战线广泛深入开展“走基层、转作风、改文风”活动进行动员部署后，北京电视台高度重视，累计召开动员会、学习会、报告会、研讨会等300余场，建立基层联系点或开展基层蹲点活动近380个（次），编辑、记者、主持人等3000余人次深入基层调研、采访，各频道开设相关专栏、板块30个，采访、制作、播发相关报道（节目）400余条（期），为群众办实事、办好事和解决实际问题150余件。从全台从业人员和社会各界的反映来看，北京电视台开展“走基层、转作风、改文风”活动取得明显成效。

一、深入学习，提高认识

为了提高全台采编人员和广大职工对“走转改”的认识，回答好“为了谁、依靠谁、我是谁”的问题，北京电视台组织全台职工反复学习胡锦涛总书记“七一”重要讲话、中央领导同志关于践行党的群众路线的重要论述、中宣部和市委宣传部开展“走基层、转作风、改文风”活动的文件，并召开了“走基层、转作风、改文风”活动报告会，邀请全国优秀新闻工作者、人民日报社知名记者赵亚辉为全台编辑记者讲授从事新闻工作的经验和心得体会，参加人员500余人。同时，还面向全台从业人员开展了《我最难忘的……——群众在我心中》主题征文活动，收到征文193篇，内容涉及采访经历、节目制作过程、活动组织等，许多征文情真意切，充满感情。

此外，还在台内网开设了“走基层、转作风、改文风”活动专页，及时发布重要信息和学习材料，开设采访手记、照片、互动等专题，为广大从业人员提供交流思想的平台，得到大家积极响应，专页点击量达6000多人次。通过一系列学习和教育活动，广大采编播人员对“走转改”活动的重要意义认识更加明确，行动更加自觉，体会更加深刻。

二、深入基层，转变作风

在开展学习教育活动的同时，北京电视台立即着手建立基层联系点制度，开展编辑、记者、主持人蹲点采访活动和管理技术人员服务一线活动。卫视节目中心将《身边》栏目演播室搬到基层，推出了“身边行”系列报道，在田间地头与观众开展交流互动。新闻节目中心先后开展了两批记者基层蹲点采访活动，中心领导和记者、主持人、摄像等分成多个小组，陆续前往农村、企业、学校等开展蹲点采访，与基层劳动者同生活、同劳动，体验他们的工作过程。文艺节目中心围绕2012年北京电视台春节晚会节目创作，深入农村、企业、部队、厂矿、学校和文艺院团，开展以采访、采风为主要内容的“两采”活动，积累基层文艺素材，倾听群众收视需要。科教节目中心结合自身频道定位，确定了宏志中学、丰台公安分局、朝阳区管庄社区服务站等21个基层联系点，定期安排节目拍摄录制。影视剧中心确定海淀区中关村街道办事处为基层联系点，组织召开观众座谈会，深入了解社区观众对影视剧的收视需求。财经节目中心确定密云县为固定的基层联系点，加强新闻信息的交流合作。生活节目中心《7日7频道》栏目将北京公交集团确定为联系点，对首都公交发展给予重点关注。青少年节目中心《最强阵容》、《军情解码》等6个栏目组深入首汽集团、三元南郊农场等地开展节目创作，了解观众需求，拉近了与群众的距离。动画节目中心开展“卡酷相伴，快乐同行”系列活动，主要面向北京市各中小学，听取观众对动画节目的建议与需求。纪实高清频道深入青海玉树进行风光片拍摄，结合频道定位和自身优势，支援玉树灾后重建。办公室前往北京市政法民声热线12345和中国联通北京分公司，学习兄弟单位通讯网络建设和通讯服务工作经验。总工程师办公室赶赴门头沟广电中心、怀柔广电中心，开展基层调研和技术交流。人事部、总编室、计划财务部先后到与北京电视台合作开展实习基地建设的中国传媒大学、中国人民大学、清华大学等，了解本台重点岗位潜在的专业人才培养情况，探索实习基地建设的有效途径。

三、领导带头，全员参与

在“走基层、转作风、改文风”活动中，北京电视台领导班子成员带头下基层调研，开展采访报道活动，有力推动了活动的深入开展。

8月30日至9月8日，台领导班子成员集中一段时间，与一线记者、主持人、服务保障人员一起，开展了首批基层蹲点采访活动，体验社会生活，深化思想认识，增进群众感情。党委书记、台长王晓东于9月7日至8日前往密云水库和密云县冯家峪镇西庄子村，与新闻节目中心记者一同采访农村产业结构调整和生态涵养区建设情况，体验农村群众生产生活。党委副书记、总编辑赵多佳在前往平谷区一家乐器厂进行采访、采风，为2012年北京电视台春节晚会收集基层鲜活素材后，又于8月30日和9月1日分别前往延庆县永庆镇和门头沟区，指导北京卫视《身边》节目录制，采访门头沟区改革发展情况。党委副书记、常务副台长窦晓东于8月31日至9月1日前往位于河北曹妃甸的首钢京唐公司，与新闻节目中心记者一同体验首钢工人的工作和生活，采访报道有关新闻。

在台领导的带领下，党委办公室、总编室、人事部等台“走基层、转作风、改文风”活动办公室成员部门以及其他中心、部、室也积极推进基层走访活动，形成了全员参与的工作格局。

四、开办专栏，服务群众

“走转改”活动开展以来，北京电视台在北京卫视、科教频道、财经频道、体育频道、新闻频道等先后开设专栏，对开展“走基层、转作风、改文风”活动成效进行全面展现，反映基层群众生活工作的新风貌。

卫视节目中心推出的《身边行》系列报道以每集1分钟的短片形式，呈现出各行各业劳动者的工作场景和精神状态。新闻节目中心分别在《北京新闻》、《晚间新闻报道》等重点新闻栏目中推出《我在基层》、《我们在现场》、《采访者说》、《12345需求与反馈》、《说句心里话》等专栏或特别报道，以纪实报道、体验式采访等方式，展现首都建设者辛勤工作的过程和朴实敬业的精神，帮助群众解决实际问题。科教节目中心《法治进行时》栏目开设《一线追踪》专栏，前往公安系统各基层派出所采访，挖掘一线素材，播出反映一线干警工作、生活的特别节目。财经节目中心《首都经济报道》栏目推出《触摸北京——走基层》专栏，每周播出两集，集中反映首都各行业劳动群众的故事，聚焦百姓关注的热点问题。体育节目中心在《天天体育》栏目中组织开展“体育主播走一线，关注基层体育工作者”系列报道，加强对基层体育采访线索的挖掘。中秋、国庆“两节”期间，北京电视台各节目中心围绕活动，推出了一批富于艺术性、体现思想性、来自于群众的专题报道或栏目，得到了普遍好评。

在采访过程中，广大编辑、记者、主持人真正深入到基层一线，把镜头对准老百姓，努力提高新闻宣传工作的亲和力和群众性，为群众办实事、办好事。为了把乌兰伊力更风电场检修工的艰苦工作拍得生动感人，报道组远赴内蒙古的中俄边境附近，与检修工共同生活 3 天，还不顾危险，爬上了 22 层高的风能发电塔进行拍摄。为了切身体验地铁探伤工一丝不苟的精神，报道组从晚上 11 点到次日凌晨 4 点，在黑漆漆的隧道里工作了几乎一夜。为了做好“农超对接”的送菜工和高速路收费员的采访，报道组凌晨 4 点多走到田间地头和高速路收费站，报道他们节日期间的工作场景。在朝阳区王四营政策房建设工地，新闻主播贺贝奇为了能够真实记录建筑工人的工作状态，早上 7 点就赶到施工现场，换上工作服，戴上安全帽，拜山东来京的抹灰工梁传启为师，从推混凝土干起，堵漏、刷墙、抹地面，和工人们一起工作了一整天。

五、教育员工，收获感悟

随着活动的深入开展，许多编辑、记者、主持人、管理保障岗位工作人员分别通过撰写采访手记、工作报告、互动留言等方式表达参与活动的体会。在提交的 158 篇采访手记中，一段段鲜活的基层采访经历，一幅幅生动的群众生活场景，一次次刻骨铭心的工作体验通过文字活灵活现地展示出来。

一名主持人在参与报道后写下：“‘源头有活鱼，基层天地阔’，真正有价值的新闻是记者用脚在基层一步一步走出来的。”一名记者采访后写道：“这次拍摄再次坚定了我努力在一线寻找‘最美的风景、最好的新闻’的新闻理想。”8 月 26 日清晨，北京突降大雨并伴随着强阵雨和雷电，新闻节目中心记者李莲和摄像吴迪火速赶往易积水的十里河桥。桥下的水没过了记者的膝盖，为了让排水畅通，记者和抢险队员一起双腿跪在水里，用手一点点地把沉重的抽水管捋顺。经过六个小时零十分钟的紧张抢险，积水基本排空，道路恢复了通行。记者在采访后，深情地写下了《雨中体验真情绽放　生动的报道源于基层》的采访手记，抒发了作为新闻工作者对社会、对人民火热的情怀。

大家纷纷表示，参与“走基层、转作风、改文风”活动，是深化认识、端正态度、荡涤心灵的过程，受到了一次深刻的马克思主义新闻观教育，一场生动的群众路线教育，要把“走基层、转作风、改文风”的要求贯穿于新闻职业生涯的始终，树立责任意识、宗旨意识、服务意识，办群众喜爱的节目，做有益于人民的新闻人。

六、建章立制，长效推进

按照上级要求，北京电视台“走基层、转作风、改文风”活动将长效机制建设摆在重要位置，不断推动该活动制度化、常态化。根据活动开展情况和广大干部职工的思想实际，10月，台党委结合学习贯彻党的十七届六中全会精神，研究制定了涉及五个方面、14项内容的北京电视台深化“走转改”活动具体措施，对节目生产、员工培训、信息沟通、基层蹲点、激励约束等常态化“走转改”工作作出安排。

为鼓励记者、主持人深入一线，深入基层，采制出生动感人、反映群众心声、反映党和政府中心工作的报道，新闻节目中心在《新闻节目考评细则》中，制定了向基层报道倾斜的考评机制，节目考评合理拉开分值差距，提高基层报道的考评打分。该中心《我在基层》专栏目前播出104期，每期均得到优秀评价，考核倾斜力度前所未有。文艺节目中心、影视剧中心分别建立了定期组织召开观众座谈会制度，推动与观众的沟通交流常态化。科教节目中心法治类节目与有关公安司法机关合作建立“蹲点制”、“坐班制”，明确记者在公安司法机关蹲点、坐班的要求，实现对重大法治事件第一时间作出反应。财经节目中心与密云县广播电视中心签署“走、转、改”工作协作书，建立双方合作定期深入密云县村镇蹲点采访的工作机制，确定了有效的沟通渠道。

在“走基层、转作风、改文风”活动开展期间，北京电视台在广泛调研的基础上，初步确立了新的节目考评体系，提出了“首善媒体，大美品质”的发展目标。与以往相比，新的节目考评体系将更加注重节目品位和受众评价，更加注重节目产品与社会生活和群众需求的关系，突出了把社会效益放在第一位的鲜明导向。该体系经过测试调整，于2012年正式施行，进一步在全台内容生产工作中以制度来体现和落实“走基层、转作风、改文风”的要求。

七、社会关注，群众好评

北京电视台开展“走基层、转作风、改文风”活动及相关宣传报道工作得到了上级领导和社会各界的高度关注和充分肯定。9月13日，中共中央政治局委员、中央书记处书记、中宣部部长刘云山同志在新闻战线“走基层、转作风、改文风”活动座谈会上对北京电视台《我在基层》专栏报道进行点评，给予了表扬。10月29日，刘云山同志亲临北京我台视察“走转改”活动开展情况，提出了“新闻立台、人民至上、内容为王、创新制胜”的要求。市委常委、宣传部长、副市长鲁炜同志分别对卫视节目中心、新闻节目中心有关工作和报道给予充分肯定。中宣部《新闻阅评》、国家广播电影电视总局《收听收看》多次对北京台“走转改”节目进行专题点评，提出表扬。此外，市委宣传部《新闻阅评》、市广播电影电视局《收听收看》和《人民日报》、《北京日报》、《北京晚报》、《北京青年报》、北京人民广播电台、千龙网等中央和市属媒体多次对北京电视台开展“走基层、转作风、改文风”活动情况进行报道和评论。市委宣传部《宣传系统工作简报》、《北京市新闻理论文艺战线广泛深入开展“走基层、转作风、改文风”活动简报》等也对北京电视台相关工作给予密切关注，刊发了多篇消息。

广大观众对本台近期的基层报道和相关节目给予了高度评价。北京电视台 BTV 在线网站、96168 服务热线等陆续收到观众来电，对“走基层、转作风、改文风”活动开展以来的荧屏新风予以表扬。

北京电视台纪念建党 90 周年宣传彰显特色

总编室

北京电视台庆祝中国共产党成立 90 周年宣传，以“幸福中国 最美北京”为主题，以两场直播、一个活动、两个系列报道、四部专题片、多部红色主旋律电视剧构架纪念建党 90 周年的主体宣传，并辅以近 20 个特别节目、11 场晚会配合宣传。整体宣传活动，统筹安排，重点突出，有序进行，亮点频现。

一、两场直播

《中国速度》——京沪高铁开通大型直播。6 月 30 日，北京电视台公共·新闻频道与 BTV 在线对京沪高铁开通进行 6 个半小时直播。此次直播以 6 月 30 日运营的首列京沪高铁列车为主线，在沿线共设置北京南站、沧州站、济南站、曲阜站等 14 个直播点，并在首列高铁列车上设置直播点进行实时连线。直播过程中，本台传送系统共测试联通了 18 路外来信号，采用 2 级切换方式，从总控机房交替切出 6 路信号给 350 平方米新闻演播室。直播采用了大量信号传输的新技术、新手段，顺利完成北京 2 个、外地 5 个共 7 个直播点的信号回传及技术支持工作。在演播室部分实现了多项创新，灵活运用了在线包装技术，将三维虚拟技术引入演播室，使站台站房得以立体呈现。直播还实时引入了网友的微博，反映高铁开通之后网友的喜悦之情。

“心心相印”——庆祝中国共产党成立 90 周年大型直播。7 月 1 日，北京电视台卫视高标清频道、公共·新闻频道、纪实高清频道并机推出了“心心相印”——庆祝中国共产党成立 90 周年 18 小时大型直播节目。北京广播电视台移动电视、城市电视、地铁电视等 4 万多个户外电视屏同时直播。这次大型直播呈现五大亮点：

一是全球连线。通过与新华社合作，在全球 5 大洲 12 个国家地区 12 个地点设立全球报道点，反映世界各国政要、国际组织、国际舆论对中国共产党的历史、现实和当代中国的评价。

二是航拍北京。直播中，使用航拍技术，将如诗如画的首都美景、改革发展的辉煌成就从空中视角精彩呈现，记录幸福的中国，展现最美的北京。

三是插播专题。直播中特别插播了 5 个小时的新闻专题节目，全景展现在中华世纪坛举办的《一切为了人民——北京市纪念中国共产党成立 90 周年》大型展览的精彩内容，使观众通过荧屏“参观”了《一切为了人民》的展览。

四是系列报道。直播中的《名记者北京行》板块，着眼于北京“十二五规划”，以5位中国新闻领域最高奖项“范长江新闻奖”获得者走北京、看北京、说北京的体验式新闻报道，展示北京发展全景、新景、前景。

五是主题晚会。《党在百姓心中》晚会，以宣讲活动选出的优秀故事为主要线索，形象化、视觉化地表现党在百姓心中的主题。

二、一个活动

北京电视台与共青团北京市委、北京儿童艺术剧院合力打造的大型文化活动《星火相传》共分三大部分：“一校一首歌”校园主题歌咏活动；儿童剧《红孩子》“六·一”巡演活动；首都百万青少年“永远跟党走”大型青春歌会。《红孩子》于5月28日~6月3日在BTV大剧院连演5场。校园歌咏活动实况录像于7月1日至7月3日在青少频道播出。

三、两个献礼系列

《红色地图》系列报道，选取中国共产党90年革命历程中，在北京的斗争、建设和改革发展各时期的代表性的历史遗迹、历史事件、著名人物故事、革命活动遗迹等，生动地再现了我党为民族复兴而进行的探索和奋斗，歌颂了党的丰功伟绩。节目于5月4日开播，在北京卫视和公共·新闻频道的五档新闻栏目中播出，8月初结束，共90集，每集时长5分钟左右。

《我的中国心》系列报道以回国创业的杰出海外人才为主人公，报道他们回国创业的经历，从侧面体现我党领导下的中国吸引力与日俱增，为世界城市建设营造良好舆论氛围。节目6月10日起在北京卫视和公共·新闻频道的《北京新闻》栏目中播出，共10集，每集时长5分钟。

四、四部专题纪录片

5集党史纪录片《少年中国》，通过呈现早期共产党青年才俊成长中的困惑以及实践的选择，激励现代青年树立正确的人生观、价值观。该片共5集，每集30分钟，于7月3日起在北京卫视22：30首播。

8集电视文艺纪实片《国风》，全面展现中国现代曲艺的绵延历程，折射出党的文艺方针对民族文艺的传承、保护、促进和发展所起到的巨大作用。该片共8集，每集30分钟，于6月22日至6月29日在文艺频道21：25首播。

12集专题片《为你而歌》（第九部），是北京电视台和市委组织部合作推出的专题节目，节目主要讲述北京市优秀共产党员的先进事迹。该片共14集，每集12分钟，于6月20日在北京卫视18：13首播。

10集大型电视纪录片《笔墨春秋》，通过文学的视角反映中华民族的奋斗史和命运抉择历程，证明中国人民在中国共产党领导下的“中国道路”是历史必然选择。该片共10集，每集30分钟，于7月7日开始在北京卫视22：30播出。

五、七部红色经典电视剧

北京电视台精选出由中宣部和国家广电总局推荐的红色经典电视剧《雪花那个飘》、《师傅》、《中国1945》、《智者无敌》、《侦察记》、《我的父亲是“板凳”》、《大时代》等，在北京卫视和影视频道集中展播。

六、十个频道制作特别节目

北京卫视《BTV秀场》推出6期特别节目《家国情长相忆》，邀请革命先烈的后人以及已故国家领导人身边的工作人员做客演播室，以他们最贴近也是最温暖的视角追忆伟大革命先烈们崇高的人格魅力。此外，北京电视台文艺频道、科教频道、财经频道、体育频道、生活频道、青少频道、公共·新闻频道、卡酷动画频道等近20个栏目均推出了特别节目。北京电视台还与相关机关单位合作，录制了各类主题晚会、歌会11场，分别安排在相关频道播出。

庆祝建党90周年宣传受到社会各界广泛关注，各级领导、专家学者、广大观众都给予了高度评价。大型直播报道《心心相印》在播出过程中就有观众打来电话说："拍得真好，在这么美丽的地方有我们的家，我们还有什么不知足的！"有专家认为："电视直播并不鲜见，但在纪念中国共产党成立90周年之际，像《心心相印》这样体现'全球坐标、全国视野、全景展现'的电视直播节目在全国省级卫视中是唯一一家。"

《心心相印》大型直播节目播出后，受到了中宣部、国家广电总局、北京市委宣传部等上级部门领导的表扬。当天，市委常委、宣传部部长、副市长鲁炜同志就转来刘云山同志的表扬，高度评价了这次大型直播行动。

中宣部新闻阅评组以"北京卫视庆祝建党90周年宣传彰显特色"为题，对北京电视台精心策划推出的新闻、专题、文艺等节目给予高度评价，认为"北京电视台怀着对党的无比热爱，创出了一批高质量的为党的90华诞献礼节目。特别是7月1日长达18小时的大型直播《心心相印》，策划精准、激情四射、'京味儿'十足，规模空前，全面、系统、生动地再现了在党的领导下首都北京经历的历史巨变。"

国家广电总局《收听收看日报》认为：为隆重庆祝中国共产党成立90周年，北京电视台举全台之力，充分利用自身资源优势，自去年起精心策划，提前部署，积极开展庆祝建党90周年的内容生产和宣传报道工作，全面展示中国共产党发展光辉历程和伟大成就，宣传声势浩大。

北京电视台首届"观众喜爱的主持人"大型评选活动成功举办

总编室

北京电视台首届"观众喜爱的主持人"大型评选活动颁奖典礼于2011年11月20日在北京电视台大剧院隆重举行，经百姓票选和社会调查综合排名，10位北京电视台"观众喜爱的十佳主持人"和20位"观众喜爱的优秀主持人"荣获嘉奖。这标志着这场历时4个月，本年度北京电视台最重要的品牌宣传活动圆满收官。

为增强北京电视台的核心竞争力，扩大BTV主持人社会影响力，增强主持人作为新闻工作者的社会责任感和使命感，2011 年 7 月 7 日北京电视台正式启动了首届“观众喜爱的主持人”大型评选活动，同时展开“感恩社会、服务北京”的公益新闻行动和“建立 BTV 温暖教室”公益爱心计划，来自北京电视台 9 个节目中心的 65 名主持人全面贯彻和践行“心悦百姓、行为民生”的宗旨和主题，全方位打造 BTV 主持人“具有崇高社会责任感的首都新闻工作者”的公益形象。

活动举办期间，为响应当下全国新闻战线火热开展的“走基层、转作风、改文风”的主题教育活动，主持人们走下荧屏，走近新闻现场、走向一线、走向观众，把心交给观众，将触角真正延伸到社会各个层面，感受时代的脉搏、生活的律动、百姓的需要。整个评选活动将“分享、融合、幸福、温暖”注入活动的细节当中，主持人身体力行，以公众人物的传播优势，倡导全社会关爱打工子女、参与公益活动。他们第一时间走到了社会基层中，关注百姓生活，服务首都市民，传播人间真情，号召社会大众凝聚爱心，播撒希望，社会影响积极深远。

在两个月的投票期内组委会共收到有效选票 83 万张，以投票或现场参与方式参加到活动中的观众超过百万。

在 11 月 20 日举行的颁奖晚会上，最终评出春妮、徐滔、栗坤、王旭东、田歌、李向显、阿龙、高燕、曹一楠、贺贝奇 10 名“观众喜爱的十佳主持人”和桑朝晖、文燕、悦悦、向真、刘婧、蔡紫、乐文、魏翊东、王业、杨硕、陈晨、罗旭、王小佳、聂一菁、彩虹、范红军、谭江海、长盛、姜华、马迟共 20 名“观众喜爱的优秀主持人”。

作为 2011 年度北京电视台最为重要的主持人品牌宣传活动之一，此次评选活动有以下特点。

一、活动主题明确，立意深远

主持人走进基层，走进观众。全方位打造 BTV 主持人“具有崇高社会责任感的首都新闻工作者”的公益形象。

“心悦百姓 行为民生”的活动主题，65 名参评主持人结合全国新闻战线火热开展的“三项学习教育”和“走基层、转作风、改文风”活动，走下荧屏，走近新闻现场、走向一线、贴近观众。活动期间，总编室统筹策划，9 个节目中心通力配合，同步开展公益新闻行动和公益爱心计划及大型地面宣传日活动，为主持人创造了与观众们“面对面沟通，心与心交流”的机会，这也是近年来北京电视台首次大规模集体组织主持人以团队形式走下荧屏和观众进行直接交流与互动。参选主持人深深感受到了来自观众的厚爱和主持人这份职业带来的感动。

评选期间共举办了 17 场主题公益活动，30 所打工子弟学校的 400 多名学生从中受益，增长了知识，开阔了眼界。“BTV 温暖教室”公益爱心计划启动后，主持人利用各种方式发动社会力量进行募集活动，目前第一批 9 间“BTV 温暖教室”已落成并挂牌，BTV 主持人的爱心将在这里延续。

二、评选过程公正、透明，结果加权产生，杜绝负面影响

为了保证评选的公平、公正、公开，本届评选活动完全严格依据台编委会制定通过的《北京电视台“观众喜爱的主持人”评选活动评选办法》开展评选工作，并在网络投票平台上启用了迄今为止在国内众多媒体举办的各类选秀、评选活动中最为严格的投票系统。

本届评选以观众直接投票占60%权重系数、观众调查投票占40%权重系数，两者数据相加后得出的综合分数，确定为参选主持人的最终结果。评选组委会对网络、电话、纸质三种投票方式形成的数据进行电脑甄别排查，并进行人工电话的反打核实工作，严格剔除无效选票。

北京东方公证处对评选活动全程及评选结果进行了公证。

三、全台各部门聚合力量，通力配合，整合传播方案，保证了活动的社会传播力度和影响力

全台各节目中心紧密贴合频道特点，活动丰富多彩，亮点突出。特别是体育节目中心，创意新颖，组织得力，主持人积极参与，取得了良好反响。办公室、计财部、广告部、网络信息编辑室、行政部、保卫部等职能部室和制作部、动力部等技术部门大力支持，为活动的开展作好保障。

在历时4个月的活动中，总编室制作并统筹安排了各频道宣传片的高频次播放，《电视先锋榜》跟踪记录了所有活动和主持人的收获，并在连续16期节目中全景呈现；BTV在线推出直播访谈节目《走进100》，让参评主持人与网友分享他们的台前幕后和成长故事；《北京广播电视报》订制了8个版面的特刊展现参选人风采；《北京广播电视周刊》以每期六个版面的力度推广活动；北京人民广播电台、北广传媒移动电视、地铁电视等媒体以较高频次播放评选活动宣传片；独家合作网站——腾讯微博也给予了活动最大的推广力度，同时配合我台输送的各类新闻素材，制作公益专题页，并根据不同的活动进程安排，协调不同的网络推广位做热点推荐；另外《北京日报》、《北京晚报》等首都重要平面媒体都分别以较大篇幅对本次活动进行了报道；新浪、搜狐、千龙、凤凰、新华、网易等各大门户网站也纷纷进行追踪或链接报道。形成了有影响力的我台品牌宣传效果。

本次颁奖晚会紧紧围绕“心悦百姓 行为民生”这一主题，并根据主题线索精心选取了特定颁奖群体，他们是来自基层的采访对象、是经常给节目提供线索的热心观众、是公益行动的帮扶对象、是主持人艺术人生的引路人、是那些在平凡岗位上做出不平凡事业的普通人。

晚会上由获奖主持人娓娓讲述的故事，道出了这个特殊职业的神圣责任和担当，同时也揭示出了BTV主持人的追求与情怀。主持人通过电视这一媒介，帮助人们改变生活和命运，改变社会环境和氛围，而观众也在此见证这位主持人的成长，为主持人社会责任的培养提供了强大的力量。

晚会现场，由参评主持人募集援建的“BTV温暖教室”也在晚会结束环节中呈现在舞台之上。据了解，目前已有9座“BTV温暖教室”在对应的9个区县打工子弟学校建成并挂牌。晚会在所有获奖主持人共同唱响代表心声的《最好的未来》落下帷幕，这首歌也表明BTV主持人今后将以此作为公益活动的开展基地，把关爱行动延续下去的决心。

《养生堂》引领百姓健康生活

卫视节目中心

2011年2月12、13日，北京卫视《养生堂》播出两期节目：“保卫人体化工厂”，主题鲜明，答疑解惑，引领健康生活。

选题贴近百姓生活。目前，在我国的13亿人口当中有近1亿是慢性乙肝病毒感染者，肝炎应该怎么防治呢？编导抓住这个普遍关注的热点话题，请北京友谊医院肝病研究中心主任贾继东用典型的病例进行深入解读，及时澄清人们对乙肝认识误区，并传递社会消除乙肝歧视，保护肝脏的理念。

专家解读通俗易懂。节目围绕“肝脏”这个主线展开，专家先后翔实讲解了“肝脏的作用”、“对肝脏危害最大的酒种是什么”、“酒精肝会不会传染”、“酒如何伤害肝”、“如何治疗酒精依赖”、“病毒性肝炎类别”、“肝炎病毒是怎样传染的”、“乙肝传染途径”、“乙肝疫苗打了是不是一劳永逸”、“乙肝感染标志物的意义”、“乙肝病毒携带者离乙肝患者有多远”等问题，结构清晰，层层递进，信息量大。专家以典型病例解读，有理有据，通俗易懂，让人受益匪浅。专家用生动形象的语言表述随处可见，如他把肝脏比喻成“人体内最大的化工厂”，在谈到如何对待肝炎时说：“你可以不让别人知道，但是你不能自己不知道，你更不能不让医生知道。”

互动性强，气氛热烈。《养生堂》是一档50分钟的大型访谈节目，以专家解读为主，注重观众的参与感，改变了你讲我听的单向传播模式。节目过程中有即兴的现场调查，有观众预防心得窍门，有专家面对面的现场问诊，这种生动活泼的形式更贴近百姓，能触动观众情感，能吸引百姓积极参与，现场气氛热烈融洽。节目恰当地运用了示意图、对比图、模式图和专家提示，与专家解读融为一体，互为补充，直观生动，普及了医药知识，增加了节目的感染力和说服力。

《婆婆为什么不爱我》有三大看点

卫视节目中心

2011年2月19日，北京卫视《BTV秀场——幸福秀》播出《婆婆为什么不爱我》节目，有三个看点。

一、选题有一定普遍性

本期节目的当事人小博和京京是一对相亲相爱的小夫妻，在家中遇到的苦恼主要是婆婆与儿媳的矛盾。在当前我国家庭中婆婆与儿媳之间的矛盾带有一定普遍性，如何处理好婆媳之间的关系是社会普遍关注的热点。栏目搭建了一个交流平台，通过主持人、嘉宾和当事人的坦诚沟通，调解情绪，缓解矛盾，促成和睦，达到引导观众求真、向善、崇美的目的，引导观众更加乐观、宽容、豁达。节目不渲染矛盾冲突，重在疏导和援助，彰显栏目的责任意识。

二、用真情去化解矛盾

情感类访谈节目的质量与嘉宾密不可分。这次节目请来的嘉宾王芳、王为念是有丰富经验的专家，这几年经手调解家庭矛盾的例子上千个。他们围绕当事人不同的讲述和抱怨，有针对性地劝导和分析，如嘉宾王为念对婆婆说，我们何不留一点自己活得快乐的那种心情，何必非得介入到他们当中，因为你的介入不但不能让你的儿子心情愉快，更多的是给儿子带来压力。你既然爱你的儿子，咱就应该为了儿子，远离一点他们的是非，多一点自己的生活空间，多一点自己的快乐。嘉宾王芳也向这对小夫妻传授婆媳相处秘籍，通过自身经历和感受进行生动的分析。他们动之以情，晓之以理，客观公正，最终调解成功。

三、节目设计上有新意

这期节目在设计上有独到之处。一是设置第二现场，嘉宾与婆婆单独进行朋友式的交流，减轻了对立情绪，再到现场与儿子、儿媳、嘉宾交流，避免直接冲突，带来和谐的语言环境。二是请现场“爸爸妈妈团”、“80、90 团”的观众谈对这起家庭矛盾的看法，并提出解决问题的方法，与嘉宾分析形成互补，提升了话题的高度。三是嘉宾动员一家三口做双手给对方扶背的动作，来引导他们认识到自己存在的问题。这一动员起到意想不到的作用，节目最后，一家三口紧紧拥抱在一起，眼泛泪花。这时优美动听的音乐响起，烘托出彼此理解、相融、相爱的感人氛围。祝福他们一家人生活幸福美满。

展现京郊大地的风采

新闻节目中心

2011 年 2 月 6 日晚，北京卫视播出《美丽乡村——2010 年度北京最美的乡村主题晚会》，有三个看点：

一、主题鲜明

晚会紧扣城乡一体化建设主题，以“北京最美的乡村”为主线，通过多种艺术形式，生动形象地展现了北京郊区县“十一五”期间的辉煌成就，是农业发展改变最快，农民得到实惠最多，农村面貌改变最大的五年。它诠释了发展为了人民，发展成果为人民共享的宗旨。

二、形式新颖

晚会除保留“美丽乡村”清新明快的风格外，又有新创意。一是舞台设计突出浓郁的京郊大地的风情，同时舞台上配备了大型 LED 屏，不断变换乡村四季美景的画面，有效延伸舞台表现空间，深化了晚会主题。二是打破晚会男女主持人的固定模式，设计了“美丽乡村广播站”，以男女播音员幽默风趣的播报方式串联整台晚会，让观众倍感新鲜。三是晚会的节目短小精悍，原汁原味，生动活泼。如“逛逛鲜花港”、“回娘家”、“拜年”、“乡村传奇”等节目贴近百姓、贴近生活，受到观众的喜爱。

三、表彰先进

2010 年是“北京最美的乡村”大型评选活动的第五年。晚会的最后部分由市政府领导向荣获“北京最美的乡村”称号的 13 个村的代表颁奖，把晚会推向高潮。这台晚会的播出为落实北京市“十二五”规划纲要，率先实现城乡经济社会发展一体化新格局的目标，在努力建设中国特色世界城市上起到积极的作用。

北京电视台春晚清新时尚

文艺节目中心

2011 年 2 月 3 日（农历正月初一），BTV 北京卫视播出的北京电视台春节联欢晚会，与当前积极、健康、包容的价值取向相呼应，以“感受温暖，传递幸福”为主题，邀请享誉国内外的众多著名老中青艺术家，展示多元化、高水准、丰富多彩的文娱表演，给人欢乐、清新、时尚、惊喜之感。

一、寓教于乐引起观众共鸣

小品《你幸福吗》、相声《为玉树放歌》等语言类节目反映社会现实，寓教于乐，效果非常好。如李伟健、武宾表演的相声《老板与职工》把和谐理念揉入相声包袱之中，针砭时弊，倡导和谐，老板与职工逐渐相互体谅，最终达成共同维护公司威信的共识，既让观众笑声不断，又有很强的现实针对性和舆论引导力。

二、以小见大传播温馨感动

多个温馨情感节目组合，由小及大，体现中华大家庭和谐主题，打造互动互乐效果。歌舞《风雨有情》、《我爱这蓝色的海洋》、《赞歌》展示胡松华、胡宝善、胡军一家两代多位艺术家风采，蕴含和谐家庭的传承效应，温馨感人，有联想空间，现场观众反响格外热烈，令人耳目一新。

三、传承创新展现未来希望

年轻演员表演的时尚节目占绝大多数，清新，有活力，是一大特色。“西单女孩”、“香山男孩”等许多年轻新面孔登台献艺，展示草根明星生气勃勃的艺术才华，蕴含社会包容和谐理念。新老演员同台演唱《情深谊长》等传统歌曲让人眼前一亮。尤其是少儿版京剧《赤壁》选段，小孩演唱京剧字正腔圆，唱念做打都很到位，让人看到了传承国粹艺术的希望。

四、现代科技升华舞台效果

充分利用北京电视台人剧院灯光、音响等现代设施升华舞台艺术，多场景、多角度、多变化营造强烈视觉冲击力，收到良好效果。如贾琳领舞的舞蹈《青花瓷上的鱼》，展现了舞美灯光、音响等科技手段造就梦幻般的艺术景象，令人震撼。及时切换的镜头语言充分展示演员精彩表演和现场观众惊喜反馈，烘托了现场浓烈、喜庆的互动场面。

此外，展现北京百岁老人喜悦拜年等多个互动场景，感受温暖，传递幸福，年味十足。邀请上海著名海派清口演员周立波参与主持、表演、串联节目，滑稽幽默，富有哲理，令人兴奋。

BTV网络春晚几大看点

文艺节目中心

北京电视台自2011年1月28日开始在文艺频道和卫视频道连续播出的五场网络春晚，为北京电视台的春节荧屏拉开了序幕，营营造出浓浓的节日氛围。

一、突出网络特色

晚会围绕“网络”一词做足了文章。过去一年中网络上的流行语、网络歌曲、网络红人以及网络视频等内容贯穿于晚会节目的始终，如100名网友共同演唱的网络歌曲《忐忑》，给人留下深刻印象……同时BTV在线、BTV手机电视、腾讯网、优酷网、PPTV、3G门户网等同步收看，也展示出网络电视有别于传统电视的新的传播方式和网络特色。

二、强化互动功能

本届网络春晚充分发挥了网络互动功能，全方位地与现场网络红人、电视机前的观众和网络上的网友进行互动、交流。如每一场晚会都有一个环节就是在大屏幕上与在线网友互动，拉近了电视与网友的距离；还可以用发送手机短信、屏幕下方游动字幕等方式参与晚会互动，就连晚会现场的观众，都是从报名的网友中选出的。

三、节目编排新颖

晚会的编排形式新颖独特。五场晚会五个主题，从不同的角度展示出不同的理念和情怀。几位青春靓丽、多才多艺的节目主持人，既是晚会的主持人，又是晚会的骨干演员，他们优美的舞姿、动听的歌喉和充满情趣的小故事，将节目巧妙地串联起来，使整台晚会环环相扣、流畅自如。

四、舞美设计精湛

网络春晚的舞美设计充分采用高科技的声、光、电艺术，配合多块超大LED显示屏的背景效果，给人非常强的视觉冲击力和艺术感染力。

系列节目《十年娱乐影响力》视点独特

文艺节目中心

2011年新的一个十年又开始了，北京电视台文艺频道《每日文娱播报》栏目从2月4日到2月12日以“十年娱乐影响力”为题的系列节目，全面回顾了过去十年娱乐行业的发展、变化，视点独特深刻。

事例分析有深度。以中国电影为例，节目中回顾了2002年《英雄》首开电影商业化先河的前后故事，提出“现在这种包装模式已普遍采用，但如果没有过硬的情节和剧本观众也是不买账的”的观点，这种分析很有说服力。既反映了中国电影这十年来的迅猛发展，指出了中国电影进入了一个商业化包装的时代，同时也提醒中国电影人切忌浮躁，要遵循电影的发展规律。

直面问题，不逃避问题。节目从一个独特的视角深刻地反映了中国娱乐圈中存在的问题。比如，明星年龄造假问题、明星的诚信问题、音乐圈中的抄袭问题、明星打官司以及对突发事件采取的态度等问题。既提出了问题，又提出了解决方法。栏目组没有当老好人，向观众展示了一个真实的娱乐圈。

内容广泛，综合性强。“十年娱乐影响力”这个系列节目虽然只有短短的九期节目，但是涉及范围还是比较广泛的。不仅反映了电影、电视剧、音乐等主要娱乐领域的各种现象，同时还通过人和事反映了存在的主要问题。比如，新人辈出但是缺乏创新和多元化，造成艺术生命的短暂；老人不服老，不断努力方能跟上时代的步伐；逝去的人让观众不断地叹息和追忆；娱乐圈中的那些劳模们也是学习榜样等等。总而言之，整个系列节目有人、有事、有情，给观众留下了深刻印象，值得人回味思考。

“寻找远去的‘钢铁年代’”生动感人

文艺节目中心

2011年1月14日，BTV文艺频道《有一说一》栏目，以“寻找远去的钢铁年代”为题，通过访问现代鞍钢工人、全国劳模郭明义以及两代都是炉前工的贾师傅一家，讴歌了现代工人艰苦奋斗、脚踏实地、无私奉献的优良传统，继续为祖国、为人民奉献一切的现状。这一期节目做得很有特色。

一、电视剧评论正当时

《有一说一》是大型周播文艺评论节目，当电视剧《钢铁年代》在北京电视台热播之时，《有一说一》栏目组派记者赶赴鞍钢等地采访调查，着重反映了现在鞍钢工人的精神状态。通过电视剧看到的是五六十年代工人们的精神，再了解现代工人的状况，及时地满足了观众需求。两代工人代表人物不同，情况不同，但是现代工人并没有因为物质的丰富，而抛弃老一辈工人的无私奉献的精神，他们仍然在为祖国一如既往地奉献着一切。这进一步证明了电视剧《钢铁年代》的真实性，是对该剧有力的宣传造势。

二、节目用事实说话

本期节目通过记者采访郭明义这一全国劳模典型：他每天提前两小时到岗工作，义务献血 15 年，义务帮助患病的工友，捐助困难学生，以及他与妻子淳朴的感情等等，讴歌了现代工人那种坚守理想、脚踏实地、艰苦奋斗的奉献精神，以及他对工友、对爱人的那种纯真的感情，着实令人感动。贾师傅父子的现场讲述，更是体现了老少两代人对国家、对企业执著的奉献精神。用事实讲话，增强了节目的说服力和感染力。

三、嘉宾的评论提升了节目的品位

两位嘉宾言简意赅的评论，简明扼要，一目了然。节目通过对过去年代特点的总结，对现时社会风尚的评论，使节目的观点更加鲜明。这既提高了节目的理论性，又提升了节目的品位。

四、一手资料生动感人

节目为了达到真实的效果，记者们不辞辛苦北上，冒着零下二十度的严寒，先后到鞍山、大连、沈阳等地，采访了一个个真实的人物，为观众带来了珍贵的第一手资料，生动感人。

庆祝中国共产党成立 90 周年
科教频道精心打造“红色季”

科教节目中心

在庆祝中国共产党成立 90 周年的报道中，北京电视台科教频道推出一系列讴歌中国共产党光辉业绩的电视片，收到较好的宣传效果。

一、特色鲜明的《红色征程》

《红色征程》系列片于 2011 年 6 月 20 日播出，每天 1 集，每集 5 分钟，共播出 60 集。该系列片邀请国防大学金一南、徐焰、运新宇三位将军，以讲党史的形式讲述中国共产党从 1921 年至 1949 年 28 年的风雨历程，既生动新鲜，又有历史厚重感。尤其是通过讲述 60 个建党过程中的重大事件，将中国共产党从建立，到成长、壮大的宏大图景，进行了清晰的勾勒。

这部系列片又分为 6 个小的系列，每 10 集为一个系列，总体围绕建党伟业这个核心展开，形成既相对独立，又一线贯穿。如《红色征程》之《红船起航》系列、《十大革命圣地》系列、《中国革命十大事件》系列、《一大代表的五种命运》系列等等。一条条鲜明的线索，一个个闪光的故事点，组成了《红色征程》这幅历史画卷，说明中国共产党的诞生，虽然走过弯路，犯过错误，但总能在危难之际找到正确的方向，取得一个又一个胜利。《红色征程》正是将这一历史的选择呈现给观众，将中国共产党发展壮大的原因讲述给观众，让人们充分认识到，中国共产党成功是有着历史必然性的，是人民最终的选择。

二、视角独特的《走向辉煌》

《走向辉煌》系列片于5月28日起每天19：04在科教频道播出。该片以金一南少将系列讲座《走向辉煌》为版本，把近代以来波澜壮阔的中国革命历史置于国际、国内历史变局的大背景之中，以独特视角讲述了二十世纪在世界东方，中华民族从东亚病夫到东方巨龙、从百年沉沦到百年复兴这一历史命运的大落大起，以战略视野、战略思维，深入解读了中国共产党在历史重大关头慨然承担救国使命，领导中国革命突出重围，克服重重困难，最终夺取胜利的历史轨迹。这部系列讲座分为“东方之梦”、“中国的红色政权为什么能够长期存在”、“信仰与信念”、“命运的抉择”、“量变到质变”等专题。

《走向辉煌》系列讲座内容深刻，讲述生动，既满足了观众了解历史、重温历史的意愿，同时又通过生动传神的讲述，让这段辉煌的历史篇章，成为观众喜闻乐见、脍炙人口的经典历史故事，达到了传播中国共产党历史文化，宣扬优秀传统，纪念英雄先烈的目的。

三、八点非常故事汇讲述非常故事

晚间《八点非常故事汇》栏目从6月20日至30日陆续推出“平凡岁月，非常故事”系列节目，主要有：我们这三十年、特型演员谈饰演伟人、1977我们考上清华、国旗护卫队、毛泽东保健医生回忆毛泽东、周总理家的孩子回忆周总理、我的爱人毛岸英等。通过讲述这一个个“非常”的故事，使人们进一步了解了老一辈革命家的崇高精神和改革开放使中国发生的巨大变化，更加认识到我们党的光荣和伟大。

《穿越大墙的亲情故事》感染力强

科教节目中心

BTV科教频道，《法治进行时》于2011年2月2日至8日连续播出春节特别节目《穿越大墙的亲情故事》，共7集，每集60分钟。这个系列节目立意深远，视角独特，具有强烈的感染力。

一、题材的选择

如何做好对监狱服刑人员的改造，关系到家庭的和谐与社会的稳定。《穿越大墙的亲情故事》向电视观众讲述了服刑人员接受改造，重新走上人生正确道路的曲折历程。而在春节期间播出这样的节目，更能体现他们所感受到的人文关怀。

二、突出一条主线

自始至终贯穿一个“情”字。“亲情、

友情、真情”，反映出社会、家庭对服刑人员的关爱，增加了服刑人员改造的信心。如服刑人员金学鑫的妻子对他不离不弃，这使他非常痛悔自己贩毒的罪行，儿子的歌声更让他感到家庭的温暖，使他由衷地说出一句“亲情是最伟大、最宽容的感情”。

三、节目的编导策划精细，编排紧凑，采用了多种表现手法

有现场访谈，有历史资料的回顾，从而多角度诠释了政府对犯罪人员实行的正确、有效并充满人性化的改造政策。

感受平安背后的伟大

科教节目中心

BTV 北京卫视 2 月 5 日（大年初三）播出了《首都政法综治系统春节联欢晚会》，晚会以“平安北京”为主题，盘点了 2010 年首都政法综治系统的先进典型人物和感人事件，用歌声颂扬了他们无私的奉献，用诗篇表达了他们无悔的心愿。

一、主题思想突出且贯穿始终

这台晚会由“回首这一年”、“难忘这一刻”、“无悔这一行”三个章节组成，在每个章节中介绍两三组首都优秀民警代表，并向观众讲述他们的先进事迹和感人故事，表达了他们无怨无悔的选择和最大心愿——北京平安。

二、节目形式简单明快而有序

晚会除了主持人与政法民警典型代表及相关人员的语言交流以外，节目以独唱、合唱、诗歌和歌曲中的伴舞为主，每首歌都对应着之前的一个感人的故事，简单质朴、节奏明快。

三、岗位平凡事迹却凝重感人

晚会上有公检法司的典型代表——果敢击毙匪徒勇救大学生的刑警曹志刚、挽救生命献出爱心的派出所社区民警王鹏、让原告和被告都竖起大拇指的法官李红星……还有政法综治系统相关岗位上的优秀人物。特别是提到在执行任务前给孩子、父母、组织上分别写了信的国安战士的时候，更是给晚会内容增加了一份厚重感。

四、与家人同台气氛温馨祥和

晚会上请来了先进人物的家人，再现他们生活中的一些情景，使节目更加丰富生动。如不离不弃照顾病妻的东城区人民检察院检察官段勇与妻子现场拍摄婚妙照，这些情景使现场充满温馨和祥和，令人难忘。

《八点故事汇》讲述优秀民警的故事

科教节目中心

由北京市公安局、北京市人力资源和社会保障局、北京广播电视台联合举办的首届“我最喜爱的首都人民警察”正在如火如荼地展开，北京电视台科教频道《八点非常故事汇》为配合这次活动，与北京市公安局党委合作，在“十一”期间连续五天播出了20位候选民警的访谈专题，讲述他们平凡而又非凡的故事，取得了很好的社会反响。

此次候选的民警全部来自基层，有片儿警、交警、巡警、狱警，还有来自戒毒所、110、网络管理和出入境管理部门，有知名的反扒英雄、防暴特警，但更多的人是在普通岗位默默无闻地辛勤工作。他们的语言谈不上豪言壮语，但每个人都有感人至深的故事。《八点非常故事汇》的编导们深入一线，和干警们展开全方位的交流，充分挖掘每个人平凡工作中的闪光点，节目的台本经过反复推敲设计，在录制现场取得了极好的效果，候选干警们都很兴奋，参加录像的观众流下了热泪，录制后纷纷要求干警们签名留念，一些基层单位的领导意犹未尽，希望《八点非常故事汇》今后能单独为他们再制作个人访谈。

此次特别节目不仅使参选干警的事迹得到完美的展现，而且在节目现场把他们的战友、他们服务的群众、特别是平常很少能有机会在一起的家人都聚集在一起，通过第三人称的讲述，全面展现每个人的特点，而且让观众看到每个基层干警的平凡人生，他们的苦恼和他们的亲情，看到基层民警家庭的付出和对他们的支持。录制时许多干警事先不知道家属会到场，录像过程中亲人之间情感迸发不能自已，相当动人。节目“十一”期间播出后反响很好，许多民警和他们的家人来电或发来短信，反馈节目的效果并对节目编导的工作表示感谢。

值得一提的是，此次活动因为各种原因，候选名单的发布一再推迟，从接到采访名单到节目播出，只有一周多的时间。《八点非常故事汇》的编导们发扬“走转改”的精神，亲身走访每个干警，有些采访人在房山、平谷、密云等远郊区县，编导们也不辞辛苦，收集第一手资料，为节目的顺利播出打下了良好的基础。

《健康大智慧》推出春节特别节目

科教节目中心

BTV科教频道的《健康大智慧》栏目在2011年春节期间推出一档特别节目，叫做“新春开门七件事，柴米油盐酱醋茶”。这是一个很好的系列节目，有三个优点。

一、题目定得好

柴米油盐酱醋茶是与人们日常生活最密切的七件事，从一定意义上来说，弄清楚这七件事，也就拥有了营造自身健康的养生基础知识。本节目把开门七件事与医理相联系，把看似平凡的开门七件事作全面深刻的科学解读，是一个最贴近民生的好选题。

二、节目做得好

这是一个讲解科学知识的节目，节目在制作中做到了以三点：

（1）每集节目围绕一个中心展开，做到提纲挈领、条理分明、重点突出、深入浅出，不论观众具有什么样的知识水平，只要耐心听，仔细听，都能看懂听懂。

（2）重要的地方用字幕加以提示，字幕内容通俗易懂。

（3）在讲述过程中，专家注意穿插一些小故事，既帮助观众对科学原理的理解，又增加了节目的趣味性。

三、专家选得好

选好专家是做好节目的关键。本节目的主讲专家不仅知识面广，而且语言表达流畅，谈吐不俗。他平易近人的谈心式的慢声细语把大量知识深入浅出地灌输给了观众，从而在观众心目中增加了他本人及其所讲内容的可信度，而这不是任何讲座都能做到的。

“股民七天乐”

——专属于股民的电视盛宴

财经节目中心

春节期间，由北京电视台财经节目中心《天下财经》栏目推出的春节特别节目“股民七天乐”独树一帜，个性鲜明，在各种大型综艺晚会林立的时候，形成了一道特殊的风景线。

本次“股民七天乐”同时也是《天下财经——百姓炒股秀》2010年度人物颁奖典礼，推出了包括年度成就、年度感动股民奖等在内的“七大奖项”和股民的才艺表演，激励草根百姓把握财富、创造财富和积极向上的股市和人生态度，秉承天下财经“立足百姓，服务百姓”的节目宗旨。这在国内的所有财经节目尚属首次。BTV在线天下财经的主页上，网友留言：“喜欢每位嘉宾的精彩感言，谢谢你们——股市里的活雷锋！向主持人和嘉宾们致敬!。

“股民七天乐”章显三大特点：

一是新鲜感。随着资本市场的发展，股民已经成为一个不可忽视的群体，但纵观春节期间的各种电视节目，尚未有一档节目是专门为股民打造。春节假期期间又是休市的期间，所以股民这一群体更是容易被忽视。《天下财经百姓炒股秀》就是发现了这一点，依托日常节目中所积累的股民资源，在全国率先推出了“股民七天乐”这一档专门为股民量身定做的财经娱乐节目，让广大观众在享受传统电视节目的同时，又多了另外一种选择。

二是专属感。春节7天长假中，各种大型综艺晚会充斥于各个频道，这些晚会虽然绚烂夺目，但由于个性不鲜明，同质化现象明显，很难给观众留下深刻印象。“股民七天乐”虽然受众群体不及大型综艺晚会，但因为其定位清晰，目标直接锁定股民，为这一特殊群体提供了专属感、定制感，反而更容易吸引观众的眼球。“股民七天乐”里没有歌唱明星，没有小品大腕，汇集在这里的全部是经历了一年市场风雨的中小散户，只要你是股民，你就可以在这里感受到熟悉。“这是属于股民自己的节目，股民希望看这样的节目，我们也很乐于参与这样的节目，就是时间太短了，我还有很多话没有说。”嘉宾刘枫这样感慨。

三是轻松感。参与“股民七天乐”的嘉宾都是《天下财经百姓炒股秀》日常节目中的明星股民，平时他们参与节目最重要的是严谨，而此次“股民七天乐”是在休市期间播出，摆脱了日前交易的压迫感和紧迫感，这些嘉宾可以放松心情展示他们的才艺，和观众一起做游戏，用嘉宾王巍的话说“我们这些人不是只懂炒股，我们还有很多其他本事”。

“股民七天乐”这种轻松的形式，不仅娱乐了参与的嘉宾，也满足了广大观众对这些炒股明星的好奇心理，让他们能与这些炒股明星近距离接触，从轻松幽默的氛围中交流炒股心得，既符合了节目的喜庆气氛，又区别于日常节目的严肃认真，让广大股民在休市期间，放松心情享受专属于股民自己的电视节目。节目播出后，很多嘉宾和观众都反映节目时间太短，30分钟实在让人觉得意犹未尽。

中国经济新春论坛成功举办

财经节目中心

由北京电视台财经频道和北京大学经济学院联合主办，《财经五连发》栏目组承办的“2011中国经济新春论坛”于2011年2月19日在京隆重召开。本届年会的主题是变局与突破——“预测新经济布局十二五”。论坛分别就《2011中国宏观经济前瞻》、《“十二五”破题》、《人民币国际化之路》、《2011 楼市关键词》、《2011 资本市场关键词》等话题进行了讨论。

国家统计局总经济师兼新闻发言人姚景源出席会议并演讲，姚景源提出中国经济面临资源与环境约束加剧、投资消费比率失衡、财富分配差距过大、自主创新能力不强四大挑战，我们要增长忧患意识，转变我们的发展方式。

清华大学中国与世界经济研究中心主任李稻葵就收入分配作主题演讲，呼吁政府从现在开始，在不破坏市场机制的情况下进行系统改革，研究出台针对劳动服务行业以及劳动收入的税收的各种政策改革。

建设部政策研究中心主任陈淮也在论坛中预测：中国的住房保障体系将在三到五年内形成。完成对城市结构进行调整，以满足城镇居民从脱困性需求向需求性的改变。

财政部财政科学研究所所长贾康、北京师范大学校学术委员会副主任李晓西、中国银行业协会专职副会长杨再平、人民大学国际货币研究所副所长向松祚、中信银行副行长曹彤、北京大学经济学院教授李庆云、中国人民大学金融信息中信主任杨健、民生证券副总裁滕泰等权威专家均莅临现场，针对热点、焦点经济问题发表自己的观点。现场思想火花频频碰撞，掌声不断。此外，出席本次论坛的嘉宾还有 200 余位北京大学 EMBA 总裁班的学员，会场讨论气氛热闹非凡。

中国经济新春论坛作为新春第一坛，既有对中国经济当下热点的新思考，也具有前瞻和展望，是财经界精英和学者新思想的盛宴，通过各方观点的碰撞，使得我们对中国经济的前行之路更加清晰，投资策略更加明确。这也是本届论坛对中国经济乃至全球经济的预判作出的贡献。

财经节目中心制作特别节目《直击欧美债务危机》

财经节目中心

当前，欧美债务危机不断升级，引发了国际金融市场的动荡和对全球经济是否会陷入二次探底的担忧。8 月 19 日，欧美股市继续下跌，亚太主要市场也无一幸免，收盘时全线告跌。欧美债务危机的阴霾笼罩全球，世界经济何去何从？中国该如何应对？这些问题亟须媒体为公众解读。同时，这也是凸显财经节目专业品质的机会，在国际经济大事面前，必须抢占报道先机。

2011 年 8 月 19 日晚，财经节目中心召开紧急策划会，打破栏目界限，整合资源，集体讨论决定在 8 月 22 日至 24 日，推出三集特别节目《直击欧美债务危机》，从世界经济走向、黄金价格走势、经济复苏秘诀三个主题全方位、多角度地进行报道解读。

一、团队协作，迅速反应

这次特别节目，由《首都经济报道》、

《天下财经》、《财经五连发》三档节目强势联合，共同完成。《首都经济报道》发挥新闻敏感度高的优势，《天下财经》发挥专业性强的优势，《财经五连发》发挥嘉宾资源多的优势。团队分工明确，各司其职。财经节目主持人长盛担纲主持，《首都经济报道》、《财经五连发》出编导队伍，《天下财经》负责制作和节目包装。由于打破固有模式，整合了各部门的优势资源，大大提高了节目的制作效率，保证节目当天录制当天播出。

媒体需有迅速反应能力和应变能力。8 月 23 日，国际金价突破每盎司 1900 美元，再创历史新高。当晚特别节目《直击欧美债务危机——黄金还能涨多高?》加入了这一最新行情，收到了先发制人、先声夺人的效果。

二、权威专家，详尽解读

3 集特别节目《直击欧美债务危机》特邀业内知名专家，对这次欧美债务危机的背景、影响以及世界经济走势进行全景式的分析解读。

8 月 24 日，《直击欧美债务危机——经济复苏的秘诀》邀请中国外汇投资研究院院长谭雅玲、国都证券研究所首席宏观研究员许维鸿，就全球经济如何复苏这一问题，发表独家观点。节目中电话连线财政部财政科学研究所所长贾康，探讨面对欧美债务危机，中国是否还有腾挪空间，应该如何应对。

8 月 23 日，《直击欧美债务危机——黄金还能涨多高?》邀请中国社会科学院美国经济研究中心主任肖炼、幕荣投资有限公司创始合伙人赵众做客演播室，电话连线了招商银行北京分行首席外汇分析师王小萌。以欧美债务危机背景下，黄金还能涨多少为切入点，分析助长金价的原因，金价是否存在泡沫。

8 月 22 日，《直击欧美债务危机——世界经济面临衰退?》邀请中国人民大学金融信息中心主任杨健、21 世纪商业评论主编吴伯凡，解读欧美债务危机的背景，分析在这样的国际环境下，中国经济能否独善其身。

大事面前要发出自己的声音，什么样的声音？一定是强劲的、掷地有声的，这种声音往往代表着媒体的立场和观点。知名专家通过客观解读欧美债务危机，树立对中国经济的信心就是我们要传递的声音。

三、把握导向，“稳”字当先

在欧美债务危机日益加剧的背景下，市场恐慌情绪蔓延，我们决不能在节目中传导这种悲观情绪，而是在理性分析的同时，展现中国经济积极向好的一面。把握经济事件报道的导向和社会新闻有所不同，有时问题不会那么明显，可能隐含在嘉宾的某句过激言论中，一带而过，所以更要倍加谨慎。节目参照《人民日报》、新华网针对欧美债务危机报道的宣传口径，层层把关。对于危言耸听、哗众取宠的词句一律禁用，对于嘉宾的过当言论及时叫停。

《国际金融论坛2011全球年会》录制播出圆满完成

财经节目中心

不到5天的准备周期，不足8个小时的制作时间，北京电视台财经节目中心圆满完成了高规格的《国际金融论坛》开幕式及开幕演讲的录制和播出任务，实现了三个第一，即，第一次准直播如此高规格的国际金融论坛；第一次为论坛留下完整的开幕式及主题演讲的视频资料；开幕式当天第一个采访到国际货币基金组织总裁拉加德的媒体。通过参与这次论坛的报道，彰显了财经节目中心专业、高端的品质，扩大了频道的影响力。

一、60分钟特别节目准确、流畅，实现当天播出

2011年11月4日，财经节目中心与金融局商议关于直播《国际金融论坛》开幕式及开幕演讲事宜，此时距离11月9日论坛开幕不足5天时间。正式接到市委宣传部审批意见已经是转播前一天的下午。

与会的有全国人大副委员长成思危、市长郭金龙、黄奇帆等国内重要领导，有国际货币基金组织总裁拉加德，韩国前总理韩升洙，泰国前总理素帕猜等国际政要，有金融巨子、学者专家、企业家等。如此高级别的活动，日程安排一天几变，嘉宾是否到位有许多未知数，演讲词、主持词明确告诉不能给，安保级别堪比奥运，这些都给转播增加了的难度。11月8日下午，财经节目中心接到市委宣传部的最新批示，直播改为录播，节目后期的工作量陡然增加。为抢时效，财经节目中心决定录制完成后，制作一小时特别节目在当天晚间播出。开幕式及开幕演讲的结束时间是12：30，从国贸回到苏州街台址开始进入后期制作时，离播出时间只有几个小时。3个半小时的实况素材，重要领导的排序、海量的同声传译……如何精准的删减，都需要更多的制作时间，困难可以想象。但是，经过大家的共同努力，还是圆满完成了播出任务。

二、全方位、多角度聚焦国际金融论坛，资讯、专题、访谈一个不差

《首都经济报道》栏目派出记者，报道开幕式，抢发了拉加德接受本台独家采访的新闻，并跟踪整个会议期间的新闻和热点人物。《财经五连发》栏目则发挥专题节目优势，按照频道的统一部署，制作了《拉加德来华背后有何玄机?》、《郭树清“头把火”敦促上市公司分红》、《房价大幅下降明年会否到来?》三个专题。多位财经界专家对未来中国货币政策、财经政策、出口和投资、房地产业宏观调控政策等进行深入分析。

本次论坛，先后采访了国际货币基金组织总裁拉加德、泰国前总理素帕猜、清华大学教授李稻葵等财经界专家，制作播出了系列专题访谈。

BTV 财经频道《拍宝》特色鲜明

财经节目中心

2011 年初，BTV 财经频道正式开播了一档全新的鉴藏类栏目《拍宝》，引发了电视业界的关注。

一、栏目的独到策划及鲜明特色

尽管都是定位于鉴藏类栏目，但与众多鉴藏类节目只停留在鉴定环节而无法使宝物变现不同，诉求为“玩着鉴定，乐着赚钱”的《拍宝》栏目，明确提出了“专家定真伪，市场定价格”的栏目宗旨，独特地为收藏爱好者搭建了一座拍卖平台，真正让宝物“点石成金”。拍卖行家莅临现场，以变幻莫测的市场行情为导向，筛选出可以进入拍卖的入围者，给出精准估价，并推荐到权威的拍卖公司进行交易，让持宝者明明白白投资理财。这种“让鉴赏变成快乐的欣赏，让收藏变成现金的收入”独到策划，既使得《拍宝》有了与其他鉴藏类栏目迥异的诉求点和吸引力，也使栏目具有鲜明特色而脱颖而出，一经播出便受到观众欢迎，其在 2010 年 12 月 22 日试播的首期节目，便一举荣膺 BTV 财经频道当天收视第一。

二、内容广泛及多重功能

从内容上看，《拍宝》栏目较为广泛地涉及艺术品的欣赏、鉴定、收藏及流通等各种艺术鉴藏活动，而一般的鉴藏类电视节目都是紧紧围绕鉴藏活动展开，只是各自侧重有所不同。例如 CCTV—9 的《国宝档案》，每期十分钟时长的节目，基本上都在介绍和鉴赏传世国宝精品，因此以教育文化为主，内容主要涉及艺术品的欣赏。王刚主持的《收藏秀》重心在“亮宝”和“护宝”板块，主要涉及藏品的收藏、欣赏和鉴定。《拍宝》从其栏目名称可以看出来，重心在“拍”。《拍宝》栏目组与歌德拍卖行长期合作，在节目中不仅仅是欣赏和鉴定，最终的目的是为真正的藏品提供了一个拍卖的平台，更多地侧重于藏品的流通、变现，这也是该栏目区别于其他同类栏目的最大亮点之一。

从功能上看，鉴藏类电视节目的功能一般有三种：指导投资方向、普及鉴藏知识、娱乐大众。从一些代表性的鉴藏类电视栏目来看，它们大都体现了多重功能。如，CCTV—2 的《艺术品投资》栏目主要功能是指导投资方向，同时也普及鉴藏知识；北京卫视《收藏秀》作为娱乐特色鲜明的鉴藏类栏目，在制造大众“狂欢”的同时，也向观众普及着鉴藏基础知识。《拍宝》也不例外，在为藏宝人提供真实的投资理财的渠道，同时普及鉴藏知识，并兼具一定娱乐成分。

三、娱乐策略及其形式创新

收藏本属于小众活动，而电视媒体又属于大众媒体，所以要提高节目的收视率，就必须对小众内容进行大众化制作，而娱乐精神就为拉近普通观众与珍贵艺术品之间的距离提供了绝佳渠道。从《拍宝》“玩着鉴定，乐着赚钱”的主诉求看，《拍宝》采取了与《收藏秀》类似的策略，走的是娱乐路线，但《拍宝》在娱乐的形式上有所创新。

《收藏秀》是在源自法国的360度全景演播室内，将整个收藏界浓缩为一个“圈”——面对360度全景摄像机，藏宝人、明星嘉宾、国内外知名鉴定与收藏家汇聚一起，共同就“宝物”的收藏与鉴赏展开论战，上演一场“真”与“假”的较量。而《拍宝》虽然在现场观众的阵容上并不强大，但节目形式新颖：整个节目被分为几个小版块，首先是场外专家对百姓的藏品鉴定筛选，接着镜头切换至演播室外主持人与各藏宝人对参加评鉴藏品的探讨评论，最后回到演播室，藏宝专家与主持人对藏品进行专业评鉴，各个环节有序连接，有收藏者的惴惴不安，有专家对藏品真伪的辨析，有专业拍卖人士对珍贵藏品的市场估价等，这样使得节目进程紧凑而且内容丰满。

四、亲民风格及主持人的知识底蕴

由于藏品一般都有着悠久的历史和深厚的文化内涵，这就要求鉴藏类电视节目邀请的鉴宝专家要有深厚的历史文化以及收藏相关的知识积累。而参与或收看鉴宝类节目的观众，有内行也有外行，有经验丰富的收藏家，也有只是感兴趣的普通藏友，甚至有偶然得到一件藏品而之前对收藏一无所知的普通人，这就要求主持人除了要有基本的收藏知识，还要有深厚的语言功力和极高的文化理解力，从而在节目中将收藏的道理和知识深入浅出地表达出来并被各个层次的观众所接受。

《拍宝》采取了浓厚的京味儿式亲民风格，演播室主持人陈啸和场外主持人李然、张泓均比较幽默风趣，这种亲民风格和风趣氛围，使得节目没有枯燥的谈经论道和居高临下的指教，而多是在谈笑风生之间让观众潜移默化中掌握鉴宝知识，明了宝物真伪。这极大地增加了节目吸引力、亲和力，有效扩大了栏目的受众群体。

节目中，鉴宝专家与民间持宝人在现实场景中直接互动，生活气息浓厚；演播室内外持宝人之间、鉴宝专家与主持人之间以及专家与持宝人之间的插科打诨、斗嘴斗智，都富有北京特色，京味儿十足。演播室主持人陈啸深厚的收藏知识和较为聪慧的理解力、表达力，也及时地将一些难以理解的专业知识用幽默诙谐的语言表述出来，起到了画龙点睛的作用。如9月4日《拍宝》节目中谈到五彩和粉彩的颜色区别，专家解释说五彩加了乳白就是粉彩，这样不懂行的观众听了可能还不是很明白，主持人陈啸及时补充说：“就是从晓文（歌德拍卖行专家嘉宾王晓文）到我这色儿的”，这个补充形象生动，同时又幽默诙谐。同时，陈啸在节目中适时的提问和鉴赏总结，表现出了较高的专业素养和丰富的知识积累，给观众留下了深刻印象。

北京电视台“立体转播”自行车环京赛

体育节目中心

2011年首届环北京职业公路自行车赛于2011年10月5~9日举行。该项赛事是国际自盟（UCI）世界巡回赛在亚洲的唯一一站，也是一项与环法自行车赛同等级的高水平赛事。职业公路自行车赛的电视直播是体育竞赛转播中最具难度的项目之一，需要长距离移动拍摄、信号传输，还受到天气影响，是一个复杂的系统工程。目前在国内举行的环青海湖、环海南岛等自行车比赛，只是采用录播方式。北京电视台这次采用高清信号标准向58个国家成功转播了环京赛，在国内和亚洲都是第一次，对扩大环京赛的影响，提升BTV国际形象有着要意义。

2011年4月，北京电视台派出导演及技术人员赴瑞士考察了环诺曼底公路自行车赛的电视转播。随后经过长达3个月的反复论证，并与国际自盟特邀转播顾问罗梅罗、马国力多次沟通，最终选定了2辆转播车、2辆卫星车、2架直升机、3辆摩托车、12个固定机位相互配合，每天提供90分钟高清信号的立体直播方案。

在近5个月的筹备过程中，导演组完成了近万公里的赛道实地勘测，相继完成了飞行许可审批、转播技术方案，实路航拍技术演练及测试方案，无线电频率保障方案，团队组建方案，信号传输方案，机位架设方案，气象保障方案，转场方案，后勤保障方案等。导演组还邀请了国际体育转播有限公司（ISB）参与环京赛的国际信号制作，工种包括导演、助理导演、慢动操作员、英语解说评论员、摩托车驾驶员及摩托车摄像师等。他们的参与使得本次大赛的信号制作更加规范化、国际化。

本届赛事北京电视台共计完成约525分钟的赛事直播信号、约330分钟的赛事集锦、约25分钟的新闻集锦制作。每日向包括ABC、ESPN、SBS在内的数十家世界知名电视机构进行卫星信号传送，信号覆盖五大洲的58个国家和地区。在BTV屏幕上呈现了近800分钟体育频道和北京卫视的直播，近60分钟的新闻报道。

首届环京赛不仅是一项具有高水准的国际自行车赛事，也是北京作为国际体育中心城市宣传的窗口。赛事期间，北京电视台不仅成功转播了赛事，更向世界宣传了北京。为期5天的比赛直播贯穿朝阳、海淀、门头沟、延庆、昌平、怀柔、顺义、东城、西城共9个区县。在每日全球直播时段播放沿途区县的2分钟宣传片，让更多、更美的北京人文风光展现在了全世界面前。BTV转播时段中，门头沟、延庆、顺义等区县的领导也分别做客北京电视台演播室，重点介绍当地优美的风光、特色，以促进各区县旅游事业的发展。

十一假期，全台和合作单位的两百多名编导、记者、摄像、技术人员，每天工作15小时，除了追踪拍摄，还要连夜转场。极富责任感和创作激情，完成了这次高难度的直播任务。

首届环京赛的成功直播，其复杂程度、实现难度乃至最终的完美呈现开创了中国体育电视转播的先河，提升了 BTV 的国际影响力。也使北京电视台的体育转播进入了新阶段、新层次。通过与国际、国内高水平转播机构的合作、学习，进一步完善、丰富了自己的节目制作水平和国际顶级赛事的转播经验，为今后几年该项赛事的转播奠定了坚实的基础。

北京海洋沙滩狂欢节直播呈现七大亮点

体育节目中心

“城市里看海，公园中玩沙”，2011 年 6 月 18 日至 8 月 31 日，第三届“北京海洋沙滩狂欢节”在朝阳公园再度激情开幕。作为北京夏日户外大型活动的黄金品牌，“北京海洋沙滩狂欢节”已成为北京乃至全国文化创意产业的典范，并得到了国内外的广泛关注。拥有 2 万平方米奥运沙滩、5000 平方米湖景泳池的“海沙节”依托优质资源，为广大市民和海内外游客在北京市区打造出一个高品质的消夏度假主题场所。“海沙节”现场活动异彩纷呈，北京电视台体育频道周末直播节目火爆抢眼。该节目呈现七大亮点：

亮点一：海狮表演奇趣无穷　独家观赏震撼冰熊

来自南美洲的两只可爱小海狮成为第三届“海沙节”的最大亮点，它们为游客带来精彩新奇的现场演出。碧波旁，沙滩上，游客不仅可以欣赏到海狮单手倒立、滑稽学步等精彩表演，还有机会聆听它们引吭高歌，一展海上狮王的风采。除此之外，游客朋友更有机会与海狮明星进行现场互动，体验人与动物的零距离接触。

另外，“海沙节”还引进了来自加拿大的非常珍贵的北极熊和棕熊的生态标本，这些大家伙栩栩如生，不但小朋友可以得到动物知识的普及，游客们还可以与它们合影留念、留下特殊的海沙回忆。

亮点二：舞台演出热力十足　巴西、非洲风情无限

本届“海沙节”舞台演出延续了往届活动的异国风情，隆重邀请到来自巴西和非洲的专业舞蹈演员。火辣热情的动感桑巴、原汁原味的非洲鼓舞再一次与游客见面，用热情和活力点燃北京的夏天。

亮点三：滑翔水面刺激过瘾　水上飞驰其乐无穷

作为 2010 年沙滩游乐项目“沙上飞”的姊妹篇，“水上飘”项目再一次挑战游客的极限。25 米长的滑道出现在沙区之上，参与者需要依靠自身的技巧和勇气争取滑行最远的距离——谁是当代“漂浮专家”？“水上飘”滑道见分晓！同时，在 BTV 体育频道每周末的直播节目中，“水上飘”项目化身为“鲤鱼跳龙门”环节，现场游客有机会参与节目录制，在电视屏幕上一展身手，赢取大奖！

亮点四：挑战奇幻立方　争做空中小勇士

“海沙节”一向是小朋友们的乐园。

为了让小游客度过一个更快乐的暑假，活动首次推出了“奇幻立方”。小朋友们可以在这项源于法国的空中探险游戏中接受挑战并在欢乐中学习丰富的攀爬技巧，每个人都可以争做空中小勇士。

亮点五：说客、微博来助力　海沙掀起@风暴

第三届“海洋沙滩狂欢节”联手BTV说客和腾讯微博，把活动现场的精彩内容传达至手机和电脑屏幕。“海沙节”的最新信息、现场的每个精彩瞬间，都随着@风暴出现在网友的面前。“海狮征名”、“微博抢票”，“海沙节”在新媒体平台上掀起一波又一波的抢眼高潮。

亮点六：千人比基尼　海沙更美丽

继上届“千人比基尼大赛”的成功举办，第三届“海沙节千人比基尼大赛”的参赛人数更广、赛制更完善，不论年龄、职业，“海沙节”为美丽健康的普通人提供一个展示自己的舞台！获奖选手除了可获得海岛游等大奖，更有机会成为北京国安足球俱乐部官方认证的“国安宝贝”！

亮点七：各路明星　畅游海沙

第三届“海沙节”依然迎来了大批文体明星到场。长达75天的“海沙节”中，北京国安、北京金隅的队员们、奥运冠军和演艺明星都曾出现在“海沙节”中。

体育节目中心圆满完成国际铁联铁人三项世锦赛系列赛总决赛转播工作

体育节目中心

2011年9月10日至11日，“国际铁联铁人三项世锦赛系列赛总决赛”在北京市昌平区十三陵水库举行，本项赛事是本年度国际铁联级别最高的一项赛事，其影响力仅次于奥运会。北京电视台体育节目中心对本次赛事进行了全程直播，并为国际铁联制作了本次比赛的电视公用信号，该信号在包括英国BBC、日本NHK、欧洲EUROSPORT等40多个国家和地区的电视台同步播出。

铁人三项比赛由1500米公开水域游泳、40公里公路自行车和10公里跑步组成，比赛线路长、地形复杂多样，这使得铁人三项被公认为是体育赛事中转播难度最大的比赛之一。本次转播使用北京电视台目前最先进的12+6数字高清转播车，共设置转播机位17个，其中包括陀螺仪摄像机航拍信号一路，摩托车信号两路，无线高清渔竿式摄像机信号一路，无线斯坦尼康摄像机信号一路，超级慢动作信号三路（其中一路为每秒钟2000帧的超级慢动作），无线传输信号一共达到了七路，无论是讯道数量还是各机位的科技含量，本次转播都达到了国际最高水平。

为了圆满完成本次转播工作，从2011年5月开始，BTV转播团队先后十余次赴昌平考察比赛赛道。为了保障摩托车和直升机的无线信号稳定传输，转播团队先后进行了五次无线传输信号测试工作，保证信号无死角不中断，台办通讯科也先后两次进行了通讯信号测试，保证比赛全程对讲系统畅通。赛前转播团队还进行了多次业务学习，观摩国外铁人三项的公用信号，深入了解铁人三项比赛的项目特点和转播要领。从9月7日开始，BTV转播团队连续三天进行了三场带机彩排，并针对彩排中出现的问题进行了及时总结。此外，对比赛当天有可能出现的下雨等突发情况准备了应急预案，保证公用信号全天候播出。

经过精心周密的赛前准备，BTV转播团队圆满完成了本次铁人三项世锦赛系列赛总决赛的转播工作。北京电视台制作的公用信号得到了国际铁联和各转播机构的一致认可，国际铁联电视委员会的技术代表认为本项赛事的转播水准已经达到了国际先进水平。

北京电视台2011年亚洲杯转播特色鲜明

邱大卫

卡塔尔当地时间2011年1月7日晚，第11届亚洲杯足球赛在多哈拉开大幕。作为2011年的第一项重大体育赛事，北京电视台体育节目中心从1月7日至29日对此次赛事进行了全程直播报道，受到广大北京观众的好评。

一、境外报道的多项第一

以往大型国际赛事，北京电视台很少能够获得转播权，即使获得转播权，也都是在后方进行解说评论。2011亚洲杯北京电视台不仅花费巨资购买了全部比赛的转播权，而且在比赛现场租用了演播室和评论席，并在部分场次租用卫星车进行现场单边报道。

同时，北京电视台派出了13名亚洲杯前方报道团成员，这也是北京电视台历史上单项体育赛事境外采访人数最多的一次。在13人的团队当中，有刚刚在全国电视体育节目主持人大会上荣膺最佳主持人和优秀主持人的宋健生、魏翊东以及解说新秀魏祺3位解说评论员，也有长期活跃在中国足球报道第一线的多位记者编辑，以及长期参与体育赛事转播的资深技术支持人员。前国脚、国安宿将杨璞的客串加盟担任解说嘉宾，更是给这个团队增添了一张王牌。

北京电视台体育节目中心前方派出了宋健生、魏翊东、魏祺、杨璞4位解说评论员，每场比赛都做到了由1位解说评论员和1位嘉宾评论共同解说，相比其他电视台的一人解说，效果无疑更佳。

二、新媒体运用取得突破

在比赛直播、前方特派记者一线采访报道等常规电视体育传播手段之外，体育节目中心还在新媒体技术应用方面进行了新的尝试，取得了突破性进展。

（一）跨国3G网络视频直播连线取得成功。

2011年1月6日，体育节目中心成功利用卡塔尔当地3G网络与正在多哈报道亚洲杯足球赛的现场记者进行了视频直播连线，这次跨国3G网络视频直播连线的成功可以说是电视业的最先尝试。当晚的《天天体育》直播中，身在多哈前方的主持人魏翊东在中国国家男足训练的加拉法运动场边实时播报国足训练最新情况，在混合采访区采访刚刚结束训练的国足领队以及球员。以往，要取得同样的收视效果，需提前租用价格昂贵的转播车和国际卫星线路，或者将拍摄带送到当地播出机构进行回传。而此次3G技术的使用，突破了采访地点制约的时效性不强的技术瓶颈，且费用相对低廉。

经过2010年南非世界杯、广州亚运会以及新赛季CBA联赛中的多次尝试，北京电视台体育节目中心已经将国内3G网络视频直播连线常态化。此番亚洲杯报道，本着勇于创新的理念，体育节目中心将这项新技术带到了卡塔尔多哈亚洲杯报道一线，在报道团队抵达卡塔尔短短两天中，便完成了设备的各项调试工作，让中国国家男足备战的实时画面在《天天体育》节目中得以呈现。

在此后的亚洲杯报道中，体育节目中心还多次在不同地点进行了3G网络视频直播连线，为提升节目品质、增强频道影响力提供有力支持。

（二）打造“草根足球评论员”。

现代电视传播已经不仅仅是“我播你看”的方式。北京电视台体育节目中心竭力营造一种互动的方式。具体表现是，在每场比赛转播过程中，来自腾讯网的网友通过互联网以远程视频连线的方式，在直播状态下与北京电视台演播室主持人和嘉宾以及卡塔尔前方评论员进行实时的交流沟通、各抒己见，其中一部分网民的观点和表达得到了专业足球评论员的认可。

从技术的角度，这一次的网络视频连线技术平台也有了进一步的更新：在2010南非世界杯期间所使用的网友远程视频客户端是通过VPDN专线与演播室进行网络连线，也就是说网友必须在指定的某些具备VPDN专线网络的位置参与节目，另外在发言过程中，网友们必须按提前设计好的顺序一个一个表达自己的观点，无法做到“想说就说”。而在这次转播中，所有的网友都可以在家或任何具备512K带宽的网络环境下同时“说话”。从这个意义上说，现在通过这样的技术平台，在北京电视台体育频道的电视屏幕上，真正完成了真实意义上的“草根自由发言”。

（三）率先在直播电视节目中推出“微博上墙”。

目前在国内的微博用户已经突破了1亿。在北京电视台亚洲杯足球赛的转播过程中，通过视频技术手段，北京电视台体育频道演播室的背景大屏上，不停地滚动着来自腾讯微博用户群中的优质微博内容。尤其来自北京电视台亚洲杯前方报道团队的微博，更是由来自卡塔尔第一线的北京电视台的记者们，不停地通过微博这个渠道，将前方的各种信息发回到演播室（比如前国家队教练米卢与北京电视台体育特约评论员杨璞会面的照片等内容），从这一点来说，在直播中，微博已经作为比常规电视通讯手段更便捷、更迅速、同时也更海量的信息传输方式，成为前后方信息交流平台中除卫星传输之外的最有益的补充。

应该说，在这次亚洲杯的转播报道工作中，新媒体传播的技术特点和内容优势已经全面应用于北京电视台体育节目的制作过程中，并且对节目生产、受众需求起到了非常重要的作用。

三、巧妙编排，京味儿足球吸引观众

虽然拥有全部比赛的电视转播权，但北京电视台在编排时，充分参考了央视体育频道的节目编排，把一些不重要的比赛安排录播，取得了较好效果。

北京电视台体育频道每晚21：25的体育新闻直播《天天体育》是北京地区最受欢迎的体育新闻节目，而亚洲杯足球赛每天第一场比赛开球时间是21：15，在央视每场比赛都直播的情况下，部分不精彩的场次安排录播，照常直播《天天体育》，不仅照顾到了广大非足球迷的收视需求，同时也进一步强化了《天天体育》的强势地位。

同时在转播中，加强京味儿足球的内涵，不仅请来老国安队员、前国脚杨璞担任解说嘉宾，而且通过微博、网友视频评论拉近和北京球迷的距离。同时和北京体彩中心联合举办“京彩亚洲杯”活动，更是巧妙地把足球彩票和赛事转播结合起来。前方报道组还充分利用3G网络的优势，在中国队下榻的洲际酒店等地设立现场演播室，发掘出了众多独家新闻。

实施品牌战略 打造体育节目新亮点
体育频道推出《武状元——中华武术电视争霸赛》

体育节目中心

长久以来，一直困扰着体育频道的一个问题就是赛事资源短缺，也就是大家常说的“靠天吃饭”。而作为北京电视台体育频道，在努力把现有资源最大化利用的同时也一直在探索着自主创新的赛事和活动。继“海洋沙滩狂欢节”、“鸟巢欢乐冰雪季”、“京超”足球联赛以外，又推出了《武状元——中华武术电视争霸赛》，于2011年12月1日起每周四19：35在体育频道播出，共9集，每集长达100分钟。

本次“武状元电视挑战赛”是体育频道发挥自身优势，整合相关资源，自创赛事并形成节目的一次全新尝试。与以往在体育频道中展现的有所不同的是，这次的《武状元——中华武术电视争霸赛》是一次规范性的赛事，它不受季节和气候的限制，当然它也不存在赛事转播权的问题，它是体育频道自己参与组织并精心打造的一场专业性很强的赛事，赛事本身具有可持续发展的空间。可以说首届“武状元电视挑战赛”的成功举办对体育频道实施品牌战略，扩大频道自身影响力起到了积极的推动作用。

一、选准内容 树立品牌

以打造品牌节目为突破口，营造自身品牌知名度，依托大型活动提升无形资产，是塑造频道品牌的重要手段。对于北京电视台体育频道，除了几个经典的王牌赛事（中超、CBA联赛）外，也应该更广泛地自主创新一些受大众喜爱的赛事，一是保证自己频道内部的赛事资源充足，种类多样化，更好地为大众服务，另外也改变“靠天吃饭”的尴尬境地。之所以会选择武术，首先，武术被称之为国术，是中国传统的体育项目，具有极其广泛的群众基础，是人们在长期的社会实践中不断积累和丰富起来的一项宝贵的文化遗产。因此作为首都的体育宣传阵地，我们有责任和义务弘扬这项民族传统文化并推广这项全民健身运动。而实践也证明，节目播出第一期就在收视上取得了不错的成绩，此外武术比赛这样一项在中国北方有着广大群众基础的体育赛事，被北京电视台体育频道搬上银屏，并进行华丽的电视包装和宣传是深受广大观众喜爱的，毕竟喜欢体育的观众也是希望节目内容多样化。

二、规范赛事　广受认可

举办一项赛事或制作一档相关的电视节目，要树立起自己的品牌，拥有良好的口碑，就一定要具有权威性。尽管“武状元”的比赛是首次举办，但前来参赛的选手来自全国各地，打分的近20名裁判也是由国际级和国家一级裁判组成。比赛中，我们严格按照国际比赛的打分准则和比赛流程进行，无论是经验丰富的专业选手，多次获奖的冠军级选手还是首次参加此类比赛的年轻运动员都在比赛中奋力拼搏，认真对待。九场比赛下来，我们记住了第一次参赛却毫无惧色的段峰，记住了面对比自己高两个级别却敢打敢拼、笑到最后的王鹤松，更记住了双手骨折还坚持打完全场的蒙古族小伙青格勒。大家之所以在比赛中表现的如此认真和顽强，是因为他们都知道这是一场真正的比赛，是一次强者之间的较量。因此，无论输赢，赛后选手们都会说，明年的“武状元”我会再来。

三、设计创新　独树一帜

近几年，与武术相关的电视节目层出不穷，《武林大会》、《武林风》、《英雄榜》都曾掀起过收视热潮，但随着过多同质化节目的出现，很多形式、内容都趋于雷同的栏目慢慢被新兴的娱乐浪潮所吞没，武术类节目也难逃此劫。因此，我们在节目创意之初，就把“武状元”定位为一档集实战、娱乐、文化于一体的电视节目。既然是“武状元”，那么真枪实战自然是最吸人眼球的，打得好也代表赛事的整体水平高。此外，为了全方位、多角度展现中华武学的博大精深，我们还在比赛中加入了文考的部分，这也是我们有别于其他武术类比赛和节目的最关键所在，考评中除了一些很专业的与武术相关的试题外，编导们还加入了与武术电影以及中国古代文学相关的试题。突出文武双全，不仅为了加强参赛者的文化素养，也是希望使中国的武术文化、武术知识得到更广泛的宣传和普及。当然，除了文和武，作为电视媒体，我们还在比赛中加入了娱乐的成分，依托于武术，我们设立了闯关环节，梅花桩、水上漂等武术基础的大变形，让很多选手还未参赛就已经对带有游戏色彩的闯关环节充满了极大的兴趣和挑战的欲望。为了评分的客观、公平和权威，节目中嘉宾的选择也是煞费苦心。武术界的泰斗级人物张山老师，中国传媒大学教授、著名电视主持人张绍刚以及以“打”闻名的影视演员唐金，在比赛中分别从不同的角度出发对选手进行了综合的评定。总之，我们希望“武状元电视挑战赛”是一次中国传统武术文化和现代电视艺术的完美结合，缤纷云集的武术套路、酣畅淋漓的搏击场面、源远流长的文化底蕴、惊险刺激的冲关环节，使得“武状元”能够独树一帜，为体育频道打造出自己的新亮点。

四、季播节目提升淡季收视

《武状元——中华武术电视争霸赛》是体育频道第一次尝试季播节目形式，选择了冬季体育频道淡季推出，并在明年春节期间进行集中展播。这一举措，对改变长期以来体育频道冬季和节假日期间收视短版，进行了有益尝试。

“2011中国时尚大典”彰显时尚力量

生活节目中心

2011年12月13日，由北京电视台和时尚传媒集团联合主办的“2011中国时尚大典”在北京电视台大剧院完美开幕，并于2011年12月30日19：40在北京电视台卫视频道和生活频道并机播出。

本届中国时尚大典舞台设计气势磅礴、流光溢彩，节目表演构思巧妙，颁布环节庄重典雅、温情动人，特别是集合了国内时尚界、文艺界、商界的众多名流、明星和精英人士300余人，倾情奉献了一场时尚文化评点、原创设计绽放、年度时尚事件颁布于一体的璀璨盛宴。市广电局《收听收看报告》刊文“在传承中创新 在标新中立意”，评价2011中国时尚大典“带给观者以震撼的视听体验之外，更在强调时尚事件背后所蕴藏的时代烙印和时代意义，让观众感受到意义深远的文化洗礼，让大众真正了解时尚的内涵，体会到一种永远积极向上的力量”。

“2011中国时尚大典”由北京电视台主持人春妮，身兼演员、歌手、VJ数职于一身的主持人吴大维共同主持。当晚，来自中国香港的导演林奕华、来自中国台湾的著名舞台剧导演赖声川，以及来自韩国的知名艺人韩彩英，当红女明星姚晨、萧蔷、杨采妮、李小璐、黄奕、邬君梅、车晓、周显欣、孙菲菲、巩新亮、王丽坤、姜宏波、熊乃瑾、苏岩、爱戴、童瑶、郑亦桐、李欣汝等，知名男艺人陈奕迅、黄晓明、沙溢、胡兵、李光洁、大牛等一同出席。奇幻绚丽的3D影像秀惊艳开场，瞬间吸引了在场所有嘉宾的目光——2011中国时尚大典，这一年度最具影响力和推动力的权威时尚文化盛事辉煌上演。

“2011中国时尚大典”作为目前国内最具权威性的年度时尚评介活动，其目光聚焦于2011年度中国最具时尚引领意义的时尚事件、时尚人物，以及造就这些时尚事件和人物的力量，最终以“年度中国时尚力量”提名设计和颁发的形式予以标举和表彰。

主办方采取“媒体推荐、大众投票、专家评审”三位一体的评价体系，使其更具客观性和普遍意义。特别邀请了20位来自国内各大主流媒体的主编组成推委会，对年度时尚事件进行举荐，产生提名名单；然后将提名名单交由活动合作网站，由大众进行投票；最后由来自社会文化领域的知名人士组成评审团，在提名名单中斟选“年度中国时尚力量”入选事件名单。这一集结各界权威人士的强大评审团，无疑成为“2011中国时尚大典”年度时尚事件权威发布最有力的保证。

评审团代表，北京电视台张亮副总编在谈到中国时尚大典入选年度事件评价标准时表示：“2011中国时尚大典”以新闻性、先进性、创新性、时代感、影响力为标准，体现在各大提名所涉及的具体人物、事件上面，着重强调其社会影响和精神内涵，从而凝聚成具有普遍意义的时代力量，从而印证时尚改变生活，成为时尚观念上的具象阐释。经历媒体、公众、专家的层层筛选和把关，最终揭晓“2011中国时尚大典”——年度中国时尚力量，当中国时尚大典把这些2011年度最值得记录的事件和人物定格成时尚力量的时候，我们分明已经看到一个令人振奋的新时代的模样。

除了激动人心的年度时尚事件揭晓环节外，中国时尚大典最别具一格的就是已经延续三年的明星与名师“跨界”合作的主题时装秀。继2009、2010中国时尚大典相继推出“中国红”、“改变”两大不同风格的主题服装秀，本次时装秀以“穿越的青花”为主题，力邀三十位国内知名设计师、新锐设计师组成豪华设计团队，当红演艺界明星现场变身时尚秀场模特，倾情演绎名师设计，共同完成这一振奋人心的跨界之举。

本次中国时尚大典总导演及制片人钱丹丹，同时也是“穿越的青花”概念的提起者，阐述了此次时装秀的主题的创意由来：“穿越”是2011的流行热词，“青花”是被世界认可为经典的中国元素，从元代开始到之后每个朝代都有精品流传后世，青花本身就具有穿越时光的特质，从古代到现代，“青花”“穿越”时空而来。同样，青花元素也是众多国际设计师设计灵感的重要来源。而且，法国高级时装公会中国方将挑选“穿越的青花”走秀环节中的部分优秀作品，带至2012年3月举行的巴黎时装周China in Paris亮相，从而让“中国设计”和“中国创意”得到世界更多的关注和赞誉。从北京到巴黎，“青花”再次“穿越”了空间的界限。相信青花元素在服装上的设计运用，会给大典的时尚舞台带来与众不同的呈现力。

时尚是一种力量，它引导和撬动着整个世界和生活的改变。而在这个特殊的年份，无论是人与自然的和谐相处、世界金融危机后对全球化浪潮的重新阐释，还是经济发展中创新、创意、创造的理念以及科技进步的全新境界，都转化成为每一个人心中的时尚追求，潜移默化地形成一股强大的力量，引领我们的生活进入一个崭新的时代。“2011中国时尚大典”就是力求将这股时尚的力量、将这种不断发展中的中国精神和独特中国气质完整地呈现出来，彰显民族的就是世界的，时尚中国正日益成为全球发展进步的主要推动力量之一，因此在整个盛典的细节雕琢和表演环节的设计中，希望将这一主旨和理念充分和清晰地传达出来。

“2011中国时尚大典”特别邀请到被誉为PHILLIPPE STARCK（菲利普·斯达克）接班人的著名国际级设计大师、来自西班牙的JAIME HAYóN（亚米·海因）为本次活动进行限量艺术品设计——一樽高45厘米造型别致的陶瓷扑满。这件前所未有的艺术品全球限量仅40件，得到了台湾著名设计师包益民的鼎力支持，并全程监制制作。

在演出环节的设计上，除了奇幻炫目的3D开场影像秀，气势磅礴的盛典典礼以及美轮美奂的明星走秀，本次大典还特别邀请国际级著名钢琴家郎朗现场激情演奏李斯特的作品《钟声》。入选年度突破的力量称号的新民乐演唱家龚琳娜和她的乐队奉献一曲别开生面的新民歌《自由鸟》。中国时尚大典特别策划这样的表演，通过艺术家对于作品的深刻理解和高超演绎，将东西方文化和艺术完美融合呈现，诠释出和谐气度之美。

《生活面对面》推出“别样的北京”

高　燕

为纪念中国共产党成立90周年，北京电视台《生活面对面》栏目连续5天推出5期特别节目“别样的北京”。该节目利用纪录片的方式，通过普普通通群众的感悟，以小见大，展示建党90年来的巨大变迁，表达广大群众对中国共产党的深厚感情。

别样地听　可爱的北京

王建明老人是一位杂技团的老党员，退休后发挥余热，潜心研究生活乐器，比如他可以用呼啦圈制作的横笛吹奏《南泥湾》，用活塞做的笛子吹奏《红色娘子军》。他热爱党，热爱生活，就用生活中随处可见的材料制作乐器专门演奏红歌。同时，他又是一个有故事的人，他在党的培养下成长为一个全国劳模，在党的教育下从一个苦孩子成长为文艺工作者。纪录片通过这个典型人物，把北京很多有特色的声音、音乐收集进来，比如晨练的声音、公园合唱的声音、清晨布谷鸟叫的声音等，通过这些声音和画面既让人感受到生活的幸福，又描绘出了最美的北京，最美的北京人。

别样地玩　车轮滚滚

老北京人王存槐花费了13年心血，制作出一辆辆精美别致的“车模”，每辆车都是一段历史，每段历史歌颂的都是在党的领导下各级政府为民办实事办好事。老人家更愿意在追忆北京城历史的同时，用车轮滚滚一路向前来歌颂国家的进步和发展。观众可以跟着老人的车轮，看到北京城的昔日和今朝，看到很多久违的真实影像，看到首都人民生活的富足以及城市的繁荣。

别样地行　足下生辉

北京曾经是皇城，“内联升”曾经是著名的老字号。可是在过去，“内联升”以制作朝靴起家，服务的是王公大臣、达官贵人。而如今，这个老字号是老百姓的品牌。千层底是“内联升”的“镇店之宝”，千层底布鞋制作技艺的第四代传人、老北京的手工制鞋师傅何凯英讲述“内联升”与老北京的故事。他师傅的师傅们当年就有一个绝活，就是一眼识脚，可当年是服务于统治阶级的，如今这样的绝活是为咱们百姓服务的，这就是党领导下的人民当家作主的国家给老百姓带来的好处。“内联升”曾经为很多被脚病困扰、不能行走的顾客做出了合脚的鞋，让他们能用自己的步伐丈量新北京，这让人们由衷地感到幸福、感到温暖。

别样地吃　有滋有味

吃是生活幸福指数中的重要内容，吃让生活有滋有味。过去党让人民吃饱穿暖了，满足了小康的需要，而今，党让老百姓吃得好了，吃得丰富了，吃得讲究享受、讲究品质、讲究营养搭配了，这一变迁不能不说是最实际的好处、最真实的幸福感。北京城东西南北到处都有成规模成气候的餐饮街，不仅可以吃到正宗的北京菜，还可以品尝到世界各地的美食，满足北京国际化大都市的天南海北的人们的需要。在该纪录片中，不折不扣地传递出北京人的自豪、北京作为国际化大都市的海纳百川和从容不迫的气度，兼容并蓄且发扬传统。

《环球春晚》传递首都国际城市形象

青少·海外节目中心

2011年《环球春晚》2月4日（大年初二）在北京电视台播出。整台晚会高潮迭起，中西演员载歌载舞，给中外观众奉献了一台精彩的视听盛宴。晚会特色突出，亮点多多。

一、多国艺术家组合，音乐没有国界

这是一台真正的跨国界多元化的演出，来自美国、瑞典等十多个国家的演员与中国演员同台竞技，让观众真正感受到了“音乐是没有国界的”。瑞典钢琴家罗伯特·威尔斯与中国著名小提琴家吕思清合奏的《匈牙利舞曲》让观众欣赏到了两位大师天衣无缝的演奏韵律；以色列男高音大卫·迪欧和中国著名女高音刘媛媛演唱的中国歌曲《敖包相会》，将观众带进了内蒙古大草原。这种打破国界的组合，别出心裁，真正体现了《环球春晚》“世界城市，欢乐北京”的主题。

二、欢歌劲舞，高手云集

此台晚会不仅有顶级艺术大师，也有草根达人的首次联袂登场。英国、中国大陆、中国台湾地区等地的四大选秀‘达人’的出场彰显了北京作为国际化大都市的开放和包容。艺术家们的歌舞表演深深感染了观众，也使晚会的喜庆气氛达到高潮。

三、多元化主持成晚会亮点

瑞典钢琴家罗伯特·威尔斯、美国魔术大师大卫·威廉姆森、国际主持吴大维、熟悉中国文化的法国姑娘金小鱼、塞拉利昂“黑珍珠”玛利亚、北京电视台当家花旦春妮与双语主持姜华七位各具不同才能的主持人共同主持晚会。大卫·威廉姆森通过精彩、颇具魅力的魔术表演并与主持人、演员和观众互动，将节目很好地串联在一起；金小鱼、玛利亚流利的中

文，春妮、姜华流利的英语将幽默、风趣带给了观众。中外主持人的混搭也成了晚会的一道亮丽的风景线。

四、中外文化交流的窗口，影响深远

《环球春晚》是一台多国艺术大师参与的春节晚会，中外人士共庆中国的节日。晚会以一种全球化的视角较好地体现了中国文化与国际文化的沟通和融合，通过艺术的语言、多元的展示将中国文化分享给其他国家，同时将其他国家的文化介绍到中国，对于北京国际城市形象的推广意义深远。

2011 BTV 卡酷动画春晚受到好评

动画节目中心

《2011BTV 卡酷动画春晚》于2011年2月2日（除夕）19：40在北京卫视和卡酷动画卫视同步首播，北京地区收视率达到1.43，在北京地区所有频道中名列第四，仅次于央视，在各地方卫视除夕节目中名列第一。特别是首播当晚的前20分钟，北京卫视全龄收视高达2.68，在卡酷卫视4～14岁收视率达到4.42%，收视份额10.51%，核心收视人群的收视比例比去年同期提高了60%。

《2011BTV 卡酷动画春晚》为全国小朋友奉上了一部动画人物与真人明星云集的“穿越狂欢”，其超乎寻常的想象力、高质的动画制作、精彩的真人演出、00后的语言和表达，赢得了全国小朋友的喜爱，得到包括新华社、《北京日报》、《北京晚报》、《北京青年报》、《综艺》、新华网、人民网在内的跟踪报道。新华社和《扬子晚报》分别以“2011BTV 卡酷动画春晚演绎“穿越狂欢”，体验视觉大餐”和“给孩子看的春晚，穿越了！”为题发表评论文章，高度评价本届动画春晚的创新形态和互动影响力。

2011 北京·视界——城市动漫设计大赛成功举办

动画节目中心

2011年4月1日，由北京市科学技术委员会主办，北京工业设计中心、北京卡酷动画卫视联合承办的“2011 北京·视界——城市动漫设计大赛”开启。这一大赛围绕首都“人文北京、科技北京、绿色北京”的发展战略和建设中国特色世界城市的目标，配合北京市申报“设计之都”和“世界设计之都”工作，面向全国征集有关北京城市建设和人居环境方面的创意设计构想。

大赛首次举办即吸引了全国各地百余所大、中、小学校的积极参与和社会各界的踊跃投稿，两个月内共收到有效作品近2000部，甚至还有一些投稿来自海外。这些作品题材广泛，风格多样，既有少年儿童的稚嫩画笔，也有不少创意巧思的精妙设计；既有对现代城市，居住环境的展望，也有回忆童年，捕捉老北京神韵的画面。最终，集科技、创意、人文、绿色于一体的42部优秀动漫作品分获大赛的各个奖项。大赛获奖作品通过北京卡酷动画卫视面向全国展播，并在北京太阳宫卡酷科技水乐园进行专题展览。

“红旗飘飘九十年”红色经典纪录片展映活动红遍全国

纪实高清频道筹备组

由北京电视台纪实高清频道与中视协纪录片学术委员会发起，由中共党史学会、文献研究会主办的“红旗飘飘九十年”红色经典纪录片系列推选活动，2011年11月28日在广东省茂名市隆重收官。全国政协常委、中国文联副主席、中国视协主席赵化勇，中央文献研究室副主任陈晋，中央党史研究室副主任章百家，中国视协纪录片委员会会长刘效礼等出席颁奖活动。北京电视台总编辑赵多佳出席了本次“红旗飘飘九十年”经典中国红色纪录片颁奖盛典，并作为颁奖嘉宾为“最佳编导作品”奖项宣读颁奖词及颁奖。

2011年4月底，由北京电视台纪实高清频道率先向中国视协纪录片学术委员会发出倡议，面向全国展开“红旗飘飘九十年”红色经典纪录片推选展映活动。此项倡议迅速得到了中视协纪录片学术委员会积极响应和高度重视。同时中国电视艺术家协会作为纪录片学术委员会上级单位，联合了中央文献研究室、中央党史研究室、中央新影集团作为此次活动的主办方，于2011年5月25日正式行文，向全国各家省市电视台发出征集邀请。

在活动开展过程中，先后有重庆、广东、上海、浙江、江苏、湖北、天津等省市级电视台加入。在5月至7月的两个多月时间里，中视协纪录片学术委员会共收到来自全国省市电视台选送的红色经典纪录片近200余部、3000余集。这种在重大庆典期间，利用资源平台，广泛展播全国优秀纪录片的活动，在电视史上还是第一次。

在“红旗飘飘九十年”经典中国红色纪录片颁奖盛典中，北京电视台荣获“最佳出品机构”奖项；北京电视台的自制作品《人民大会堂》荣获“最佳网络人气作品、最佳撰稿作品、经典作品”三个奖项；北京电视台青少·海外节目中心的作品《少年中国》荣获“经典作品、最佳创意作品”两个奖项。

活动组委会同时举办了“红旗飘飘九十年”经典中国红色纪录片暨文献纪录片高峰论坛。主要围绕“文献纪录片的时代意义与历史价值”、“媒体责任与品牌提升”、“影像表达与艺术突破”三大主题，邀请学界业界的专家学者进行共同探讨。纪实高清频道主任陈大立应邀参加了论坛，就如何向社会彰显文献纪录片的历史价值与时代意义，同时提升中国文献纪录片的媒体责任感与品牌影响力等问题作了发言。

BTV 在线全面报道 BTV 春晚

网络信息编辑室

北京电视台 2011 年春晚涵盖网络春晚和春节联欢晚会两部分，共 6 场晚会。BTV 在线积极参与、密切关注、全面报道了从晚会筹备、地面推广到晚会录制、播出的全过程。

2010 年 11 月 16 日，北京电视台 2011 春晚系列活动“春晚 e 起来”正式启动，BTV 在线特意为春晚申请了独立域名 chunwan. btv. com. cn，作为春晚的官方网站，并在发布会召开之前开通上线。春晚系列活动官网包含活动最新动态、活动简介、地面活动简介、媒体聚焦、互动论坛、在线调查、网友报名、合作媒体等内容。为了在有限的页面上涵盖更加丰富的内容，美术设计别出心裁地设计了风车型 flash 动画，旋转的风车“花瓣”，体现出 5 台网络春晚环绕一台主春晚的五星伴月的效果。官网上线当天，BTV 在线对春晚系列活动的启动仪式进行了互动直播，由于有网络红人筷子兄弟、龙井兄弟等嘉宾到场，当天活动取得了较高的点击率。

发布会结束后，春晚系列活动开始征集“我是大明星”和“我的榜样家庭”系列地面推广活动。BTV 在线利用网络优势，在显要位置发布了征集办法，开通了报名系统，方便剧组随时查看网友的报名情况。2010 年 12 月，春晚剧组在四所大学先后进行了“我是大明星”地面推广活动，BTV 在线全程参与拍摄和直播，由于节目新鲜好看，还有明星助阵，网友的参与热情很高。“我的榜样家庭”地面推广活动开始后，BTV 在线专门进行了页面改版，及时把这些精彩的活动内容呈现给网民。网民边看边给自己喜爱的节目投票，春晚剧组通过网民的投票情况进一步筛选节目。

2011 年 1 月初网络春晚开始录制。BTV 在线的编辑记者作了充分的准备，满怀热忱地投入到采访报道工作中。在春晚剧组的大力支持下，BTV 在线拥有了专门的采访间和主持人，保证有充足的时间和机会，采访拍摄了 10 多个小时的素材和数百张精美图片，为制作“解密版”网络春晚准备了大量的素材。在时间紧、任务重、人手缺的情况下，BTV 在线的编辑们加班加点，克服了种种困难，对拍摄和采访到的素材进行后期制作、包装，剪辑成了网络春晚的独家“解密版”；并且对数百张图片进行筛选，整理成图集，特别制作了大图欣赏，保证页面的宽窄不成为欣赏图片的桎梏，吸引网友关注网络春晚的亮点。

为了使这些图片和视频内容最大限度地为即将播出的晚会造势，官网进行了大规模的改版，设立了“我是大明星”特别节目专区、明星草根大拜年专区、网络春晚和主春晚的台前幕后等内容板块，将两台春晚的精彩充分展现给网友。

从 2011 年 1 月 28 日起，BTV 在线对 5 台网络春晚和春节联欢晚会进行了网络互动直播。在直播时，网民可以在聊天室、BTV 说客、论坛中留言，感受晚会给自己带来的愉悦，也可以提出表扬、批评和建议。

在 BTV 在线工作人员的积极努力下，2011 年春晚的系列活动和晚会的采访报道及直播工作圆满落幕。BTV 在线网络春晚的总访问量达 43.9 万页，春节联欢晚会的访问量达到 143 万页，创历年春晚网站直播访问量新高，较 2010 年同比增长了 63%。

组织机构

组 织 机 构

中共北京电视台委员会

书　记：王晓东
副书记：赵多佳、窦晓东
委　员：田　方

北京电视台领导班子

王晓东　北京电视台党委书记、台长
赵多佳　北京电视台党委副书记、总编辑
窦晓东　北京电视台党委副书记、纪委书记、常务副台长（2011 年 3 月起任常务副台长）
邵宣堂　北京电视台副台长
田　方　北京电视台总工程师
张　强　北京电视台副总编辑（2011 年 11 月调离）
朱　江　北京电视台副总编辑
张　亮　北京电视台副总编辑
王　澎　北京电视台副台长

北京电视台工会

主　席：李　珍
副主席：孟传妍
委　员：马世飞、王　奇、王　峥、王金生、王宝德、刘绍芬、伊国庆、陈志明、李　珍、李　湧、李志国、张　立、孟传妍、周　红、周久兰
经费审查委员会：温江南、齐学耕、周志豪

共青团北京电视台委员会

书　记：李　莉
副书记：彭　嘉
委　员：彭　楠　林　遴　王　岩

内设机构

一、内设机构

党委办公室、办公室、监察审计办公室、人事部、保卫部、计划财务部、工会办公室、行政部、基建办公室、总编室、广告部、总工程师办公室、播出部、制作部、动力部、技术设备管理部、转播传送部、研究发展部、新闻节目中心、海外节目中心、文艺节目中心、科教节目中心、财经节目中心、体育节目中心、生活节目中心、青少年节目中心、影视剧中心、公共频道节目中心、动画节目中心、卫视节目中心、经营管理部、信息网络管理部。

二、内部机构

艺委会、史志办、网络信息编辑室、老干部工作办公室、纪实高清频道筹备组、北京网络广播电视台筹备组。

三、说明

经台党委研究决定：对新闻节目中心和公共频道节目中心进行资源整合，建立 BTV 新闻频道；对海外节目中心和青少年节目中心进行资源整合，建立 BTV 青年频道。

在职中层干部

党委办公室
主　任：李志国
副主任：赵国旗

办公室
主　任：宋　莲
副主任：秦新春、钟　强

总编室
主　任：史椰森
副主任：陈　晔、高　鎬、何　蔚

研究发展部
主　任：蒋　虎
副主任：马克燕、宁文茹

总工程师办公室
副主任：刘宏亚、林　平

人事部
主　任：杨建忠
副主任：白艳军、李迎军

工会
主　席：李　珍
副主席：孟传妍

计划财务部
主　任：孙成刚
副主任：汪　红、齐学耕

监察审计办公室
副主任：周久兰

保卫部
副主任：赵修明、马世飞

行政部
主　任：王开平
副主任：纪　勇、卢英锁、姚大禹
主任助理：李雅涛

基建办公室
副主任（主持工作）：程云泽
副主任：张宇青
主管工程师：朱晓宇

广告部
主　任：钱　毅
副主任：张晓耕、刘　泓、赵峥铮

经营管理部
主　任：孙洪斌
副主任：买剑平、王京梅

副总工程师
李　迅

信息网络管理部
副主任：毕　江、李　湧

播出部
副主任：祝志超、王立冬、金　强

制作部
主　任：郑　星
副主任：鲁高潮、王　方、王　浩

动力部
主　任：王晓龙
副主任：刘　颖

技术设备管理部
主　任：周旭辉
副主任：章泽群、赵志成

转播传送部
主　任：王　喆
副主任：朱雨稼

卫视节目中心
主　任：徐　滔
副主任：杨　东、张　丽、李利影、牛振青

新闻节目中心
主　任：艾冬云
副主任兼新闻编辑部主任：张　庆
新闻编辑部副主任：王　毅、周永萍
副主任兼要闻采访部主任：徐京玲

要闻采访部副主任：张晓鲁
副主任兼社会新闻采访部主任：丁晓阳
社会新闻采访部副主任：袁　朴
副主任兼新闻评论部主任：袁子勇
新闻评论部副主任：刘　民
副主任兼新闻专栏部主任：黄　瑨
新闻专栏部副主任：史月光
副主任兼综合管理部主任：郝　洪
综合管理部副主任：李大功

海外节目中心
主　任：周　泳
副主任：严　崴

青少年节目中心
副主任：李文升、刘　虎

文艺节目中心
副主任（主持工作）：李　兰
副主任：翟建国、潘全心、齐建彤

科教节目中心
主　任：杜　研
副主任：张　宾、张冬林

影视剧中心
主　任：张　恒
副主任：曹力宁、郭跃进、严　澍
主任助理：于金伟

财经节目中心
主　任：宗燕红
副主任：岳　民、宗　昊

体育节目中心
主　任：焦少波
副主任：邱大卫、宋健生、王少华

生活节目中心
主　任：赵　彤
副主任：刘学军、任友红、刘文燕

动画节目中心
主　任：张　帆
副主任：马　宏、杨晓轩

史志办公室
主　任：冯　平
副主任：闫军才

艺术委员会
主　任：刘　冰
专职书记：赵福明

网络信息编辑室
主　任：戴巧玲
副主任：张　红

老干部工作办公室
主　任：刘绍芬

纪实高清频道筹备组
负责人：陈大立
副主任：曹　征

北京卡酷传媒有限公司
总经理：帅　民
副总经理：李　果、高　扬

北京京视传媒有限公司
总经理：霍　胜

北京紫禁城影业有限公司
总经理：许建海

（截止日期:2011 年 12 月 31 日　党委办公室）

在职科级干部

关于郑黔等同志聘任职务的通知

各中心、部、室：

按照《2011 年北京电视台科级干部、制片人竞争上岗实施方案》的程序及要求，经台党委扩大会研究决定，聘任：

郑黔为文艺节目中心《你好先生》副制片人；

王向真为文艺节目中心《有一说一》副制片人；

孔洁为文艺节目中心《欢天戏地》副制片人；

张文华为文艺节目中心《快乐今宵》

制片人；

吴江为科教节目中心《非常接触》制片人；

王旭东为科教节目中心《非常记忆》制片人；

刘浩为财经节目中心《天下财经》制片人；

关月为财经节目中心《天下财经》副制片人；

马昊为财经节目中心《财富大家谈》副制片人；

鲍文为财经节目中心《首都经济报道》制片人；

梁岚为财经节目中心《首都经济报道》副制片人；

司健为财经节目中心《经济法眼》副制片人；

韩鹤为生活节目中心《超级出租车》制片人；

王昆为生活节目中心《生活大调查》制片人；

刘春艳为生活节目中心《咱爸咱妈的美好时代》副制片人；

王蔚然为生活节目中心《心灵密码》制片人；

王倩为生活节目中心《生活无间报》副制片人；

张苏为青少·海外节目中心《军情解码》制片人；

敖娜为青少·海外节目中心《快乐起飞》副制片人（主持工作）；

郭巍为青少·海外节目中心《最强阵容》副制片人（主持工作）；

沈澜为青少·海外节目中心《英语新闻》制片人。

以上同志聘期为两年，自2011年6月3日起至2013年6月2日止。

聘任：

姜力为文艺节目中心导播摄像科科长；

孙仝为文艺节目中心导播摄像科副科长；

宋毅为文艺节目中心宣传科副科长；

李铁军为财经节目中心综合科科长；

刘宇为体育节目中心赛事转播科副科长；

宋民为体育节目中心宣传科科长；

李璐为生活节目中心宣传科科长；

石涛为青少·海外节目中心宣传科科长；

王赤为青少·海外节目中心宣传科副科长；

马嘉为青少·海外节目中心宣传科副科长；

严澍为影视剧中心购片科科长；

张立新为影视剧中心审评科科长；

杨凌一为影视剧中心宣传科科长；

张蕾为影视剧中心宣传科副科长；

刘越峰为影视剧中心电影栏目管理科科长；

贾晋平为影视剧中心综合科科长；

王文献为广告部业务一科科长；

张弢为广告部业务一科副科长；

赵峥铮为广告部业务二科科长；

孙元元为广告部业务二科副科长；

李伟为广告部研究发展科科长；

刘泓为广告部综合管理科科长；

张云为广告部监管科科长；

尹悦为广告部编播科科长；

朱义婕为广告部编播科副科长；

张焱为动力部电气三科科长；

左云彩为动力部技术科科长；

宋明防为动力部电气一科副科长；

张向华为基建办公室综合科科长；

周疆为基建办公室工程科副科长；

张建宁为保卫部内保一科科长。

以上同志聘期为一年，自2011年6月3日起至2012年6月2日止。

特此通知。

二〇一一年六月三日

关于李鹏等同志聘任职务的通知

各中心、部、室：

根据《北京电视台科级干部选聘管理暂行办法》及《北京电视台制片人管理暂行办法》，经北京电视台党委扩大会研究决定，聘任：

李鹏为总编室《电视先锋榜》副制片人；

李晓军为青少·海外节目中心《北京青年》制片人；

刘健辉为青少·海外节目中心《北京青年》副制片人；

宫昊为青少·海外节目中心《北京青年》副制片人；

吴玮为青少·海外节目中心《书香北京》制片人；

刘岩为青少·海外节目中心《书香北京》副制片人；

王旗为青少·海外节目中心《书香北京》副制片人；

李孜为青少·海外节目中心《军情解码》副制片人；

崔笑田为青少·海外节目中心《军情解码》副制片人；

徐剑为青少·海外节目中心《北京客》副制片人（主持工作）；

吴筠为青少·海外节目中心《北京客》副制片人；

张弘为青少·海外节目中心《SK状元榜》制片人；

姜华为青少·海外节目中心《国际节目》制片人；

朱礼庆为文艺节目中心《每日文娱播报》制片人；

王强为文艺节目中心《每日文娱播报》副制片人；

李长林为文艺节目中心《天天影视圈》副制片人；

郭悦为文艺节目中心《笑动2011》副制片人；

付德刚为文艺节目中心《百姓秀场》制片人；

田歌为文艺节目中心《光荣绽放》制片人；

赵楠为文艺节目中心《影视风云路》制片人；

庄小红为文艺节目中心《神州音话》制片人；

段嵘为文艺节目中心《星夜故事秀》制片人；

王锦为科教节目中心《现场说法》副制片人；

王勇为科教节目中心《法治进行时》制片人；

陶继忠为科教节目中心《大家说法》制片人；

董炬光为科教节目中心《大家说法》副制片人；

蓝霖为科教节目中心《魅力科学》制片人；

高艺溦为科教节目中心《魅力科学》副制片人；

杨韵仟为科教节目中心《科学实验

室》制片人；

彭浩为科教节目中心《科学实验室》副制片人；

白红洁为科教节目中心《非常向上》副制片人（主持工作）；

施卫平为科教节目中心《健康北京》制片人；

郑兵为科教节目中心《健康北京》副制片人；

王壮壮为科教节目中心《第三调解室》制片人；

刘佳为科教节目中心《第三调解室》副制片人；

许越为科教节目中心《非常说名》制片人；

穆彤为科教节目中心《非常夫妻》制片人；

张鹏为科教节目中心《非常父母》制片人；

杨子云为科教节目中心《非常网络》副制片人（主持工作）；

于瀛为科教节目中心《健康大智慧》制片人；

姚远为科教节目中心《健康大智慧》副制片人；

李志兵为财经节目中心《城市》制片人；

宋北光为财经节目中心《城市》副制片人；

马旭为财经节目中心《天下财经》副制片人；

白平为财经节目中心《天天理财》制片人；

杨健为财经节目中心《天天理财》副制片人；

李春玮为财经节目中心《经济法眼》制片人；

肖艳萍为财经节目中心《北京议事厅》制片人；

王春元为财经节目中心《谁在影响我》制片人；

李铮为体育节目中心《体育议起来》副制片人；

曹晓磊为体育节目中心《足球100分》制片人；

周欣为体育节目中心《体育专题》制片人；

孙松为体育节目中心《步步为赢》制片人；

冯雪霞为体育节目中心《步步为赢》副制片人；

胡宁扬为体育节目中心《快乐健身一箩筐》制片人；

高海宁为体育节目中心《快乐健身一箩筐》副制片人；

田丰为体育节目中心《体坛资讯》副制片人；

王奇为体育节目中心《体坛资讯》副制片人；

郭斐为体育节目中心《天天体育》制片人；

林琛为体育节目中心《天天体育》副制片人；

张洪为体育节目中心《天天体育》副制片人；

张军为生活节目中心《7日7频道》制片人；

黄殿琴为生活节目中心《7日7频道》副制片人；

高燕为生活节目中心《生活面对面》制片人；

李翔为生活节目中心《生活实验室》

副制片人；

宋虹君为生活节目中心《大城小事》制片人；

钱丹丹为生活节目中心《时尚装苑》制片人；

倪小康为生活节目中心《食全食美》制片人；

许亮为生活节目中心《我爱我车》制片人；

王宏为生活节目中心《生活＋》制片人。

以上同志聘期，自原聘期期满之日起至2012年12月31日止。

聘任：

田爱民为总编室综合科科长；

何蔚为总编室节目管理科科长；

黄晋为总编室节目管理科副科长；

周红为总编室规划编排科科长；

杨文华为总编室规划编排科副科长；

张俭为总编室导播科科长；

苏小兵为总编室导播科副科长；

肖崴为总编室磁带管理科副科长；

李昕为总编室媒体资产管理科科长；

刘锐为总编室信息资料科科长；

黄新荣为总编室信息资料科副科长；

罗丽红为总编室宣传科科长；

丁军为总编室宣传科副科长；

李诚为总编室版权管理科科长；

王华为总编室播音主持业务科科长；

连燕青为总编室播音主持业务科副科长；

左晶为总编室形象设计科副科长（主持工作）；

徐志军为总工程师办公室综合科科长；

赵宏伟为总工程师办公室技术发展规划科科长；

洪建军为总工程师办公室器材科科长；

叶晋卿为总工程师办公室器材科副科长；

李湧为总工程师办公室技术工程管理科科长；

史兵为研究发展部研发科科长；

宁文茹为研究发展部媒介信息调研科科长；

李玲为研究发展部媒介信息调研科副科长；

秦新春为研究发展部战略发展研究科科长；

马英男为研究发展部战略发展研究科副科长；

陈冬为人事部人事调配科科长；

唐乐平为人事部职称教育科科长；

王京梅为人事部工资福利科科长；

李耀仙为计划财务部节目核算一科科长；

石慧为计划财务部节目核算一科副科长；

赵亚波为计划财务部节目核算二科科长；

李天莉为计划财务部节目核算二科副科长；

冯妍为计划财务部财务管理科副科长；

赵景瑞为计划财务部内部核算科科长；

李培云为计划财务部资产管理科科长；

杨维玲为计划财务部节目预算管理科科长；

陈方为计划财务部综合核算科科长；

史楠楠为计划财务部综合核算科副

科长；

段平为行政部综合科科长；

侯宏炜为行政部车管科科长；

曹京立为行政部车管科副科长；

崔子强为行政部车管科副科长；

李金明为行政部房管科科长；

张红燕为行政部房管科副科长；

郭建忠为行政部修缮科科长；

祁景田为行政部修缮科副科长；

朱洪为行政部修缮科副科长；

王金生为行政部膳食科科长；

马树军为行政部膳食科副科长；

闫欣为行政部总务科科长；

姜涛为行政部总务科副科长；

崔国飞为行政部物业监管科副科长；

戴晋军为保卫部内保一科副科长；

李锐为保卫部内保二科科长；

张毅为保卫部消防科科长；

王喜宗为保卫部消防科副科长；

毕小兵为保卫部技术防范科科长；

李有成为基建办公室合同招投标科科长；

李学红为基建办公室工程科科长；

武岳为播出部播出中心一科副科长；

安贵江为播出部播出中心二科科长；

王辉为播出部播出中心二科副科长；

王志华为播出部播出中心三科科长；

张宏斌为播出部播出中心三科副科长；

刘威为播出部播出中心四科科长；

于先靖为播出部播出中心四科副科长；

梁建华为播出部播出中心五科科长；

苏力为播出部播出中心五科副科长；

王峥为播出部技术管理调度科科长；

贾京蓉为播出部技术管理调度科副科长；

王进为播出部节目传送科科长；

赵悦为播出部节目传送科副科长；

金强为播出部设备维修科科长；

肖春艳为播出部设备维修科副科长；

程宏为播出部设备维修科副科长；

张皓为播出部备播科科长；

张勃为播出部备播科副科长；

褚存为播出部节目技审科副科长；

刘新同为播出部综合业务科科长兼节目技审科科长；

于莹为播出部综合业务科副科长；

李皓为播出部网络运营维护科科长；

杨建英为播出部网络运营维护科副科长；

王建业为制作部综合管理科科长；

韩烜为制作部调度科科长；

李力为制作部技术科科长；

周宏为制作部技术科副科长；

余一华为制作部录制设备管理科科长；

石巍为制作部录制设备管理科副科长；

殷亮为制作部制作一科科长；

覃刚为制作部制作一科副科长；

李文军为制作部制作二科科长；

张硕为制作部制作二科副科长；

何旭为制作部制作三科科长；

孙大庆为制作部制作三科副科长；

孙海峰为制作部新闻制作科科长；

梁爽为制作部新闻制作科副科长；

李勇为制作部新闻制作科副科长；

匡葵为制作部特技制作科科长；

赵新生为制作部特技制作科副科长；

姚银壮为制作部录音科科长；

刘伟立为制作部演播一科科长；

陈嘉超为制作部演播一科副科长；

刘光辉为制作部演播一科副科长；

程军为制作部演播二科科长；

郑岩为制作部演播二科副科长；
周东红为制作部新闻演播科科长；
冯耀华为制作部新闻演播科副科长；
周海峰为制作部新闻演播科副科长；
石伟文为制作部综合制作科科长；
章文博为制作部综合制作科副科长；
陈立强为制作部整备科副科长；
陈志明为制作部整备科副科长；
郭振渊为制作部灯光一科副科长；
韩正雷为制作部灯光一科副科长；
崔歌平为制作部灯光二科科长；
王江为制作部灯光二科副科长；
孙游为制作部舞美制作科科长；
王浩为制作部演播设施管理科科长；
陆军为制作部演播设施管理科副科长；
宋健强为转播传送部管理科科长；
魏建国为转播传送部管理科副科长；
韩士聪为转播传送部传输科科长；
谢苏文为转播传送部传输科副科长；
叶志云为转播传送部转播一科科长；
郝纪为转播传送部转播一科副科长；
张倞为转播传送部转播二科科长；
康金平为转播传送部转播二科副科长；
谢原为转播传送部转播二科副科长；
杨梓江为转播传送部转播三科科长；
刘燕伟为转播传送部转播三科副科长；
姜世杰为转播传送部音响科科长；
马捷为转播传送部音响科副科长；
方亦军为动力部电梯科科长；
殷鹏为动力部电梯科副科长；
陶维强为动力部电气一科科长；
杜伟为动力部电气一科副科长；
程毅为动力部电气二科科长；
黄晓峰为动力部电气二科副科长；
苑宏伟为动力部电气三科副科长；
郭宝成为动力部空调科科长；
赵阔为动力部空调科副科长；
张岩为动力部空调科副科长；
王晓光为技术设备管理部技术资源管理科科长；
金雯为技术设备管理部技术科科长；
李玲为技术设备管理部资产管理一科科长；
邹庆为技术设备管理部资产管理一科副科长；
王嘉为技术设备管理部资产管理二科科长；
刘顺平为技术设备管理部资产管理二科副科长；
王克为技术设备管理部维修科科长；
翟小辉为技术设备管理部维修科副科长；
贾玉升为技术设备管理部监录科科长；
徐冬丽为技术设备管理部技术质量管理科科长；
张保军为技术设备管理部技术质量管理科副科长；
许之明为信息网络管理部网络技术科科长；
徐鸣为信息网络管理部网络监控科科长；
季民为信息网络管理部网络监控科副科长；
李程为信息网络管理部办公网管理科科长；
冯新春为信息网络管理部办公网管理科副科长；
芮浩为信息网络管理部办公网管理科副科长；

王立冬为信息网络管理部媒资系统管理科科长；

孙波为信息网络管理部媒资系统管理科副科长；

陈宇为信息网络管理部生产网络管理一科副科长（主持工作）；

王学奎为信息网络管理部生产网络管理一科副科长；

韩益亚为信息网络管理部生产网络管理二科副科长（主持工作）；

陈广鑫为信息网络管理部生产网络管理二科副科长；

刘虎为青少·海外节目中心节目管理科科长；

张立为青少·海外节目中心节目管理科副科长；

寇建国为青少·海外节目中心综合科科长；

徐春梅为青少·海外节目中心综合科副科长；

章向东为青少·海外节目中心综合科副科长；

裴晓林为文艺节目中心节目管理科科长；

赵果珍为文艺节目中心节目管理科副科长；

王炳川为文艺节目中心宣传科副科长（主持工作）；

盛启立为文艺节目中心综合科科长；

许世忠为科教节目中心综合科科长；

王丹英为科教节目中心节目管理科副科长（主持工作）；

马晓冬为科教节目中心宣传科副科长（主持工作）；

韩梅为财经节目中心节目管理科科长；

谢燕秋为财经节目中心节目管理科副科长；

沈军为财经节目中心宣传科科长；

李长平为体育节目中心赛事转播科科长；

潘春为体育节目中心赛事转播科副科长；

章玫为体育节目中心节目管理科科长；

司虹为体育节目中心节目管理科副科长；

赵华为体育节目中心综合科科长；

刘继东为生活节目中心综合科科长；

张宝生为网络信息编辑室网络编辑科科长；

王烨为网络信息编辑室网络编辑科副科长；

孙兵为网络信息编辑室网络编辑科副科长；

侯国强为网络信息编辑室运营维护科科长。

以上同志聘期，自原聘期期满之日起至2011年12月31日止。

特此通知。

二〇一一年六月三日

关于曹勇等同志聘任职务的通知

各中心、部、室：

根据《北京电视台科级干部选聘管理暂行办法》及《北京电视台制片人管理暂行办法》，经北京电视台党委扩大会研究决定，聘任：

曹勇为办公室通讯科科长；

王宇哲为办公室医务室副科长（主持工作）；

孙湘源为总编室节目管理科科长；

孙元元为广告部业务二科科长；

商屹楠为广告部研究发展科副科长；

苏勇为广告部综合管理科科长；

潘海云为广告部监管科副科长；

董秀琴为播出部播出中心一科副科长（主持工作）；

陈立强为制作部整备科科长；

鹿新新为影视剧中心购片科科长；

贾建华为影视剧中心购片科副科长；

陈彤为影视剧中心编播科科长。

以上人员聘期为一年，自2011年9月9日起至2012年9月8日止。

聘任李文潮为青少·海外节目中心《动物乐园》制片人，聘期为两年，自2011年9月9日起至2013年9月8日止。

特此通知。

二〇一一年九月十六日

关于田天等同志任免职务的通知

各中心、部、室：

根据《北京电视台科级干部选聘管理暂行办法》及《北京电视台制片人管理暂行办法》，经北京电视台党委扩大会研究决定，聘任：

田天为卫视节目中心节目管理科副科长（主持工作）；

郑蓉为卫视节目中心宣传科副科长（主持工作）；

卿晨为卫视节目中心宣传科副科长；

齐婷为卫视节目中心综合科科长；

李彬为卫视节目中心综合科副科长；

周方为卫视节目中心大型活动节目科科长；

陈小健为卫视节目中心大型活动节目科副科长。

以上人员聘期为一年，自2011年9月30日起至2012年9月29日止。

聘任：

吕军为卫视节目中心《档案》制片人；

黄炜为卫视节目中心《档案》副制片人；

伍力为卫视节目中心《养生堂》制片人；

李玉国为卫视节目中心《养生堂》副制片人；

邵晶为卫视节目中心《身边》制片人；

王旭东为卫视节目中心《非凡人生》制片人，免去其科教节目中心《非常记忆》制片人职务；

刘雅嘉为卫视节目中心《周末节目》副制片人（主持工作）；

张小南为卫视节目中心《周末节目》副制片人；

韩勇为卫视节目中心《天下收藏》制片人；

李志兵为卫视节目中心《夜航观察室》制片人，免去其财经节目中心《城市》制片人职务；

华剑雄为卫视节目中心《夜航观察室》副制片人。

以上人员聘期为两年，自2011年9月30日起至2013年9月29日止。

特此通知。

二〇一一年九月三十日

关于李晗等同志聘任职务的通知

各中心、部、室：

根据《北京电视台科级干部选聘管理暂行办法》及《北京电视台制片人管理暂行办法》，经北京电视台党委扩大会研究决定，聘任：

李晗为办公室秘书科科长；

杨播为办公室秘书科副科长；

王伟为办公室外事科副科长；

张铭为办公室外事科副科长；

王昕为办公室法律事务科科长；

李宇为办公室通讯科副科长；

贾岩为办公室通讯科副科长；

景林为卫视节目中心落地办公室科长；

陈楠为新闻节目中心新闻编辑部《北京新闻》制片人；

刘婧为新闻节目中心新闻编辑部《北京新闻》副制片人；

李颖为新闻节目中心新闻编辑部《特别关注》副制片人；

张耀为新闻节目中心新闻编辑部《红绿灯》制片人；

范红军为新闻节目中心新闻编辑部《红绿灯》副制片人；

胡阳为新闻节目中心新闻编辑部新闻直播科科长；

赵金春为新闻节目中心要闻采访部时政新闻采访科副科长（主持工作）；

陈栩为新闻节目中心要闻采访部城市建设新闻采访科副科长（主持工作）；

朱晓梅为新闻节目中心要闻采访部《京郊大地》制片人；

赵波为新闻节目中心社会新闻采访部《都市晚高峰》制片人；

宋旸为新闻节目中心社会新闻采访部《都市晚高峰》副制片人；

楚钊为新闻节目中心社会新闻采访部文卫新闻采访科科长；

代晓为新闻节目中心社会新闻采访部城市管理新闻采访科科长；

吴群为新闻节目中心新闻评论部专题节目科科长；

张若男为新闻节目中心新闻评论部专题节目科副科长；

李欣为新闻节目中心专栏部《这里是北京》制片人；

马莉为新闻节目中心专栏部《媒体全搜索》（暂定名）制片人；

张炜为新闻节目中心专栏部《媒体全搜索》（暂定名）副制片人；

颜匀为新闻节目中心专栏部《新闻故事汇》制片人；

胡泊为新闻节目中心专栏部《新闻故事汇》副制片人；

董二兵为新闻节目中心综合管理部综合科科长；

伊国庆为新闻节目中心综合管理部综合科副科长；

徐志贤为新闻节目中心综合管理部综合科副科长；

史慎为新闻节目中心综合管理部信息管理科科长；

张文天为新闻节目中心综合管理部节目管理科科长；

李斌为新闻节目中心综合管理部通联科科长；

凌英为生活节目中心《四海漫游》制片人。

以上同志聘期，自原聘期期满之日起至2012年12月31日止。

特此通知。

二〇一一年十月二十一日

关于赵欣等同志聘任职务的通知

各中心、部、室：

根据《北京电视台科级干部选聘管理暂行办法》及《北京电视台制片人管理暂行办法》，经北京电视台党委扩大会研究决定，聘任：

赵欣为新闻节目中心新闻编辑部《北京您早》制片人；

刘晓隽为新闻节目中心新闻编辑部《特别关注》制片人；

赵蕾为新闻节目中心新闻评论部《锐观察》副制片人；

国培源为新闻节目中心新闻评论部《锐周刊》制片人。

以上人员聘期为两年，自 2011 年 10 月 21 日起至 2013 年 10 月 20 日止。

聘任：

柏广群为新闻节目中心新闻编辑部编辑科科长；

林力为新闻节目中心新闻编辑部特别报道科科长；

王晔为新闻节目中心新闻编辑部播音科科长；

马国颖为新闻节目中心要闻采访部经济新闻采访科科长；

刘钊为新闻节目中心社会新闻采访部政法新闻采访科科长；

杨晓飞为新闻节目中心综合管理部宣传科副科长。

以上人员聘期为一年，自 2011 年 10 月 21 日起至 2012 年 10 月 20 日止。

特此通知。

二〇一一年十月二十一日

人员情况

全台在职员工总数 3625 人。其中：在编人员 1519 人，特殊派遣人员 161 人，一般派遣人员 1945 人。

政治面貌

政治面貌 / 人员	合计	中共党员	共青团员	其他
在编人员	1519	844	2	673

年龄情况

年龄 / 人员	合计	≤30	31－40	41－50	51－60	≥61
在编人员	1519	27	568	615	309	0

学历情况

年龄 / 人员	合计	博士	硕士	大本	大专	中专	高中	初中及以下
在编人员	1519	3	147	1155	178	9	15	12

专业技术人员情况

专业技术资格系列	初级（4）	初级（5）	中级	副高级	正高级	未评聘	总计
播音	19	1	25	6	3		54
档案管理	1			1			2
工程	42	4	110	100	5		261
会计	15	1	8	9			33
经济	1		33	8			42
审计	1		2				3
统计	2		1	1			4
图书资料	3		2				5
卫生			2				2
新闻	151		362	142	26		681
艺术	29		58	37	4		128
政工	15		13	10			38
未评聘						266	266
总计	279	6	616	314	38	266	1519

（截止日期：2011 年 12 月 31 日　人事部）

频道·栏目

频道设置

BTV 北京

北京电视台卫视频道是以新闻节目为主，汇集精品栏目以及优秀电视剧的综合频道，全天 24 小时播出。该频道以“传播先进文化，扩大社会影响力，提升全国排名”为宗旨，依托首都地缘优势，整合资源，打造具有全国影响力的节目平台。不仅要实现“首善媒体，大美品质”的定位。

2011 年，BTV 北京卫视主要栏目：《北京新闻》、《北京您早》、《特别关注》、《身边》、《养生堂》、《档案》、《天下收藏》、《北京观察》、《好人故事》、《倾听》、《大戏看北京》、《我的春晚我的北京》等。

BTV 文艺

北京电视台文艺频道以“欢乐的创造者、价值的传播者、文艺潮流的引领者”为宗旨，致力于打造艺节目创新基地，将文娱资讯、明星访谈、大型综艺、喜剧表演、文娱评论、文化专题和访谈作为频道核心内容，不断吸引和拓宽年轻观众比例。

2011 年，BTV 文艺共有 15 档节目，包括日播栏目 7 个，周播栏目 8 个。日播栏目：《每日文娱播报》、《笑动 2011》、《天天影视圈》、《最佳现场》、《音乐风云榜》、《快乐今宵》、《文化快讯》；周播栏目：《百姓秀场》、《光荣绽放》、《影视风云路》、《有一说一》、《神州音话》、《星夜故事秀》、《你好先生》、《欢天戏地》。

BTV 科教

北京电视台科教频道以“点亮智慧人生”为核心理念，把“点亮”作为关键词，将“智慧”和“人生”贯彻始终，集合科教、法治、健康、人文四大领域，以创新的科学意识和探索精神服务受众，用贴近社会的方式传播“社会大教育”理念，构建一个专业的、生动的“社会大教育”播出平台，打造中国第一科教品牌。打开科教频道，可以增长智慧，启迪人生。

2011 年，科教频道在原来的基础上重瓣进行包装，对频道包装，以橙黄色为基础色调，推出“智慧核心”，展开智慧万千，风格清新、时尚，凸显科技感、展现人文印象。

在节目设置上，科教频道设有午间法治、傍晚健康、晚间人文三个栏目带。午间法治时段，主要栏目有《法治进行时》、《大家说法》、《第三调解室》、《现场说法》等。这个时段的法治节目，突出体现了BTV科教频道以全民普法为己任，以宣传法律道德为根本，为观众呈现真实而又内涵丰富的法治类栏目，经过多年的努力，法治栏目在北京地区拥有优厚的受众人群。

傍晚健康时段，突出了修身养性、健康为本的理念，开办了《健康北京》、《健康大智慧》等栏目，将科学、智慧、健康、养生相融合，通过科学养生提升观众关注自身健康的意识，通过科学调理促进观众身心舒畅。

晚间非常时段，为聚焦民生，解读热点，开办了《非常网络》、《非常说名》、《非常接触》、《非常夫妻》、《非常父母》、《非常向上》、《警法目录》等栏目，以访谈形式聚焦观众热点，搭建媒体话语平台；以丰富经历解读跌宕人生，诠释生活真谛。让广大观众品味艺术家另类人生，体会百姓平凡生活，感悟人生曲直，回味苦辣酸甜。

BTV 影视

北京电视台影视频道是24小时播出外购影视剧（以电视剧为主）的地面频道。影视频道的核心任务是选好剧、播好剧，不漏掉市场上的好剧。BTV影视频道是北京地区排名第一的电视剧专业频道，收视份额远超CCTV8，是北京观众收看电视剧的首选频道。

影视频道每天播出一部电影（首播一次，重播一次），7个剧场（3个首播，4个重播），23集电视剧。首播：《电影时间》、《家和剧场》、《英雄剧场》、《首都剧场》、《都市剧场》。重播：《星光剧场》。

BTV 财经

北京电视台财经频道是一个宣传北京经济发展、成就大众财富梦想的权威的、有贴近性的专业频道。一方面要打造高影响力、高价值的财经平台，强化节目的权威性和专业性；另一方面要面向更广泛的大众深入浅出地解读专业财经知识，增加节目的实用性和服务性。

2011年，财经频道以《首都经济报道》、《城市》、《天下财经》、《经济法眼》等品牌栏目为核心，以“都市资讯+深度专题+访谈评论”为特色，构建起了容纳15个栏目的频道平台。

目前，财经频道以45~54岁、男性、高中以上学历观众为主要收视群体。经过近年来的努力，财经频道形成了《北京影响力》、《点击年关键》、《北京国际车展》、《中国经济新春论坛》等大型活动品牌，在学界、业界形成了良好的口碑，扩大了频道的社会影响力。

2011年，BTV财经主要栏目：《天下财经》、《首都经济报道》、《经济法眼》、《财富晚间道》、《成长在北京》、《数说北京》、《拍宝》、《天天理财》、《财经五连发》、《北京议事厅》、《超级访问》、《名人堂》、《问鼎世界》、《谁在影响我》、《财富大家谈》、《城市》等。

BTV 体育

北京电视台体育频道以转播体育赛事和传播新闻信息为内容，以弘扬积极进取精神、倡导全民健身为宗旨，具有全国影响力的都市体育频道。常年转播中超、CBA、NBA、英超等国内外赛事，并有《天天体育》、《足球100分》、《快乐健身一箩筐》等品牌节目。全年举办海洋沙滩节、鸟巢冰雪季、“京超”百姓足球等全民参与的大型活动。制作的高水平比赛信号，经常在世界上几十个国家播出，彰显了BTV品牌。

2011年，BTV体育主要栏目：《体坛资讯》、《篮球风云路》、《天天体育》、《快乐健身一箩筐》、《足球100分》、《体坛荟萃》、《京彩时刻》、《BTV赛场》、《步步为赢》、《体育议起来》等。

BTV 生活

北京电视台生活频道开播于1996年11月8日，是北京电视台最早的专业化频道。该频道一直秉承“根植生活、立足服务、贴近百姓、关注民生”的定位，产生了《生活面对面》、《7日7频道》、《第7日》、《大城小事》、《选择》、《食全食美》、《生活大调查》等深受观众喜爱的优秀栏目。在没有电视剧播出的情况下，品牌影响力常年位居北京地区第四。

2011年，生活频道在编排上打造日播节目晚间的两大时段，即生活服务时段和情感服务时段。首次推出暑期特别编排，7月至9月整合以往高收视节目，推出“夏日生活特供”精编，并搭配“全天送奖到家”的特别宣传。

在庆祝建党九十周年之际推出“别样的北京”、“北京影像志”等特别节目，并打造大型百姓活动真人秀“家有能人”。在年底与时尚传媒集团成功举办了《时尚大典》，主题为“时尚的力量、时代的能量”，通过三年的运作，该活动已经成为具有影响力和推动力的年度权威时尚文化盛事。

2011年8月，生活频道开始整体节目升级改版工作，以改变低端、老龄化的观众结构，转变过于强调传授知识为主的节目理念，全面强化生活方式和价值观念引领，以健康和阳光的基调，增加社会主义价值观引领的节目。在关注物质生活的同时，全面关注人们的精神生活。作为生活频道的第三次创业的开始，改版工作于2011年底完成，这也是向打造都市生活频道第一品牌迈出的重要一步。

2011年，BTV生活主要栏目：《大城小事》、《食全食美》、《生活面对面》、《生活实验室》、《第7日》、《7日7频道》、《快乐生活一点通》、《生活广角》、《时尚装苑》、《生活大调查》、《我爱我车》、《生活无间报》、《咱爸咱妈的美好时代》、《生活 +》、《健康生活》、《选择》、《魅力周末》、《超级出租车》、《你该怎么办》、《心灵密码》、《快乐周末》等。

BTV 青少

2011 年 1 月 1 日，全新定位于“青年国际时尚”电视平台的北京电视台青少频道正式播出。

青少频道作为北京电视台唯一一个以 15 ~ 34 岁青年人群为核心受众的频道，引入“国际时尚”元素，以当代青年认同的精神面貌和审美习惯为基础，突出现代气质和时尚面貌，打造北京地区具有国际前沿水准的时尚青年电视平台。

青少频道以独有的、国际时尚化的青春品牌栏目布局全天的早中晚，气质相同节目大板块编排，打造频道鲜明的青春“面孔”。频道以“益智、益能、益心”的青年节目“冲高”；以“高影响、高品位、高价值”的文化、军事节目“维稳”。

青少频道节目由六大日播通档栏目打造两大晚间黄金节目带：《北京青年》、《谁在说》、《书香北京》构成“三益”板块，即“益智、益心和益能”的黄金节目带；《军情解码》、《北京客》、《探索》构成“三高”板块，即“高影响、高品位、高价值”的第二个黄金节目带。频道还对原有周末节目《SK 状元榜》和《快乐起飞》进行改版提升，并全力推出两档周末综艺季播节目《动物乐园》和《最强阵容》。

BTV 公共 · 新闻

2011 年 1 月 1 日开播的北京电视台公共 · 新闻频道，是以电视新闻为主要内容的新闻专业频道。在内容取向、表现形式、节目取舍上，回归新闻本质，将“可信度”和“权威性”作为自己的价值追求，力求把新闻频道打造成本土信息的权威发布平台。

2011 年，BTV 公共 · 新闻主要栏目：《北京新闻》、《特别关注》、《北京您早》、《新闻热线》、《都市晚高峰》、《晚间新闻报道》、《新闻手语》、《锐观察》、《本周锐评》、《下周锐议》、《红绿灯》、《红绿灯——路况直播》、《红绿灯——平安行》、《这里是北京》、《在线 e 起来》、《京郊大地》、《四海漫游》、《新闻故事汇》、《消费观察》、《人才》、《都市阳光》等。

BTV 卡酷动画卫视

北京电视台卡酷动画卫视频道开播于 2004 年 9 月 10 日，目前落地覆盖全国近百个大中城市，覆盖人口近 8 亿。BTV 卡酷动画卫视 4 ~ 14 岁少年儿童收视北京地区独占鳌头，全龄收视领跑全国动画少儿媒体。

卡酷动画卫视以打造全国一流的少儿服务专业频道和优秀动漫播出平台为目

标，海量库存动画节目 30 万分钟。精心策划《中国创造》、《酷片酷映》、《周末超级大连播》、《酷播萝》等 7 大动画剧场；打造《七色光》、《闪天下》、《十分开心》、《和自己对话》、《蹦蹦跳跳》等 10 档面向不同年龄层的少儿动漫栏目。

卡酷动画卫视屡获中共中央宣传部、国家广电总局的表彰嘉奖，先后获评国家优秀动画频道特等奖、最佳动画播出机构奖、最具影响力动画媒体奖、最具成长性媒体品牌大奖。

BTV 纪实高清

作为国内第一个高清格式播出的纪实频道，北京电视台纪实高清频道定位为“全球视野的专业频道”。频道致力于为高知识结构的受众人群提供全球视野的高品质纪实节目，传播主流文化价值观。频道于 2011 年 7 月 1 日全新推出，全天首播 3 小时，共播出 14 小时。

2011 年，BTV 纪实高清的主要栏目：《经典》、《全景》、《口述》、《影事》、《国家大剧院》、《国产优秀纪录片》等。

长城平台 BTV 频道（国际频道）

长城平台于 2004 年 10 月 1 日正式开播，是全球最大的中文电视平台，包括美国、亚洲、欧洲、加拿大、拉美、东南亚、澳大利亚共七个平台。北京电视台频道的节目在上述七个平台以每天首播 6.5 小时、24 小时滚动的方式播出，目前全球付费用户已突破 10 万户。

2011 年，北京电视台国际频道利用国家广电总局中国电视长城平台为对外宣传的主要渠道，辅以与其他境外播出媒体的合作，向世界各地介绍中国和北京的发展变化。为配合北京“世界城市”的建设，青少·海外节目中心策划并精选了多档优秀栏目，精心编排制作出国际感和时代感强、符合海外受众需求的对外报道节目，努力使北京电视台国际频道成为对外宣传北京良好形象的重要窗口。

优 秀 栏 目

卫视频道优秀栏目

《档案》

《档案》栏目于 2009 年 2 月 4 日开播，周一至周五晚 22：13 在北京卫视播出，节目时长 45 分钟。

该栏目是揭秘性的讲述栏目，利用人类与生俱来的天性——好奇心，引起观众的追看与共鸣。栏目选题广泛而深刻，特别是第二次世界大战以来，国际国内已经解密的高等级军事档案、公安档案、安全档案以及与中国相关的近、现代国际关系等内容，通过解密档案中的历史秘密，探寻解读各种历史人物和事件的缘由脉络，告诉观众一个又一个惊人的事件和传奇背后的真实故事。

《档案》栏目自创办以来，多次获得大奖。2010 年，《档案》栏目获得第二届全国优秀电视文化（文艺）栏目暨大型特别节目推荐表彰优秀栏目奖；该栏目播出的《绝密飞行》节目获得第 25 届中国电视金鹰奖优秀纪录片奖。2011 年，《档案》栏目获《综艺》2010 年全国十佳栏目奖；中国纪录片学会“中国十佳纪录栏目奖”；中国广播电视协会第 5 届“纪录中国”、“全国创优一等栏目奖”。

《养生堂》

《养生堂》栏目于 2009 年 1 月 1 日在科教频道开播，2011 年 1 月 1 日起在北京卫视播出，首播 17：23 ~ 18：24，节目时长 61 分钟。

《养生堂》是一档以“传播养生之道传授养生之术”为宗旨，融合中西医文化，演播室访谈加专题片形式的电视日播栏目。节目秉承传统医学理论，根据中国传统养生学“天人合一”的指导思想，通过医学、养生专家的专业解读，为广大观众系统介绍中国传统养生文化、同时有针对性的介绍实用养生方法。

《养生堂》栏目 2010 年获第三届《综艺》年度节目奖，北京市广播影视奖电视社教类一等奖，全国广播电视优秀栏目。2011 年被评为中国十大最具原创精神电视栏目。

《天下收藏》

《天下收藏》曾用名《收藏秀》，于 2007 年 1 月开播，每周六晚 21：35 在北京卫视播出，节目时长 50 分钟。

《天下收藏》栏目是一档大型演播室互动节目，集专业性知识和寓教于乐为一体。炫酷的舞台，时尚的灯光效果，顶级的藏品，权威的专家，有趣的藏宝人，带给观众快乐收藏的新体验。

《天下收藏》栏目 2011 年获北京电视台优秀节目奖。

《身边》

《身边》栏目于2004年4月5日开播，早8：36、午13：03在北京卫视播出，节目时长50分钟。

《身边》栏目的主旨是弘扬社会主义主流价值观，以北京市新近出台的惠民政策为新闻由头，依托于来自北京各委办局的权威嘉宾和权威发布，并深入挖掘北京市民中的好人故事，倡导积极向上的生活方式和生活态度，用“身边”的视角搭建市民和政府的沟通桥梁，打造高品质的精品栏目。

《身边》栏目2011年获中国电视网络影响力奖。

文艺频道优秀栏目

《每日文娱播报》

《每日文娱播报》是北京电视台自办的一档文娱资讯类日播栏目。自2002年创办以来，一直把“娱乐价值发现者”作为栏目口号，坚持“文化彰显品味，娱乐创造价值”的理念，坚决摒弃低俗报道，抵制虚假新闻，不八卦、不猎奇，不炒作，不以花边新闻吸引观众眼球，始终坚持客观、真实、及时的新闻观，坚持为观众奉献健康、清新的娱乐节目。

《每日文娱播报》始终坚持“导向第一”的原则，坚持正确的政治导向、舆论导向、思想导向。不断加强对观众进行正确的引导，力求节目品质的专业化、高雅性。十年的成长，《每日文娱播报》已经在演艺界形成了强大影响力和话语权。

《每日文娱播报》多年来积淀下来的深厚品质与业界声望，使栏目不但赢得了广大观众的喜爱，同时也赢得了艺人、经纪公司、演艺公司的信任，成为他们向外界发布信息的最可靠平台。

2011年，《每日文娱播报》栏目荣获中国广播电视协会第十一届全国电视文艺“百家奖”创优评选栏目类一等奖。

该栏目首播时间：每天19：00；重播时间：次日00：20、12：24；节目时长30分钟。

《百姓秀场》

《百姓秀场》栏目于2008年1月开播，是一档融秀场文娱表演、秀场才艺展示、秀场互动和人生经历讲述为一体的综艺栏目。《百姓秀场》挖掘生活中积极乐观并有特殊才艺的“百姓之星”，把他们的经历、技艺呈现给观众，向观众展示他们阳光、向上、勇于面对挫折的坚强精神，激励更多的普通人追求美好生活，增强普通人面对人生挑战的勇气。

2011年，《百姓秀场》在完成日常节目外，还拍摄制作多期特别节目，如《百姓笑星齐贺岁》、《秀场红人闹大年》、《清明动起来》、《端午同乐会》、《首唱的故事》等，其中与“歌华集团”合作的“2011年十大秀场达人”的征选活动，深入基层，走进北京16区县，进行了20场录像，是响应“走转改”号召的积极实践。年底推出的“我家有歌星 唱到春晚去”大型活动，为北京电视台系列春晚输送了大量从普通百姓中挖掘出的艺术人才。

2011年，创作的节目“首唱的故事”获得中国文联颁发的纪念建党90周年好节目奖；“造星大师吕远”获得中国广电协会“百家奖”创优栏目奖。“大衣哥朱之文”获得阅评员高度赞扬。

该栏目首播时间：周一21：25；重播时间：周二9：45、14：23；节目时长42分钟。

《光荣绽放》

看故事，讲故事，听故事，没有人可以抗拒故事的魅力，尤其是笼罩着光环的明星故事。在众多的访谈节目中，明星们“讲”自己的故事，观众们倾听他们的故事。然而，《光荣绽放》是让明星们现场“演”自己的故事，同时让主持人展示明星们的作品，观众不但是“听”故事，更是“看”故事。观众们在《光荣绽放》中，“看”到明星们的才艺，“看”到他们奋斗中的挣扎，更从表演和作品中“看”到人物命运与职业生涯神秘联系。人生如戏，戏如人生。

现场演绎、经典回放、简练的阐述，可以近距离地观赏，可以温馨地怀旧，也可以深深地被震撼，更可以在惊叹中发现一个人物的生活秘密与性格轨迹，深度剖析人物成功背后的拼搏与励志经历。

《光荣绽放》是创意的绽放，才华的绽放，真情的绽放，更是在命运的磨砺中人性光芒的绽放。

大型综艺访谈栏目《光荣绽放》于2008年1月8日开播，首播时间：周二21:25；节目时长42分钟。

《影视风云路》

《影视风云路》是北京电视台文艺频道黄金时段一档影视综艺访谈节目，2007年1月1日开播。节目以宣传推荐各频道热播电视剧及追踪国内即将上映电影为主要内容；聚焦新锐、热点影视文化现象，进行多角度、全方位、立体化的深度推荐；注重独家主题策划，内容取舍以及嘉宾选择精益求精，环节设计积极探索创新手法，成为各大影视机构深度推介作品和京城百姓了解热点影视幕后及文化内涵的重要媒体平台。

节目开播5年来，已有500多位重量级嘉宾、100多个一线影视剧组前来做客，可谓星光熠熠。葛优、吕丽萍、张艺谋、成龙、孙红雷、陈宝国、李幼斌、唐国强、张铁林、张国立、宋丹丹、刘晓庆、赵薇、梁朝伟、郭富城、范冰冰、徐帆、陈坤、陈小艺、孙俪、海清、冯远征等国内一线当红演员和导演都是栏目的座上宾。

2011年，《影视风云》栏目荣获第十届百家电视文艺节目栏目类二等奖；中国广播电视协会第十一届全国电视文艺“百家奖”创优评选栏目类二等奖。

该栏目首播时间：周三21：25；重播时间：周四9：45、14：23；节目时长42分钟。

《星夜故事秀》

《星夜故事秀》是北京电视台文艺节目中心于2006年开办的一档综艺性娱乐节目，并成功成为深受北京观众喜爱的“好心情电视”。以幽默、活泼的风格，倡导快乐理念——“看星夜，改变心情；好心情，改变生活”。

2011年，全新改版的《星夜故事秀》以吸引年轻观众为首要目标，为忙碌一周的都市白领缓解生活压力，演绎精彩、传递快乐，将奇闻、趣事、生活智慧精彩呈现，融合知识性、趣味性于其中，强调贴近生活、贴近百姓。2011 年新版《星夜故事秀》以幽默睿智的谭江海、美丽聪明的春妮作为主持人组合，推出“大师兄、小师妹”的形象定位，通过两人默契的合作，碰撞出别样的火花。为快节奏的都市人普及新鲜生活资讯，推荐优质生活方式，倡导快乐理念。以“话题”为主线，“演绎”为手段，谈笑风生中，引爆欢乐空间。

2011 年，《星夜故事秀》栏目将选题角度和嘉宾选择范围拓宽到更多领域，每期一个话题贯穿始终，节目内容包罗万象，广邀喜剧组合、相声团体、话剧团队演绎奇闻趣事，分享酸甜苦辣，探讨热点话题。时尚清新的新版《星夜故事秀》关注北京人的快乐生活，力图为首都百姓的周末生活增添一抹亮丽的色彩。在全年 52 期节目中，制作的“七一”特别节目、“十一”特别节目《天安门的故事》及常规节目“刑警本色”，都得到了国家广电总局监评监看组的表扬。

该栏目首播时间：周六 21：25；重播时间：周日 9：45、14：23；节目时长 50 分钟。

科教频道优秀栏目

《法治进行时》

《法治进行时》栏目自 1999 年 12 月 27 日开播以来，历经十余年风雨，以独特的新闻视角、第一时间的现场报道以及真实、鲜活的法治案例独树一帜，成为北京地区收视率最高的栏目。

2011 年，《法治进行时》栏目继续秉承节奏快、信息量大的特点，成为第一时间发布法治信息、解读法治案件的平台。该栏目于每周一至周日 12：00 在 BTV 科教频道播出，节目时长 20 分钟。

《第三调解室》

《第三调解室》是国内首档具有法律效力的调解节目。节目以外景采访拍摄和演播室现场调解的方式，通过人民调解员、律师、心理专家以及栏目组的通力合作，为京城的百姓调解纠纷，构建和谐。将真实的案例、真实的矛盾双方当事人、真实的调解过程、种种意想不到的状况以及其中的人情冷暖与是非曲直都一一展现在观众面前。

《第三调解室》栏目于每周一至周日 12：42 在 BTV 科教播出，节目时长 30 分钟。

《非常向上》

《非常向上》栏目定位为弘扬尊师重教的美德，树立良好的教师楷模，探讨教育热点话题，传递先进的教育理念，充分体现科教频道鲜明教育特色。节目内容涉及学历教育、美德教育、素质教育、职业教育、留学话题等等，将演播室改造成“大课堂”，课堂的元素：黑板、课桌、粉笔、投影仪等都将出现在课堂内，充分利用电视“非常课堂”这一载体，让“教师及其学生们”通过互动、竞猜、表演、讲故事等手段，展现平凡人物不平凡的经历，展现名校、名师、好学生的风采。

《非常向上》栏目于每周六 20：00 在 BTV 科教播出，节目时长 50 分钟。

《魅力科学》

《魅力科学》是北京电视台最知名的科学类栏目，以“科学好看、科学好玩、科学改变生活”为创作理念，充分运用故事化、悬念化的表现手法，结合不同的题材类型、赋予节目或轻松谐趣、或悬疑凝重的氛围，传递科学知识，达到寓教于乐的目的。

《魅力科学》栏目于每周一至周五 22：02 在 BTV 科教播出，节目时长 20 分钟。

影视频道优秀栏目

《红星剧场》

《红星剧场》在 BTV 北京卫视播出。播出时间：每天 19：42；播出集数：2 集。

《红星剧场》立足于“大戏看北京”的定位，精选年度首播、独播大戏，全力提升北京卫视晚间黄金档的收视率和份额排名。近年来，北京电视台推行全新的电视剧运营战略，通过精心的差异化编排、声势浩大的宣传推广，将《红星剧场》打造成强势剧场品牌。

《首都剧场》

《首都剧场》在 BTV 影视播出。播出时间：每天 18：55；播出集数：4 集。

《首都剧场》以“故事从这里开始”的亲切姿态将观众牢牢地锁定在电视机前。与以“大戏”著称的《红星剧场》不同，影视频道《首都剧场》擅长将家庭伦理、现实情感类的故事娓娓道来，走贴近百姓路线，抒写生活滋味，二者形成了差异化的完美互动。《首都剧场》在全国地面频道中一直保持着领先地位，成为北京电视台地面频道的黄金品牌。

《炫剧场》

《炫剧场》在 BTV 文艺播出。播出时间：每天 19：35；播出集数：2 集。

《炫剧场》作为晚间黄金时间的又一重点电视剧场阵地，与黄金档的两大强势剧场《红星剧场》和《首都剧场》形成差异化组合拳，带来更富动感、时尚、青春和都市情趣的电视剧作，全面丰富北京电视台频道组黄金时间的剧场产品线。

《英雄剧场》

《英雄剧场》在 BTV 影视播出。播出时间：每天 17：00；播出集数：2 集。

《英雄剧场》定位精准，主打警匪剧、公安剧、涉案剧等，连续几年稳居北京地区同时段榜首。影视频道《英雄剧场》紧抓类型题材，积累了经久不衰的观众忠诚度，品牌力量稳固强劲，作为成功的细分化、类型化剧场，《英雄剧场》已进入较为成熟的发展阶段，一直以来均有优异表现。

《午茶剧场》

《午茶剧场》在 BTV 北京卫视播出。

播出时间：每天13：55；播出集数：4集。

《午茶剧场》作为北京卫视的另一个重要档位，定位为首播剧+精品大戏重播，题材以家庭生活剧和精品战争剧为主，旨在打造北京卫视的次黄金时段，与《红星剧场》形成相互呼应的收视和观看效果。

财经频道优秀栏目

《首都经济报道》

《首都经济报道》以报道首都经济发展为内容、以演播室点评为形式，是一档大型财经资讯“脱口秀”节目。节目紧抓首都经济发展的热点、焦点、难点、亮点和冰点问题，关注百姓身边的新闻，透视新闻背后的经济，从而反映出首都经济的发展变化。

50分钟的《首都经济报道》节目包括《记者调查》、《记者关注》、《一句话新闻》、《触摸北京》等多个版块，挖掘大量生动新鲜、具有时效性的新闻。

《记者调查》每天以贴近的视角和独家的观点来诠释市场的、经济的、民生的事件，生动性、及时性、贴近性和冲突性是这个板块的特点。

《记者关注》是一个特色板块，内容侧重各权威媒体的热点、焦点报道，记者对此阐述独家观点，形式灵活是其主要特性。

《一句话新闻》以时效性、权威性和服务性作为选题标准，节奏明快、信息量大，是对日常节目信息量的有效补充。

《触摸北京》是周末版块，表现的是都市和郊区的经济、文化、旅游等。引导消费、体现服务性是此版块的特点，体现幸福感和快乐感是此版块的宗旨。

《经济法眼》

《经济法眼》是由北京电视台财经节目中心与北京市高级人民法院通力合作，共同打造的一档以百姓经济、生活、商务等典型案例分析为主的经济法制类节目。

2011年，《经济法眼》携周末栏目剧全面扩版，由一周五播的25分钟扩版为一周七播的28分钟节目，在每周六、日推出周末故事短剧。周末剧以“法眼看案例，剧中知法理”为口号，通过真人演绎，再现各种离奇案例，寓教于乐。周末剧在2011年取得了不俗的收视成绩。

2011年，为深入开展“走基层、转作风、改文风”的活动，《经济法眼》节目策划播出了“记者走一线——立案服务看北京”系列报道和“大墙内外”特别节目，节目播出后不仅收到了良好的收视效果，更受到了台领导的表扬，台长王晓东对《经济法眼》作出批示：“此栏目视角独特：市场经济是法治经济，以经济眼光普法，又以法制精神促进经济发展。望同志们不断总结经验，不断推出精品，努力将其打造为品牌栏目。”

2011年，《经济法眼》栏目在节假日期间播出了19期精编节目，在每个节日期间都取得了频道的收视冠军，其中5月1日播出的《我的遗产谁作主》收视率为2.93%，占有率更是高达7.65%。

2011年，《经济法眼》栏目荣获全国十佳法制栏目奖、北京市法制宣传教育十佳媒体法制栏目。制片人李春玮获得国家广电总局“五·五”全国影视系统法制宣传教育先进个人。

《天下财经》

《天下财经》是北京电视台唯一一档证券类节目，在周一至周五证券市场交易时间播出，每天分为三档节目，分别具有不同特色。2011 年下半年，随着苏州街台址播出中心搬迁，为迎接北京电视台播出的新纪元，《天下财经》中午档从录播转为直播，及时为投资者提供资本市场最新消息，分析市场走势、热点板块，指导投资者当天的操作。下午档梳理总结股市一天的行情走势，帮助投资者提前布局。晚档节目则邀请民间投资高手，分享炒股秘籍，为投资者答疑解惑。三档节目注重贴近性、服务性、互动性，为投资者提供实用中肯的投资建议。同时，栏目还通过制作特别节目探索创新之路。其中，《股民七天乐》尝试制作带有娱乐元素的专业财经节目。《走近金融期货之父》尝试在高端访谈中加入人文化色彩。2011 年，《天下财经》获北京市优秀广播电视节目评选电视优秀栏目。

《城市》

2011 年是《城市》的调整年，经过全方位的会诊，对栏目进行了 5 年来最大规模的改版——强化调查要素，仍以“深度经济调查”作为根本，每期节目由公众调查、消费调查、财富调查三个板块构成。

公众调查是领衔播出的子单元，内容涵盖经济生活中的热点、难点问题，与公众利益最为紧密的新闻话题，时效性强，关注度高。

消费调查是《城市》亲民性、服务性最强的子单元。以北京消费者本体利益为主导，剖析在各类消费链条中各个环节最新涌现的问题，为消费者提示风险、提供可选择性资讯。

财富调查是《城市》最具人文特色、最具纪录片特质的子单元。文物收藏系列一直是频道收视亮点。

除日常节目之外，为迎接建党 90 周年，《城市》团队精心制作了 90 分钟的专题片《人民的货币》，播出后受到各方好评，并在全国纪录片评选中获奖。在频道对京沪高铁的特别新闻行动中，《城市》特别制作了 3 集专题片《穿越梦想》，得到铁道部的高度评价。

《天天理财》

《天天理财》是财经节目中心 2007 年推出的一档全新日播栏目，每周一至周五在财经频道晚间黄金时间播出。《天天理财》立足于财经、立足于理财，风格延续了其前身《周末理财》的特点，坚持快乐金融、快乐理财、快乐赚钱的节目方针，力求用轻松幽默的语言讲理财，把金融学的普遍原理用百姓喜闻乐见的形式表现出来，让观众在潜移默化中接受栏目的先进投资观念。

《财富大家谈》

《财富大家谈》于 2011 年元月开播，是财经中心在 2011 年重点打造的一档品牌经济栏目。节目以演播室访谈结合新闻专题片为主要表现形态，夹叙夹议，以点带面，理论联系实际。

节目以国家宏观政策方针为导向，紧扣社会经济发展脉络，从民生视角出发，着眼于普通人和普通家庭的日常经济生活，突出实用性和服务性，以专家讲解嘉宾参与交流的方式，从专业的高度用平实的语言讲述经济理论、普及金融知识、传播投资理念、教授理财技巧，重点解决普通百姓在投资理财等实际操作中遇到的难题和困惑，为观众管理、追求、创造财富出谋划策，力争成为他们看得懂、记得住、用得着的家常理财师和投资顾问。

演播室访谈是《财富大家谈》的核心竞争力，节目遴选专家的标准是，资深专业人士，具有经济理论和投资实战双重经验，谈吐幽默诙谐，思维敏捷，语言平实、比喻贴切、生动。

而在嘉宾的选择上，节目走了一条与众不同的路线。现有常规化的财经节目往往是几位专家共同参与，话题和观点的展开往往停留在理论层面，贴近性和互动性不足，服务性不强。《财富大家谈》另辟蹊径，一般每期节目邀请一到两位专家，另外的嘉宾就是群众代表，以普通观众的身份出席，在节目里体现不同年龄阶段、不同收入档次、不同消费观的人对财富生活和投资理财的观点和认知，代表百姓咨询问题，表达百姓在投资理财方面的实际诉求，而专家现场答疑解惑，直接提供点对点的服务。这样一来，节目更加贴近民生和观众需求，实用性、服务性、可操作性更强。

《拍宝》

2011 年，财经频道《拍宝》节目，以其新颖的表现形式、实用的理财方式、风趣幽默的风格和浓郁朴实的京味儿，在北京地区乃至京城以外的受众群中，引起强烈反响，同时，也得到了专业传媒权威部门的首肯。

作为一档艺术品鉴定类的节目，《拍宝》独树一帜，在全国同类节目中首创鉴定与拍卖结合，线上与线下互动的节目运作形式。节目开办一年来，收视率一路攀升。随着收视率的不断攀升，《拍宝》的影响力如日中天，一年来《拍宝》藏友会已发展会员 2000 余名，举办大型《拍宝》专场拍卖会四场，举办艺术品讲座 12 场，为藏友鉴定藏品 8000 多件。藏友已遍及全国二十几个省市。

体育频道优秀栏目

《天天体育》

《天天体育》原名《晚间体育新闻》，创办于 1999 年。2006 年正式更名为《天天体育》，是体育节目中心着力推出的一档综合性、日播体育新闻栏目。节目播出时间为每晚 21：25～22：15，是国内目前新闻类节目中时间最长的一档。50 分钟的直播时间确保节目涵盖了更多体坛赛事，保证每日向观众提供海量的体育信息。

从每年的澳大利亚网球公开赛开始，全年的海外报道总是带给观众不一样的惊喜。世界多项最高水平赛事中都有《天天体育》记者的身影，带给观众体育赛事台前幕后的故事、引人入胜的典故。除了国际化视野，《天天体育》还具有鲜明的北京特色。地道的京腔京韵，迅速地拉近了与观众的距离。而对北京国安、北京首钢等子弟兵队伍的贴身报道，使得《天天体育》成为京城球迷每晚不能错过的精彩时刻。

《足球一百分》

创办于2005年1月的《足球100分》，是北京电视台体育节目中心唯一一档涵盖足球专题与新闻评论的足球直播型节目。每周一19：35在BTV体育播出，节目时长100分钟。

栏目立足北京，辐射全国，围绕足坛焦点赛事、风云人物，采用演播室访谈和专题片相结合的方式展开焦点热议，层层深入，力争还原事件之根本，实现纵深调查和深度报道。近年来，栏目更是重点围绕北京国安这支本土球队以及国内联赛展开追踪报道，以分析的专业性、报道的独特性和制作的精良考究而享誉全国同类专业节目。《足球100分》，不仅以权威报道和独特视角深受球迷的喜爱，更与其他平面及网络媒体建立了良好的合作，已成为北京地区最具关注度的全景展示国内足球的电视平台。全景展示、深度报道，《足球100分》，做球迷关注的足球节目。赛事风云，足坛焦点，尽在《足球100分》！

《快乐健身一箩筐》

《快乐健身一箩筐》作为日播谈话类节目，是北京电视台体育频道重点打造的一档非竞技类栏目。栏目于2007年5月开播，周一至周五22：20在BTV体育播出，时长30分钟。

栏目着力打造多个创新的亮点，在内容上贴近百姓，突出全面、细致、生动的特点，追踪社会热点和突发事件，抓典型人物和典型故事，以真实、可行、有信服力的健身方式来指导广大电视观众，让大家轻轻松松掌握健康之道，也让观众了解更多的鲜活人物和生动故事。栏目整体秉承体育频道节目的特色，同时重点强化快乐主题，旨在通过身边的人和事来展现健康理念、传授健身经验，成为一个人人都可受益的电视栏目。

《体坛资讯》

作为当天的第一档体育新闻，《体坛资讯》汇聚了当天国内外的体育新闻，为观众提供海量的体育信息。

从2010年起，《体坛资讯》一改之前作为《天天体育》“副刊”的地位，大胆创新，将中超前包装和CBA的包装并入节目中，分别覆盖了3月份到10月底以及10月底到第二年初的黄金时段。

《体坛资讯》在开拓节目资源同时，还努力做到技术创新。基于无线网络的3G设备将对播的地点扩大到之前从未到达过的观众席以及更衣室，让记者报道的视野和范围猛然间扩大，不再只是场边报道、不再只是固定播报，将很多鲜活的新闻第一时间带给观众，改变之后，该档新闻的收视率提升迅猛。

《体育议起来》

《体育议起来》节目定位是“以体育焦点事件、人物为核心内容，以新媒体传播方式为基础形态，主持人、嘉宾与普通观众一起表达鲜明观点”的体育评论型节目。

“体育议起来”包含三层含义：第一，“议起来”，关于体育事件和话题，我们“议论”、“辩论”、“评论”，这是一个“表达观点”的平台；第二，“议起来”等于“一起来”，无论你是专业人士还是草根网民，都可以参与节目，成为节目的一部分。因此，这也是一个集合了所有“想表达的观点”的平台；第三，“议起来”还是“E起来”，利用新媒体的传播特点和手段，这档节目既是将所有信息集合的平台，同时也是将集合好的信息进行再次整合打包并利用各种媒体手段重新传输的平台。

生活频道优秀栏目

《7日7频道》

《7日7频道》栏目是一档有着强烈服务意识的民生新闻类节目，2002年1月1日开播。该栏目始终高举民生新闻的大旗，以其平民化的视角、故事化的讲述以及极具个性色彩的点评，逐步发展成为北京电视台一档品牌栏目。随着媒体竞争格局的演变以及观众收视要求的不断更新，至今已有9年历史的《7日7频道》栏目，也在不断地摸索、尝试，以寻求新的突破。

《7日7频道》为强化所处频道的专业色彩，突出节目的服务职能，栏目几经调整，最终确立以帮助百姓解决生活中各种实际困难为基本定位。这一定位，既秉承了栏目开播以来一直坚守贴近百姓、贴近生活的宗旨，又能适时地满足观众生活中的切实之需。同时在创作形式上，延续栏目固有的故事化包装，在给观众以实际帮助的同时，又能满足受众的欣赏需求。栏目凭借媒体自身的优势，充分利用社会资源，在帮助百姓解决困难的同时，强化栏目乃至整个频道的服务性，提升栏目自身的品牌价值。

《7日7频道》在突出栏目基本定位的同时，栏目也加大自身的服务功能，从对与百姓息息相关的热点新闻的追踪分析，到生活中新鲜事物的发掘整理，《7日7频道》栏目力争成为百姓生活中的指南，使之起到拾遗补缺的作用。

《大城小事》

《大城小事》于2007年1月4日开播，栏目始终秉承“说百姓身边事，演百姓身边人”的宗旨，演绎发生在北京老百姓身上的家长里短、人间真情、新闻事件、警示案例，以平民的视角、故事化的叙事方式，描述社会生活的方方面面。

《大城小事》每期一个故事，由短剧和主持人演播室串播构成，短剧将尽可能地追求生活化的形态，它要比纪录片更具有故事性，比电视剧更贴近现实，让老百姓以一种看自己身边发生的故事的心态来欣赏节目，并进而产生共鸣；主持人演播室的串播增强悬念，提升故事背后的正面、积极的社会意义，突出栏目剧的社会责任感。

《大城小事》有两大主要特色：一是真实、感人、亲民、自然。栏目的着眼点始终放在京城老百姓身上，努力捕捉日常生活中最真实、最感人的故事并将其进行艺术加工，着力描绘人性中的真善美，弘扬正义、诚信、友爱等精神追求和道德风尚，展现充满活力的北京人的精神风貌。二是原生态：让老百姓演老百姓的故事，给他们搭建最强势的表演平台，充分释放“民星”的才华，激发“民星”的潜力，同时强调“民星”与百姓的互动，真正做到“老百姓的故事老百姓演，老百姓的明星老百姓选”。

《生活面对面》

《生活面对面》是北京电视台生活频道一档生活服务类的资讯栏目。2002年1月1日栏目开播伊始，始终秉承贴近北京都市生活、服务北京大众民生的宗旨。节目以清新质朴的风格、新鲜实用的信息、权威深刻的解读、方便贴心的帮助而受到京城百姓的喜爱。观众在“点滴之间体会生活，便利之间感受关怀”的同时，也得到精神上的抚慰和时尚生活的引领。

《生活面对面》把一些与市民日常生活关系最密切的、最具普遍意义的、最具当下性话题性的选题放在头条位置，健康、消费、安全、法律等领域是关注较多的。同时，经常推出主题策划，根据社会热点，采用调查、体验、实验等多种手段，采访权威专家，为观众答疑解惑。在故事里穿插实用的知识，寓教于乐。同时加大情感元素，更多的体现出栏目的人本思想和人文关怀。

《生活面对面》以演播室主持人播报点评和外拍短片为主。表现手法灵活多样，新闻故事化，故事情节化，情节人物化，人物命运化，在角度上、落点上以及叙事的手段上精心设计，做到“精细、精致、精巧”，实现了“趣味信息有效传播、有效信息趣味传播”。

《生活大调查》

《生活大调查》于2009年1月1日开播，是一档集健康知识、生活百科于一身的全新互动栏目，目的在于弘扬科学的生活理念与方法，倡导积极向上的生活心态。

在形式上，《生活大调查》以演播室内身兼调查员的主持人风趣幽默的谈论与外景调查短片相结合的方式来结构整体节目。各种具有娱乐性质的实验充分体现科学求证过程的趣味性，街头群众采访环节和权威专家现身说法，在贴近大众的同时又力求节目的科学性和权威性。

在内容上，《生活大调查》节目坚持关注老百姓感兴趣的话题，内容绝对贴近生活，但切入点别有新意，相当于健康生活的“十万个为什么”，生活中有很多知识，老百姓可能都听说过，但真实与否可能从没有人考证过。节目内容并不是停留在“吸引眼球”的猎奇上，而是更多从百姓生活出发，探寻与生活密切相关的知识，注重服务性。

《生活大调查》三位主持人身兼调查员的身份——漂亮知性的佳璇、帅气调皮的陈旭、憨厚亲切的火旺。由他们组成的精锐调查团队用一种与众不同的方式带领观众探究生活的奥秘。为了突出调查的真实性和现场感，主持人亲赴调查第一线，带给观众第一手的调查资料。

《生活大调查》与传统的生活服务类栏目所不同的是，节目用更时尚的包装、更有趣的形式、更健康的内容、更独特的视角、更娱乐的精神、更科学的态度切入身边的健康资讯、生活百科，突出趣味感、互动感、实验感，摒弃死板说教的生活科学解谜，寓教于乐，用各种充满趣味性的调查深入浅出地解构复杂问题，力求带给观众最娱乐化的“生活百科全书”。

《选择》

《选择》栏目2009年1月1日在北京电视台生活频道开播，目前已经进入第三个年头。《选择》本着“真实信息、真心服务”的宗旨，通过电视平台为单身人士提供相识、恋爱的服务。节目每年拿出70%的节目时间给予单身中老年人，为有实际需求的人士搭建了一个选择与被选择的交流平台。其走进百姓生活，关注人物命运，受到许多观众青睐。

《选择》通过现场真人出镜，展现出嘉宾的真我风采。很多嘉宾来到《选择》，欣喜地找到了恋人、意外地看到了老同学、老朋友、老邻居，甚至是当年的初恋情人……《选择》让参与者的生活在意想不到的方面发生了神奇的改变，更是通过后续的一系列服务成就了众多嘉宾的成功牵手。

《选择》节目中，专家通过专业、真诚的点评，完成婚恋观念教育的同时也传达了无条件的接纳和包容，而这正是《选择》大家庭提供给当事人最最珍贵的礼物。无论您是大龄剩男剩女，还是遭遇不幸的离异或丧偶，或者独自面对暮年生活，《选择》都以最温暖热情的姿态欢迎您的到来……

《选择》一贯秉承的原则：杜绝自我炒作，摒弃蓄意爆料，在个人媒体时代坚持赢取每一个口碑效应。

古稀老人，夕阳晚情；翩翩少年，青春作伴。“选择”之字形，手脚并用；如果感到幸福你就拍拍手，如果感到幸福你就跺跺脚……幸福的他们就是这样诠释了“选择”的内涵！

青少频道优秀栏目

《军情密码》

《军情密码》栏目于2011年1月1日开播。以“揭秘”为核心理念，涵盖军旅文化与战争文化，解析中外历史上的著名战争及政治战、经济战、心理战、文化战、情报战等不为人知的幕后故事，填补目前BTV及全国省级卫视军事栏目设置的盲点。

《军情密码》栏目与中国军方授权机构——新华社军事部以及《世界军事》、《中国军人》杂志合作，确保选题及内容的高质与安全；以全国百余位顶级军事专家为嘉宾团队，确保表达的权威与精彩；以具有军事情结、人文素养、电视经验的人员组建摄制团队，确保节目制作的品位与效率。

该栏目作为青少频道高影响、高价值、高品位的晚间第二波黄金播出组合板块的头炮，赢了得晚间的第二个收视高潮。

《书香北京》

《书香北京》栏目于2011年1月1日开播。栏目定位于“品味读书人生，感受知识力量”。以杨澜、徐春妮、胡紫薇、李南、姜华五位美女组成主持阵容，轮换主持，以余秋雨、于丹、易中天、郑渊洁、韩寒等知名作家及其他各领域精英构成明星嘉宾团，根据话题甄选。美丽与智力同台，明星与书香辉映，视觉愉悦与思想对话兼顾。除了面向读书人生，节目还适当展现千年北京文化的博大精深。以演播室访谈的形式，通过分享嘉宾“读书改变人生”的亲身经历，从最亲民的角度体现阅读的现实意义与长远价值。

《北京客》

《北京客》于2011年1月1日开播。栏目名称灵感源自美国著名杂志《纽约客》(THE NEW YORKER)，包含所有从北京走出去和从各国各地来北京的人。

《北京客》栏目定位于“对北京在迈向世界城市的进程中，原有文化与世界文化对接、交融过程的时尚化、国际化、故事化表达”。

节目以前沿思想、精英身份、个性行为支撑的深层时尚为主要表达方向，在国内首次提出以“国际化时尚人物 Talk Show”为亮点的全新理念，以幽默睿智的风格、轻松欢快的手段，打造时尚文化沙龙。要求嘉宾身为青年领袖或具有成为青年领袖的潜质，节目形态以演播室交流为主，结合专题性拍摄，节目气质体现为健康、知性、轻松，真诚。

节目以受过高等教育的23岁到35岁观众为目标受众。这部分人群约占北京23岁以上人口的18%，他们有个性、有购买力，且大多具有深夜看电视的习惯。

公共·新闻频道优秀栏目

《北京新闻》

《北京新闻》开播于1982年7月，是北京电视台最重要的一档新闻栏目，是北京市委、市政府的喉舌和重要的舆论宣传阵地。《北京新闻》具有政策性强、收视率高、影响力大的特点，收视率稳居全台日播栏目收视第一、卫视频道栏目收视第一和占有率第一，是北京地区收视率最高的新闻栏目。近年来，《北京新闻》栏目秉承“权威发布政策信息，悉心关怀百姓冷暖”的栏目宗旨，坚持正确的政治导向，坚持党的路线、方针不动摇，成为展示北京市改革开放、经济发展、社会进步的重要窗口；同时，致力于提高新闻质量和报道水平，创新报道方式，实现“导向正确、宣传有力、收视稳定”目标。

《特别关注》

《特别关注》自2000年11月16日开播，是一档以民生新闻为特色的综合性新闻栏目。始终坚持“关注社会发展、贴近百姓生活”的栏目宗旨。倾听百姓心声、报道百姓关心的事、身边的事、困难的事、烦心的事。为百姓排忧解难，为政府上传下达搭建沟通理解的桥梁。力求用特快的速度、特别的视角、特色的电视手段，突出时效性、地域性、服务性的特点，致力于真实客观的诠释新闻事件，理性细致的关注点滴生活。栏目时长28分钟；首播时间：周一至周日12：30。

《北京您早》

《北京您早》开播于1991年7月，是国内最早开播的一档早间电视新闻节目。栏目定位于“第一时间看北京、看中国、看世界”。

《北京您早》始终坚持及时丰富、清新朝气的节目理念，每天早晨给北京和全国观众送上新闻早餐，全年的收视率保持在1.8%，在全国同时段节目中保持着遥遥领先的位置。

2009年9月28日，北京电视台又在全国率先开播了高清节目。当天，随着《北京您早》的片头音乐响起，高清电视用户收看到了16∶9格式的高清晰度的电视节目。新的演播室和高清画面的崭新亮相，又在北京电视台的发展史写下浓墨重彩的一笔。

《这里是北京》

《这里是北京》是北京电视台一档历史文化类专题栏目，既是北京历史文化的展示平台，又是北京文化大发展大繁荣的见证者和参与者。自2004年开播以来，以京味儿语言、百姓视角、戏剧化的结构方式形成栏目独有的风格。主创团队高度重视文物古迹、文化活动的视频资料积累，曾拍摄百余条北京胡同、近百项文物古迹，详细介绍市级以上博物馆一百余家；栏目拥有一支年轻高效的主创团队和一支文物、民俗、地方史、非遗等方面的强大专家团队，为节目能够将历史的深邃与文化发展的时效性巧妙结合提供了坚实的后盾。栏目时长20分钟；首播时间：周一至周日19：05。

卡酷动画频道优秀栏目

《七色光》

北京电视台少儿节目《七色光》始创于1988年，是一档拥有20多年历史的黄金品牌节目，自创办以来一直坚持着做健康节目、做优秀节目的宗旨，为少儿观众提供了大量具有教育意义又不失娱乐性的节目。

2011年，《七色光》每周五20：00在卡酷动画卫视播出。它以主题赛季制进行编排，独创的少儿智力闯关游戏，让孩子和家长在游戏中共同成长、学习体验，受到了家长和孩子的一致喜爱。全年四大节目季《玩具大赢家》、《校际达人》、《HIGH翻暑假》、《成长加油站》获得了孩子和家长的支持拥护，先锋的节目形态不仅在国内卫视平台属于首家，还在孩子的成长以及家长教育理念的梳理方面，提供了非常重要的参考作用。《七色光》全年平均收视率0.77%，比2010年提高31%。其中《HIGH翻暑假》辗转香港、深圳、苏州、重庆、哈尔滨等城市的游乐场，为全国小朋友送上一个难忘的狂欢暑假，十期节目平均收视率为1.12%，成为《七色光》栏目平均收视最高的赛季，并7周排名频道收视第一。

《闪天下》

《闪天下》创办于2004年9月10日，每天21：00在卡酷动画卫视播出。

《闪天下》是国内首档真人与动漫相结合的脱口剧节目，将栏目剧与动画短片播出平台相结合，形成了天马行空的特色风格。2011年《闪天下》积极开拓市场、广开片源，与千余家高等院校签约，收集了近万条国内顶级原创动画短片，成为全国最强的动画短片播出平台。《闪天下》凭借丰富的节目内容，吸引25～34岁的青年人群及34～45岁的家长陪伴人群，成功扩大了成人收视份额，35～44岁陪伴收视率达到1.02%，相当于4～14岁核心收视率的三分之一，实现了节目受众的深度发展。

《十分开心》

《十分开心》于2006年10月开播，每天19：30在卡酷动画卫视播出。

《十分开心》作为北京电视台唯一一档原创动画栏目，以动画主持人二秃子和王烦的脱口秀主持贯穿节目内容，生动、幽默的语言，夸张的动画表现形式，形成了特有的栏目风格。2011年《十分开心》制作了另类童话演绎、成语新编、寓言故事新编、搞笑上班族系列、麻辣邻居系列、学校好时光等多部主持人系列短剧，并且为配合“走基层、转作风、改文风”重要工作，特别推出“寻找属于自己的笑声”、“你讲笑话 我来演绎”的专题版块，在节目中开辟属于少儿观众自己的舞台。《十分开心》收视率在卡酷动画卫视的栏目中名列前茅，2011年共有4周（12、40、42、46）收视频道排名第一，有较高的社会影响力和品牌价值。

《卡酷中国制造》

动画剧场《卡酷中国制造》每天17：30—19：30在卡酷动画卫视播出，节目时长120分钟。

《卡酷中国制造》是卡酷动画卫视黄金档动画剧场栏目，安排热门首播国产动画新片，吸引4～14岁核心受众人群，《奇思妙想喜羊羊》、《大耳朵图图魔法师》、《莫麟传奇》等大受好评的动画都曾在《中国制造》栏目中首播，受到了观众的热烈好评，取得了优异的收视成绩。《卡酷中国制造》通过时段细分，有效提升了黄金时段收视、拉动非黄时段收视，观众年龄分布广泛，不仅广大中小学生喜欢看，很多青年观众也从中找到了乐趣。

观众调查

引领时代风潮　发挥先发优势

——对2011年北京电视台网络春晚的调查与分析

2011年，北京电视台从1月28日（腊月二十五日）至2月1日（腊月二十九日）打造出五台各具特色的网络春晚，无论从整体设计，还是在节目内容、舞美表现、视听技术等方面，都有了一定的新突破，给观众奉献了一场场一流的精神盛宴。

中国传媒大学北京广电节目专家评议及舆情研究课题组成员收看了2011年北京电视台的五台网络春晚，结合课题组成员过去对网络春晚等相关议题的研究，对北京电视台网络春晚做出一些分析。

从2010年到2011年，两届北京电视台网络春晚已形成了以下八方面的成功经验及优势。

一、引领时代风潮，在电视界率先推出网络春晚，既彰显了首都电视台的大台风范，也创造了自己在网络春晚领域的先发优势

网络春晚的雏形最早可追溯到2002年春节期间网易推出的“虚拟春节联欢晚会”，也被一些网友称为“山寨春晚”。2006年初，优酷网将网友们上传的节目作了整理编辑，正式取名“网络春晚”，但由于当时并无网下现实运作，影响不是很大。2009年1月10日，由聚橙网网友自发举办的“深圳山寨春晚”登台亮相，成为我国第一台正式上演的并全程通过网络同步直播，也是第一台完全“草根化”运作、没有专业演员、不带任何商业元素的“山寨春晚”。遗憾的是，由于失却了主流电视媒体的协作，“深圳山寨春晚”没能取得更大的社会影响。总之，在2010年前，网络春晚并没有引起社会太大的关注。一些网站开办网络春晚的尝试，大多是“雷声大雨点小”，影响力不够大。

在我国网络春晚的发展史上，2010年，作为主流电视媒体的北京电视台的积极介入，无疑是一个标志性的里程碑。有媒体认为，这意味着“网络春晚”已摆脱了草根身份，正向着娱乐主流的方向进军；也有专家因此将2010年称为“网络春晚元年”，是我国“春晚”文化的新起点。同年2月6日，在网民中具有较大影响力的第一视频网在北京市网络媒体协会的指导下，也主办了“中国互联网首届春节联欢晚会”，并取得了成功。

如果说2010年是网络春晚元年的话，那么，2011年就是网络春晚向纵深发展的一年。2011年，除北京电视台继续举办了五场网络春晚外，包括湖南、北京、山东、海南、深圳等地的卫视台网站，也推出了各自的网络春晚节目；连央视也放下身段，首次大手笔投身网络春晚，从大年初一到大年初六，央视综艺频道和中国网络电视台同步播出了六场不同主题、不同形式的网络春晚。

网络春晚的适时横空出世，为谜局中的春晚指出一条明路，成为“救场”传统春晚的重要力量。在这一过程中，北京电视台在我国电视界率先推出网络春晚的举措是值得高度肯定的，它既抓住了历史机遇，引领了时代风潮，也彰显了首都电视台的大台风范，成为具有历史意义的“中国电视界网络春晚第一台”，创造了自己在网络春晚领域的先发优势，在春晚收视竞争中培育了一定的核心竞争力。

二、致力于内容创新，凸显鲜明的草根性和网络特色

在对节目内容和演员的选择上，北京电视台网络春晚基本颠覆了传统晚会一味追逐明星、大腕的固有模式，实现了演员为内容服务、内容为定位服务。为体现全民参与、草根主宰的创作原则，北京电视台网络春晚力推新人新作。在“春晚 e 起来 · 我是大明星”地面活动中涌现出来的草根达人和人气很旺的网络红人，占据了网络春晚舞台的半壁江山，与各种选秀中成名的年轻歌手及网友喜爱的年轻明星们一起绽放异彩。尽管舞台上没有多少明星、大腕，但经过编导们的二度创作和网络化的包装设计，民间达人和网络红人也具备了明星的气质，呈现出完美炫目的舞台效果。北京电视台网络春晚并不刻意安排戏曲、少儿、民族节目等网友并非特别喜欢的节目，使得节目整体上风格统一，没有生拼硬凑的感觉。

课题组统计了 2011 年北京电视台网络春晚的演员情况：

2011 年北京电视台网络春晚节目演员情况统计表（以节目为单位）

演员	A 明星	B 草根	C 主持人	A + B + C	A + B	A + C	B + C
数量	44	25	22	1	3	1	10
比例	41.5%	23.6%	20.8%	0.9%	2.8%	0.9%	9.4%

表演者涉及演艺明星、草根演员（包括网络红人、民间艺术家和平民）和电视台主持人。从统计数据看在所有节目表演者中演艺明星数量是最多的，占到了 41.5%；草根演员和主持人的数量差不多，分别占总体的 23.6% 和 20.8%。其他节目则是由三者或其中的两者共同完成的，有草根参与的节目为 39 个，占节目总数的 36.8%，这一数据要远高于传统春晚中草根表演者的比例。更值得一提的是网络春晚请到的演艺明星，并非传统意义上的“艺术家”，而更多的是从众多选秀节目中脱颖而出的演艺新秀、年轻演员。这样的演出阵容在消除观众对“熟脸”审美疲劳的同时，也使晚会更加亲民。另外，北京电视台两届网络春晚所邀请的明星重复率也较低，基本保证了观众对演员的新鲜感。

同时，北京电视台网络春晚在策划筹备阶段，就高度重视网友意见，一些参演节目甚至直接由网友投票决定，这使得其内容更加符合网友的需要，具有鲜明的网络化特点，节目内容经常涉及网络上的热点。网络上点击量高的热门人物、热门歌曲以及网络的流行词汇都成了北京电视台网络春晚的主要内容。从两届网络春晚来看，“抢车男”、西单女孩、暴走妈妈、“神曲”《忐忑》《爱情买卖》、“囧”、“你妈喊你回家吃饭”、“神马都是浮云”这样的网络热点俯拾皆是。

三、强化观众互动参与，携领大众狂欢

与传统春晚相比，北京电视台网络春晚的另一鲜明特色是互动性、参与性，通过观众的积极参与和深度互动，栏目组致力于自己与观众和网友的“零距离接触、零门槛参与”；观众和网友成为晚会的主角，甚至在一定程度上决定着节目的内容及进程。在观众如此深度的互动参与下，网络春晚可以很好地营造出携领大众狂欢的效果。

在舞台呈现方式上，北京电视台网络春晚也充分照顾到了观众互动的需要，一改传统晚会“演员在台上演、观众在台下看”的僵化模式和刻板风格。舞台设计为开放式、互动式、分区域，观众围绕在舞台周围甚至将观众纳入表演区，营造出一种台上台下都是舞台的氛围。表演者往往身处观众之中：近景魔术在观众的簇拥下完成、演员采访在观众区进行、明星直接从观众区走上舞台。演员与观众自然地融为一体，形成内外一体化、台上与台下其乐融融的互动式结合。晚会的一些“特殊观众”着装也都经过精心设计，无论是兔耳朵头饰还是手上拿着的冷焰火都能烘托出过节的喜气氛围。在这里观众不仅仅是看客，同时也是晚会的看点。这种开放式、互动式舞台充分体现出欢迎全体观众参与、携领大众狂欢的平民精神。这在百人共唱“神曲”《忐忑》、演员观众齐跳《Single Lady》时体现尤为明显，整个场面极为火爆、激情，欢快气氛浓厚。

四、充分发挥主持人作用，主持人与节目浑然一体

2011年北京电视台网络春晚对主持人的成功使用，是其成功的一大法宝。与一般晚会主持人只负责串场、报幕不同，2011年北京电视台网络春晚充分发挥主持人作用，将主持人作为节目内容呈现的一个重要内容，主持人与节目浑然一体，既在一定程度上提升了主持人的品牌形象和人气，也为培养主持人探索出了一些成功经验。

一是积极打造主持群的概念，五场晚会主持人尽可能有所变化，加入了新晋主持人，着力营造青春、时尚、活泼、靓丽的氛围，切合网络春晚的气质和风格；还根据每场晚会的不同主题，为主持人设计了个性化的开场。

二是开拓性地开掘主持人资源，充分挖掘、培育主持人的演艺潜质，将主持人变为演员。正如前文2011年北京电视台网络春晚节目演员情况统计表所示，主持人单独表演的节目达到20.8%，参演的节目达到11.2%，两者相加一共达32%。而且针对不同主持人的个性，量身打造，设计参演节目，如对有的主持人主推“唯美”风格，有的则主推“搞笑”，有的则体现“智慧”。

三是将网络投票人气颇高的兄弟电视台主持人邀到一起，打造了名嘴才艺群英会的网络春晚第四场《喜庆欢乐夜》。

在充分肯定2011年北京电视台网络春晚对主持人的成功运用的同时，也建议栏目组考虑，对主持人参演节目的“度”，是否有必要在基于调研的基础上做出一个科学的限定，以免由于主持人参演过度、频频出镜或个别主持人准备不够充分而引

起观众的“审美疲劳”甚至逆反。

五、独家运用360度自由全景技术，首启沉浸式网络观赏体验，高度重视视觉设计，舞美灯光设计等力求极致

2011年北京电视台网络春晚首次应用了国际先进的360度自由全景技术，打破了传统摄像机只能反映现场某个局部画面的局限，可将现场情景360度进行全景展示。观众可通过鼠标或键盘拖动画面，交互地从前后左右上5个不同观察点和方向了解晚会现场环境，任意选取自己喜欢的角度和画面进行观赏，使人产生身临其境的沉浸感。

同时，与以往晚会一种包装贯穿全场的理念不同，2011年北京电视台网络春晚对约100个节目均采用了独立包装理念，高度重视各单元节目的视觉设计。在视频制作、录音编曲、服装制作、道具选择、特效使用等方面，各节目都有较完美的呈现。据统计，五场网络春晚共自制服装近600套，自制各种大型道具逾50种，音乐创作及编曲85首，使用群众演员约800人，这些都创下了北京电视台晚会的历史新高。尤其在第三场《魔幻传奇夜》中，通过舞美、LED、大型道具的结合，利用全息投影技术营造魔幻、穿越的3D视觉效果，强烈的视觉冲击力和超震撼现场音效为观众呈现了一台超级震撼的音乐盛宴。

六、在晚会整体统一协调的同时，单元节目凸显不同风格

作为主流媒体，北京电视台网络春晚主要选择一些在网络上广为流传、深受欢迎的内容，尤其是能体现真善美的真人真事。五台晚会整体上以时尚、动感、创新、分享为理念，相互间统一协调，均突出了网络晚会的特点，体现了最流行的时尚元素，符合节日欢乐的气氛，更反映了一种积极向上的生活态度和正确的价值取向。同时，均以草根视角、青春情怀启用大量网络元素和创意，使得受众耳目一新、为之一振。

但在每场单元节目的呈现上，注重凸显不同风格和个性化差异；栏目组梳理了网络世界中的林林总总，结合网络上所流行的各种文艺形式，依据年度网络热点确定了五场晚会的不同主题：《网络潮人夜》、《经典怀旧夜》、《魔幻传奇夜》、《喜庆欢乐夜》、《梦想希望夜》。

为体现每场晚会的不同主题，栏目组分别选定了五个或温情感人，或青春励志，或奇思妙想的网络故事，将你我身边的普通人推到舞台中央。譬如由“优酷拍客”推荐的故事“农民发明刀削面机器人”出现在网络春晚第一场《网络潮人夜》的舞台，充分展现了小人物的大智慧；在“优酷牛人榜”上排名居高不下的“心声男孩”组合，成了网络春晚第三场《魔幻传奇夜》的故事主角，身残志坚的两位聋哑青年与韩国歌手刘承俊共同演绎迈克尔·杰克逊的《战栗》，再现了那段电光雷石的超时代景象，感人的故事、精湛的表演，让平凡普通的“心声男孩”成为网络时代的超人气明星。

值得欣喜的是，年轻人成为这次北京电视台网络春晚的主力收视群，五场晚会主题设定的差异性也给受众提供更大的选择空间，体现了定位清晰、为受众服务的理念和特点。

七、在尊重观众意愿的同时，有效把控节目内容，并巧妙设计网络呈现的形式

北京电视台网络春晚去明星化、草根为主的取向，决定了它首先不会像传统晚会节目那样，会受到一些明星、大腕的限制。其次，栏目组在广泛征求观众意愿基础上制定出节目策划方案，并以此作为选择演员的标准，并适当设计备选方案，使演员为我所用，做到了栏目组对节目内容及演员的有效把控。

以2011年北京电视台网络春晚第二场《经典怀旧夜》为例，围绕“经典”这一主题设计了“美声演绎经典儿童歌曲”和“外国人唱中国红歌”两个节目，邀请极具网络人气的美声歌手和网络知名外国歌手进行演绎，即使有人临时因为档期或其他原因不能到场，也可“换人不换节目”，依托网络海量资源进行演员的替换。

北京电视台网络春晚通过网络资源进行节目征集和创作，按照网友喜爱的节目内容、形态和风格进行原创节目的打造和包装，已然具有获得网友欢迎的先天优势。同时，在节目编排设计上，每场晚会在围绕各自主题设计环节时，都自觉契合新媒体传播的特点，很适合网络和手机视频呈现。如2011年的五场晚会，每一场都有三分之一以上的原创节目体现了“出奇、出新、出彩”的网络特色，带给观众不一样的视听感受；并在强调晚会本身的整体性、连贯性的同时，编排上注意便于各节目碎片化拆分的灵活性，有助于在新媒体平台上的二度传播。以2011年北京电视台网络春晚第一场《网络潮人夜》为例，最短时间内玩转魔方的达人夫妇、眼神和表情极富表现力的表情帝、模仿各种乐器声音惟妙惟肖的口技表演者等都是来自网友推荐，这些来自民间的潮人高手在晚会现场一展绝活后，其各自表演的视频片段即被分拆上传至腾讯微博等网络平台，第一时间在网友中间进行二度传播。

在后期包装方面，北京电视台网络春晚采用了网络化的包装形式，具有鲜明的网络特色。“2011北京电视台网络春晚”的LOGO和角标都采用了网络碎片化的设计，用色块拼接成完整的字样。在节目的进行过程中，角标以“数码语”的形式不断跳跃。在预告下一阶段的节目时，采用了搜索引擎的形式，将接下来出场的人物以网络关键词的形式进行提示。同时，还针对网络传播的特性，专门制作了每场约130分钟的网络播出版，比每场电视播出版的90分钟长，增加了“晚会开场倒计时”的提前预热的内容。

八、全媒体宣传造势，多方位推广渗透

此次北京电视台网络春晚在合作媒体的选择上，采取了全方位、立体化的“组合拳”宣传推广策略。以信息到达率、内容黏度、参与互动的便捷性、口碑传播的速度、网络视频收看的流畅性等各个层面的需求为出发点，分析不同媒体的各自优势，及其特定受众群体和用户使用习惯的差别，选择最合适的合作伙伴。晚会将各大网络媒体的拳头产品为己所用，彼此间相互配合，形成了对受众多层面的渗透和沟通，从而实现晚会宣传效果的最大化。

宣传推广力争及时快速地广泛覆盖受众群体。为此，晚会在腾讯网首页第一屏的显著位置开启此次春晚专题板块，将网络春晚各个阶段的相关消息迅速及时地传递给尽可能多的观众。晚会还设立了以“BTV春晚”命名的微博账号，每日发布多条与网络春晚相关的新闻。

晚会还在优酷网制作了很多短小视频推送至其首页“6+1”的显著位置，吸引了众多的网友关注。据统计显示，截至网络春晚播出前，点击率就已经达1800多万次。

此外，晚会还利用开心网、PPTV 等视频网站，吸引受众主动参与并提供舒适收看体验。同时北京电视台自己推出活动官网，汇总推广信息。此次网络春晚在广播、报纸等传统媒体，手机、移动电视、地铁电视等媒体上都展开了大规模的宣传攻势，充分整合多种渠道，结合传统媒体和新媒体的传播优势，建立起了一个全方位、立体化的宣传网络。

2011 年北京电视台网络晚会还推出了《春晚 e 起来》之“我是大明星”和“我的榜样家庭”主题地面推广活动，选拔民间各类身怀绝技的草根达人，加入到晚会的创作中来，并通过大规模的地面推广，增强普通百姓对此次活动的知晓度、参与度和影响力。同时在北京电视台文艺频道还自 2010 年 12 月 19 日起特意开播了同名周播综艺节目《春晚 e 起来 · 我是大明星》，将地面推广活动中涌现出的民间达人、原创节目搬上荧屏，提前为晚会预热，激发观众的收视期待。

此外，2011 年北京电视台网络晚会还邀请了网络人气颇高的“微博女王”姚晨作为代言人，提升网络晚会的影响力，同时邀请选秀出身的“百变女王”尚雯婕带领众多选秀选手，录制了“我是大明星”的升级版宣传片，提升了地面推广活动对草根艺人的吸引力。

（中国传媒大学北京广电节目
专家评议研究课题组）

北京电视台卫视频道在全国落地覆盖情况

卫视节目中心

2011 年，北京卫视落地实现了在青岛市、武汉市、长沙市、湖南省网、河北省网 5 个省市网的外省卫视群组进入前三位的目标。维护完成 71 城市落地及补点落地（含 35 个中心城市），提升了北京卫视在这 10 个城市的整体到达率。2011 年新增 24 个地级城市落地，使地级城市总数达到 266 个，基本实现北京卫视全面覆盖地级城市的目标。实现了北京卫视在 35 个中心城市以及 32 个一线旅游城市总计 696 家四、五星级酒店落地。完成了覆盖 35 个城市四、五星级酒店约 70%，32 城市覆盖超过 85% 的既定目标。

2011 年，北京卫视高清频道新增 6 个中心城市和 20 个地级城市落地。实现了高清频道在全国 33 个中心城市和 92 个地级城市落地。

2011 年，卡酷少儿卫视在已落地的 19 个中心城市和 43 个地级城市外，新增海南省网、长春市网、哈尔滨市网、济南市网、昆明市网共 5 个省市网络落地，广东省网落地。实现了包括北京市在内的 25 个中心城市，以及 43 个地级城市落地。

节目收视情况

2011 年北京电视台节目收视情况

总编室

2011 年 BTV 北京卫视节目收视情况

数据日期：2011 年 1 月 1 日至 11 月 30 日

序号	中心	栏目	首播时间	收视率	占有率
1	新闻	《北京新闻》	周一至周日 18：30	6.32%	23.16%
2	新闻	《特别关注》	周一至周日 12：30	3.11%	16.72%
3	新闻	《北京您早》	周一至周日 07：00	1.62%	21.79%
1	卫视	《养生堂》	(1.1—11.11) 周一至周日 17：38	2.40%	11.31%
			(11.12—12.31) 周一至周日 17：25	2.30%	11.40%
2	卫视	《身边》	周一至周五 13：04	1.95%	13.71%
3	卫视	《天下收藏》	周四 21：35	1.90%	5.67%
4	卫视	《档案》	周一至周五 22：31	1.71%	6.92%
5	卫视	《倾听》	周三 21：35	1.64%	4.91%
6	卫视	《大戏看北京》	周五 21：35	1.49%	4.26%
7	卫视	《好人故事》	周三 21：35	1.42%	4.20%
8	卫视	《我的北京我的春晚》	周六 21：35	1.17%	3.39%
9	卫视	《北京观察》	周一 21：35	0.98%	2.99%

2011 年 BTV 文艺频道节目收视情况

数据日期：2011 年 1 月 1 日至 11 月 30 日

序号	中心	栏目	首播时间	收视率	占有率
1	文艺	《每日文娱播报》	周一至周日 19：00	1.77%	5.77%
2	文艺	《神州音话》	周四 21：25	1.61%	4.29%
3	文艺	《影视风云路》	周三 21：25	1.45%	3.83%

续表

序号	中心	栏目	首播时间	收视率	占有率
4	文艺	《音乐风云榜》	周一至周日 18：30	1.38%	5.15%
5	文艺	《百姓秀场》	周一 21：25	1.30%	3.44%
6	文艺	《光荣绽放》	周二 21：25	1.15%	3.08%
7	文艺	《星夜故事秀》	周六 21：25	1.03%	2.73%
8	文艺	《最佳现场》	周一至周日 22：35	1.00%	4.02%
9	文艺	《天天影视圈》	周一至周五 22：05	0.88%	2.69%
10	文艺	《有一说一》	周五 21：25	0.82%	2.10%
11	文艺	《笑动 2011》	周一至周日 17：50	0.74%	3.39%
12	文艺	《你好先生》	周日 21：25	0.61%	1.65%
13	文艺	《快乐今宵》	周一至周日 23：25	0.23%	1.82%
14	文艺	《欢天戏地》	周日 16：54	0.22%	1.11%

2011 年 BTV 科教频道节目收视情况

数据日期：2011 年 1 月 1 日至 11 月 30 日

序号	中心	栏目	首播时间	收视率	占有率
1	科教	《大家说法》	周一至周日 12：20	6.31%	32.98%
2	科教	《治安播报》	12：00	6.02%	28.01%
		《法治进行时》	周一至周日 12：00	5.69%	31.62%
3	科教	《第三调解室周末阐事》	周日 12：45	3.76%	18.85%
		《第三调解室》	周一至周六 12：45	3.18%	18.71%
4	科教	《非常夫妻》	周四 20：00	2.40%	6.24%
5	科教	《现场说法》	周一至周日 11：30	2.38%	15.21%
6	科教	《非常说名》	周三 20：00	2.19%	5.71%
7	科教	《非常接触》	周三 20：00	2.09%	5.40%
8	科教	《非常网络》	周一 20：00	1.97%	5.04%
9	科教	《非常父母》	周五 20：00	1.93%	5.02%
10	科教	《非常向上》	周六 20：00	1.82%	4.73%
11	科教	《警法目录》	周日 20：00	1.78%	4.49%
12	科教	《健康北京》	周一至周日 18：07	1.76%	7.34%
13	科教	《健康大智慧》	周一至周日 17：28	1.60%	8.58%
		《健康大智慧生命生育生活》	17：28	1.48%	8.96%

续表

序号	中心	栏目	首播时间	收视率	占有率
14	科教	《魅力科学》	周一至周日 18：40	0.79%	2.83%
15	科教	《非常时空》	周一至周日 19：05	0.75%	2.24%
16	科教	《科学实验室》	周一至周日 11：10	0.72%	5.51%
17	科教	《晚晴》	周一 08：55	0.14%	1.58%

2011 年 BTV 财经频道节目收视情况

数据日期：2011 年 1 月 1 日至 11 月 30 日

序号	中心	栏目	首播时间	收视率	占有率
1	财经	《首都经济报道》	周一至周日 19：00	1.37%	4.28%
2	财经	《超级访问》	周日 21：18	1.27%	3.23%
3	财经	经济法眼》	周一至周五 19：55	1.19%	3.19%
		《经济法眼周末版》	周六、日 19：55	1.01%	2.65
4	财经	《天天理财》	周一至周三 20：57	0.93%	2.29%
5	财经	《城市》	周一至周五 20：28	0.79%	2.02%
6	财经	《财富大家谈》	周四、五 20：57	0.76%	1.97%
7	财经	《北京议事厅》	周六 20：25	0.75%	1.93%
8	财经	《拍宝》	周六、日 18：30	0.74%	2.71%
9	财经	《天下财经（21：20）》	周一至周五 21：27	0.62%	1.60%
		《天下财经（18：25）》	周一至周五 18：20	0.57%	2.21%
		《天下财经（12：30）》	周一至周五 12：30	0.51%	2.89
10	财经	《谁在影响我》	周日 20：26	0.45%	1.16%
11	财经	《名人堂》	周六 21：18	0.41%	1.04%
12	财经	《成长在北京》	周六 20：51	0.39%	0.98%
13	财经	《财经 5 连发》	周一至周五 21：56	0.25%	0.71%
14	财经	《数说北京》	周六 12：30	0.22%	1.07%
15	广告部	《问鼎世界》	周六 22：00	0.13%	0.37%

2011 年 BTV 体育频道节目收视情况

数据日期：2011 年 1 月 1 日至 11 月 30 日

序号	中心	栏目	首播时间	收视率	占有率
1	体育	《足球 100 分》	周一 19：35	1.26%	3.25%
2	体育	《天天体育》	周一至周日 21：25	1.16%	3.07%
3	体育	《体坛资讯》	周一至周日 18：40	0.91%	3.07%
4	体育	《快乐健身一箩筐》	周一至周五 22：20	0.62%	2.17%
5	体育	《篮球风云路》	周二 19：35	0.39%	0.99%
6	体育	《步步为赢》	周一至周五 13：20、12：40	0.18%	1.13%
7	体育	《京彩时刻》	周二、五 22：55	0.12%	0.56%

2011 年 BTV 生活频道节目收视情况

数据日期：2011 年 1 月 1 日至 11 月 30 日

1	生活	《选择》	周一至周日 21：52	2.45%	6.95%
2	生活	《生活面对面》	周一至周六 18：57	2.25%	7.49%
3	生活	《生活实验室》	周日 19：00	2.17%	6.77%
4	生活	《生活广角》	周一至周五 22：24	2.10%	7.63%
5	生活	《快乐周末》	周日 20：05	2.0%1	5.07%
		《快乐生活一点通》	周一至周六 20：02	1.48%	3.94%
6	生活	《大城小事》	周一至周五 21：19	1.99%	5.12%
		《大城小事周末版》	周六 21：19	1.64%	4.10%
7	生活	《7 日 7 频道》	周一至周六 19：29	1.85%	5.43%
8	生活	《第 7 日》	周日 19：32	1.72%	4.77%
9	生活	《食全食美》	周一至周六 18：03	1.46%	6.27%
		《食全食美周日版》	周日 18：28	1.64%	5.61%
10	生活	《生活大调查》	周一至周五 20：28	1.28%	3.28%
11	生活	《魅力周末》	周日 20：59	1.27%	3.14%
12	生活	《心灵密码》	周六 22：24	1.22%	3.80%
13	生活	《你该怎么办》	周一至周五 20：50	1.14%	2.85%
14	生活	《超级出租车》	周一至周六 18：37	1.14%	4.19%

续表

15	生活	《生活 +》	周六 20：27	1.09%	2.76%
16	生活	《咱爸咱妈的美好时代》	周六 17：29	0.80%	3.91%
17	生活	《健康生活》	周一至周五 12：46	0.67%	3.98%
18	生活	《我爱我车》	周六 22：55	0.57%	2.52%
19	生活	《时尚装苑》	周一至周五 22：55	0.51%	2.42%
20	生活	《心灵密码》	23：36	0.19%	1.62%

2011 年 BTV 青少频道节目收视情况

数据日期：2011 年 1 月 1 日至 11 月 30 日

序号	中心	栏目	首播时间	收视率	占有率
1	青少·海外	《谁在说》	周一至周日 19：30	2.38%	6.65%
2	青少·海外	《军情解码》	周一至周日 21：11	0.96%	2.46%
3	青少·海外	《书香北京》	周一至周五 20：23	0.67%	1.69%
4	青少·海外	《最强阵容》	周日 20：23	0.62%	1.58%
5	青少·海外	《动物乐园》	周六 20：23	0.50%	1.33%
6	青少·海外	《快乐起飞》	周日 17：56	0.45%	1.72%
7	青少·海外	《SK 状元榜》	周六 17：56	0.44%	1.81%
8	青少·海外	《北京青年》	周一至周六 18：45	0.44%	1.47%
9	青少·海外	《探索》	周一至周日 22：45	0.42%	1.86%
10	青少·海外	《北京客》	周一至周六 22：05	0.40%	1.20%

2011 年 BTV 公共·新闻频道节目收视情况

数据日期：2011 年 1 月 1 日至 11 月 30 日

序号	中心	栏目	首播时间	收视率	占有率
1	新闻	《红绿灯》	周一至周五 21：08	1.00%	2.55%
2	新闻	《都市晚高峰》	周一至周日 17：40	0.64%	2.94%
3	新闻	《在线 e 起来》	周一至周日 20：10	0.64%	2.90%
4	新闻	《锐面孔》	周六 22：12	0.58%	1.72%
5	新闻	《这里是北京》	周一至周日 18：55	0.50%	1.77%

续表

序号	中心	栏目	首播时间	收视率	占有率
6	新闻	《晚间新闻报道》	周一至周日 21：40	0.45%	1.23%
7	新闻	《新闻故事汇》	周一至周六 19：15	0.43%	1.45%
8	新闻	《锐观察》	周一至周五 22：12	0.42%	1.39%
9	新闻	《红绿灯平安行》	周一至周日 17：00	0.40%	2.48%
10	新闻	《锐周刊》	周日 22：12	0.37%。	1.16%
11	新闻	《京郊大地》	周六、日 20：40	0.34%	0.86%
12	新闻	《一周新闻综述周六版》	周六 22：12	0.32%	1.02%
13	新闻	《四海漫游》	周一至周五 20：40	0.28%	0.73%
14	新闻	《本周锐评》	周六 22：12	0.21%	0.63%
15	新闻	《一周新闻综述周日版》	周日 22：12	0.17%	0.62%
16	新闻	《新闻热线》	周一至周日 12：10	0.16%	0.82%
17	新闻	《红绿灯早直播》	周一至周五 6：30	0.10%	2.83%
18	新闻	《消费观察》	周日 10：30	0.09%	0.82%
19	新闻	《新闻手语》	周一至周日 9：50	0.09%	0.95%
20	新闻	《都市阳光》	周五、六 10：30	0.06%	0.60%
21	新闻	《人才》	周四 10：30	0.06%	0.59%
22	新闻	《下周锐议》	周日 22：12	0.06%	0.19%

2011 年 BTV 卡酷少儿频道节目收视情况

数据日期：2011 年 1 月 1 日至 11 月 30 日

序号	中心	栏目	首播时间	收视率	占有率
1	动画	《十分开心》	周一至周日 19：30	0.90%	2.59%
2	动画	《七色光》	周五 20：00	0.80%	2.06%
3	动画	《闪天下》	周一至周六 20：00	0.66%	1.71%
4	动画	《漫话天下》	周一至周日 21：30	0.53%	1.41%
5	动画	《卡酷全卡通》	周一、三、五、六、日 17：00	0.29%	1.93%
6	动画	《动漫酷地带》	周一至周六 22：00	0.25%	0.83%
7	动画	《卡酷七色光》	周一至周日 16：30	0.18%	1.39%
8	动画	《宝贝星计划》	周日 22：30	0.12%	0.49%

北京电视台2011年度电视剧收视排名情况

红星剧场：TOP 10

排名	电视剧名称	题材	收视率
1	《你是我兄弟》	现实	9.83%
2	《家常菜》	现实	9.63%
3	《乡村爱情交响曲》	现实	9.62%
4	《永不磨灭的番号》	战争	9.04%
5	《借枪》	谍战	7.53%
6	《风车》	现实	7.48%
7	《钢铁年代》	现实	6.98%
8	《风声传奇》	谍战	6.51%
9	《师傅》	现实	6.19%
10	《李春天的春天》	现实	5.91%

首都剧场：TOP 10

排名	电视剧名称	题材	收视率
1	《甄嬛传》	古装	8.72%
2	《旗袍》	谍战	6.76%
3	《再回首》	现实	6.12%
4	《老爸的筒子楼》	现实	6.10%
5	《青盲》	谍战	5.91%
6	《橄榄树》	现实	5.80%
7	《瑶山大剿匪》	战争	5.70%
8	《浪漫向左婚姻向右》	现实	5.44%
9	《追捕》	谍战	5.39%
10	《请你原谅我》	现实	5.31%

炫剧场：TOP 10

排名	电视剧名称	题材	收视率
1	《神断狄仁杰》	古装	2.18%
2	《那些年，那些事》	现实	2.08%
3	《我的糟糠之妻》	现实	2.04%
4	《秋霜》	近代	1.63%

续表

排名	电视剧名称	题材	收视率
5	《火线》	战争	1.60%
6	《国色天香》	年代	1.50%
7	《天涯赤子心》	年代	1.48%
8	《忘掉我是谁》	现实	1.38%
9	《儿女冤家》	现实	1.32%
10	《爱情真善美》	都市	1.27%

英雄剧场：TOP 10

排名	电视剧名称	题材	收视率
1	《沉默》	涉案	4.16%
2	《生死瞬间》	涉案	3.67%
3	《刻不容缓》	涉案	2.80%
4	《神圣使命》	涉案	2.77%
5	《喋血钱塘江》	反特	2.70%
6	《一个好汉两个帮》	涉案	2.66%
7	《边城汉子》	剿匪	2.65%
8	《正义使命》	涉案	2.63%
9	《断喉弩》	战争	2.60%
10	《致命追踪》	涉案	2.52%

获奖·表彰

2011年北京电视台节目获奖情况

艺委会

顺序	奖项名称	年份	获奖作品	体裁	获奖部门	届数	奖项等级	获奖人名
1	中国新闻奖	2011	《吴玉禄和他的“孩子们”》	国际传播电视专题	海外节目中心	第21届	三等奖	张晓彦 郑晓华 沈澜 周泳 严崴
2	播音主持金话筒奖	2011		播音主持	卫视节目中心	2011年度	电视播音主持人奖	王旭东
3	白玉兰奖（总局、上海市政府）	2011	《黎明之前》	电视剧	影视剧中心	第17届	电视剧金奖	
4	中国广播影视大奖·飞天奖	2011	《媳妇的美好时代》	长篇电视剧	影视剧中心	第28届	一等奖	
5	中国广播影视大奖·飞天奖	2011	《黎明之前》	长篇电视剧	影视剧中心	第28届	二等奖	
6	中国广播影视大奖·飞天奖	2011	《家常菜》	长篇电视剧	影视剧中心	第28届	二等奖	
7	中国广播影视大奖·飞天奖	2011	《师傅》	长篇电视剧	影视剧中心	第28届	二等奖	
8	中国广播影视大奖·飞天奖	2011	《同龄人》	长篇电视剧	影视剧中心	第28届	提名荣誉奖	
9	中国广播影视大奖·广播电视节目奖（电视文艺“星光奖”）	2011	《月上紫禁城——网络中秋晚会》	电视综艺节目	文艺节目中心	第22届	星光大奖	
10	中国广播影视大奖·广播电视节目奖（电视文艺“星光奖”）	2011	《人民大会堂》	电视纪录片	纪实高清频道	第22届	星光大奖	
11	中国广播影视大奖·广播电视节目奖（电视文艺“星光奖”）	2011	《做文明有礼的北京人——垃圾减量垃圾分类从我做起》	电视公益广告	科教节目中心	第22届	公益广告大奖	

续表

顺序	奖项名称	年份	获奖作品	体裁	获奖部门	届数	奖项等级	获奖人名
12	中国广播影视大奖·广播电视节目奖（优秀电视节目奖）	2011	《文物安全会开成了“瞌睡”会》	消息	新闻节目中心	2009—2010年度	优秀电视节目奖	
13	中国广播影视大奖·广播电视节目奖（优秀电视节目奖）	2011	《档案》	栏目	卫视节目中心	2009—2010年度	优秀电视节目奖	
14	中国广播影视大奖·广播电视节目奖（优秀电视节目奖）	2011	《吴玉禄和他的“孩子们”》	对外电视专题	海外节目中心	2009—2010年度	优秀电视节目奖	
15	四川电视节“金熊猫”奖	2011	《劳拉的星星在中国》	动画	卡酷动画卫视	第11届	最佳国产影院动画片	
16	四川电视节“金熊猫”奖	2011	《劳拉的星星在中国》	动画	卡酷动画卫视	第11届	最佳编剧	
17	全国优秀新闻工作者	2011		个人	新闻节目中心		艾冬云	
18	全国德艺双馨文艺工作者	2011		个人	台领导	第7届	赵多佳	
19	全国电视文艺“百家奖”	2011	《影视风云路》	栏目	文艺节目中心	第11届	二等奖	
20	全国电视文艺“百家奖”	2011	《2010天涯共此时BTV网络中秋晚会——月上紫禁城》	综艺晚会	文艺节目中心	第11届	二等奖	
21	全国电视文艺“百家奖”	2011	《母爱之歌——2010贝因美母爱总动员真情盛典》	综艺晚会	文艺节目中心	第8届	优秀舞美奖	李　军等
22	全国电视文艺“百家奖”	2011	《群星反串闹元宵》	综艺晚会	文艺节目中心	第11届	三等奖	
23	全国电视文艺“百家奖”	2011	《碧水润京华——密云水库建成50周年主题晚会》	综艺晚会	文艺节目中心	第11届	三等奖	
24	全国电视文艺“百家奖”	2011	《北京电视台“月洒万家情”中秋晚会》	综艺晚会	文艺节目中心	第11届	三等奖	

续表

顺序	奖项名称	年份	获奖作品	体裁	获奖部门	届数	奖项等级	获奖人名
25	全国电视文艺“百家奖”	2011	《群星反串闹元宵》	综艺晚会	文艺节目中心	第11届	三等奖	
26	全国电视文艺“百家奖”	2011	《文明新北京——做文明有礼的北京人主题晚会》	综艺晚会	文艺节目中心	第11届	三等奖	
27	全国电视文艺“百家奖”	2011	《2010北京电视台网络中秋晚会“月圆青春梦”》	综艺晚会	文艺节目中心	第11届	优秀灯光设计奖	
28	全国电视文艺“百家奖”	2011	《2010天涯共此时BTV网络中秋晚会——月上紫禁城》	综艺晚会	文艺节目中心	第11届	优秀制片人	孙 仝
29	全国电视文艺“百家奖”	2011	《影视风云路》	个人	文艺节目中心	第11届	优秀主持人	向 真
30	全国电视文艺“百家奖”	2011	《“百姓秀场”之选星大师吕远》	栏目		第11届	三等奖	
31	全国电视文艺“百家奖”	2011	《2010北京电视台网络中秋晚会“月圆青春梦”》	综艺晚会	文艺节目中心	第11届	优秀舞美奖	
32	全国电视文艺“百家奖”	2011	北京电视台第三届清明诗会	其他	文艺节目中心	第11届	三等奖	
33	北京新闻奖	2011	《我国自主研发的超大规模数控机床首次投入使用》	短消息	新闻节目中心	第20届	一等奖	
34	北京新闻奖	2011	《安全会开成瞌睡会》	短消息	新闻节目中心	第20届	一等奖	
35	北京新闻奖	2011	《耄耋老人与市委书记的约定》	长消息	新闻节目中心	第20届	一等奖	
36	北京新闻奖	2011	《三年迈出三大步 小灯笼走出大世界》	长消息	新闻节目中心	第20届	二等奖	
37	北京新闻奖	2011	《一定要为人民做点什么》	长消息	新闻节目中心	第20届	二等奖	

续表

顺序	奖项名称	年份	获奖作品	体裁	获奖部门	届数	奖项等级	获奖人名
38	北京新闻奖	2011	《回眸十一五 展望十二五》系列报道	系列报道	新闻节目中心	第20届	二等奖	
39	北京新闻奖	2011	《第一场大雪》	系列报道	生活节目中心	第20届	二等奖	
40	北京新闻奖	2011	《城南新事》系列报道	系列报道	新闻节目中心	第20届	二等奖	
41	北京新闻奖	2011	《“世界之城 美丽北京”——直播北京国际旅游节》	现场直播	新闻节目中心	第20届	二等奖	
42	北京新闻奖	2011	《供暖延长22天，居民“寒冬”变“暖冬”》	长消息	新闻节目中心	第20届	二等奖	
43	北京新闻奖	2011	《做文明有礼的北京人》系列报道	系列报道	新闻节目中心	第20届	二等奖	
44	北京新闻奖	2011	《拯救小怡帆》系列报道	系列报道	青少年节目中心	第20届	二等奖	
45	北京新闻奖	2011	《“祸”从何来》	新闻专题	新闻节目中心	第20届	二等奖	
46	北京新闻奖	2011	《探月先锋》	新闻专题	新闻节目中心	第20届	二等奖	
47	北京新闻奖	2011	《我在阿富汗随美军采访30天》	新闻专题	海外节目中心	第20届	三等奖	
48	北京新闻奖	2011	《金话筒传递的力量》	系列报道	新闻节目中心	第20届	三等奖	
49	北京广播影视奖	2011	《我国自主研发的超大规模数控机床首次投入使用》	短消息	新闻节目中心	第20届	三等奖	
50	北京广播影视奖	2011	《耄耋老人与市委书记的约定》	长消息	新闻节目中心	第20届	三等奖	
51	北京广播影视奖	2011	《第一场大雪》	系列报道	生活节目中心	第20届	三等奖	
52	北京广播影视奖	2011	《上海世博会宣传报道》	组织策划	新闻节目中心	第20届	三等奖	
53	北京广播影视奖	2011	《安全会开成瞌睡会》	短消息	新闻节目中心	第20届	三等奖	

续表

顺序	奖项名称	年份	获奖作品	体裁	获奖部门	届数	奖项等级	获奖人名
54	北京广播影视奖	2011	《三年迈出三大步　小灯笼走出大世界》	长消息	新闻节目中心	2010年度	一等奖	
55	北京广播影视奖	2011	《回眸十一五展望十二五》系列报道	系列报道	新闻节目中心	2010年度	一等奖	
56	北京广播影视奖	2011	《晚间新闻报道》	新闻编排	新闻节目中心	2010年度	一等奖	
57	北京广播影视奖	2011	《“世界之城 美丽北京”第十二届北京国际旅游节开幕式》	现场直播	新闻节目中心	2010年度	一等奖	
58	北京广播影视奖	2011	《供暖延长22天，居民“寒冬”变“暖冬”》	长消息	新闻节目中心	2010年度	二等奖	
59	北京广播影视奖	2011	《一定要为人民做点什么》	长消息	新闻节目中心	2010年度	二等奖	
60	北京广播影视奖	2011	《城南新事》系列报道	系列报道	新闻节目中心	2010年度	二等奖	
61	北京广播影视奖	2011	《做文明有礼的北京人》系列报道	系列报道	新闻节目中心	2010年度	二等奖	
62	北京广播影视奖	2011	《拯救小怡帆》系列报道	系列报道	青少年节目中心	2010年度	二等奖	
63	北京广播影视奖	2011	《“祸”从何来》	新闻专题	新闻节目中心	2010年度	三等奖	
64	北京广播影视奖	2011	《探月先锋》	新闻专题	新闻节目中心	2010年度	三等奖	
65	北京广播影视奖	2011	《我在阿富汗随美军采访30天》	新闻访谈	海外节目中心	2010年度	三等奖	
66	北京广播影视奖	2011	《绿色北京》	新闻访谈	财经节目中心	2010年度	三等奖	
67	北京广播影视奖	2011	《我与共和国蓝天有个约会》	新闻访谈	海外节目中心	2010年度	三等奖	
68	北京广播影视奖	2011	《人民大会堂》	系列片	卫视节目中心	2010年度	三等奖	
69	北京广播影视奖	2011	《追忆钱伟长》	专题片	科教节目中心	2010年度	三等奖	
70	北京广播影视奖	2011	《金话筒传递的力量》	系列片	新闻节目中心	2010年度	三等奖	

续表

顺序	奖项名称	年份	获奖作品	体裁	获奖部门	届数	奖项等级	获奖人名
71	北京广播影视奖	2011	《和你在一起》	系列片	新闻节目中心	2010年度	三等奖	
72	北京广播影视奖	2011	《为了首都的生命之水第一集——命脉》	短纪录片	新闻节目中心	2010年度	三等奖	
73	北京广播影视奖	2011	《我和“女儿”张怡宁》	专题片	科教节目中心	2010年度	一等奖	
74	北京广播影视奖	2011	《母爱之歌——2010贝因美母爱总动员真情盛典》	特别节目	卫视节目中心	2010年度	一等奖	
75	北京广播影视奖	2011	《前门情思话古今》	特别节目	新闻节目中心	2010年度	一等奖	
76	北京广播影视奖	2011	《足球一百分》世界杯特别节目	特别节目	体育节目中心	2010年度	一等奖	
77	北京广播影视奖	2011	《当60后遇到80后》	短纪录片	生活节目中心	2010年度	二等奖	
78	北京广播影视奖	2011	《新解齐白石——从木匠到巨匠》	专题片	青少年节目中心	2010年度	二等奖	
79	北京广播影视奖	2011	《“郅”在必得——王治郅》	专题片	科教节目中心	2010年度	二等奖	
80	北京广播影视奖	2011	《尾货的尾巴有多“长”》	专题片	财经节目中心	2010年度	二等奖	
81	北京广播影视奖	2011	《明天开学了》	特别节目	科教节目中心	2010年度	二等奖	
82	北京广播影视奖	2011	《2010中国播音主持“金话筒奖”颁奖典礼》	特别节目	卫视节目中心	2010年度	三等奖	
83	北京广播影视奖	2011	《书香北京文化盛典》	特别节目	青少年节目中心	2010年度	三等奖	
84	北京广播影视奖	2011	《生死一线》	科普节目	生活节目中心	2010年度	三等奖	
85	北京广播影视奖	2011	《吴玉禄和他的“孩子们”》	境外播出	海外节目中心	2010年度	三等奖	
86	北京广播影视奖	2011	《熊猫使者》	境外播出	海外节目中心	2010年度	三等奖	
87	北京广播影视奖	2011	《独家探访——北洋水师巨舰在日本遗迹》	境外播出	海外节目中心	2010年度	三等奖	

续表

顺序	奖项名称	年份	获奖作品	体裁	获奖部门	届数	奖项等级	获奖人名
88	北京广播影视奖	2011	《档案》	栏目	卫视节目中心	2010年度	三等奖	
89	北京广播影视奖	2011	《特别关注》	栏目	新闻节目中心	2010年度	三等奖	
90	北京广播影视奖	2011	《这里是北京》	栏目	新闻节目中心	2010年度	一等奖	
91	北京广播影视奖	2011	《天下财经》	栏目	财经节目中心	2010年度	二等奖	
92	北京广播影视奖	2011	《警法目录》	播音与主持	科教节目中心	2010年度	三等奖	王旭东
93	北京广播影视奖	2011	《天下天天谈》	播音与主持	海外节目中心	2010年度	电视优秀栏目	罗　旭
94	北京广播影视奖	2011	《篮球风云路》	播音与主持	体育节目中心	2010年度	电视优秀栏目	王新星
95	北京广播影视奖	2011	《北京您早》	电视播音	新闻节目中心	2010年度	电视优秀栏目	杨　硕
96	北京广播影视奖	2011	《经济法眼》	电视主持	财经节目中心	2010年度	电视优秀栏目	宁晓川
97	北京广播影视奖	2011	《生活面对面》	电视主持	生活节目中心	2010年度	一等奖	高　燕
98	北京广播影视奖	2011	《第7日》	电视主持	生活节目中心	2010年度	二等奖	李向显
99	北京广播影视奖	2011	《2010北京电视台春节联欢晚会》	综艺节目	文艺节目中心	2010年度	二等奖	
100	北京广播影视奖	2011	《2010北京电视台环球春晚》	综艺节目	海外节目中心	2010年度	三等奖	
101	北京广播影视奖	2011	《月上紫禁城——网络中秋晚会》	综艺节目	文艺节目中心	2010年度	三等奖	
102	北京广播影视奖	2011	《碧水润京华——密云水库建成50周年主题晚会》	专题节目	文艺节目中心	2010年度	三等奖	
103	北京广播影视奖	2011	《2010北京电视台网络互动春晚》	综艺节目	文艺节目中心	2010年度	三等奖	
104	北京广播影视奖	2011	《玉树不倒感恩祖国》	综艺节目	文艺节目中心	2010年度	一等奖	

续表

顺序	奖项名称	年份	获奖作品	体裁	获奖部门	届数	奖项等级	获奖人名
105	北京广播影视奖	2011	《欢欢喜喜过大年——春节百姓家庭DV才艺大赛》	综艺节目	文艺节目中心	2010年度	一等奖	
106	北京广播影视奖	2011	《做文明有礼北京人主题晚会》	专题节目	文艺节目中心	2010年度	一等奖	
107	北京广播影视奖	2011	《2009北京美丽乡村主题晚会》	综艺节目	公共·新闻	2010年度	一等奖	
108	北京广播影视奖	2011	《智力大比拼》	综艺节目	动画节目中心	2010年度	二等奖	
109	北京广播影视奖	2011	《成长加油站》	综艺节目	动画节目中心	2010年度	二等奖	
110	北京广播影视奖	2011	《中国节中华情》	广告节目	新闻节目中心	2010年度	二等奖	
111	北京广播影视奖	2011	《公共·新闻频道整体宣传片（揭匾篇）》	广告节目	新闻节目中心	2010年度	二等奖	
112	北京广播影视奖	2011	《2010年第三届清明诗会》	专题节目	文艺节目中心	2010年度	三等奖	
113	北京广播影视奖	2011	《乱世奇宝照鉴人心》	专题节目	文艺节目中心	2010年度	三等奖	
114	2011年度科技创新奖（北京广播电影电视局）	2011	《北京电视台广告业务管理系统》		广告部	2010年度	科技成果应用与技术革新奖一等奖	王澎 张晓耕 李伟
115	全国电视法制节目创优评析（中国广播电视协会）	2011	《离婚的代价》	现场直播和特别节目	财经节目中心	2010年度	三等奖	
116	全国电视法制节目创优评析（中国广播电视协会）	2011	《经济法眼》	栏目	财经节目中心	2010年度	全国十佳栏目	
117	新农村电视艺术节（中视协）	2011	《谈三农栏目在新形势下的创新》	论文	艺委会	2011年度	二等奖	王晓路
118	2011年度主持人优秀论文评选（中视协主持人专业委员会）	2011	《新闻访谈主持人的思维——结合〈军情解码〉主持时间探讨当下主持人缺失与提升对策》	论文	海外节目中心	2011年度	一等奖	罗旭

续表

顺序	奖项名称	年份	获奖作品	体裁	获奖部门	届数	奖项等级	获奖人名
119	2011电视栏目优秀制片人（中视协电视节目制作委员会）	2011	《最强阵容》	栏目	青少·海外节目中心	2011年度	2011十大创新电视	
120	纪念建党90周年——优秀电视文艺节目推选（中国文联、中视协）	2011	《百姓秀场——首唱的故事》	栏目			电视文艺特别节目好作品	
121	全国广播影视系统法制宣传教育先进个人	2011		个人		2006－2010年度	先进个人	李春玮
122	2010年全民健身好新闻（中华全国体育总会）	2011	《夜间锻炼强身保健》	专题	体育节目中心	2010年度	一等奖	胡宁扬 高海宁 王园 苗宇立 师瑶 许云龙 郭威
123	纪念建党90周年——优秀电视文艺节目推选（中国文联、中视协）	2011	《国风》	专题	文艺节目中心	2011年度	一等奖	最佳作品
124	2011名优电视栏目推选	2011	《徐剑》	个人	青少年节目中心	2011年度	2011电视栏目优秀制片人	徐　剑
125	第二届全国2011年春节电视文艺晚会评选（中广协）	2011	《美丽乡村》2011年北京最美丽的乡村主题晚会歌曲《我爱京剧》	晚会	公共·新闻	2009年度	最佳作曲奖	
126	第二届全国2011年春节电视文艺晚会评选（中广协）	2011	《美丽乡村》2011年北京最美丽的乡村主题晚会主持人情景串联	晚会	公共·新闻	2011年度	最佳节目创意奖	
127	第二届全国2011年春节电视文艺晚会评选（中广协）	2011	《美丽乡村》2011年北京最美丽的乡村主题晚会	晚会	公共·新闻	2011年度	二等奖	

续表

顺序	奖项名称	年份	获奖作品	体裁	获奖部门	届数	奖项等级	获奖人名
128	2010 年度国产纪录片及创作人才扶持项目（广电总局）	2011	《人民大会堂》	导演	纪实高清频道	2010 年度	国产纪录片及创作人才扶持项目优秀导演作品	
129	红旗飘飘九十年经典中国红色纪录片（中视协）	2011	《人民大会堂》	纪录片	纪实高清频道	2011 年度	经典作品	
130	红旗飘飘九十年经典中国红色纪录片（中视协）	2011	《人民大会堂》	纪录片	纪实高清频道	第 2 届	最佳撰稿	
131	全国 2011 春节电视文艺晚会评选	2011	《2011BTV 卡酷动画春晚》	晚会	卡酷动画卫视	第 2 届	一等奖	
132	全国 2011 春节电视文艺晚会评选	2011	《2011BTV 卡酷动画春晚》	动画	卡酷动画卫视	第 2 届	最佳视频特效	
133	少儿节目宣传类金奖桂冠	2011	《2011BTV 动画春晚之章鱼哥预“爆”系列宣传片》	动画	卡酷动画卫视	2010 年度	优秀导演作品	
134	2011 年度中国游戏行业内最高级别专业奖项——“金手指奖”	2011	《卡酷传媒有限公司》	企业	卡酷动画卫视	2011 年度	纪录片经典作品	
135	首尔国际动漫节	2011	《星游记》	动画	卡酷动画卫视	2011 年度	最佳撰稿 2011Promax&BDA 全球奖	
136	TV 地标 2011 电视媒体覆盖传播力调研成果	2011	《卡酷传媒有限公司》	企业	卡酷动画卫视	2011 年度	最具覆盖传播力动漫频道	
137	2011 年中国广播电视协会“荧屏导视类节目创优评析活动”	2011	《电视先锋榜》	宣传片	总编室	2011 年度	节目宣传类一等奖	
138	2011 年中国广播电视协会“荧屏导视类节目创优评析活动”	2011	《端午节粽子篇》	宣传片	总编室	2011 年度	形象宣传类二等奖	
139	2011 年中国广播电视协会“荧屏导视类节目创优评析活动”	2011	《网络一夏》	宣传片	总编室	2011 年度	节目预告类二等奖	

续表

顺序	奖项名称	年份	获奖作品	体裁	获奖部门	届数	奖项等级	获奖人名
140	中广协第十届败家电视台电视文艺节目创优评选		《艺苑新视角》	栏目	总编室	2011 年度	二等奖	
141	2011 年全国安全生产月好新闻评选	2011	《北京市安监局对有限空间作业突击检查》	新闻节目中心		2011 年度	一等奖	贾元真 成贵男
142	中国广播电视协会信息资料工作委员会第一届节目资料管理创新评析活动	2010	《传统媒体与新媒体的激情碰撞》		总编室	2011 年度	二等奖	史椰森 张桂花
143	中国广播电视协会信息资料工作委员会第二届节目资料制作奖评析活动	2011	《国风（第一集　新生）》			2011 年度	三等奖	
144	2011 年度全国春节文艺晚会及春节特别节目评选	2011	《2011 年 BTV 环球春晚》	晚会	海外节目中心	2011 年度	创新作品	
145	2011 年度全国春节文艺晚会及春节特别节目评选	2011	《2011 年 BTV 环球春晚》	晚会	海外节目中心	2011 年度	最佳作品	
146	纪念建党九十周年全国优秀纪录片评选	2011	《笔墨春秋》	纪录片	科教节目中心	2011 年度	二等奖	刘　畅 裔　欣
147	国家广播电影电视局 2010 年度科技创新奖	2011	《北京电视台基于全台网的节目代码管理应用》	软科学奖	总工办	2010 年度	二等奖	
148	全国电视戏曲“兰花奖”	2011	《庆祝京剧成功入选世界非遗暨 2010 年北京京剧票友段位评授季授段大典》	晚会	文艺节目中心	第 8 届	一等奖	
149	全国电视戏曲“兰花奖”	2011	《庆祝京剧成功入选世界非遗暨 2010 年北京京剧票友段位评授季授段大典》	单项	文艺节目中心	第 8 届	优秀撰稿奖	张　巍

续表

顺序	奖项名称	年份	获奖作品	体裁	获奖部门	届数	奖项等级	获奖人名
150	全国电视戏曲“兰花奖”	2011	《庆祝京剧成功入选世界非遗暨2010年北京京剧票友段位评授季授段大典》	单项	文艺节目中心	第8届	优秀舞美奖	李 景等
151	全国电视文艺“百家奖”	2011	《每日文娱播报》	栏目	文艺节目中心	第11届	一等奖	
152	全国电视文艺“百家奖”	2011	2010北京电视台网络中秋晚会《月圆青春梦》	综艺晚会	文艺节目中心	第11届	一等奖	
153	“红旗飘飘九十年”经典中国红色纪录片	2011	《少年中国》	纪录片	青少·海外节目中心	2011年度	最佳创意作品	
154	“红旗飘飘九十年”经典中国红色纪录片	2011	《少年中国》	纪录片	青少·海外节目中心	2011年度	经典作品	
155	全国电视法制节目创优评析	2011	《妈妈，再爱我一次》	谈话故事类	科教节目中心	2010—2011年度	二等奖	
156	全国电视法制节目创优评析	2011		主持人	科教节目中心	2010—2011年度	全国十佳主持人	刘 佳

2011年北京电视台技术获奖情况

总工办

2011年国家广播电影电视总局金帆奖获奖情况

申报奖项		节目名称	获奖等级	主要完成人员
标准清晰度节目录制	新闻	《北京新闻》	一等奖	郝丽萍、骆建华、苏红、崔歌平
	专题	《保护大湿地》	三等奖	刘旖旎、陈超、张媛、孟晴
	综合文体	《2011年环球春晚》	一等奖	郑星、侯婷婷、赵晨、于晓鹏、陆军、樊思津、韩正雷、马中怡
高清晰度节目录制	专题	《首展·启蒙的艺术》	二等奖	视频：林平、邓乐、吴铁、孙辉、王倩
	电视剧	《红楼梦》第50集	一等奖	叶晋卿、李力、曾昭生、赵江怀、李长云
	体育	《2011年沙排大满贯赛北京站男子决赛》	三等奖	康金萍、刘燕伟、李颖、许沛然、刁旭、张来宝、姜世杰、张磊
	声音	《人民大会堂》第一集	三等奖	王方、杨宣军、吴铮、陈嘉超
视频图形制作	片头	《中国速度》片头	二等奖	梁爽、袁虹娟、史文霞
	动画片	《卡酷漫游记——跳跳的流星锤》	二等奖	蒋红艳、孙红伟、曾伟京、王克
播出技术			三等奖	马力军、杨导南、白国涛、安贵江、梁建军、王岩、赵阔、张伟、栾花、欧阳瑜、周宏、尹言、叶志云、李玲、王克
金帆综合大奖		王晓东、赵多佳、田　方、李　迅、王　喆、王晓龙、郑　星、毕　江、周旭辉、祝志超		

2011年度国家广播电影电视总局科技创新奖获奖情况

序号	类别	项目名称	完成单位	完成人	获奖等级
1	工程技术奖	北京电视台全台制播网络系统	北京电视台、成都索贝数码科技股份有限公司	田方、周旭辉、毕江、林平、王立冬、陈宇、倪宇、黄飞	二等奖
2	软科学奖	北京电视台基于全台网的节目代码管理应用	北京电视台、成都索贝数码科技股份有限公司	李迅、高　鎬、孙波、李昕、陈广鑫、詹枫、张朝勇、李明嘉	二等奖
3	论文奖	北京电视台新台址网络化节目制播体系综述	北京电视台	毕　江	二等奖

2011 年度国家广播电影电视总局先进集体

获奖集体：转播部三科

2011 年北京市广播电影电视局科技创新奖获奖情况

序号	类别	获奖等级	项目或作品名称	完成人或作者（按贡献大小排序）
1	科技成果应用与技术革新奖	一等奖	北京电视台广告业务管理系统（BAMS）	王澎、章泽群、赵宏伟、徐鸣、张晓耕、李伟、于旻、孟大欣、许之明、欧晓霄、宋颖、张保君
2	工程技术奖	一等奖	北京电视台网络化节目制播体系在线全面高清化改造	田方、李迅、余江、毕江、林平、王立冬、陈宇、王学奎、韩益亚、孙波、周宏、刘帮国
3		一等奖	北京电视台制播网数据安全交换系统	田方、余江、毕江、王学奎、李程、陈奇、赵涛、王燕青、王永文、陈广鑫、董时章、闫鹏
4	标准奖	一等奖	GY/T243—2010《标准清晰度电视数字视频通道技术要求和测量方法》	田方、李迅、徐冬丽、邓向冬、曲瑞庆、薛频、陈蕾、宁金辉、田凤武

2011 年北京市广播电影电视局华彩杯获奖情况

申报奖项		节目名称	获奖等级	主要完成人员（注明工种）		
				视频	音频	灯光
标准清晰度节目录制	新闻	《北京新闻》	一等奖	郝丽萍、隋如文	唐青、丁燕	
		《首都经济报道》	二等奖	黎晖、于旖旎	张远芳	于漫
		《生活大调查》	三等奖	张媛	苏苏	李军、冉明
	专题	《快乐健身一箩筐》	三等奖	王琳、倪萌、胡瑞芳、杜月		
		《健康北京》	三等奖	李娜、郭强、周旭、陈媛媛		
		《保护大湿地》	一等奖	刘旖旎、陈超、孟晴、张帆		
		《魅力科学特别节目——月球探梦》	一等奖	张宁、董薇、阳华、薛思邈		
	综合文体	《2011 年北京电视台春节联欢晚会》	一等奖	周宝伟、刘旖旎、韩蒙、孟晴	王剑伟、刘瑞鹏	李普川、王萌
		《2011BTV 网络春晚》	一等奖	周宝伟、夏新颖、陈超、安志超、任战辉	李鹏、生硕、吴承皓	

续表

申报奖项		节目名称	获奖等级	主要完成人员（注明工种）		
				视频	音频	灯光
高清晰度节目录制	新闻	《北京新闻》	二等奖	德旻晖、苏红	骆建华、王健	崔歌平
		《新闻晚高峰》	三等奖	张捷、张洋	顾端、陈瑾	张文伊
		《特别关注》	三等奖	张毅、白爱华	曹帅、李岩	孙萌
	专题	《首展　启蒙的艺术》	二等奖	郑星、林平、邓乐、王倩、殷亮、覃刚		
		《这里是北京》	三等奖	鲁楠、杨涛、张猛、张皓、王祥、高磊		
		《北京·2015》第一集首都服务	三等奖	王崑、郭丽宏、徐靖、刘永青、梁爽、史文霞		
	综艺	《环球春晚》	二等奖	鲁高潮、赵晨、张博、侯婷婷	樊思津、付兵、何雪松	史献宇
		《2011年北京电视台春节联欢晚会》	二等奖	王方、周宝伟、任战辉、叶恺、夏新颖、陈超、安志超、韩正雷		
	声音	《2011年北京电视台春节联欢晚会》	三等奖		姚银壮、张志杰、杨宣军、余勇平	
视频图形制作	片头	《温暖一家亲》片头及宣传片	三等奖	袁虹娟、刘通、李俭		
		《公共新闻频道春节主持人》宣传片	三等奖	袁虹娟、刘通、李俭		
		《公共新闻频道整体包装》	二等奖	赵新生、张晨阳、肖宏耀		
		援建什邡《和你在一起》片头	二等奖	贺文林、黄锐、赵博		

2011 年北京市广播电影电视局先进集体、先进个人

先进集体（5 个）：转传部三科、播出部、制作部演播二科、动力部电气三科、信息网络管理部网络监控科

先进个人（35 人）：王　静、刘　莘、李　建、冯耀华、王　浩、李春菊、孙　辉、祝建平、吴　铁、谢　原、张　倞、黄　玮、段　然、张海峰、池　恒、白国涛、杜　涛、王　岩、张　宁、于先靖、宋明防、马文浩、黄志民、王宗琪、张铁明、欧阳瑜、孙立国、杨桂明、宋　颖、李明嘉、陈　奇、王　克、邓　菲、屈　鲲、何　莹

2011 年度中国电影电视技术学会最佳组织奖

北京电视台获 2011 年度中国电影电视技术学会最佳组织奖

中国电影电视技术学会影视科技优秀论文奖获奖情况

序号	获奖等级	论文名称	作者
1	二等奖	《"Friday Workflow"——RED ONE 摄像机前后期完美解决方案的探索》	贺文林
2	三等奖	《数字高清演播室嵌入音频应用》	郑剑虹
3	三等奖	《电声与建声的完美结合》	李力
4	三等奖	《梦想照进现实——BTV 3D 探秘》	赵博、匡葵
5	三等奖	《虚实结合 打造"不一样"的新闻直播》	梁爽、刘通、武晓雪
6	三等奖	《北京电视台高清新闻演播室的视频系统》	德旻晖
7	三等奖	《高清演播室节目质量控制》	祝建平
8	三等奖	《〈数字视频、数字音频电缆技术要求和测量方法〉技术标准与其应用》	程宏
9	三等奖	《高标清同播系统中 AFD 新模式的探索》	金强、宋轩
10	三等奖	《北京电视台高清晰度电视制作规范概述》	刘宏亚
11	三等奖	《如何测试色域转换系统的非线性失真》	曲瑞庆、薛频
12	三等奖	《新北京电视中心网络技术系统 IDC 网络结构》	卢英锁
13	三等奖	《浅析北京台新广告业务系统》	徐鸣、于旻、孟大欣、李伟

2011 年中国电影电视技术学会全国优秀影视科技工作者

获奖者：宋建

2011年中国新闻技术工作者联合会“王选新闻科学技术奖”（项目奖）获奖情况

项目名称	主要完成单位	完成人	推荐项目所属类别	名次
北京电视台全台制播网络系统	北京电视台 成都索贝数码科技股份有限公司	田方、周旭辉、毕江、林平、王立冬、陈宇、倪宇、黄飞、李湧、贾京蓉、张剑	应用工程项目	一等奖

2011年新闻科技论文获奖情况

序号	题　目	作　者	名次
1	《高清演播室节目质量控制》	祝建平	一等奖
2	《虚实结合 打造“不一样”的新闻直播》	梁爽、刘通、武晓雪	二等奖
3	《梦想照进现实——BTV 3D 探秘》	匡葵、赵博	二等奖
4	《P2 技术在新闻高清制播网中的应用》	李勇、孙海峰、史文霞	三等奖
5	《BTV 的高清二对一线性编辑系统》	郝丽萍	三等奖

（截止日期：2011年12月31日）

关于表彰2011年上半年北京电视台节目评奖获奖作品的决定

各中心、部、室：

2011年是我台改革调整之年，工作任务十分繁重。上半年，全台干部职工按照台党委的工作部署，团结一致，奋力拼搏，努力推进内容生产和运行机制的改革创新，接连推出精品力作，为我台传播力、影响力和经济效益的提升作出了积极贡献。

根据《北京电视台节目评奖办法（试行）》（京视发2010年59号），本着公开、公平、公正的原则，经过评委对2011年上半年中心选送作品的认真评审，共有77件作品获奖。

为鼓励先进，表彰优秀，鼓励广大编辑记者不断创作出更多优秀作品，经研究决定，对2011年上半年全台优秀作品和人员进行表彰和奖励。一等奖奖金3万元，二等奖奖金2万元，三等奖奖金1万元。单项奖和个人奖奖金标准是作品奖的五分之一，不分等级的奖项按照一等奖奖金标准奖励。获奖名单如下：

第一部分　电视新闻类

一等奖：四名

首钢北京石景山钢铁主流程停产（新闻节目中心）

“温暖一家亲”大型记者关爱公益行动（新闻节目中心）

开局之年走一线（新闻节目中心）

《特别关注》新闻编排（新闻节目中心）

二等奖：六名

温暖一家亲之心手相连——特殊的夫妻团圆（新闻节目中心）

红色地图（新闻节目中心）

中国速度——京沪高铁全线开通大型直播报道（新闻节目中心）

《法治进行时》跨国诈骗大追捕（科教节目中心）

《城市》国美“三国杀”（财经节目中心）

《天天体育》又见安德雷斯（体育节目中心）

三等奖：十一名

中国大陆首条自主建设最高世代液晶面板生产线投产（新闻节目中心）

安全燃放，平安过年：除夕夜警务直升机空中巡视烟花爆竹燃放（新闻节目中心）

《红绿灯》通惠河北路的“蜗牛车”（新闻节目中心）

残疾人停车优惠 停车场多不认账（新闻节目中心）

30多师生被困山中，警用直升机首次参与营救（新闻节目中心）

《锐观察》酒后代驾 摸黑上路（新闻

节目中心）

《锐观察》“6·23”大雨 雨中进行时（新闻节目中心）

《锐面孔》朱之文——“大衣哥”的明星生活（新闻节目中心）

《锐周刊》故宫大盗案 疑团一串（新闻节目中心）

论文《传统节日文化的现代传播视角——北京电视台系列节目〈中国节 中华情〉创作研究》（新闻节目中心 袁子勇）

《大家说法》英菲尼迪案庭审直播（科教节目中心）

第二部分 电视社教类

一等奖：四名

系列片《为你而歌》（科教节目中心）

《成长在北京》京西：大转型大发展（财经节目中心）

《生活面对面》诚信传承老字号（上、下）（生活节目中心）

《军情解码》歼十凌云志（青少·海外节目中心）

二等奖：六名

《这里是北京》守望（新闻节目中心）

《大家说法》英菲尼迪肇事案（科教节目中心）

特别节目《红色征程》（科教节目中心）

《咱爸咱妈的美好时代》我们俩加起来202岁（生活节目中心）

《生活实验室》握手？乙肝！（生活节目中心）

《军情解码》真实的谎言（青少·海外节目中心）

三等奖：十名

《四海漫游》北纬三十度（新闻节目中心）

《非常网络》跨国救援八天七夜——中国国际救援队在日本（科教节目中心）

系列片《新春七件事》（科教节目中心）

《魅力科学》揭秘“尸香”魔芋（科教节目中心）

《第三调解室》妈妈，再爱我一次（上、下）（科教节目中心）

《北京议事厅》带着心声上“两会”（财经节目中心）

《财富大家谈》财富传承 未雨绸缪（财经节目中心）

《天天理财》我家乡下有块地（财经节目中心）

《七日七频道》菜价是怎样炼成的（生活节目中心）

《军情解码》利比亚烽烟（青少·海外节目中心）

第三部分 电视文艺类

一等奖：三名

2011北京电视台春节联欢晚会（文艺节目中心）

2011BTV网络春晚（文艺节目中心）

环球春晚（青少·海外节目中心）

二等奖：五名

美丽乡村——2011北京最美的乡村主题晚会（新闻节目中心）

《清明赋 家国情》第四届北京清明诗会（文艺节目中心）

《北京客》迈克尔·杰克逊，爱你就是这样（青少·海外节目中心）

《书香北京》揭秘盲女陈燕的耳边世界（青少·海外节目中心）

2011BTV卡酷动画春晚（动画节目中心）

三等奖：七名

《国风》（文艺节目中心）

《快乐今宵》（文艺节目中心）

《生活影像志》公交篇（生活节目中心）

《书香北京》从“苦难”到“辉煌”（青少·海外节目中心）

《书香北京》《刘心武续红楼梦》续写红楼不容易（青少·海外节目中心）

《北京客》老外也爱唱红歌（青少·海外节目中心）

《十分开心》刘宝瑞单口相声《假行家》（动画节目中心）

第四部分　栏目类

优秀栏目：八名

《收藏秀》（卫视节目中心）

《养生堂》（卫视节目中心）

《档案》（卫视节目中心）

《百姓秀场》（文艺节目中心）

《每日文娱播报》（文艺节目中心）

《体坛资讯》（体育节目中心）

《书香北京》（青少·海外节目中心）

《最强阵容》（青少·海外节目中心）

第五部分　境外播出类

一等奖：一名

劳拉的星星在中国（动画节目中心）

二等奖：一名

“洋娃娃”在中国（青少·海外节目中心）

三等奖：一名

“中华文化小大使”做客俄罗斯联邦驻华使馆（青少·海外节目中心）

第六部分　宣传片类

一等奖：一名

《幸福中国 最美北京》宣传片纪录片版（总编室）

二等奖：二名

《生活无间报》宣传片（生活节目中心）

《端午节·粽子篇》（总编室）

三等奖：三名

《2011 动画春晚章鱼预爆系列》之“卡兔篇”、“大奖篇”、“年怪篇”、“倒计时篇”（动画节目中心）

《时效 ID 端午节系列》之“龙舟篇”、“桑拿篇”、“跳水篇”（动画节目中心）

《清明节·生命篇》（总编室）

第七部分　节目创新类

一等奖：一名

2011BTV 卡酷动画春晚（动画节目中心）

二等奖：空缺

三等奖：一名

《生活无间报》多段式播出（生活节目中心）

第八部分　单项奖类

优秀电视艺术论文：两名

《2010 卡酷动画春晚——春晚模式的全新探索》（动画节目中心　马宏）

《创新的力量》（动画节目中心　曾伟京）

希望获奖的同志们再接再厉，奋进创新，确保导向正确，不断打造精品，为广大人民群众提供更加丰富多彩、高质量的精神文化产品。希望广大编辑记者不断学习，奋发有为，全面提高我台内容生产品质，努力创造更加优异的成绩。

二〇一一年八月十二日

关于表彰2011年下半年获奖节目的决定

各中心、部、室：

2011年下半年，我台广大采编人员牢牢把握正确的舆论导向和社会主义先进文化前进方向，紧紧围绕迎接学习宣传贯彻党的十七届五中、六中全会和市委十届九次、十次全会精神，紧紧围绕庆祝中国共产党成立90周年，紧紧围绕全市中心工作，深入开展“走、转、改”活动，推出了一大批叫得响、传得远的精品节目，取得了社会效益与经济效益的双丰收，彰显了“首善媒体、大美品质”的价值追求。根据《北京电视台节目评奖办法（试行）》（京视发［2010］59号），台内外评委认真评审，共评选出68个获奖节目。经党委扩大会研究决定，对这些获奖节目予以表彰奖励。其中，特等奖、一等奖各奖励3万元；二等奖奖励2万元；三等奖奖励1万元；单项奖按评奖办法规定标准奖励。

一、电视新闻类

一等奖（四个）：

《我们在现场：地下甘泉甜在心间》（新闻节目中心）

《我在基层：雨情就是命令 雨中道路的“守护者”》（新闻节目中心）

《我的中国心》（新闻节目中心）

《雨中进行时》——“‘7·24’大雨直播”（新闻节目中心）

二等奖（六个）：

《健康一卡通 服务流动人口全保障》（新闻节目中心）

《紧要时刻，民警银行避免群众损失25万元》（新闻节目中心）

《瓜田何以变成挖沙场》（新闻节目中心）

《剥下鉴宝的“金缕玉衣”》（新闻节目中心）

《天天体育》——“‘打手事件’一波三折 刘翔终获世锦赛银牌”（体育节目中心）

《军情解码》——“北约轰炸巴基斯坦，又是误炸?”（青少·海外节目中心）

三等奖（十个）：

《基层新事：蔬菜“大棚车”周末进社区》（新闻节目中心）

《太空之吻——“天宫一号”与“神舟八号”成功交会对接》（新闻节目中心）

《记者调查：“黑救护车”隐患重重，亟待监管》（新闻节目中心）

《遗撒目击录》（新闻节目中心）

《7280万假画的背后》（新闻节目中心）

《北京新闻》新闻编排（新闻节目中心）

《首都经济报道》——“节前快递成‘慢递’”（财经节目中心）

《体坛资讯》——“迷失的起跑线”（体育节目中心）

《2011环北京职业公路自行车赛》（体育节目中心）

《2012BTV 新年环球大直播》组织策划（青少·海外节目中心）

二、电视社教类

特等奖（一个）：

《笔墨春秋》（科教节目中心）

一等奖（四个）：

《好人故事》——“石清华 三百个孩子一个爸”（卫视节目中心）

《辛亥》（新闻节目中心）

《人民的货币》（财经节目中心）

《文化北京》（青少·海外节目中心）

二等奖（六个）：

《身边》——“生命缘”（卫视节目中心）

《档案》——“辛亥档案”（卫视节目中心）

《非常向上》——“不能没有你 用爱唤醒植物人”（科教节目中心）

《北京议事厅》——“家门口能买到便宜菜吗?”（财经节目中心）

《少年中国》（青少·海外节目中心）

《军情解码》——“庆祝人民空军成立 62 周年特别节目剑啸长空”（青少·海外节目中心）

三等奖（九个）：

《“七一直播 心心相印”宏图初绘》（卫视节目中心）

《养生堂》——“保护人体司令部 2”（卫视节目中心）

《“家国情 长相忆”北京卫视七一特别节目——周总理邓大姐 西花厅的海棠花又开了》（卫视节目中心）

《这里是北京》——“水穿街巷话玉河”（新闻节目中心）

《魅力科学》——“我与神八零距离”（科教节目中心）

《天天体育》——“圆梦”（体育节目中心）

《咱爸咱妈的美好时代》——“妈妈带领女儿创造抗癌奇迹”（生活节目中心）

《书香北京》——“你将何去何从，我的书店”（青少·海外节目中心）

《北京青年》——“厚德力量 自闭儿童的领路人：窦一欣”（青少·海外节目中心）

三、电视文艺类

一等奖（三个）：

《“党在百姓心中”——北京市庆祝中国共产党成立 90 周年主题晚会》（文艺节目中心）

《卢沟晓月 乐动中秋——2011 北京月亮歌会》（文艺节目中心）

《2011 北京京剧票友段位评授季》（文艺节目中心）

二等奖（五个）：

《感动——纪念北京市精神文明引导行动十周年晚会》（文艺节目中心）

《绿满京华——首都全民义务植树三十周年纪念晚会》（文艺节目中心）

《2011 北京喜剧幽默大赛（排位赛）》（文艺节目中心）

《心悦百姓 行为民生——BTV 首届观众喜爱的主持人颁奖晚会》（文艺节目中心）

《最强阵容》——“市政路桥控股 VS 市纺织控股”（青少·海外节目中心）

三等奖（七个）：

《我的北京 我的春晚》（卫视节目中心）

《文化北京 跨年盛典》（卫视节目中心）

《“因为有你”——第三届首都道德模范颁奖典礼》（文艺节目中心）

《善行天下——第四届首都慈善晚会》

（文艺节目中心）

《北京客》——“他们是明星替身”（青少·海外节目中心）

《七色光》——“HIGH 翻暑假——香港海洋公园”（动画节目中心）

《十分开心》——“刘宝瑞单口相声《连升三级》”（动画节目中心）

四、栏目奖

优秀栏目（三个）：

《光荣绽放》（文艺节目中心）

《SK 状元榜》（青少·海外节目中心）

《影视风云路》（文艺节目中心）

五、境外播出类

一等奖（一个）：

《无名小镇变身国际乐谷》（青少·海外节目中心）

二等奖（一个）：

《拯救生命的勇士——记中国国际救援队》（青少·海外节目中心）

六、宣传片类

一等奖（一个）：

《我最喜爱的主持人评选·观众篇》（总编室）

二等奖（二个）：

《教师节·传递篇》（总编室）

《辛亥·节目整合宣传片》（总编室）

三等奖（三个）：

《最美北京》（卫视节目中心）

《北京卫视 风车送福》（卫视节目中心）

《CBA 北京金隅队新赛季宣传片——马布里学中文》（体育节目中心）

七、单项奖

最佳导演奖（一个）：

《“党在百姓心中”——北京市庆祝中国共产党成立 90 周年主题晚会》（导演：文艺节目中心 孙仝）

最佳舞美奖（一个）：

《2011 中国时尚大典》（生活节目中心）

希望以上获奖部门和项目团队珍惜荣誉，再接再厉，努力创作更多的精品佳作。全台干部职工要以受表彰者为榜样，勤奋务实，开拓创新，为提升我台内容生产能力和水平，实现“首善媒体、大美品质”的目标而努力奋斗！

二〇一二年二月二十五日

关于表彰 2011 年“十佳”系列员工的决定

各中心、部、室：

为认真贯彻落实党的十七届六中全会和市委十届十次全会精神，深入实施人才强台战略，培养造就各类专业领域领军人物，打造高素质人才队伍，我台开展了 2011 年“十佳”系列员工评选活动。经党委扩大会研究决定，对获得“十佳”称号的 60 位同志予以表彰，并对每人分别给予 2 万元奖励。

十佳记者：

王　娟、马国颖、史江蓉、樊　煜、颜　葵、张晓彦、王　速、林　琛、李　莲、

赵非菲

十佳编辑:

马　嘉、丁　屹、曾伟京、李雪萍、陈　楠、吴　群、孙　仝、王　泓、林　蕾、陈　啸

十佳制片人:

朱礼庆、郭　斐、蓝　霖、吕　军、沈　澜、王　勇、刘晓隽、李春玮、邵　晶、张　苏

十佳管理标兵:

王　昕、陈　庆、张　俭、李培云、陈　冬、张　毅、史　兵、刘继东、李　晗、周　轩

十佳技术能手:

叶志云、芮　浩、覃　刚、杜　伟、曲瑞庆、杜　波、宋　建、柴　焱、梁建华、张　博

十佳摄像:

姜　力、冯晓峰、王晓龙、冯　帆、穆　鑫、赵迎军、王　健、肖庆峰、王晓东、阎秀恒

希望受到表彰的同志珍惜荣誉，再创佳绩，进一步发挥好示范带头作用。全台广大干部职工要以“十佳”系列员工为榜样，爱岗敬业，争当先进，推动各项工作再上新台阶，为实现“首善媒体、大美品质”的目标、建设与首都地位相称的一流电视台而努力奋斗!

二〇一二年二月二十三日

关于表彰首届“观众喜爱的主持人”的决定

各中心、部、室:

为加快建设一支高素质的主持人队伍，进一步提升北京电视台的核心竞争力和社会影响力，2011 年，我台举办了首届“观众喜爱的主持人”评选活动。经观众投票、社会调查和评委会评审，产生了 10 位“观众喜爱的十佳主持人”和 20 位“观众喜爱的优秀主持人”。经党委扩大会研究决定，对获奖人员予以表彰奖励。

观众喜爱的十佳主持人（每人奖励 3 万元）:

徐春妮（春妮）、徐滔、张栗坤（栗坤）、王旭东（旭东）、田歌、李向显（向显）、卢文龙（阿龙）、曹一楠、高燕、贺贝奇

观众喜爱的优秀主持人（每人奖励 1.5 万元）:

桑朝晖、刘文燕（文燕）、刘洪悦（悦悦）、王向真（向真）、刘婧、蔡紫、吴乐冶（乐文）、魏翊东、王业、杨硕、陈晨、罗旭、王小佳、聂一菁、赵舒婷（彩虹）、范红军、谭江海、姚长盛（长盛）、姜华、马迟

希望受到表彰的主持人珍惜荣誉，再接再厉，勇攀高峰，做党和人民信赖并彰显北京电视台良好形象的新闻工作者。全台干部职工要以受到表彰的主持人为榜样，勤奋学习，爱岗敬业，争当先进，为建设与首都地位相称的一流电视台作出应有贡献!

二〇一二年二月二十三日

节目播出时间表

2011 年北京电视台节目播出时间表

总编室

2011 年 BTV 北京卫视节目编排方案

（2011 年 4 月 29 日开始执行）

周一至六播出时间	节目内容			周日播出时间
	周一至周五	周六	周日	
6：00：00	频宣 2′ + 公宣 1′			6：00：00
6：03：00	《法治进行时》精编（有价值的）18′			6：03：00
6：21：00	频宣 1′ + 公宣 1′			6：21：00
6：23：00	《养生堂》精编版 26′	《SK 状元榜》30′	《电视先锋榜》30′	6：23：00
6：49：00	广告 2′ + 频宣 2′（加北京时间）			
6：53：00	早间气象服务 2′			6：53：00
6：55：00	频宣 2′ + 广告 3′			6：55：00
7：00：00	《北京您早》90′			7：00：00
8：30：00	频宣 2′ + 公宣 1′ + 广告 3′	频宣 3′ + 广告 2′ + 公宣 1′		8：30：00
8：36：00	《身边》50′	《BTV 秀场》50′ 重播上周秀场高收视率节目		8：36：00
9：26：00	频宣 50″ + 商务专题 10′ + 公宣 1′ + 频宣 1′10″			9：26：00
9：39：00	重播《红星剧场》第一集 45′20″（广告版） （频宣 5″ + 中插广告 1′30″ + 频宣 1′ + 频宣 30″ + 频宣 5″） （频宣 5″ + 中插广告 1′30″ + 频宣 1′10″ + 频宣 5″）			9：39：00
10：30：20	频宣 45″ + 商务专题 5′ + 频宣 15″			10：30：20
10：36：20	重播《红星剧场》第二集 45′20″（广告版） （频宣 5″ + 中插广告 1′30″ + 频宣 1′ + 频宣 30″ + 频宣 5″） （频宣 5″ + 中插广告 1′30″ + 频宣 1′10″ + 频宣 5″）			10：36：20
11：27：40	频宣 1′20″ + 公宣 1′ + 广告 3′			11：27：40
11：33：00	《BTV 秀场》重播 50′			11：33：00
12：23：00	频宣 2′ + 公宣 1′ + 广告 4′	频宣 3′ + 公宣 1′ + 广告 3′		12：23：00
12：30：00	《特别关注》28′			12：30：00
12：58：00	午间气象服务 2′			12：58：00
13：00：00	广告 2′ + 公宣 1′			13：00：00

续表

周一至六播出时间	节目内容 周一至周五	周六	周日	周日播出时间
13：03：00	《身边》精编版 35′		《这里是北京》35′	13：03：00
13：38：00	频宣 1′ + 频宣 45″ + 商务专题 10′ + 频宣 15″			13：38：00
13：50：00	《午茶剧场》第一集 45′ （频宣 5″ + 中插广告 1′ + 频宣 5″） （频宣 5″ + 中插广告 1′ + 频宣 1′ + 频宣 5″）			13：50：00
14：38：20	频宣 45″ + 商务专题 10′ + 频宣 15″			14：38：20
14：49：20	《午茶剧场》第二集 45′ （频宣 5″ + 中插广告 1′30″ + 频宣 5″） （频宣 5″ + 中插广告 1′30″ + 频宣 1′ + 频宣 5″）			14：49：20
15：38：40	广告 3′ + 频宣 2′			15：38：40
15：43：40	《午茶剧场》第三集 45′ （频宣 5″ + 中插广告 1′30″ + 频宣 1′ + 频宣 5″） （频宣 5″ + 中插广告 1′30″ + 频宣 1′ + 频宣 5″）			15：43：40
16：34：00	广告 3′ + 频宣 2′			16：34：00
16：39：00	《午茶剧场》第四集 45′ （频宣 5″ + 中插广告 1′30″ + 频宣 30″ + 频宣 5″） （频宣 5″ + 中插广告 1′30″ + 频宣 1′10″ + 频宣 5″）			16：39：00
17：29：00	频宣 4′55″ + 公宣 1′ + 广告 4′			17：29：00
17：38：55	《养生堂》46′			17：38：55
18：24：55	广告 5′05″			18：24：55
18：30：00	北京新闻、天气预报 30′			18：30：00
19：00：00	转播中央台新闻联播 30′			19：00：00
19：30：00	《看气象》5′（含广告）			19：30：00
19：35：00	频宣 1′ + 广告 3′ + 上集回放 30″ + 广告 3′			19：35：00
19：42：30	《红星剧场》第一集 45′20″（广告版） （中插广告 1′05″ + 频宣 35″） + 尾插广告 1′20″ （中插广告 1′05″ + 频宣 35″） + 尾插广告 1′20″			19：42：30
20：30：50	广告 3′ + 下集预告 30″ + 频宣 40″ + 上集回放 30″ + 频宣 30″ + 广告 3′			20：30：50
20：39：00	《红星剧场》第二集 45′20″（广告版） （中插广告 1′05″ + 频宣 35″） + （中插广告 1′35″ + 频宣 5″） + 尾插广告 1′15″ （中插广告 1′05″ + 频宣 35″） + （中插广告 1′35″ + 频宣 5″） + 尾插广告 1′15″			20：39：00
21：28：55	广告 1′30″ + 频宣 35″ + 下集预告 30″ + 频宣 30″ + 广告 3′			21：28：55

续表

周一至六播出时间	节目内容							周日播出时间
	周一至周五				周六		周日	
21：35：00	《BTV 秀场》50′							21：35：00
	周一	周二	周三	周四	周五	周六	周日	
	顶尖秀	非凡秀	巨星秀	焦点秀	幸福秀	收藏秀	喜剧世界	
22：25：00	频宣 1′+广告 4′+公宣 1′							22：25：00
22：31：00	《档案》45′							22：31：00
23：16：00	频宣 1′+广告 4′+公宣 1′							23：16：00
23：22：00	晚间气象服务 2′							23：22：00
23：24：00	频宣 2′+公宣 1′+广告 3′							23：24：00
23：30：00	35′							23：30：00
24：05：00	广告 3′+频宣 45″+商务专题 5′+频宣 15″							24：05：00
24：14：00	《BTV 秀场》重播 50′							24：14：00
1：04：00	频宣 45″+商务专题 10′+频宣 15″							1：04：00
1：15：00	《好梦剧场》1 集 45′							1：15：00
2：00：00	频宣 1′							2：00：00
2：01：00	《好梦剧场》2 集 45′							2：01：00
2：46：00	频宣 1′							2：46：00
2：47：00	《好梦剧场》3 集 45′							2：47：00
3：32：00	频宣 1′							3：32：00
3：33：00	《好梦剧场》4 集 45′							3：33：00
4：18：00	频宣 1′							4：18：00
4：19：00	《好梦剧场》5 集 45′							4：19：00
5：04：00	频宣 1′							5：04：00
5：05：00	35′							5：05：00
5：40：00	频宣 2′							5：40：00
5：42：00	《法治进行时》精编 2（有价值的）18′							5：42：00
6：00：00	第二天循环开始							6：00：00

2011 年 BTV 文艺频道节目编排方案

（2011 年 5 月 23 日开始执行）

时间	星期一	星期二	星期三	星期四	星期五	星期六	星期日
06：00	频道宣传 2′　公共宣传 1′						
06：03	《 快乐今宵 》重播 50′						《欢天戏地》重播 50′

续表

<table>
<tr><th>时间</th><th>星期一</th><th>星期二</th><th>星期三</th><th>星期四</th><th>星期五</th><th>星期六</th><th>星期日</th></tr>
<tr><td>06：53</td><td colspan="6">频道宣传 1′　公共宣传 1′</td><td></td></tr>
<tr><td>06：55</td><td colspan="6">《笑动 2011》　重播 30′</td><td></td></tr>
<tr><td>07：25</td><td colspan="6">频道宣传 1′　广告 1′　公共宣传 1′</td><td></td></tr>
<tr><td>07：28</td><td colspan="6">文化快讯 9′（重播）　广告 2′　频道宣传 2′　公共宣传 1′　上集回放 1′</td><td></td></tr>
<tr><td>07：43</td><td colspan="6">电视剧（自然重播）第一集　正片 45′（中插广告　1′30″；1′30″）　广告 2′30″　下集预告 1′　共计 51′30″</td><td></td></tr>
<tr><td>08：34：30</td><td colspan="6">广告 2′　频道宣传 2′　上集回放 1′</td><td></td></tr>
<tr><td>08：39：30</td><td colspan="6">电视剧（自然重播）第二集　正片 45′（中插广告 1′30″；1′30″）　广告 2′30″　下集预告 1′　共计 51′30″</td><td></td></tr>
<tr><td>09：31</td><td colspan="6">频道宣传 2′　文艺导航 9′　公共宣传 1′　广告 2′</td><td></td></tr>
<tr><td>09：45</td><td rowspan="2">《综艺黄金档》
《你好先生》
重播
70′</td><td>《综艺黄金档》
《百姓秀场》
重播
42′</td><td>《综艺黄金档》
《光荣绽放》
重播
42′</td><td>《综艺黄金档》
《影视风云路》
重播
42′</td><td>《综艺黄金档》
《神州音话》
重播
42′</td><td>《综艺黄金档》
《有一说一》
重播
32′
10：17　频宣 1′
文化快讯 9′</td><td rowspan="2">《综艺黄金档》
《星夜故事秀》
重播
70′</td></tr>
<tr><td>10：27</td><td colspan="5">广告 2′　频道宣传 2′　广告 1′　公共宣传 1′</td></tr>
<tr><td>10：33</td><td rowspan="2">10：55 广告 1′
文艺导航 9′</td><td colspan="5">《天天影视圈》　重播 25′</td><td rowspan="2">10：55 广告 1′
文艺导航 9′</td></tr>
<tr><td>10：58</td><td colspan="5">广告 2′　频道宣传 2′　广告 2′　公共宣传 1′</td></tr>
<tr><td>11：05</td><td colspan="7">《快乐今宵》通档　重播 50′</td></tr>
<tr><td>11：55</td><td colspan="7">广告 2′　频道宣传 2′　广告 1′</td></tr>
<tr><td>12：00</td><td colspan="7">文化快讯 9′（首播）</td></tr>
<tr><td>12：09</td><td colspan="7">广告 1′　文艺导航 9′　频道宣传 2′　广告 3′</td></tr>
<tr><td>12：24</td><td colspan="7">《每日文娱播报》　重播　30′</td></tr>
<tr><td>12：54</td><td colspan="7">广告 2′　频道宣传 2′　广告 2′</td></tr>
<tr><td>13：00</td><td colspan="7">《音乐风云榜》（无广告）通档　重播　30′</td></tr>
<tr><td>13：30</td><td colspan="7">广告 2′　频道宣传 2′　广告 2′　公共宣传 1′</td></tr>
<tr><td>13：37</td><td>《电视先锋榜》30′</td><td colspan="6">《笑动 2011》　重播　30′</td></tr>
<tr><td>14：07</td><td colspan="7">广告 2′　文艺导航 9′　频道宣传 2′　广告 2′　公共宣传 1′</td></tr>
<tr><td>14：23</td><td rowspan="2">《综艺黄金档》
《你好先生》
重播
70′</td><td>《综艺黄金档》
《百姓秀场》
重播
42′</td><td>《综艺黄金档》
《光荣绽放》
重播
42′</td><td>《综艺黄金档》
《影视风云路》
重播
42′</td><td>《综艺黄金档》
《神州音话》
重播
42′</td><td>《综艺黄金档》
《有一说一》
重播 32′
14：55 频宣 1′
文化快讯 9′</td><td>《综艺黄金档》
《星夜故事秀》
重播
70′</td></tr>
<tr><td>15：05</td><td colspan="5">广告 2′　频道宣传 2′　广告 2′</td><td rowspan="3">15：33 广告 1′
文艺导航 9′
频道宣传 1′</td></tr>
<tr><td>15：11</td><td rowspan="2">15：33 广告 1′
文艺导航 9′
频道宣传 1′</td><td colspan="5">《天天影视圈》　重播 25′</td></tr>
<tr><td>15：36</td><td colspan="5">广告 2′　频道宣传 3′　广告 2′　公共宣传 1′</td></tr>
</table>

续表

<table>
<tr><th>时间</th><th>星期一</th><th>星期二</th><th>星期三</th><th>星期四</th><th>星期五</th><th>星期六</th><th>星期日</th></tr>
<tr><td>15：44</td><td colspan="6">《最佳现场》通档 重播30′ 16：14 广告2′</td><td></td></tr>
<tr><td>16：14</td><td colspan="5">广告2′ 频道宣传3′ 广告2′ 公共宣传1′</td><td>16：16
《画里画外》4′
首播</td><td>16：16
《画里画外》4′
重播</td></tr>
<tr><td>16：22</td><td colspan="7">文化快讯9′（重播）广告1′ 频道宣传3′ 公共宣传2′ 广告3′</td></tr>
<tr><td>16：40</td><td colspan="5">《快乐今宵》 重播50′</td><td>《欢天戏地》
50′</td><td></td></tr>
<tr><td>17：30</td><td colspan="7">广告3′ 公共宣传1′ 频道宣传3′ 文艺导航9′ 公共宣传2′ 广告2′</td></tr>
<tr><td>17：50</td><td colspan="7">《笑动2011》通档 30′</td></tr>
<tr><td>18：20</td><td colspan="7">广告1′ 频道宣传2′ 广告2′</td></tr>
<tr><td>18：25</td><td colspan="7">《音乐风云榜》通档 30′</td></tr>
<tr><td>18：55</td><td colspan="7">频道宣传2′ 广告3′</td></tr>
<tr><td>19：00</td><td colspan="7">《每日文娱播报》通档 30′</td></tr>
<tr><td>19：30</td><td colspan="7">广告3′ 频道宣传1′ 上集回放1′ 广告2′</td></tr>
<tr><td>19：37</td><td colspan="7">电视剧第一集： 正片45′（中插广告1′05） 广告2′ 下集预告1′ 共计49′</td></tr>
<tr><td>20：26</td><td colspan="7">频道宣传1′ 广告1′ 上集回放1′ 广告1′</td></tr>
<tr><td>20：30</td><td colspan="7">电视剧第二集： 正片45′（中插广告1′05″；1′35） 广告2′15″ 下集预告1′ 共计51′</td></tr>
<tr><td>21：21</td><td colspan="7">频道宣传2′ 广告2′</td></tr>
<tr><td>21：25</td><td>《综艺黄金档》
《百姓秀场》
42′</td><td>《综艺黄金档》
《光荣绽放》
42′</td><td>《综艺黄金档》
《影视风云路》
42′</td><td>《综艺黄金档》
《神州音话》
42′</td><td>《综艺黄金档》
《有一说一》
32′广告1′
文艺导航9′</td><td rowspan="3">《综艺黄金档》
《星夜故事秀》
70′</td><td rowspan="3">《综艺黄金档》
《你好先生》
70′</td></tr>
<tr><td>22：07</td><td colspan="5">频道宣传1′ 广告2′</td></tr>
<tr><td>22：10</td><td colspan="5">《天天影视圈》25′</td></tr>
<tr><td>22：35</td><td colspan="7">频道宣传2′ 公共宣传1′ 广告2′</td></tr>
<tr><td>22：40</td><td colspan="7">《最佳现场》通档30′</td></tr>
<tr><td>23：10</td><td colspan="7">广告4′ 公共宣传1′</td></tr>
<tr><td>23：15</td><td colspan="7">《快乐今宵》通档50′</td></tr>
<tr><td>00：05</td><td colspan="7">广告2′ 频道宣传1′ 广告1′ 公共宣传1′</td></tr>
<tr><td>00：10</td><td colspan="7">《每日文娱播报》重播30′</td></tr>
<tr><td>00：40</td><td colspan="7">广告1′ 文艺导航9′（首播） 频道宣传2′ 公共宣传1′</td></tr>
<tr><td>00：53</td><td colspan="7">频道宣传1′ 上集回放1′</td></tr>
<tr><td>00：55</td><td colspan="7">电视剧第一集： 正片45′（中插广告1′05″） 下集预告1′ 共计43′</td></tr>
<tr><td>01：42</td><td colspan="7">频道宣传1′ 上集回放1′</td></tr>
<tr><td>01：44</td><td colspan="7">电视剧第二集： 正片45′（中插广告1′05″；1′35″） 下集预告1′ 共计48′40″</td></tr>
</table>

续表

<table>
<tr><th>时间</th><th>星期一</th><th>星期二</th><th>星期三</th><th>星期四</th><th>星期五</th><th>星期六</th><th>星期日</th></tr>
<tr><td>02：32</td><td colspan="6">文化快讯 9′（重播）</td><td></td></tr>
<tr><td>02：41</td><td colspan="6">频道宣传 2′（节目预告）</td><td></td></tr>
<tr><td>02：43</td><td colspan="6">结束</td><td></td></tr>
</table>

2011 年 BTV 科教频道节目编排方案

（2011 年 4 月 29 日开始执行）

<table>
<tr><th>时 间</th><th>周一</th><th>周二</th><th>周三</th><th>周四</th><th>周五</th><th>周六</th><th>周日</th><th>时段</th></tr>
<tr><td>06：00</td><td colspan="7">开播晨曲 1′</td><td rowspan="10">早间综合时段</td></tr>
<tr><td>06：01</td><td colspan="7">广播体操 4′</td></tr>
<tr><td>06：05</td><td colspan="7">科学实验室 15′ 重播（前一天）</td></tr>
<tr><td>06：20</td><td colspan="7">魅力科学 20′ 重播（前一天）</td></tr>
<tr><td>06：40</td><td colspan="7">频道宣传 8′ + 公共宣传 2′</td></tr>
<tr><td>06：50</td><td colspan="7">现场说法 25′ 重播（前一天）</td></tr>
<tr><td>07：15</td><td colspan="7">大家说法 20′ 重播（前一天）</td></tr>
<tr><td>07：35</td><td colspan="7">频道宣传 4′ + 广播体操 4′ + 平时广告 1′ + 公宣 1′</td></tr>
<tr><td>07：45</td><td colspan="7">健康大智慧 45′ 重播（前一天）</td></tr>
<tr><td>08：30</td><td colspan="7">健康北京 30′ 重播（前一天）</td></tr>
<tr><td>09：00</td><td colspan="7">频道宣传 2′ + 平时广告 1′ + 公共宣传 1′</td><td rowspan="10">上午综合时段</td></tr>
<tr><td>09：04</td><td>晚晴 30′</td><td colspan="4">八点非常故事汇精编版 30′</td><td>非常记忆 30′</td><td>电视先锋榜 30′</td></tr>
<tr><td>09：34</td><td colspan="5">频道宣传 1′ + 平时广告 1′ + 公共宣传 1′</td><td colspan="2">09：34 平时广告 1′</td></tr>
<tr><td>09：37</td><td colspan="5">法治进行时 20′ 重播（前一天）</td><td>09：35 非常夫妻 50′重播（上周）</td><td>09：35 警法目录 50′重播（上周）</td></tr>
<tr><td>09：57</td><td colspan="5">第三调解室 20′ 重播（前一天，周一重播上周六）</td><td></td><td></td></tr>
<tr><td>10：17</td><td colspan="5">频道宣传 1′ + 平时广告 1′ + 公共宣传 1′</td><td rowspan="3">10：25 欢乐星期六 45′</td><td rowspan="3">10：25 欢乐星期天 45′</td></tr>
<tr><td rowspan="2">10：20</td><td colspan="5">点亮人生 八点非常故事汇 50′ 重播（上周）</td></tr>
<tr><td>非常网络</td><td>非常说名</td><td>非常接触</td><td>非常向上</td><td>非常父母</td></tr>
<tr><td>11：10</td><td colspan="7">科学实验室 15′</td></tr>
<tr><td>11：25</td><td colspan="7">频道宣传 30″ + 平时广告 4′ + 公共宣传 30″</td></tr>
<tr><td>11：30</td><td colspan="7">现场说法 25′</td><td rowspan="4">午间法治时段</td></tr>
<tr><td>11：55</td><td colspan="7">平时广告 5′</td></tr>
<tr><td>12：00</td><td colspan="7">法治进行时 20′</td></tr>
<tr><td>12：20</td><td colspan="7">大家说法 20′</td></tr>
</table>

续表

时 间	周一	周二	周三	周四	周五	周六	周日	时段
12：40	频道宣传1′+平时广告4′							
12：45	第三调解室 20′ （周一——周六 20′）						第三调解室周末版30′（周日）	
13：05	频道宣传2′+平时广告2′+公共宣传1′						13：15 频道宣传2′+平时广告2′+公共宣传1′	
13：10	点亮人生 八点非常故事汇50′重播（前一天）						13：20 非常向上50′重播（前一天）	下午综合
14：00	警法目录	非常网络	非常说名	非常接触	非常夫妻	非常父母		
	《非常故事汇》45′重播 （前一天）						14：10 非常记忆30′重播（周六）	
14：45	频道宣传6′+平时广告2′+公共宣传2′					14：45 频道宣传1′	14：40 频道宣传4′+平时广告1′+公共宣传1′	
14：55	正在调解（1） 20′					14：46 正在调解 20′		
15：15	正在调解（2） 20′							
15：35	频道宣传2′+平时广告2′+公共宣传1′					15：06 正在调解20′		
15：40	正在破案（1）25′					15：26 公共宣传1′		
16：05	正在破案（2）25′					15：27《非常故事汇》45′		
16：30	频道宣传1′+平时广告1′							
16：32	《非常故事汇》45′					16：12 欢乐星期六65′	16：12 欢乐星期天65′	
17：17	频道宣传1′+平时广告2′							傍晚健康时段
17：20	健康大智慧 45′							
18：05	平时广告2′							
18：07	健康北京30′							

续表

<table>
<tr><th>时 间</th><th>周一</th><th>周二</th><th>周三</th><th>周四</th><th>周五</th><th>周六</th><th>周日</th><th>时段</th></tr>
<tr><td>18：37</td><td colspan="7">频道宣传 1′ + 平时广告 1′30″ + 公共宣传 30″</td><td rowspan="11">晚间人文时段</td></tr>
<tr><td>18：40</td><td colspan="7">魅力科学 20′</td></tr>
<tr><td>19：00</td><td colspan="7">频道宣传 1′ + 平时广告 2′</td></tr>
<tr><td>19：03</td><td colspan="7">健康大智慧特别节目 32′</td></tr>
<tr><td>19：35</td><td colspan="7">公共宣传 1′</td></tr>
<tr><td>19：36</td><td colspan="7">第三调解室 20′ 重播（当天中午）</td></tr>
<tr><td>19：56</td><td colspan="7">频道宣传 1′ + 平时广告 3′</td></tr>
<tr><td rowspan="2">20：00</td><td colspan="7">点亮人生 八点非常故事汇 50′</td></tr>
<tr><td>非常网络</td><td>非常说名</td><td>非常接触</td><td>非常夫妻</td><td>非常父母</td><td>非常向上</td><td>警法目录</td></tr>
<tr><td>20：50</td><td colspan="7">频道宣传 3′（次日“非常”预告）</td></tr>
<tr><td>20：53</td><td colspan="7">频道宣传 2′ + 平时广告 3′ + 公共宣传 2′</td></tr>
<tr><td>21：00</td><td colspan="7">北京新闻 30′（含气象服务 4′）</td><td rowspan="13">夜间综合时段</td></tr>
<tr><td>21：30</td><td colspan="7">现场说法（重播 25′）</td></tr>
<tr><td>21：55</td><td colspan="7">频道宣传 1′ + 平时广告 1′ + 上集回放 30″ + 平时广告 2′</td></tr>
<tr><td>21：59</td><td colspan="7">星月剧场 电视剧第一集 50′30″：正片 45′（中插广告 1′35″ + 1′35″） + 平时广告 2′ + 下集预告 30″</td></tr>
<tr><td>22：50</td><td colspan="7">平时广告 1′ + 上集回放 30″ + 平时广告 1′</td></tr>
<tr><td>22：52</td><td colspan="7">星月剧场 电视剧第二集 49′30″：正片 45′（中插广告 1′35″ + 1′35″） + 平时广告 40″ + 下集预告 30″</td></tr>
<tr><td>23：42</td><td colspan="7">频道宣传 1′ + 平时广告 2′</td></tr>
<tr><td>23：45</td><td colspan="7">法治进行时 20′ 重播（当天中午）</td></tr>
<tr><td>00：05</td><td colspan="7">大家说法 20′ 重播（当天中午）</td></tr>
<tr><td>00：25</td><td colspan="7">频道宣传 1′ + 公共宣传 1′</td></tr>
<tr><td>00：27</td><td colspan="6">第三调解室 20′ 重播（当天中午）</td><td>第三调解室 30′ 重播（当天中午）</td></tr>
<tr><td>00：47</td><td colspan="6">健康大智慧特别节目 32′重播</td><td>00：57 健康大智慧特别节目 32′重播</td></tr>
<tr><td>01：19</td><td colspan="6">频道宣传 2′ + 公共宣传 1′</td><td>01：29 频道宣传 2′ + 公共宣传 1′</td></tr>
</table>

续表

时 间	周一	周二	周三	周四	周五	周六	周日	时段
01：22	非常网络重播（当天晚上20：00）	非常说名重播（当天晚上20：00）	非常接触重播（当天晚上20：00）	非常夫妻重播（当天晚上20：00）	非常父母重播（当天晚上20：00）	非常向上重播（当天晚上20：00）	01：32 警法目录重播（当天晚上20：00）	夜间综合时段
02：12	结束夜曲 1′						02：22 结束夜曲 1′	

2011 年 BTV 影视频道节目编排方案

（2011 年 7 月 1 日开始执行）

时间	节 目 名 称	时长
6：40	重播 英雄剧场－1　正片 45′（中插广告 1′30″；广告 1′30″）	48″
7：28	广告 2′、下集预告 30″、预告剧宣 30″、公宣 2′＋频宣 2′	7″
7：35	重播 英雄剧场－2　正片 45′（中插广告 1′30″；广告 1′30″）	48″
8：23	下集预告 30″、预告剧宣 30″、公宣 2′	3″
8：26	我爱电视剧 10′	10″
8：36	公宣 2′＋广告 2′	4″
8：40	重播 黄金剧场－1　正片 45′（中插广告 1′30″；广告 1′30″）	48″
9：28	广告 3′、下集预告 30″、预告剧宣 30″、广告 3′＋频宣 1′	8″
9：36	重播 黄金剧场－2　正片 45′（中插广告 1′30″；广告 1′30″）	48″
10：24	广告 3′、下集预告 30″、预告剧宣 30″、广告 2′＋频宣 1′	7″
10：31	重播 黄金剧场－3　正片 45′（中插广告 1′30″；广告 1′30″）	48″
11：19	广告 3′、下集预告 30″、预告剧宣 30″、公宣 2′＋频宣 1′	7″
11：26	我爱电视剧 10′	10″
11：36	公宣 2′＋频宣 2′	4″
11：40	★电影时间 正片 100′（含广告）	1′40″
13：20	公宣 30″＋频宣 30″	1″
13：21	★家和剧场－1　正片 45′（中插广告 1′30″；广告 1′30″）	48″
14：09	广告 2′、下集预告 30″、预告剧宣 30″、广告 2′＋频宣 1′	6″
14：15	★家和剧场－2　正片 45′（中插广告 1′30″；广告 1′30″）	48″
15：03	广告 2′、下集预告 30″、预告剧宣 30″、公宣 2′＋广告 2′＋频宣 1′	8″
15：11	★家和剧场－3　正片 45′（中插广告 1′30″；广告 1′30″）	48″
15：59	广告 2′、下集预告 30″、预告剧宣 30″、公宣 1′＋广告 2′＋频宣 1′	7″
16：06	★家和剧场－4　正片 45′（中插广告 1′30″；广告 1′30″）	48″
16：54	广告 3′、下集预告 30″、预告剧宣 30″、公宣 1′＋频宣 2′	7″

续表

时间	节 目 名 称	时长
17：01	我爱电视剧 5′	5″
17：06	广告 2′ + 频宣 2′	4″
17：10	★英雄剧场 -1　　正片 45′（中插广告 1′30″；广告 1′30″）	48″
17：58	广告 4′、下集预告 30″、预告剧宣 30″、广告 2′ + 频宣 30″ + 广告 2′ + 频宣 30′	10″
18：08	★英雄剧场 -2　　正片 45′（中插广告 1′30″；广告 1′30″）	48″
18：56	广告 4′、下集预告 30″、预告剧宣 30″、公宣 2′ + 广告 4′ + 频宣 1′ + 公宣 2′	14″
19：10	我爱电视剧 10′	10″
19：20	频宣 1′ + 公宣 2′ + 广告 2′、上集回放 35″、回放剧宣 30″、广告 4′ + 频宣 1′	11″
19：31	★黄金剧场 -1　正片 45′（中插提示 5″ + 广告 1′5″）	46″
20：17	广告 3′30″、下集预告 30″、预告剧宣 30″、广告 2′ + 公宣 1′ + 频宣 1′	8″
20：25	上集回放 30″、回放剧宣 35″、广告 3′30″ + 频宣 1′	5″
20：31	★黄金剧场 -2 正片 45′（中插提示 5″ + 广告 1′5″；中插提示 5″ + 广告 1′35″）	48″
21：20	广告 4′30″、下集预告 30″、预告剧宣 30″、广告 2′ + 公宣 2′	9″
21：29	上集回放 30″、回放剧宣 35″、广告 3′30″ + 频宣 1′30″	6″
21：35	★黄金剧场 -3 正片 45′（中插提示 5″ + 广告 1′35″；中插提示 5″ + 广告 1′35″）	48″
22：24	广告 5′、下集预告 30″、预告剧宣 30″、广告 2′ + 公宣 1′ + 广告 3′ + 频宣 1′	13″
22：37	★都市剧场 -1　正片 45′（中插广告 1′30″；广告 1′30″）	48″
23：25	广告 2′、下集预告 30″、预告剧宣 30″、公宣 1′ + 广告 2′ + 频宣 1′	7″
23：32	★都市剧场 -2　正片 45′（中插广告 1′30″；广告 1′30″）	48″
0：20	广告 55″、下集预告 30″、预告剧宣 30″、公宣 1′ + 频宣 1′	3″
0：23	重播 电影时间 正片 100′（含广告）	1′40″
2：03	频宣 1′ + 公宣 2′	3″
2：06	重播 星光剧场 -1　正片 45′	45″
2：51	重播星光剧场 -2　正片 45′	45″
3：36	重播星光剧场 -3　正片 45′	45″
4：21	★星光剧场 -1　正片 45′	45″
5：06	★星光剧场 -2　正片 45′	45″
5：51	★星光剧场 -3　正片 45′	45″
6：36	公宣 2′ + 频宣 2′	4″

2011 年 BTV 财经频道节目编排方案

（2011 年 5 月 9 日开始执行）

时间	星期一	星期二	星期三	星期四	星期五	星期六	星期日	时间
6：00	开播曲、报告节目 2′							
6：02	公宣 3′							

续表

时间	星期一	星期二	星期三	星期四	星期五	星期六	星期日	时间
6：05	北京新闻30′（含天气）							
6：35	频宣1′、公宣1′							
6：37	城市25′（一重五，日重四）							
7：02	频宣1′、公宣2′							
7：05	首都经济报道50′							
7：55	广告3′							
7：58	财富大家谈25′周五	天天理财25′			拍宝25′		财富大家谈25′周四	
8：23	频宣1′、公宣1′、广告1′							
8：26	财经五连发25′（一重五，日重四）							
8：51	频宣1′、广告2′							
8：54	天下财经（晚间版）25′（一重五，日重四）							
9：19	公宣1′、广告1′							
9：21	经济法眼28′							
9：49	广告1′							
9：50	传奇剧场—1 上集回放1′+广告1′+正片45′（中插广告1′30″\ 中插广告1′30″）+广告1′+下集预告1′							
10：42	频宣1′、广告1′							
10：44	传奇剧场—2 上集回放1′+广告1′+正片45′（中插广告1′30″\ 中插广告1′30″）+广告1′+下集预告1′							
11：36	广告2′							
11：38	首都经济报道50′							
12：28	频宣1′、广告1′							
12：30	天下财经25′（午间版）					数说北京25′	北京议事厅25′	
12：55	频宣2′公宣2′广告1′							
13：00	传奇剧场—1 上集回放1′+广告1′+正片45′（中插广告1′30″\ 中插广告1′30″）+广告1′+下集预告1′							
13：52	广告2′							
13：54	传奇剧场—2 上集回放1′+广告1′+正片45′（中插广告1′30″\ 中插广告1′30″）+广告1′+下集预告1′							
14：46	公宣1′、广告1′							
14：48	天下财经晚间版25′（一重五）					拍宝25′		
15：13	频宣1′、广告1′							
15：15	经济法眼28′							
15：43	广告2′	15：43 频宣3′、公宣2′广告2′						
15：45	电视先锋榜30′	15：50 城市25′（日重五）						

续表

<table>
<tr><th>时间</th><th>星期一</th><th>星期二</th><th>星期三</th><th>星期四</th><th>星期五</th><th>星期六</th><th>星期日</th><th>时间</th></tr>
<tr><td>16：15</td><td colspan="7">频宣 4′、公宣 2′ 广告 1′</td><td></td></tr>
<tr><td>16：22</td><td>北京议事厅 25′</td><td colspan="2">天天理财 25′</td><td colspan="2">财富大家谈 25′</td><td colspan="2">成长在北京 25′</td><td></td></tr>
<tr><td>16：47</td><td colspan="7">频宣 4′、公宣 2′、广告 1′</td><td></td></tr>
<tr><td>16：54</td><td>数说北京 25′</td><td colspan="4">财经五连发 25′</td><td colspan="2">数说北京 25′</td><td></td></tr>
<tr><td>17：19</td><td colspan="7">频宣 3′、公宣 1′ 广告 2′</td><td></td></tr>
<tr><td>17：25</td><td>城市精编－财富志 50′</td><td>超级访问 50′</td><td>名人堂 50′</td><td>超级访问 50′</td><td>城市精编－财富志 50′</td><td>名人堂 50′</td><td>超级访问 50′</td><td></td></tr>
<tr><td>18：15</td><td colspan="5">频宣 1′、公宣 1′ 广告 3′</td><td colspan="2">广告 3′</td><td>18：15</td></tr>
<tr><td rowspan="3">18：20</td><td colspan="5" rowspan="3">天下财经 35′（下午版）</td><td colspan="2">频宣（财经导航）10′</td><td>18：18</td></tr>
<tr><td colspan="2">广告 2′</td><td>18：28</td></tr>
<tr><td colspan="2">拍宝 25′</td><td>18：30</td></tr>
<tr><td>18：55</td><td colspan="7">频宣 2′、公宣 1′、广告 2′</td><td></td></tr>
<tr><td>19：00</td><td colspan="7">首都经济报道 50′（含广告）</td><td></td></tr>
<tr><td>19：50</td><td colspan="7">频宣 2′、公宣 1′、广告 2′</td><td></td></tr>
<tr><td>19：55</td><td colspan="5">经济法眼 28′（含广告）</td><td colspan="2">经济法眼周末版 28′（含广告）</td><td></td></tr>
<tr><td>20：23</td><td colspan="5">频宣 1′、公宣 2′、广告 2′</td><td>20：23 广告 2′</td><td>频宣 1′、广告 2′</td><td>20：23</td></tr>
<tr><td>20：28</td><td colspan="5">城市 25′（含广告）</td><td>20：25 北京议事厅 25′</td><td rowspan="3">城市精编－财富志 50′</td><td rowspan="3">20：26</td></tr>
<tr><td rowspan="2">20：53</td><td colspan="5" rowspan="2">频宣 1′、公宣 1′、广告 2′</td><td>20：50 广告 1′</td></tr>
<tr><td>20：51 成长在北京 25′</td></tr>
<tr><td>20：57</td><td colspan="3">天天理财 25′</td><td colspan="2">财富大家谈 25′</td><td>21：16 频宣 1、广告 1′</td><td>公宣 1′、广告 1′</td><td>21：16</td></tr>
<tr><td>21：22</td><td colspan="5">频宣 2′、公宣 1′、广告 2′</td><td rowspan="3">21：18 名人堂 50′</td><td rowspan="3">超级访问 50′</td><td rowspan="3">21：18</td></tr>
<tr><td>21：27</td><td colspan="5">《天下财经》晚间版 25′（含广告）</td></tr>
<tr><td>21：52</td><td colspan="5">频宣 2′、公宣 1′、广告 1′</td></tr>
<tr><td rowspan="2">21：56</td><td colspan="5" rowspan="2">财经五连发 25′（含广告）</td><td colspan="2">频宣 1、公宣 1′、广告 2′</td><td>22：08</td></tr>
<tr><td>问鼎世界 15′</td><td>问鼎世界 15′</td><td>22：12</td></tr>
</table>

续表

时间	星期一	星期二	星期三	星期四	星期五	星期六	星期日	时间
22：21	频宣 4′、公宣 3′广告 2′					频宣1′、公宣1′广告1′		22：27
22：30	北京新闻 30′							
23：00	财富晚间道 60′							
00：00	传奇剧场—1　上集回放 1′ + 广告 4′ + 正片 45′（中插广告 1′30″\ 中插广告 1′30″）+ 广告 1′ + 下集预告 1′							
00：55	广告 1′							
00：56	传奇剧场—2　上集回放 1′ + 广告 1′ + 正片 45′（中插广告 1′30″\ 中插广告 1′30″）+ 广告 1′ + 下集预告 1′							
01：48	频宣 2′							
01：50	结束							

2011 年 BTV 体育频道节目编排方案

（2011 年 5 月 23 日开始执行）

时间	星期一	星期二	星期三	星期四	星期五	星期六	星期日
6：00	广宣时段 10′（含公宣 3′）						
6：10	BTV 赛场 105′（含赛中频道宣传 7′）						
7：57	广宣时段 8′						
8：05	天天体育 50′（重播昨日）						
8：55	广宣时段 10′（含公宣 3′）						
9：05	篮球风情	中超集锦	英超集锦	搏击风暴	乒乓王国	极限体育	直播：NBA
9：35	广宣时段 10′						
9：45	直播：NBA	BTV 赛场107′（含赛中7′）		直播：NBA	BTV 赛场 107	BTV 赛场 107	
11：32	广宣时段 8′					快乐周末直播时段 中超/中甲/CBA/NBA/ 英超/西甲/欧联杯 等国内外体育赛事	
11：40	天天体育 50′（重播昨日）						
12：30	广宣时段 10′						
12：40	步步为赢						
13：30	广宣时段 10′（含公宣 3′）						
13：40	快乐健身一箩筐（重播）						
14：10	广宣时段 10′（含公宣 3′）						
14：20	BTV 赛场 105′（含赛中频道宣传 5′）						

续表

<table>
<tr><th>时间</th><th>星期一</th><th>星期二</th><th>星期三</th><th>星期四</th><th>星期五</th><th>星期六</th><th>星期日</th></tr>
<tr><td>16：05</td><td colspan="5">广宣时段 10′</td><td colspan="2" rowspan="20">快乐周末直播时段
中超/中甲/CBA/NBA/英超/西甲/欧联杯 等国内外体育赛事</td></tr>
<tr><td>16：15</td><td colspan="5">BTV 赛场 105′（含赛中频道宣传 5′）</td></tr>
<tr><td>18：00</td><td colspan="5">广宣时段 5′</td></tr>
<tr><td>18：05</td><td colspan="5">快乐健身一箩筐（重播）</td></tr>
<tr><td>18：35</td><td colspan="5">广宣时段 5′</td></tr>
<tr><td>18：40</td><td colspan="5">体坛资讯 50′</td></tr>
<tr><td>19：30</td><td colspan="5">广宣时段 5′</td></tr>
<tr><td>19：35</td><td>足球 100 分</td><td>体育议起来 50′
英超集锦 50′</td><td>BTV 赛场直播：
CBA、中超</td><td>BTV 赛场
105′</td><td>BTV 赛场直播：
CBA、中超</td></tr>
<tr><td>21：20</td><td colspan="5">广宣时段 5′</td></tr>
<tr><td>21：25</td><td colspan="5">天天体育 50′</td></tr>
<tr><td>22：15</td><td colspan="5">广宣时段 5′</td></tr>
<tr><td>22：20</td><td colspan="5">快乐健身一箩筐（首播）</td></tr>
<tr><td>22：50</td><td colspan="5">广宣时段 10′</td></tr>
<tr><td>23：00</td><td>中超集锦</td><td>英超集锦</td><td>体坛荟萃 –
搏击风暴</td><td>体坛荟萃 –
乒乓球王国</td><td>体坛荟萃 –
篮球风情</td></tr>
<tr><td>23：30</td><td colspan="5">广宣时段 5′</td></tr>
<tr><td>23：35</td><td>步步为赢</td><td>京彩时刻
15′/步步</td><td>步步为赢</td><td>步步为赢</td><td>京彩时刻
15′/步步</td></tr>
<tr><td>0：25</td><td colspan="5">广宣时段 5′</td></tr>
<tr><td>0：30</td><td colspan="4">天天体育 50′（重）</td><td>体坛荟萃</td></tr>
<tr><td>1：20</td><td colspan="5">广宣时段 10′</td></tr>
<tr><td>1：30</td><td colspan="5">BTV 赛场 100′</td></tr>
<tr><td>3：10</td><td colspan="7">BTV 赛场 100′</td></tr>
<tr><td>4：50</td><td colspan="7">天天体育 50′（重）</td></tr>
<tr><td>5：40</td><td colspan="7">欣赏</td></tr>
</table>

2011 年 BTV 生活频道节目编排方案

（2011 年 4 月 15 日开始执行）

<table>
<tr><th>时间</th><th>周一</th><th>周二</th><th>周三</th><th>周四</th><th>周五</th><th>周六</th><th>周日</th></tr>
<tr><td>6：00</td><td colspan="7">开始曲、节目预告 1′</td></tr>
<tr><td>6：01</td><td colspan="7">广告 4′</td></tr>
<tr><td>6：05</td><td colspan="5">时尚装苑 15′（重）</td><td rowspan="8">我爱我车 40′（重播）</td><td rowspan="4">食全食美精粹 30′（重播）</td></tr>
<tr><td>6：20</td><td colspan="5">公共宣传 2′</td></tr>
<tr><td>6：22</td><td colspan="5">广告 3′</td></tr>
<tr><td>6：25</td><td colspan="5" rowspan="7">你该怎么办 25′（重）</td></tr>
<tr><td>6：35</td><td>公共宣传 2′</td></tr>
<tr><td>6：37</td><td>频道宣传 2′</td></tr>
<tr><td>6：39</td><td>广告 1′</td></tr>
<tr><td>6：40</td><td rowspan="5">心灵密码 30′（重播）</td></tr>
<tr><td>6：45</td><td>广告 3′</td></tr>
<tr><td>6：48</td><td>公共宣传 2′</td></tr>
<tr><td>6：50</td><td colspan="5">公共宣传 2′</td><td rowspan="6">魅力周末 50′（重播）</td></tr>
<tr><td>6：52</td><td colspan="5" rowspan="2">健康生活 20′（重）</td></tr>
<tr><td>7：10</td><td>公共宣传 2′</td></tr>
<tr><td>7：12</td><td colspan="5">广告 2′</td><td>频道宣传 2′</td></tr>
<tr><td>7：14</td><td colspan="5">生活无间报（快）3′（重）</td><td>广告 3′</td></tr>
<tr><td>7：17</td><td colspan="5" rowspan="2">快乐生活一点通 25′（重）</td><td rowspan="5">咱爸咱妈的美好时代 30′（重播）</td></tr>
<tr><td>7：40</td><td>频道宣传 2′</td></tr>
<tr><td>7：42</td><td colspan="6">天气预报 2′</td></tr>
<tr><td>7：44</td><td colspan="6">广告 2′</td></tr>
<tr><td>7：46</td><td colspan="6" rowspan="4">选择 30′（重播）</td></tr>
<tr><td>7：47</td><td>天气预报 2′</td></tr>
<tr><td>7：49</td><td>广告 3′</td></tr>
<tr><td>7：52</td><td rowspan="3">第七日 30′（重播）</td></tr>
<tr><td>8：16</td><td colspan="6">广告 2′</td></tr>
<tr><td>8：18</td><td colspan="5" rowspan="4">生活广角 30′（重）</td><td rowspan="4">心灵密码 30′（重播）</td></tr>
<tr><td>8：22</td><td>频道宣传 2′</td></tr>
<tr><td>8：24</td><td>广告 4′</td></tr>
<tr><td>8：28</td><td rowspan="4">生活面对面精编 50′（重播）</td></tr>
<tr><td>8：48</td><td colspan="6">广告 3′</td></tr>
<tr><td>8：51</td><td colspan="6">生活无间报（生）3′（重）</td></tr>
<tr><td>8：54</td><td colspan="6" rowspan="3">生活面对面（重）28′</td></tr>
<tr><td>9：18</td><td>频道宣传 1′</td></tr>
<tr><td>9：19</td><td>广告 3′</td></tr>
</table>

续表

<table>
<tr><th>时间</th><th>周一</th><th>周二</th><th>周三</th><th>周四</th><th>周五</th><th>周六</th><th>周日</th></tr>
<tr><td>9：22</td><td colspan="6">广告 3′</td><td rowspan="6">7 日 7 频道精编 50′（重播）</td></tr>
<tr><td>9：25</td><td colspan="6">生活无间报（7）3′（重）</td></tr>
<tr><td>9：28</td><td colspan="6">7 日 7 频道 28′（重）</td></tr>
<tr><td>9：56</td><td colspan="6">公共宣传 2′</td></tr>
<tr><td>9：58</td><td colspan="6">生活无间报（超）3′（重）</td></tr>
<tr><td>10：01</td><td colspan="6" rowspan="3">超级出租车 15′（重播）</td></tr>
<tr><td>10：12</td><td>频道宣传 1′</td></tr>
<tr><td>10：13</td><td>广告 3′</td></tr>
<tr><td>10：16</td><td colspan="6">广告 2′</td><td rowspan="5">生活大调查精编 50′（重播）</td></tr>
<tr><td>10：18</td><td colspan="6">生活无间报（食）3′（重）</td></tr>
<tr><td>10：21</td><td colspan="6">食全食美（重）30′</td></tr>
<tr><td>10：51</td><td colspan="6">广告 2′</td></tr>
<tr><td>10：53</td><td colspan="5" rowspan="3">大城小事 30′（重播）</td><td rowspan="3">大城小事周末版 30′（重播）</td></tr>
<tr><td>11：06</td><td>广告 2′</td></tr>
<tr><td>11：08</td><td rowspan="4">食全食美周末版 30′（重播）</td></tr>
<tr><td>11：23</td><td colspan="6">广告 2′</td></tr>
<tr><td>11：25</td><td colspan="5" rowspan="3">生活广角（重）30′</td><td rowspan="3">咱爸咱妈的美好时代 30′（重播）</td></tr>
<tr><td>11：38</td></tr>
<tr><td>11：40</td><td>广告 2′</td></tr>
<tr><td>11：55</td><td colspan="6">广告 2′</td><td rowspan="6">生活实验室 30′（重）</td></tr>
<tr><td>11：57</td><td colspan="5" rowspan="5">食全食美精编版 25′（首）</td><td>频道宣传 1′</td></tr>
<tr><td>11：58</td><td>公共宣传 2′</td></tr>
<tr><td>12：00</td><td rowspan="5">食全食美周末版 30′（重播）</td></tr>
<tr><td>12：10</td></tr>
<tr><td>12：12</td></tr>
<tr><td>12：22</td><td colspan="5">广告 2′</td><td>广告 2′</td></tr>
<tr><td>12：24</td><td colspan="5" rowspan="6">生活大调查 20′（重播）</td><td rowspan="7">第七日 30′（重播）</td></tr>
<tr><td>12：30</td><td>广告 3′</td></tr>
<tr><td>12：33</td><td>公共宣传 2′</td></tr>
<tr><td>12：35</td><td rowspan="2">生活无间报（快）3′（重）</td></tr>
<tr><td>12：38</td></tr>
<tr><td>12：42</td><td rowspan="5">快乐生活一点通 25′（重）</td></tr>
<tr><td>12：44</td><td colspan="5">广告 2′</td></tr>
<tr><td>12：46</td><td colspan="5" rowspan="2">健康生活 20′（重播）</td><td>广告 2′</td></tr>
<tr><td>13：03</td><td rowspan="6">大城小事周末版 30′（重播）</td></tr>
<tr><td>13：06</td><td colspan="5">频道宣传 1′</td></tr>
<tr><td>13：07</td><td colspan="5">广告 3′</td><td rowspan="8">生活 +47′（重播）</td></tr>
<tr><td>13：10</td><td colspan="5" rowspan="4">你该怎么办 25′（重播）</td></tr>
<tr><td>13：14</td></tr>
<tr><td>13：15</td></tr>
<tr><td>13：18</td><td>频道宣传 1′</td></tr>
<tr><td>13：35</td><td colspan="5">公共宣传 2′</td><td>广告 3′</td></tr>
<tr><td>13：37</td><td colspan="5">广告 3′</td><td rowspan="7">快乐周末 50′（重播）</td></tr>
<tr><td>13：40</td><td colspan="5" rowspan="3">时尚装苑 15′（重播）</td></tr>
<tr><td>13：50</td><td>频道宣传 2′</td></tr>
<tr><td>13：52</td><td>公共宣传 3′</td></tr>
<tr><td>13：55</td><td colspan="6">广告 2′</td></tr>
<tr><td>13：57</td><td colspan="6">生活无间报（生）3′（重）</td></tr>
<tr><td>14：00</td><td colspan="6" rowspan="4">生活面对面（重）28′</td></tr>
<tr><td>14：08</td><td>公共宣传 2′</td></tr>
<tr><td>14：10</td><td>广告 2′</td></tr>
<tr><td>14：12</td><td></td></tr>
</table>

续表

时间	周一	周二	周三	周四	周五	周六	周日
14：28	广告3′						生活大调查精编50′（重播）
14：31	生活无间报（7）3′（重）						
14：34	7日7频道（重）28′						
15：02	广告2′						
15：04	生活无间报（食）3′（重）						魅力周末50′（重播）
15：07	食全食美30′（重播）						
15：37	广告3′						
15：40	选择30′（重）						频道宣传2′
15：54							广告2′
15：56							我爱我车40′（重播）
15：58							
16：10	广告2′						
16：12	生活无间报（快）3′（重）					公共宣传3′	
16：15	快乐生活一点通25′（重）					生活大调查20′（重播）	
16：35							
16：36						频道宣传1′	
16：37						广告1′	
16：38						快乐周末50′（重播）	
16：40	广告2′						公共宣传2′
16：42	公共宣传2′						广告2′
16：44	生活大调查20′（重播）						生活面对面精编50′（首播）
17：04	广告3′						
17：07	大城小事30′（重）						
17：27							
17：29						广告2′	
17：32						咱爸咱妈的美好时代30′（首播）	
17：33							频道宣传1′
17：36							广告3′
17：37	频道宣传1′						7日7频道精编50′（首播）
17：38	广告1′						
17：39	健康生活20′（首播）						
17：59	广告1′						
18：00	生活无间报3′（食）						
18：03	食全食美30′（首播）						
18：26							广告2′
18：28							食全食美周末版30′（首播）
18：33	生活无间报3′（超）						
18：36	广告1′						
18：37	超级出租车15′（首播）						
18：52	生活无间报3′（生）						
18：55	广告2′						
18：57	生活面对面28′（首播）						
18：58							广告2′
19：00							生活实验室30′（首播）
19：25	生活无间报3′（7）						
19：28	广告1′						
19：29	7日7频道28′（首播）						
19：30							广告2′
19：32							第7日30′（首播）
19：57	生活无间报3′（快）						
20：00	广告2′						

续表

<table>
<tr><th>时间</th><th>周一</th><th>周二</th><th>周三</th><th>周四</th><th>周五</th><th>周六</th><th>周日</th></tr>
<tr><td>20：02</td><td colspan="6" rowspan="2">快乐生活一点通 25′（首播）</td><td>广告 3′</td></tr>
<tr><td>20：05</td><td rowspan="5">快乐周末 50′（首播）</td></tr>
<tr><td>20：27</td><td colspan="5">广告 1′</td><td rowspan="7">生活＋47′（首播）</td></tr>
<tr><td>20：28</td><td colspan="5">生活大调查 20′（首播）</td></tr>
<tr><td>20：48</td><td colspan="5">广告 2′</td></tr>
<tr><td>20：50</td><td colspan="5" rowspan="5">你该怎么办 25′（首播）</td></tr>
<tr><td>20：55</td><td>广告 3′</td></tr>
<tr><td>20：58</td><td>频道宣传 1′</td></tr>
<tr><td>20：59</td><td rowspan="5">魅力周末 50′（首播）</td></tr>
<tr><td>21：14</td><td rowspan="2">广告 3′</td></tr>
<tr><td>21：15</td><td colspan="5">广告 2′</td></tr>
<tr><td>21：17</td><td colspan="6">天气预报 2′</td></tr>
<tr><td>21：19</td><td colspan="5">大城小事 30′（首播）</td><td>大城小事周末版 30′（首播）</td></tr>
<tr><td>21：49</td><td colspan="7">公共宣传 1′</td></tr>
<tr><td>21：50</td><td colspan="6">广告 2′</td><td>天气预报 2′</td></tr>
<tr><td>21：52</td><td colspan="6">选择 30′（首播）</td><td rowspan="4">生活大调查精编 50′（首播）</td></tr>
<tr><td>22：22</td><td colspan="6">广告 2′</td></tr>
<tr><td>22：24</td><td colspan="5" rowspan="3">生活广角 30′（首播）</td><td rowspan="3">心灵密码 30′（首播）</td></tr>
<tr><td>22：42</td></tr>
<tr><td>22：44</td><td>广告 2′</td></tr>
<tr><td>22：54</td><td colspan="6">广告 1′</td><td rowspan="5">食全食美精粹 30′（重播）</td></tr>
<tr><td>22：55</td><td colspan="5">时尚装苑 15′（首播）</td><td rowspan="6">我爱我车 40′（首播）</td></tr>
<tr><td>23：10</td><td colspan="5">公共宣传 3′</td></tr>
<tr><td>23：14</td><td colspan="5">广告 3′</td></tr>
<tr><td>23：17</td><td colspan="5">生活无间报（超）3′（重播）</td></tr>
<tr><td>23：19</td><td colspan="5">超级出租车 15′（重播）</td><td>广告 3′</td></tr>
<tr><td>23：34</td><td colspan="5">公共宣传 1′</td><td rowspan="6">电视先锋榜 30′</td></tr>
<tr><td>23：35</td><td colspan="6">广告 3′</td></tr>
<tr><td>23：38</td><td colspan="5" rowspan="7">食全食美精编版 25‘（重）</td><td rowspan="2">生活无间报 3′（超）（重播）</td></tr>
<tr><td>23：41</td></tr>
<tr><td>23：47</td><td rowspan="3">超级出租车 15′（重播）</td></tr>
<tr><td>23：48</td></tr>
<tr><td>23：56</td><td>广告 1′</td></tr>
<tr><td>23：57</td><td>频道宣传 1′</td><td rowspan="9">生活实验室 30′（重）</td></tr>
<tr><td>0：00</td><td>广告 3′</td></tr>
<tr><td>0：03</td><td colspan="5">公共宣传 3′</td><td rowspan="9">7 日 7 频道精编 50′（重播）</td></tr>
<tr><td>0：06</td><td colspan="5">广告 3′</td></tr>
<tr><td>0：09</td><td colspan="5">生活无间报（7）3′（重播）</td></tr>
<tr><td>0：12</td><td colspan="5" rowspan="2">7 日 7 频道 28′（重播）</td></tr>
<tr><td>0：18</td></tr>
<tr><td>0：40</td><td colspan="5">公共宣传 3′</td></tr>
<tr><td>0：43</td><td colspan="5">广告 3′</td></tr>
<tr><td>0：46</td><td colspan="5">生活无间报（生）3′（重播）</td><td rowspan="7">生活＋47′（重播）</td></tr>
<tr><td>0：49</td><td colspan="5" rowspan="6">生活面对面 28′（重播）</td></tr>
<tr><td>0：50</td><td>频道宣传 2′</td></tr>
<tr><td>0：52</td><td>广告 3′</td></tr>
<tr><td>0：55</td><td>生活无间报 3′(快)</td></tr>
<tr><td>0：58</td><td rowspan="4">快乐生活一点通 25′（重）</td></tr>
<tr><td>1：05</td></tr>
<tr><td>1：17</td><td colspan="5" rowspan="2">公共宣传 3′</td><td rowspan="6">生活面对面精编版 50′（重）</td></tr>
<tr><td>1：18</td></tr>
<tr><td>1：20</td><td colspan="5">广告 5′</td><td>广告 2′</td></tr>
<tr><td>1：25</td><td colspan="5" rowspan="3">大城小事 30′(重播当日)</td><td rowspan="3">食全食美精粹 30′（重播）</td></tr>
<tr><td>1：23</td></tr>
<tr><td>1：25</td></tr>
<tr><td>1：55</td><td colspan="7">节目预告、结束语 5′</td></tr>
<tr><td>2：00</td><td colspan="7">结束</td></tr>
</table>

2011 年 BTV 青少频道节目编排方案

（2011 年 5 月 16 日开始执行）

时间	星期一	星期二	星期三	星期四	星期五	星期六	星期日	时间
6：00	开播曲－报告节目 频道宣传 1′							6：00
6：01	北京客 30′							6：01
6：31	频道宣传 1′							6：31
6：32	北京青年 42′							6：32
7：14	频道宣传 1′＋广告 2′＋公共宣传 1′							7：14
7：18	探索 45′							7：18
8：03	频道宣传 1′＋广告 2′＋公共宣传 1′							8：03
8：07	谁在说 50′							8：07
8：57	频道宣传 1′＋广告 1′＋上集回放 30″＋剧宣 30″＋广告 2′							8：57
9：02	炫动剧场 52′ 正片46′（中插广告1′30″＋广告1′30″）＋广告2′＋剧宣30″＋下集预告30″							9：02
9：54	频道宣传 1′＋公共宣传 1′＋广告 1′＋上集回放 30″＋剧宣 30″＋广告 2′							9：54
10：00	炫动剧场 53′ 正片 47′（中插广告 1′30″＋广告 1′30″）＋广告 2′＋剧宣 30″＋下集预告 30″							10：00
10：53	频道宣传 1′＋公共宣传 1′＋广告 1′＋上集回放 30″＋剧宣 30″＋广告 2′							10：53
10：59	炫动剧场 53′ 正片 47′（中插广告 1′30″＋广告 1′30″）＋广告 2′＋剧宣 30″＋下集预告 30″							10：59
11：52	频道宣传 1′＋广告 2′							11：52
11：55	书香北京 45′					11：50 最强阵容 50′	SK 状元榜 45′	11：55
12：40	频道宣传 1′＋广告 2′							12：40
12：43	谁在说（无广告版）50′							12：43
13：33	频道宣传 1′＋广告 2′＋公共宣传 2′							13：33
13：38	军情解码 40	军情解码 50′						13：38
14：28	频道宣传 1′＋广告 2′＋公共宣传 2′							14：28
14：33	探索 45′							14：33
15：18	频道宣传 2′＋广告 2′＋公共宣传 2′							15：18
15：24	书香北京 45′					快乐起飞 45′	动物乐园 45′	15：24
16：09	频道宣传 2′＋广告 2′＋公共宣传 2′							16：09
16：15	北京客 30′ 16：27 电视先锋榜 30	北京青年 42′						16：15

续表

时间	星期一	星期二	星期三	星期四	星期五	星期六	星期日	时间
16：57	频道宣传 2′ + 广告 2′ + 公共宣传 1′							16：57
17：02	谁在说 50′							17：02
17：52	频道宣传 1′ + 广告 2′ + 公共宣传 1′							17：52
17：56	探索（无广告版）45′					SK 状元榜 45′	快乐起飞 45′	17：56
18：41	频道宣传 1′ + 广告 2′ + 公共宣传 1′							18：41
18：45	北京青年 42′							18：45
19：27	频道宣传 1′ + 广告 2′							19：27
19：30	谁在说 50′							19：30
20：20	频道宣传 1′ + 广告 2′							20：20
20：23	书香北京 45′					动物乐园 45′	最强阵容 50′	20：23
21：08	频道宣传 1′ + 广告 2′						频 1 + 广告 2′	21：13
21：11	军情解码 50′						军情解码 40′	21：16
22：01	频道宣传 1′ + 广告 2′ + 公共宣传 1′						频 1 + 广 2 + 公 1	21：56
22：05	北京客 30′						探索 45′	22：00
22：35	频道宣传 1′ + 广告 2′ + 公共宣传 1′						频 1 + 广 2 + 公 1	22：45
22：39	探索 45′						最强阵容 50′	22：49
23：24	频道宣传 1′ + 公共宣传 1′ + 上集回放 30″ + 剧宣 30″ + 广告 1′							23：39
23：28	炫动剧场 49′ 正片 45′（中插广告 1′ + 广告 1′） + 广告 1′ + 剧宣 30″ + 下集预告 30″							23：43
00：17	频道宣传 1′ + 公共宣传 1′ + 上集回放 30″ + 剧宣 30″							00：32
00：20	炫动剧场 49′ 正片 45′（中插广告 1′ + 广告 1′） + 广告 1′ + 剧宣 30″ + 下集预告 30″							00：35
01：09	频道宣传 1′ + 公共宣传 1′ + 上集回放 30″ + 剧宣 30″							01：24
01：12	炫动剧场 49′ 正片 45′（中插广告 1′ + 广告 1′） + 广告 1′ + 剧宣 30″ + 下集预告 30″							01：27
02：01	结束							02：16

2011年BTV公共·新闻频道节目编排方案

（2011年6月20日开始执行）

时间	星期一	星期二	星期三	星期四	星期五	星期六	星期日	时间
6：00	频道宣传3′ + 公共宣传2′							
6：05	消费观察20′	新闻故事汇20′						
6：25	频道宣传2′ + 广告2′+公共宣传1′							
6：30	红绿灯－早间直播28′（直播）					红绿灯30′（周五晚）	红绿灯30′（周六晚）	
6：58	频道宣传2′							
7：00	北京您早90′（并机直播）							
7：30								7：30～9：00插播
8：30	红绿灯30′							
9：00	频道宣传2′+广告2′+公共宣传1′							
9：05	锐周刊30′	锐观察30′					锐面孔30′	
9：35	频道宣传2′+广告2′+公共宣传1′							
9：40	新闻热线20′							
10：00	频道宣传2′+广告2′+公共宣传1′							
10：05	这里是北京20′							
10：25	频道宣传2′+广告2′ +公共宣传1′							
10：30	京郊大地20′（周日版）	四海漫游20′					京郊大地20′（周六版）	
10：50	人才20′	新闻故事汇20′						
11：10	在线e起来30′							
11：40	红绿灯30′							
12：10	新闻热线20′							
12：30	特别关注28′（并机直播）							12：30～14：00插播
12：58	频道宣传2′							
13：00	锐周刊30′	锐观察30′					锐面孔30′	
13：30	频道宣传2′+广告2′ +公共宣传1′							
13：35	这里是北京20′							
13：55	频道宣传2′+广告2′ +公共宣传1′							
14：00	在线e起来30′							
14：30	频道宣传2′+广告2′ +公共宣传1′							
14：35	红绿灯30′							
15：05	新闻手语10′							

续表

<table>
<tr><th>时间</th><th>星期一</th><th>星期二</th><th>星期三</th><th>星期四</th><th>星期五</th><th>星期六</th><th>星期日</th><th>时间</th></tr>
<tr><td>15：15</td><td colspan="7">频道宣传2′+广告2′+公共宣传1′</td><td></td></tr>
<tr><td>15：20</td><td>京郊大地20′（周日版）</td><td colspan="5">四海漫游20′</td><td>京郊大地20′（周六版）</td><td></td></tr>
<tr><td>15：40</td><td colspan="2">频道宣传2′+广告2′+公宣1′</td><td rowspan="3">电视先锋榜30′</td><td colspan="4">频道宣传2′+广告2′+公共宣传1′</td><td></td></tr>
<tr><td>15：45</td><td>都市阳光（东城版）</td><td>都市阳光20′（西城版）</td><td>人才20′</td><td>都市阳光20′（东城版）</td><td>都市阳光20′（西城版）</td><td>消费观察20′</td><td></td></tr>
<tr><td>16：05</td><td colspan="2">频道宣传3′+公共宣传2′</td><td colspan="4">频道宣传3′+公共宣传2′</td><td></td></tr>
<tr><td>16：10</td><td>人才20′</td><td colspan="6">新闻故事汇20′</td><td></td></tr>
<tr><td>16：30</td><td colspan="7">频道宣传2′+广告2′+公共宣传1′</td><td></td></tr>
<tr><td>16：35</td><td colspan="7">新闻热线20′</td><td></td></tr>
<tr><td>16：55</td><td colspan="7">频道宣传2′+广告2′+公共宣传1′</td><td></td></tr>
<tr><td>17：00</td><td colspan="7">红绿灯－平安行38′（直播）</td><td></td></tr>
<tr><td>17：38</td><td colspan="7">广告2′</td><td></td></tr>
<tr><td>17：40</td><td colspan="7">都市晚高峰48′（直播）</td><td></td></tr>
<tr><td>18：28</td><td colspan="7">广告2′</td><td></td></tr>
<tr><td>18：30</td><td colspan="7">北京新闻25′（并机直播）</td><td></td></tr>
<tr><td>18：55</td><td colspan="7">这里是北京20′</td><td></td></tr>
<tr><td>19：15</td><td colspan="6">新闻故事汇20′</td><td>消费观察20′</td><td></td></tr>
<tr><td>19：35</td><td colspan="7">频道宣传1′</td><td rowspan="9">19：30～21：00插播</td></tr>
<tr><td>19：36</td><td colspan="7">新闻手语10′</td></tr>
<tr><td>19：46</td><td colspan="7">广告1′</td></tr>
<tr><td>19：47</td><td colspan="7">新闻热线20′</td></tr>
<tr><td>20：07</td><td colspan="7">广告2′+公共宣传1′</td></tr>
<tr><td>20：10</td><td colspan="7">特别关注28′</td></tr>
<tr><td>20：38</td><td colspan="7">频道宣传1′＋公共宣传1′</td></tr>
<tr><td>20：40</td><td colspan="5">四海漫游20′</td><td>京郊大地20′（周六版）</td><td>京郊大地20′（周日版）</td></tr>
<tr><td>21：00</td><td colspan="7">空气质量播报5′</td></tr>
<tr><td>21：05</td><td colspan="7">广告2′+频道宣传1′</td><td></td></tr>
</table>

续表

21：08	红绿灯 30′			
21：38	广告 2′			
21：40	晚间新闻报道 30′（直播）			
22：10	广告 2′			
22：12	锐观察 30′ （直播）	锐面孔 30′	锐周刊 30′	
22：42	广告 2′			
22：44	在线 e 起来 30′			
23：14	广告 2′			
23：16	四海漫游 20′	京郊大地 20′（周六版）	京郊大地 20′（周日版）	
23：36	旅游天气预报 3′			
23：39	红绿灯 30′			
00：09	电视购物 150′			
02：39	全天结束			

2011 年 BTV 卡酷动画卫视暑期编排模版

（2011 年 7 月 11 日开始执行）

	星期一	星期二	星期三	星期四	星期五	星期六	星期日
6：00	闪天下 29′（重上期）（含宣传 1 2′ 2 2′ 3 2′）				闪天下周末版 29′（重上周）（含宣传 1 2′ 2 3′ 3 2′）		电视先锋榜 30′
6：29	宣传 4 1′						
6：30	漫话天下 29′（重上期）（含宣传 5 2′ 6 2′ 7 2′）					漫话天下周末版 29′（重上周）（含宣传 5 2′ 6 3′ 7 2′）	
6：59	宣传 8 1′						
7：00	十分开心 29′（重上期）（含宣传 9 2′ 10 2′ 11 2′）					十分开心周末版 29′（重上周）（含宣传 9 2′ 10 2′ 11 2′）	
7：29	宣传 12 1′						
7：30	KAKU 夏令营Ⅰ－第 1 集 29′（含宣传 13 2′ 14 2′ 15 2′）					KAKU 周末超级大连播－第 1 集 29′（含宣传 13 2′ 14 2′ 15 2′）	
7：59	宣传 16 1′						
8：00	KAKU 夏令营Ⅰ－第 2 集 29′（含宣传 17 2′ 18 2′ 19 2′）					KAKU 周末超级大连播－第 2 集 29′（含宣传 17 2′ 18 2′ 19 2′）	

续表

	星期一	星期二	星期三	星期四	星期五	星期六	星期日
8：29	宣传 20 1′						
8：30	KAKU 夏令营Ⅰ－第 3 集 29′（含宣传 21 2′ 22 2′ 23 2′）					KAKU 周末超级大连播－第 3 集 29′（含宣传 21 2′ 22 2′ 23 2′）	
8：59	宣传 24 1′						
9：00	KAKU 夏令营Ⅰ－第 4 集 29′（含宣传 25 2′ 26 2′ 27 2′）					KAKU 周末超级大连播－第 4 集 29′（含宣传 25 2′ 26 2′ 27 2′）	
9：29	宣传 28 1′						
9：30	KAKU 夏令营Ⅰ－第 5 集 29′（含宣传 29 2′ 30 2′ 31 2′）					KAKU 周末超级大连播－第 5 集 29′（含宣传 29 2′ 30 2′ 31 2′）	
9：59	宣传 32 1′						
10：00	KAKU 夏令营Ⅰ－第 6 集 29′（含宣传 33 2′ 34 2′ 35 2′）					KAKU 周末超级大连播－第 6 集 29′（含宣传 33 2′ 34 2′ 35 2′）	
10：29	宣传 36 1′						
10：30	KAKU 夏令营Ⅰ－第 7 集 29′（含宣传 37 2′ 38 2′ 39 2′）					KAKU 周末超级大连播－第 7 集 29′（含宣传 37 2′ 38 2′ 39 2′）	
10：59	宣传 40 1′						
11：00	KAKU 夏令营Ⅰ－第 8 集 29′（含宣传 41 2′ 42 2′ 43 2′）					KAKU 周末超级大连播－第 8 集 29′（含宣传 41 2′ 42 2′ 43 2′）	
11：29	宣传 44 1′						
11：30	KAKU 夏令营Ⅰ－第 9 集 29′（含宣传 45 2′ 46 2′ 47 2′）					KAKU 周末超级大连播－第 9 集 29′（含宣传 45 2′ 46 2′ 47 2′）	
11：59	宣传 48 1′						
12：00	KAKU 夏令营Ⅰ－第 10 集 29′（含宣传 49 2′ 50 2′ 51 2′）					KAKU 周末超级大连播－第 10 集 29′（含宣传 49 2′ 50 2′ 51 2′）	
12：29	宣传 52 1′						
12：30	KAKU 夏令营Ⅰ－第 11 集 29′（含宣传 53 2′ 54 2′ 55 2′）					KAKU 周末超级大连播－第 11 集 29′（含宣传 53 2′ 54 2′ 55 2′）	

续表

	星期一	星期二	星期三	星期四	星期五	星期六	星期日
12：59	宣传 56 1′						
13：00	漫话天下 29′（重上期）（含宣传 57 2′ 58 2′ 59 2′）					KAKU 周末超级大连播－第 12 集 29′（含宣传 57 2′ 58 2′ 59 2′）	
13：29	宣传 60 1′						
13：30	KAKU 夏令营Ⅱ－第 1 集 29′（含宣传 61 2′ 62 2′ 63 2′）					KAKU 周末超级大连播－第 13 集 29′（含宣传 61 2′ 62 2′ 63 2′）	
13：59	宣传 64 1′						
14：00	KAKU 夏令营Ⅱ－第 2 集 29′（含宣传 65 2′ 66 2′ 67 2′）					KAKU 周末超级大连播－第 14 集 29′（含宣传 65 2′ 66 2′ 67 2′）	
14：29	宣传 68 1′						
14：30	KAKU 夏令营Ⅱ－第 3 集 29′（含宣传 69 2′ 70 2′ 71 2′）					KAKU 周末超级大连播－第 15 集 29′（含宣传 69 2′ 70 2′ 71 2′）	
14：59	宣传 72 1′						
15：00	KAKU 夏令营Ⅱ－第 4 集 29′（含宣传 73 2′ 74 2′ 75 2′）					KAKU 周末超级大连播－第 16 集 29′（含宣传 73 2′ 74 2′ 75 2′）	
15：29	宣传 76 1′						
15：30	KAKU 夏令营Ⅱ－第 5 集 29′（含宣传 77 2′ 78 2′ 79 2′）					KAKU 周末超级大连播－第 17 集 29′（含宣传 77 2′ 78 2′ 79 2′）	
15：59	宣传 80 1′						
16：00	KAKU 夏令营Ⅱ－第 6 集 29′（含宣传 81 2′ 82 2′ 83 2′）					KAKU 周末超级大连播－第 18 集 29′（含宣传 81 2′ 82 2′ 83 2′）	
16：29	宣传 84 1′						
16：30	卡酷七色光 29′（含宣传 85 2′ 86 2′ 87 2′）					卡酷七色光周末版 29′（含宣传 85 2′ 86 2′ 87 2′）	
16：59	宣传 88 1′						
17：00	卡酷全卡通 29′（含宣传 89 2′ 90 2′ 91 2′）	卡酷全卡通（重）	卡酷全卡通 29′（含宣传 89 2′ 90 2′ 91 2′）	卡酷全卡通（重）	卡酷全卡通 29′（含宣传 89 2′ 90 2′ 91 2′）	卡酷全卡通 29′（含宣传89 2′ 90 2′ 91 2′）	卡酷全卡通 29′（含宣传 89 2′ 90 2′ 91 2′）

续表

<table>
<tr><th></th><th>星期一</th><th>星期二</th><th>星期三</th><th>星期四</th><th>星期五</th><th>星期六</th><th>星期日</th></tr>
<tr><td>17：29</td><td colspan="7">宣传92 1′</td></tr>
<tr><td>17：30</td><td colspan="7">KAKU 中国制造Ⅰ－第1集 29′（含宣传93 2′94 2′95 2′）</td></tr>
<tr><td>17：59</td><td colspan="7">宣传96 1′</td></tr>
<tr><td>18：00</td><td colspan="7">KAKU 中国制造Ⅰ－第2集 29′（含宣传97 2′98 2′99 2′）</td></tr>
<tr><td>18：29</td><td colspan="7">宣传100 1′</td></tr>
<tr><td>18：30</td><td colspan="7">KAKU 中国制造Ⅱ－第1、2集 59′（含宣传101 2′102 2′103 2′104 2′105 2′106 2′）</td></tr>
<tr><td>19：29</td><td colspan="7">宣传107 1′</td></tr>
<tr><td>19：30</td><td colspan="5">十分开心 29′（含宣传108 2′109 2′110 2′）</td><td colspan="2">十分开心周末版 29′（含宣传108 2′109 2′110 2′）</td></tr>
<tr><td>19：59</td><td colspan="7">宣传111 1′</td></tr>
<tr><td>20：00</td><td colspan="4">KAKU 酷片酷映Ⅰ－第1集 29′（含宣传112 2′113 2′114 2′）</td><td rowspan="5">七色光 89′（含宣传112 4′113 3′114 4′115 3′116 4′）</td><td colspan="2">KAKU 酷片酷映Ⅰ－第1集 29′（含宣传112 2′113 2′114 2′）</td></tr>
<tr><td>20：29</td><td colspan="4">宣传115 1′</td><td colspan="2">宣传115 1′</td></tr>
<tr><td>20：30</td><td colspan="4">KAKU 酷片酷映Ⅰ－第2集 29′（含宣传116 2′117 2′118 2′）</td><td colspan="2">KAKU 酷片酷映Ⅰ－第2集 29′（含宣传116 2′117 2′118 2′）</td></tr>
<tr><td>20：59</td><td colspan="4">宣传119 1′</td><td colspan="2">宣传119 1′</td></tr>
<tr><td>21：00</td><td colspan="4">闪天下 29′（含宣传120 2′121 2′122 2′）</td><td colspan="2">闪天下周末版 29′（含宣传120 2′121 2′122 2′）</td></tr>
<tr><td>21：29</td><td colspan="7">宣传123 1′</td></tr>
<tr><td>21：30</td><td colspan="5">漫话天下 29′（含宣传124 2′125 2′126 2′）</td><td colspan="2">漫话天下周末版 29′（含宣传124 2′125 2′126 2′）</td></tr>
<tr><td>21：59</td><td colspan="7">宣传127 1′</td></tr>
<tr><td>22：00</td><td colspan="5" rowspan="3">动漫酷地带 89′（含宣传128 2′129 2′130 2′131 2′132 2′133 2′134 2′135 2′136 2′）</td><td colspan="2">动漫酷地带周末版 30′（含宣传128 2′129 2′130 2′）</td></tr>
<tr><td>22：30</td><td colspan="2" rowspan="2">宝贝星计划 59′（含宣传131 2′132 2′133 2′134 2′135 2′136 2′）</td></tr>
<tr><td>23：00</td></tr>
<tr><td>23：29</td><td colspan="7">宣传137 1′</td></tr>
<tr><td>23：30</td><td colspan="4">闪天下 29′（重上期）（含宣传138 2′139 2′140 2′）</td><td colspan="2">闪天下周末版 29′（重上周）（含宣传138 2′139 2′140 2′）</td><td>闪天下周末版（重本周六）29′（含宣传138 2′139 2′140 2′）</td></tr>
<tr><td>23：59</td><td colspan="7">宣传141 1′</td></tr>
</table>

续表

	星期一	星期二	星期三	星期四	星期五	星期六	星期日
0：00	动漫酷地带 81′（含宣传 142 2′ 143 2′ 144 2′ 145 2′ 146 2′）（重上期）					漫话天下周末版 29′（重上周）（含宣传 142 2′ 143 2′ 144 2′）	
0：29						宣传 145 1′	
0：30						十分开心周末版 27′（重上周）（含宣传 146 2′ 147 2′）	
0：57						宣传 148 1′	
0：58						闪天下周末版 23′（重上周）	
1：21	宣传 147 1′					宣传 149 1′	
1：22	十分开心 23′（重上上期）					十分开心周末版 23′（重上上周）	
1：45	漫话天下 23′（重上上期）					漫话天下周末版 23′（重上上周）	
2：08	闪天下 23′（重上上期）				闪天下周末版 23′（重上上周）		闪天下周末版（重上周六）23′
2：31	十分开心 23′（重上期）					十分开心周末版 23′（重上周）	
2：54	漫话天下 23′（重上期）					漫话天下周末版 23′（重上周）	
3：17	闪天下 23′（重本期）				闪天下周末版 23′（重本周）		闪天下周末版（重本周六）23′
3：40	动漫酷地带 71′（重本期）					漫话天下周末版 23′（重本周）	
4：03						宣传 150 1′	
4：04						十分开心周末版 23′（重本周）	
4：27						宣传 151 1′	
4：28						闪天下周末版 23′（重本周）	
4：51	漫话天下 23′（重上期）					漫话天下周末版 23′（重上周）	
5：14	闪天下 23′（重上上期）				闪天下周末版 23′（重上上周）		闪天下周末版（重上周六）23′
5：37	十分开心 23′（重上上期）					十分开心周末版 23′（重上上周）	
	接次日						

2011 年 BTV 纪实高清频道节目编排方案

（2011 年 7 月 1 日开始执行）

时间	周一	周二	周三	周四	周五	周六	周日	时间
10：00：00	广宣时段 2′ 10″					广宣时段 5′10″		10：00：00
10：02：10	经典系列 50′（重昨）					经典系列 50′（重昨）		10：05：10
10：52：10	广宣时段 1′30″					广宣时段 2′30″		10：55：10
10：53：40	全景 30′（重昨）					影视 50′（重上周）	国家大剧院 50′（重昨）	10：57：40
11：23：40	广宣时段 1′40″							
11：25：20	口述 30′（重昨）							

续表

<table>
<tr><th>时间</th><th>周一</th><th>周二</th><th>周三</th><th>周四</th><th>周五</th><th>周六</th><th>周日</th><th>时间</th></tr>
<tr><td>11：55：20</td><td colspan="5">广宣时段30″</td><td colspan="2">广宣时段2′40″</td><td>11：47：40</td></tr>
<tr><td>11：55：50</td><td colspan="5">经典系列50′（重昨）</td><td colspan="2" rowspan="2">经典系列50′（重昨）</td><td rowspan="2">11：50：20</td></tr>
<tr><td>12：45：50</td><td colspan="5">广宣时段3′30″</td></tr>
<tr><td>12：49：20</td><td colspan="5">国产优秀纪录片30′（重昨）</td><td colspan="2">广宣时段2′40″</td><td>12：40：20</td></tr>
<tr><td>13：19：20</td><td colspan="5">广宣时段3′30″</td><td colspan="2">国产优秀纪录片30′（重昨）</td><td>12：43：00</td></tr>
<tr><td>13：22：50</td><td colspan="5">国产优秀纪录片30′（重昨）</td><td colspan="2">国产优秀纪录片30′（重昨）</td><td>13：13：00</td></tr>
<tr><td>13：52：50</td><td colspan="5">广宣时段3′30″</td><td colspan="2">广宣时1′40″</td><td>13：43：00</td></tr>
<tr><td>13：56：20</td><td colspan="5">全景30′（重昨）</td><td colspan="2">经典系列50′（重昨）</td><td>13：44：40</td></tr>
<tr><td>14：26：20</td><td colspan="5">广宣时段1′40″</td><td colspan="2">广宣时段2′30″</td><td>14：34：40</td></tr>
<tr><td>14：28：00</td><td colspan="5">口述30′（重昨）</td><td rowspan="3">影视50′
（重上周）</td><td rowspan="3">国家大剧院50′
（重昨）</td><td rowspan="3">14：37：10</td></tr>
<tr><td>14：58：00</td><td colspan="5">广宣时段2′40″</td></tr>
<tr><td>15：00：40</td><td colspan="5">经典系列50′（重昨）</td></tr>
<tr><td>15：50：40</td><td colspan="5">广宣时段3′30″</td><td colspan="2">广宣时段1′</td><td>15：27：10</td></tr>
<tr><td>15：54：10</td><td colspan="5">国产优秀纪录片30′（重昨）</td><td colspan="2">经典系列50′（重昨）</td><td>15：28：10</td></tr>
<tr><td>16：24：10</td><td colspan="5">广宣时段1′40″</td><td colspan="2">广宣时段2′30″</td><td>16：18：10</td></tr>
<tr><td>16：25：50</td><td colspan="5">国产优秀纪录片30′（重昨）</td><td colspan="2">国产优秀纪录片30′（重昨）</td><td>16：20：40</td></tr>
<tr><td>16：55：50</td><td colspan="5">广宣时段1′30″</td><td colspan="2">国产优秀纪录片30′（重昨）</td><td>16：50：40</td></tr>
<tr><td>16：57：20</td><td colspan="5">全景30′（重昨）</td><td colspan="2">广宣时段2′30″</td><td>17：20：40</td></tr>
<tr><td>17：27：20</td><td colspan="5">广宣时段1′40″</td><td rowspan="3">影视50′
（重上周）</td><td rowspan="3">国家大剧院50′
（重昨）</td><td rowspan="3">17：23：10</td></tr>
<tr><td>17：29：00</td><td colspan="5">口述30′（重昨）</td></tr>
<tr><td>17：59：00</td><td colspan="5">广宣时段1′40″</td></tr>
<tr><td>18：00：40</td><td colspan="5">国产优秀纪录片30′（重昨）</td><td colspan="2">广宣时段1′</td><td>18：13：10</td></tr>
<tr><td>18：30：40</td><td colspan="5">广宣时段1′30″</td><td colspan="2">经典系列50′（重昨）</td><td>18：14：10</td></tr>
<tr><td>18：32：10</td><td colspan="5">国产优秀纪录片30′（重昨）</td><td colspan="2">广宣时段2′40″</td><td>19：04：10</td></tr>
<tr><td>19：02：10</td><td colspan="5">广宣时段2′</td><td rowspan="3">影视50′
（重上周）</td><td rowspan="3">国家大剧院50′
（重昨）</td><td rowspan="3">19：06：50</td></tr>
<tr><td>19：04：10</td><td colspan="5">经典系列50′（重昨）</td></tr>
<tr><td>19：54：10</td><td colspan="5">广宣时段1′30″</td></tr>
<tr><td>19：55：40</td><td colspan="5">国产优秀纪录片30′（重昨）</td><td colspan="2">广宣时段40″</td><td>19：56：50</td></tr>
<tr><td>20：25：40</td><td colspan="5">广宣时段1′40″</td><td colspan="2">国产优秀纪录片30′（重昨）</td><td>19：57：30</td></tr>
<tr><td>20：27：20</td><td colspan="5">国产优秀纪录片30′（重昨）</td><td colspan="2">国产优秀纪录片30′（重昨）</td><td>20：27：30</td></tr>
<tr><td>20：57：20</td><td colspan="5">广宣时段2′40″</td><td colspan="2">广宣时段2′30″</td><td>20：57：30</td></tr>
<tr><td>21：00：00</td><td colspan="5">★ 全景（30′）</td><td rowspan="3">★ 国家大剧院50′</td><td rowspan="3">★ 影事50′</td><td rowspan="3">21：00：00</td></tr>
<tr><td>21：30：00</td><td colspan="5">广宣时段3′</td></tr>
<tr><td>21：33：00</td><td colspan="5">★口述（30′）</td></tr>
<tr><td>22：03：00</td><td colspan="5">广宣时段2′</td><td colspan="2">广宣时段7′</td><td>21：50：00</td></tr>
<tr><td>22：05：00</td><td colspan="7">★ 经典系列50′</td><td>21：57：00</td></tr>
<tr><td>22：55：00</td><td colspan="5">广宣时段5′</td><td colspan="2">广宣时段7′</td><td>22：47：00</td></tr>
<tr><td>23：00：00</td><td colspan="7">★ 国产优秀纪录片30′</td><td>22：54：00</td></tr>
<tr><td>23：30：00</td><td colspan="7">★ 国产优秀纪录片30′</td><td>23：24：00</td></tr>
<tr><td>24：00：00</td><td colspan="5"></td><td colspan="2">广宣时段6′</td><td>23：54：00</td></tr>
</table>

广告价目表

2011 年 BTV 北京卫视广告价目表

2011 年 A 类栏目广告价格表

频道	栏目名称	栏目首播时间	刊例价（单位：元）		
			30 秒	15 秒	5 秒
BTV 北京	《北京您早》	周一～周日 07：00	13000	7800	3900
BTV 北京	《身边》	周一～周日 08：36	20000	12000	6000
BTV 北京	《特别关注》	周一～周日 12：30	50000	30000	15000
BTV 北京	《养生堂》	周一至周日 17：39	30000	18000	9000
BTV 北京	《顶尖秀》	周一 21：35	60000	36000	18000
BTV 北京	《非凡秀》	周二 21：35	60000	36000	18000
BTV 北京	《巨星秀》	周三 21：35	60000	36000	18000
BTV 北京	《收藏秀》	周四 21：35	60000	36000	18000
BTV 北京	《焦点秀》	周五 21：35	60000	36000	18000
BTV 北京	《幸福秀》	周六 21：35	60000	36000	18000
BTV 北京	《喜剧世界》	周日 21：35	60000	36000	18000
BTV 北京	《档案》	周一～周日 22：31	30000	18000	9000

2011 年 B 类栏目广告价格表

频道	栏目名称	栏目首播时间	刊例价（单位：元）		
			30 秒	15 秒	5 秒
BTV 北京	《法治进行时》精编	周一～周日 06：03	10000	6000	3000
BTV 北京	《养生堂》精编	周一～周五 06：23	10000	6000	3000

2011年A类时段广告价格表

段位	频道	播出时间	刊例价（单位：元）			广告时长
			30秒	15秒	5秒	（单位：分）
Aa01	BTV北京	12：25～12：30 特别关注前	33000	19800	9900	4
Aa02	BTV北京	13：00～13：03 特别关注后	20000	12000	6000	2
Aa03	BTV北京	17：29～17：36 养生堂正片前	20000	12000	6000	4
Aa04	BTV北京	18：25～18：30 养生堂正片后	38000	22800	11400	5
Aa05	BTV北京	看气象片前		50000	25000	0.5
Aa06	BTV北京	看气象片尾	60000	36000	18000	1.5
Aa07	BTV北京	红星剧场1集前	40000	24000	12000	3
Aa08	BTV北京	红星剧场1集上集回放	43000	25800	12900	3
Aa09	BTV北京	红星剧场1集中插		40000	20000	1
Aa11	BTV北京	红星剧场1集下集预告	45000	27000	13500	3.5
Aa12	BTV北京	红星剧场2集上集回放	45000	27000	13500	3.5
Aa13	BTV北京	红星剧场2集中插一		40000	20000	1
Aa14	BTV北京	红星剧场2集中插二		40000	20000	1.5
Aa16	BTV北京	红星剧场2集下集预告	42000	25200	12600	2
Aa17	BTV北京	21：31～21：35 BTV秀场正片前	30000	18000	9000	3.5
Aa18	BTV北京	22：25～22：31 BTV秀场正片后	30000	18000	9000	4
Aa19	BTV北京	23：16～23：22 档案正片后	20000	12000	6000	4
Aa20	BTV北京	23：24～23：30	20000	12000	6000	3

2011年B类时段广告价格表

段位	频道	播出时间	刊例价（单位：元）			广告时长
			30秒	15秒	5秒	（单位：分）
Ba01	BTV北京	06：49～07：00	10000	6000	3000	5
Ba02	BTV北京	08：30～08：36	8000	4800	2400	2
Ba03	BTV北京	重播红星剧场1集中插一	8000	4800	2400	1.5
Ba04	BTV北京	重播红星剧场1集中插二	8000	4800	2400	1.5
Ba05	BTV北京	重播红星剧场2集中插一	8000	4800	2400	1.5
Ba06	BTV北京	重播红星剧场2集中插二	8000	4800	2400	1.5
Ba13	BTV北京	11：30～11：35 重播BTV秀场正片前	15000	9000	4500	3
Ba14	BTV北京	午茶剧场1集中插一	12000	7200	3600	1
Ba15	BTV北京	午茶剧场1集中插二	12000	7200	3600	1
Ba16	BTV北京	午茶剧场2集中插一	12000	7200	3600	1

续表

段位	频道	播出时间	刊例价（单位：元）			广告时长（单位：分）
			30 秒	15 秒	5 秒	
Ba17	BTV 北京	午茶剧场 2 集中插二	12000	7200	3600	1
Ba18	BTV 北京	午茶剧场 2 集 3 集间	10000	6000	3000	3
Ba19	BTV 北京	午茶剧场 3 集中插一	12000	7200	3600	1.5
Ba20	BTV 北京	午茶剧场 3 集中插二	12000	7200	3600	1.5
Ba21	BTV 北京	午茶剧场 3 集 4 集间	10000	6000	3000	3
Ba22	BTV 北京	午茶剧场 4 集中插一	12000	7200	3600	1.5
Ba23	BTV 北京	午茶剧场 4 集中插二	12000	7200	3600	1.5

2011 年 C 类时段广告价格表

段位	频道	播出时间	刊例价（单位：元）			广告时长（单位：分）
			30 秒	15 秒	5 秒	
Ca01	BTV 北京	00：05～00：14	7000	4200	2100	3
Ca03	BTV 北京	夜间电视剧时段	5000	3000	150	

备注：Aa05/Aa09/Aa13/Aa14：购买 30 秒广告，按照 2 条 15 秒广告价格计算。

2011 年 BTV 文艺频道广告价目表

2011 年 A 类栏目广告价格表

频道	栏目名称	栏目首播时间	刊例价（单位：元）		
			30 秒	15 秒	5 秒
BTV 文艺	《笑动 2011》	周一～周日　17：50	18000	10800	5400
BTV 文艺	《每日文娱播报》	周一～周日　19：00	60000	36000	18000
BTV 文艺	《百姓秀场》	周一　21：25	30000	18000	9000

续表

频道	栏目名称	栏目首播时间	刊例价（单位：元）		
			30 秒	15 秒	5 秒
BTV 文艺	《光荣绽放》	周二　21：25	32000	19200	9600
BTV 文艺	《影视风云路》	周三　21：25	33000	19800	9900
BTV 文艺	《神州音话》	周四　21：25	34000	20400	10200
BTV 文艺	《有一说一》	周五　21：25	35000	21000	10500
BTV 文艺	《你好先生》	周日　21：25	30000	18000	9000
BTV 文艺	《天天影视圈》	周一～周五 22：10	20000	12000	6000

2011 年 B 类栏目广告价格表

频道	栏目名称	栏目首播时间	刊例价（单位：元）		
			30 秒	15 秒	5 秒
BTV 文艺	《戏天戏地》	周日　16：40	8000	4800	2400
BTV 文艺	《快乐今宵》	周一～周日　23：15	18000	10800	5400

2011 年 A 类时段广告价格表

段位	频道	播出时间	刊例价（单位：元）			广告时长（单位：分）
			30 秒	15 秒	5 秒	
Ab01	BTV 文艺	17：30～17：50	12000	7200	3600	5
Ab02	BTV 文艺	18：20～18：25	19000	11400	5700	3
Ab03	BTV 文艺	18：55～19：00	25000	15000	7500	3
Ab04	BTV 文艺	炫剧场 1 集剧前	32000	19200	9600	3
Ab05	BTV 文艺	炫剧场 1 集上集回放	31000	18600	9300	2
Ab06	BTV 文艺	炫剧场 1 集中插	38000	22800	11400	1
Ab07	BTV 文艺	炫剧场 1 集下集预告	33000	19800	9900	2
Ab08	BTV 文艺	炫剧场 2 集前	34000	20400	10200	1
Ab09	BTV 文艺	炫剧场 2 集上集回放）	35000	21000	10500	1
Ab10	BTV 文艺	炫剧场 2 集中插一	38000	22800	11400	1
Ab11	BTV 文艺	炫剧场 2 集中插二	38000	22800	11400	1. 5
Ab12	BTV 文艺	炫剧场 2 集下集预告	35000	21000	10500	2. 25
Ab13	BTV 文艺	21：21～21：25	20000	12000	6000	2
Ab14	BTV 文艺	22：07～22：10（周一～周五）	18000	10800	5400	2
Ab15	BTV 文艺	22：35～22：40	18000	10800	5400	2
Ab16	BTV 文艺	21：57～22：07（周五）	18000	10800	5400	1

2011 年 B 类时段广告价格表

段位	频道	播出时间	刊例价（单位：元）			广告时长（单位：分）
			30 秒	15 秒	5 秒	
Bb01	BTV 文艺	09：31～09：45	6000	3600	1800	2
Bb02	BTV 文艺	10：27～10：33（周二～周六）	6000	3600	1800	3
Bb03	BTV 文艺	10：55～11：05	8000	4800	2400	4
Bb04	BTV 文艺	11：55～12：00	8000	4800	2400	3
Bb05	BTV 文艺	12：09～12：24	12000	7200	3600	4
Bb06	BTV 文艺	12：54～13：00	7000	4200	2100	4
Bb07	BTV 文艺	13：30～13：37	5000	3000	1500	4
Bb08	BTV 文艺	14：07～14：23	5000	3000	1500	4
Bb09	BTV 文艺	23：10～23：15	8000	4800	2400	4

2011 年 C 类时段广告价格表

段位	频道	播出时间	刊例价（单位：元）			广告时长（单位：分）
			30 秒	15 秒	5 秒	
Cb01		7：25～7：28	4000	2400	1200	1
Cb02	BTV 文艺	重播炫剧场 1 集剧前	4000	2400	1200	2
Cb03	BTV 文艺	重播炫剧场 1 集剧中插一	5000	3000	1500	1. 5
Cb04	BTV 文艺	重播炫剧场 1 集剧中插二	5000	3000	1500	1. 5
Cb05	BTV 文艺	重播炫剧场 1 集剧下集预告	4000	2400	1200	2. 5
Cb06	BTV 文艺	重播炫剧场 2 集剧前	4000	2400	1200	2
Cb07	BTV 文艺	重播炫剧场 2 集剧中插一	5000	3000	1500	1. 5
Cb08	BTV 文艺	重播炫剧场 2 集剧中插二	5000	3000	1500	1. 5
Cb09	BTV 文艺	重播炫剧场 2 集剧下集预告	4000	2400	1200	2. 5
Cb10	BTV 文艺	15：05～15：11（周二～周六）	5000	3000	1500	4
Cb11	BTV 文艺	15：33～15：44	5000	3000	1500	4
Cb12	BTV 文艺	16：14～16：22	5000	3000	1500	4
Cb13	BTV 文艺	16：22～16：40	5000	3000	1500	3
Cb15	BTV 文艺	00：05～00：10	5000	3000	1500	3
Cb16	BTV 文艺	00：40～0：53	5000	3000	1500	1
Cb21	BTV 文艺	夜间重播炫剧场一集中插	5000	3000	1500	1
Cb22	BTV 文艺	夜间重播炫剧场二集中插 1	5000	3000	1500	1
Cb23	BTV 文艺	夜间重播炫剧场二集中插 2	5000	3000	1500	1. 5

2011 年 BTV 科教频道广告价目表

2011 年 A 类栏目广告价格表

频道	栏目名称	栏目首播时间	刊例价（单位：元）		
			30 秒	15 秒	5 秒
BTV 科教	《法治进行时》	周一～周日 12：00	70000	42000	21000
BTV 科教	《大家说法》	周一～周日 12：20	70000	42000	21000
BTV 科教	《第三调解室》	周一～周日 12：45	50000	30000	15000
BTV 科教	《魅力科学》	周一～周日 18：40	15000	9000	4500
BTV 科教	《非常网络》	周一 20：00	30000	18000	9000
BTV 科教	《非常说名》	周二 20：00	30000	18000	9000
BTV 科教	《非常接触》	周三 20：00	36000	21600	10800
BTV 科教	《非常夫妻》	周四 20：00	38000	22800	11400
BTV 科教	《非常父母》	周五 20：00	26000	15600	7800
BTV 科教	《非常向上》	周六 20：00	25000	15000	7500

2011 年 B 类栏目广告价格表

频道	栏目名称	栏目首播时间	刊例价（单位：元）		
			30 秒	15 秒	5 秒
BTV 科教	《晚晴》	周一 09：04	6600	3960	1980
BTV 科教	《非常记忆》	周六 09：04	10000	6000	3000
BTV 科教	《科学实验室》	周一至周日 11：10	10000	6000	3000
BTV 科教	《健康大智慧》	周一至周日 17：20	20000	12000	6000

2011 年 A 类时段广告价格表

段位	频道	播出时间	刊例价（单位：元）			广告时长（单位：分）
			30 秒	15 秒	5 秒	
Ac01	BTV 科教	11：55～12：00	39000	23400	11700	5
Ac02	BTV 科教	12：40～12：45	28000	16800	8400	4

2011 年 B 类时段广告价格表

段位	频道	播出时间	刊例价（单位：元）			广告时长
			30 秒	15 秒	5 秒	（单位：分）
Bc01	BTV 科教	11：25～11：30	11000	6600	3300	4
Bc02	BTV 科教	13：05～13：10（周日 13：15）	10000	6000	3000	2
Bc19	BTV 科教	17：17～17：20	10000	6000	3000	2
Bc20	BTV 科教	18：05～18：07	10000	6000	3000	2
Bc21	BTV 科教	18：37～18：40	10000	6000	3000	1.5
Bc22	BTV 科教	19：00～19：03	10000	6000	3000	2
Bc23	BTV 科教	19：56～20：00	10000	6000	3000	3
Bc24	BTV 科教	20：53～21：00	12000	7200	3600	3
Bc25	BTV 科教	星月剧场 1 集剧前	15000	9000	4500	1
Bc26	BTV 科教	星月剧场 1 集剧上集回放	17000	10200	5100	2
Bc27	BTV 科教	星月剧场 1 集剧中插 1	23000	13800	6900	1.5
Bc28	BTV 科教	星月剧场 1 集剧中插 2	23000	13800	6900	1.5
Bc29	BTV 科教	星月剧场 1 集剧下集预告	18000	10800	5400	2
Bc30	BTV 科教	星月剧场 2 集剧前	15000	9000	4500	1
Bc31	BTV 科教	星月剧场 2 集剧上集回放	16000	9600	4800	1
Bc32	BTV 科教	星月剧场 2 集剧中插 1	20000	12000	6000	1.5
Bc33	BTV 科教	星月剧场 2 集剧中插 2	20000	12000	6000	1.5
Bc34	BTV 科教	星月剧场 2 集剧下集预告	10000	6000	3000	1
Bc35	BTV 科教	23：42～23：45	10000	6000	3000	2
Bc40	BTV 科教	14：45－14：55（周一至周五、日）	6000	3600	1800	2
Bc41	BTV 科教	15：35－15：40（周一至周五）	6000	3600	1800	2
Bc42	BTV 科教	16：30－16：32（周一至周五）	6000	3600	1800	1

2011 年 C 类时段广告价格表

段位	频道	播出时间	刊例价（单位：元）			广告时长
			30 秒	15 秒	5 秒	（单位：分）
Cc01	BTV 科教	07：35～07：45	5000	3000	1500	1
Cc02	BTV 科教	09：00～09：04	5000	3000	1500	1
Cc03	BTV 科教	09：34～09：37	5000	3000	1500	1
Cc04	BTV 科教	10：17～10：20（周一至周五）	5000	3000	1500	1

2011 年 BTV 影视频道广告价目表

2011 年 A 类时段广告价格表

段位	频道	播出时间	刊例价（单位：元）			广告时长
			30 秒	15 秒	5 秒	（单位：分）
Ad01	BTV 影视	英雄剧场 1 集中插一	30000	18000	9000	1.5
Ad02	BTV 影视	英雄剧场 1 集中插二	30000	18000	9000	1.5
Ad03	BTV 影视	英雄剧场 2 集中插一	38000	22800	11400	1.5
Ad04	BTV 影视	英雄剧场 2 集中插二	38000	22800	11400	1.5
Ad05	BTV 影视	晚间黄金剧 1 集前	40000	24000	12000	2
Ad06	BTV 影视	晚间黄金剧 1 集上集回放	42000	25200	12600	4
Ad07	BTV 影视	晚间黄金剧 1 集中插一		37800	18900	1
Ad09	BTV 影视	晚间黄金剧 1 集下集预告	45000	27000	13500	3.5
Ad10	BTV 影视	晚间黄金剧 2 集前	46000	27600	13800	2
Ad11	BTV 影视	晚间黄金剧 2 集上集回放	47000	28200	14100	3.5
Ad12	BTV 影视	晚间黄金剧 2 集中插一		37800	18900	1
Ad13	BTV 影视	晚间黄金剧 2 集中插二		37800	18900	1.5
Ad15	BTV 影视	晚间黄金剧 2 集下集预告	48000	28800	14400	4.5
Ad16	BTV 影视	晚间黄金剧 3 集前	45000	27000	13500	2
Ad17	BTV 影视	晚间黄金剧 3 集上集回放	46000	27600	13800	3.5
Ad18	BTV 影视	晚间黄金剧 3 集中插一		39600	19800	1.5
Ad19	BTV 影视	晚间黄金剧 3 集中插二		39600	19800	1.5
Ad21	BTV 影视	晚间黄金剧 3 集下集预告	42000	25200	12600	5

2011 年 B 类时段广告价格表

段位	频道	播出时间	刊例价（单位：元）			广告时长
			30 秒	15 秒	5 秒	（单位：分）
Bd01	BTV 影视	重播晚间黄金剧 1 集前	6000	3600	1800	2
Bd02	BTV 影视	重播晚间黄金剧 1 集中插一	7000	4200	2100	1.5
Bd03	BTV 影视	重播晚间黄金剧 1 集中插二	7000	4200	2100	1.5
Bd04	BTV 影视	重播晚间黄金剧 1 集下集预告	6000	3600	1800	3
Bd05	BTV 影视	重播晚间黄金剧 2 集前	7000	4200	2100	3

续表

段位	频道	播出时间	刊例价（单位：元）			广告时长（单位：分）
			30 秒	15 秒	5 秒	
Bd06	BTV 影视	重播晚间黄金剧 2 集中插一	10000	6000	3000	1.5
Bd07	BTV 影视	重播晚间黄金剧 2 集中插二	10000	6000	3000	1.5
Bd08	BTV 影视	重播晚间黄金剧 2 集下集预告	8000	4800	2400	3
Bd09	BTV 影视	重播晚间黄金剧 3 集前	8000	4800	2400	2
Bd10	BTV 影视	重播晚间黄金剧 3 集中插一	12000	7200	3600	1.5
Bd11	BTV 影视	重播晚间黄金剧 3 集中插二	12000	7200	3600	1.5
Bd12	BTV 影视	重播晚间黄金剧 3 集下集预告	7000	4200	2100	3
Bd13	BTV 影视	家和剧场 1 集中插一	8000	4800	2400	1.5
Bd14	BTV 影视	家和剧场 1 集中插二	8000	4800	2400	1.5
Bd15	BTV 影视	家和剧场 2 集前	7000	4200	2100	2
Bd16	BTV 影视	家和剧场 2 集中插一	8000	4800	2400	1.5
Bd17	BTV 影视	家和剧场 2 集中插二	8000	4800	2400	1.5
Bd18	BTV 影视	家和剧场 3 集前	7000	4200	2100	2
Bd19	BTV 影视	家和剧场 3 集中插一	8000	4800	2400	1.5
Bd20	BTV 影视	家和剧场 3 集中插二	8000	4800	2400	1.5
Bd21	BTV 影视	家和剧场 4 集前	7000	4200	2100	2
Bd22	BTV 影视	家和剧场 4 集中插一	8000	4800	2400	1.5
Bd23	BTV 影视	家和剧场 4 集中插二	8000	4800	2400	1.5
Bd24	BTV 影视	英雄剧场 1 集前	12000	7200	3600	2
Bd25	BTV 影视	英雄剧场 1 集下集预告	22000	13200	6600	4
Bd26	BTV 影视	英雄剧场 2 集前	30000	18000	9000	4
Bd27	BTV 影视	英雄剧场 2 集下集预告	35000	21000	10500	4
Bd28	BTV 影视	19：10 我爱电视剧前	30000	18000	9000	2
Bd29	BTV 影视	都市剧场 1 集前	35000	21000	10500	5
Bd30	BTV 影视	都市剧场 1 集中插一	30000	18000	9000	1.5
Bd31	BTV 影视	都市剧场 1 集中插二	30000	18000	9000	1.5
Bd32	BTV 影视	都市剧场 1 集下集预告	25000	15000	7500	2
Bd33	BTV 影视	都市剧场 2 集上集回放	25000	15000	7500	2
Bd34	BTV 影视	都市剧场 2 集中插一	20000	12000	6000	1.5
Bd35	BTV 影视	都市剧场 2 集中插二	20000	12000	6000	1.5
Bd36	BTV 影视	都市剧场 2 集下集预告	15000	9000	4500	1

2011 年 C 类时段广告价格表

段位	频道	播出时间	刊例价（单位：元）			广告时长（单位：分）
			30 秒	15 秒	5 秒	
Cd01	BTV 影视	重播英雄剧场 1 集中插一	4000	2400	1200	1.5
Cd02	BTV 影视	重播英雄剧场 1 集中插二	4000	2400	1200	1.5

续表

段位	频道	播出时间	刊例价（单位：元）			广告时长
			30 秒	15 秒	5 秒	（单位：分）
Cd03	BTV 影视	重播英雄剧场 1 集下集预告	4000	2400	1200	2
Cd04	BTV 影视	重播英雄剧场 2 集中插一	7000	4200	2100	1.5
Cd05	BTV 影视	重播英雄剧场 2 集中插二	7000	4200	2100	1.5
Cd06	BTV 影视	家和剧场 1 集下集预告	7000	4200	2100	2
Cd07	BTV 影视	家和剧场 2 集下集预告	7000	4200	2100	2
Cd08	BTV 影视	家和剧场 3 集下集预告	7000	4200	2100	2
Cd09	BTV 影视	家和剧场 4 集下集预告	7000	4200	2100	3

备注：Ad07/Ad12/Ad13/Ad18/Ad19：购买 30 秒广告，按照 2 条 15 秒广告价格计算。

2011 年 BTV 财经频道广告价目表

2011 年 A 类栏目广告价格表

频道	栏目名称	栏目首播时间	刊例价（单位：元）		
			30 秒	15 秒	5 秒
BTV 财经	《天下财经》（午间、下午、晚间）	周一至周五 12：30、18：20、21：27	35000	21000	10500
BTV 财经	《首都经济报道》	周一～周日　19：00	25000	15000	7500
BTV 财经	《经济法眼》	周一～周日 19：55	20000	12000	6000
BTV 财经	《天天理财》	周一～周三 20：57	20000	12000	6000
BTV 财经	《财富大家谈》	周四周五 20：57	20000	12000	6000
BTV 财经	《名人堂》	周六 21：18	16000	9600	4800
BTV 财经	《超级访问》	周日 21：18	25000	15000	7500
BTV 财经	《财经五连发》	周一～周五 21：56	20000	12000	6000

2011 年 B 类栏目广告价格表

频道	栏目名称	栏目首播时间	刊例价（单位：元）		
			30 秒	15 秒	5 秒
BTV 财经	《数说北京》	周六 12：30	10000	6000	3000
BTV 财经	《拍宝》	周六日 18：30	15000	9000	4500

续表

频道	栏目名称	栏目首播时间	刊例价（单位：元）		
			30 秒	15 秒	5 秒
BTV 财经	《北京议事厅》	周六 20：25	15000	9000	4500
BTV 财经	《成长在北京》	周六 20：51	15000	9000	4500

2011 年 A 类时段广告价格表

段位	频道	播出时间	刊例价（单位：元）			广告时长（单位：分）
			30 秒	15 秒	5 秒	
Ae01	BTV 财经	18：28～18：30（周六日）	12000	7200	3600	2
Ae02	BTV 财经	18：55～19：00	16000	9600	4800	2
Ae03	BTV 财经	19：50～19：55	16000	9600	4800	2
Ae04	BTV 财经	20：23～20：28	13000	7800	3900	2
Ae05	BTV 财经	20：53～20：57（周一至周五）	12000	7200	3600	2
Ae06	BTV 财经	20：50～20：51（周六）	10000	6000	3000	1
Ae07	BTV 财经	21：16～21：18（周六日）	10000	6000	3000	1
Ae08	BTV 财经	21：22～21：27（周一至周五）	12000	7200	3600	2
Ae10	BTV 财经	21：52～21：56（周一至周五）	10000	6000	3000	1
Ae11	BTV 财经	22：08～22：12（周六）	10000	6000	3000	2
Ae12	BTV 财经	22：08～22：12（周日）	10000	6000	3000	2
Ae13	BTV 财经	22：21～22：30（周一至周五）	8000	4800	2400	2
Ae14	BTV 财经	22：27～22：30（周六日）	8000	4800	2400	1

2011 年 B 类时段广告价格表

段位	频道	播出时间	刊例价（单位：元）			广告时长（单位：分）
			30 秒	15 秒	5 秒	
Be01	BTV 财经	08：23～08：26	5000	3000	1500	1
Be02	BTV 财经	08：51～08：54	5000	3000	1500	2
Be03	BTV 财经	09：19～09：21	5000	3000	1500	1
Be04	BTV 财经	重播传奇剧场一集前（09：49～09：50）	5000	3000	1500	1
Be05	BTV 财经	重播传奇剧场一集上集回放	5000	3000	1500	1
Be06	BTV 财经	重播传奇剧场一集中插一	6000	3600	1800	1.5
Be07	BTV 财经	重播传奇剧场一集中插二	6000	3600	1800	1.5
Be08	BTV 财经	重播传奇剧场一集下集预告	5000	3000	1500	1

续表

段位	频道	播出时间	刊例价（单位：元）			广告时长（单位：分）
			30 秒	15 秒	5 秒	
Be09	BTV 财经	重播传奇剧场二集剧前（10：42～10：44）	5000	3000	1500	1
Be10	BTV 财经	重播传奇剧场二集上集回放	5000	3000	1500	1
Be11	BTV 财经	重播传奇剧场二集中插一	6000	3600	1800	1.5
Be12	BTV 财经	重播传奇剧场二集中插二	6000	3600	1800	1.5
Be13	BTV 财经	重播传奇剧场二集下集预告	4000	2400	1200	1
Be14	BTV 财经	11：36～11：38	8000	4800	2400	2
Be15	BTV 财经	12：28～12：30	10000	6000	3000	1
Be16	BTV 财经	12：55～13：00	8000	4800	2400	1
Be17	BTV 财经	传奇剧场一集中插一	6000	3600	1800	1.5
Be18	BTV 财经	传奇剧场一集中插二	6000	3600	1800	1.5
Be19	BTV 财经	传奇剧场二集中插一	6000	3600	1800	1.5
Be20	BTV 财经	传奇剧场二集中插二	6000	3600	1800	1.5
Be21	BTV 财经	14：46～14：48	6000	3600	1800	1
Be22	BTV 财经	17：19～17：25	6000	3600	1800	2
Be23	BTV 财经	18：15～18：20	10000	6000	3000	3
Be24	BTV 财经	重播传奇剧场 1 集上集回放	5000	3000	1500	4
Be25	BTV 财经	重播传奇剧场 1 集中插一	6000	3600	1800	1.5
Be26	BTV 财经	重播传奇剧场 1 集中插二	6000	3600	1800	1.5

2011 年 C 类时段广告价格表

段位	频道	播出时间	刊例价（单位：元）			广告时长（单位：分）
			30 秒	15 秒	5 秒	
Ce01	BTV 财经	07：55～07：58	4000	2400	1200	3
Ce02	BTV 财经	传奇剧场一集上集回放	5000	3000	1500	1
Ce03	BTV 财经	传奇剧场一集下集预告	5000	3000	1500	1
Ce04	BTV 财经	传奇剧场二集剧前（13：52～13：54）	5000	3000	1500	2
Ce05	BTV 财经	传奇剧场二集上集回放	5000	3000	1500	1
Ce06	BTV 财经	传奇剧场二集下集预告	5000	3000	1500	1
Ce07	BTV 财经	15：13～15：15	5000	3000	1500	1
Ce08	BTV 财经	15：43～15：45（周一）	5000	3000	1500	2
Ce09	BTV 财经	15：43～15：50（周二至周日）	5000	3000	1500	2
Ce10	BTV 财经	16：15～16：22	5000	3000	1500	1

续表

段位	频道	播出时间	刊例价（单位：元）			广告时长
			30 秒	15 秒	5 秒	（单位：分）
Ce11	BTV 财经	16：47～16：54	5000	3000	1500	1
Ce12	BTV 财经	重播传奇剧场 1 集下集预告	4000	2400	1200	1
Ce13	BTV 财经	重播传奇剧场 2 集前（00：55～00：56）	3000	1800	900	1
Ce14	BTV 财经	重播传奇剧场 2 集上集回放	3000	1800	900	1
Ce15	BTV 财经	重播传奇剧场 2 集中插一	4000	2400	1200	1.5
Ce16	BTV 财经	重播传奇剧场 2 集中插二	4000	2400	1200	1.5
Ce17	BTV 财经	重播传奇剧场 2 集下集预告	3000	1800	900	1

2011 年 BTV 生活频道广告价目表

2011 年 A 类栏目广告价格表

频道	栏目名称	栏目首播时间	刊例价（单位：元）			广告时长
			30 秒	15 秒	5 秒	（单位：分）
BTV 生活	《食全食美》	周一～周六 18：03	29000	17400	8700	3
BTV 生活	《食全食美周末版》	周日 18：28	29000	17400	8700	3
BTV 生活	《生活面对面》	周一～周六 18：57	44000	26400	13200	3.5
BTV 生活	《生活实验室》	周日 19：00	44000	26400	13200	3.5
BTV 生活	《7 日 7 频道》	周一～周六 19：29	45000	27000	13500	3.5
BTV 生活	《第 7 日》	周日 19：32	45000	27000	13500	3
BTV 生活	《快乐生活一点通》	周一～周六 20：02	42000	25200	12600	3
BTV 生活	《快乐周末》	周日 20：05	42000	25200	12600	5
BTV 生活	《生活大调查》	周一～周五 20：28	29000	17400	8700	2
BTV 生活	《你该怎么办》	周一～周五 20：50	30000	18000	9000	2
BTV 生活	《大城小事》	周一～周五 21：19	32000	19200	9600	4
BTV 生活	《大城小事周末版》	周六 21：19	32000	19200	9600	4
BTV 生活	《选择》	周一～周六 21：52	30000	18000	9000	4
BTV 生活	《我爱我车》	周六 22：55	15000	9000	4500	4

2011 年 B 类栏目广告价格表

频道	栏目名称	栏目首播时间	刊例价（单位：元）			广告时长（单位：分）
			30 秒	15 秒	5 秒	
BTV 生活	《生活面对面精编》	周日 16：42	11000	6600	3300	5
BTV 生活	《咱爸咱妈的美好时代》	周六 17：29	19000	11400	5700	3
BTV 生活	《7 日 7 频道精编》	周日 17：36	19000	11400	5700	5
BTV 生活	《健康生活》	周一～周五 17：39	20000	12000	6000	2
BTV 生活	《生活 +》	周六 20：27	29000	17400	8700	7
BTV 生活	《魅力周末》	周日 20：59	18000	10800	5400	7.5
BTV 生活	《生活大调查精编》	周日 21：52	19000	11400	5700	5
BTV 生活	《生活广角》	周一～周五 22：24	25000	15000	7500	4
BTV 生活	《心灵密码》	周六 22：24	25000	15000	7500	3

2011 年 A 类时段广告价格表

段位	频道	播出时间	刊例价（单位：元）			广告时长（单位：分）
			30 秒	15 秒	5 秒	
Ag01	BTV 生活	17：59～18：00（周一～周六）	18000	10800	5400	1
Ag02	BTV 生活	18：26～18：28（周日）	18000	10800	5400	2
Ag03	BTV 生活	18：36～18：37（周一～周六）	20000	12000	6000	1
Ag04	BTV 生活	18：55～18：57（周一～周六）	30000	18000	9000	2
Ag05	BTV 生活	18：58～19：00（周日）	30000	18000	9000	2
Ag06	BTV 生活	19：28～19：29（周一～周六）	40000	24000	12000	1
Ag07	BTV 生活	19：30～19：32（周日）	40000	24000	12000	2
Ag08	BTV 生活	20：00～20：02（周一～周六）	40000	24000	12000	2
Ag09	BTV 生活	20：02～20：05（周日）	40000	24000	12000	3
Ag10	BTV 生活	20：27～20：28（周一～周五）	28000	16800	8400	1
Ag11	BTV 生活	20：48～20：50（周一～周五）	28000	16800	8400	2
Ag12	BTV 生活	20：55～20：59（周日）	28000	16800	8400	3
Ag13	BTV 生活	21：14～21：17（周六）	28000	16800	8400	3
Ag14	BTV 生活	21：15～21：17（周一～周五）	20000	12000	6000	2
Ag15	BTV 生活	21：49～21：52（周一～周六）	16000	9600	4800	2

2011 年 B 类时段广告价格表

段位	频道	播出时间	刊例价（单位：元）			广告时长
			30 秒	15 秒	5 秒	（单位：分）
Bg01	BTV 生活	10：12～10：16（周日）	6000	3600	1800	3
Bg02	BTV 生活	10：16～10：18（周一～周六）	6000	3600	1800	2
Bg03	BTV 生活	10：51～10：53（周一～周六）	6000	3600	1800	2
Bg04	BTV 生活	11：06～11：08（周日）	8000	4800	2400	2
Bg05	BTV 生活	11：23～11：25（周一～周六）	8000	4800	2400	2
Bg06	BTV 生活	11：38～11：40（周日）	8000	4800	2400	2
Bg07	BTV 生活	11：55～11：57（周一～周六）	8000	4800	2400	2
Bg08	BTV 生活	12：10～12：12（周日）	8000	4800	2400	2
Bg09	BTV 生活	12：22～12：24（周一～周五）	8000	4800	2400	2
Bg10	BTV 生活	12：30～12：35（周六）	8000	4800	2400	3
Bg11	BTV 生活	12：42～12：44（周日）	8000	4800	2400	2
Bg12	BTV 生活	12：44～12：46（周一～周五）	8000	4800	2400	2
Bg13	BTV 生活	13：06～13：10（周一～周五）	8000	4800	2400	3
Bg14	BTV 生活	13：14～13：18（周日）	8000	4800	2400	3
Bg15	BTV 生活	13：35～13：40（周一～周五）	8000	4800	2400	3
Bg16	BTV 生活	16：40～16：44（周一～周五）	8000	4800	2400	2
Bg17	BTV 生活	16：38～16：42（周日）	8000	4800	2400	2
Bg18	BTV 生活	17：04～17：07（周一～周五）	6000	3600	1800	3
Bg19	BTV 生活	17：27～17：29（周六）	6000	3600	1800	2
Bg20	BTV 生活	17：32～17：36（周日）	6000	3600	1800	3
Bg21	BTV 生活	17：37～17：39（周一～周五）	8000	4800	2400	1
Bg22	BTV 生活	22：22～22：24（周一～周六）	12000	7200	3600	2
Bg23	BTV 生活	22：42～22：44（周日）	12000	7200	3600	2
Bg24	BTV 生活	22：54～22：55（周一～周六）	10000	6000	3000	1
Bg25	BTV 生活	23：10～23：17（周一～周五）	10000	6000	3000	3
Bg26	BTV 生活	23：14～23：17（周日）	10000	6000	3000	3

2011 年 C 类时段广告价格表

段位	频道	播出时间	刊例价（单位：元）			广告时长
			30 秒	15 秒	5 秒	（单位：分）
Cg01	BTV 生活	6：01～6：05	3000	1800	900	4

续表

段位	频道	播出时间	刊例价（单位：元）			广告时长（单位：分）
			30秒	15秒	5秒	
Cg02	BTV生活	6：20～6：25（周一～周五）	3000	1800	900	3
Cg03	BTV生活	6：35～6：40（周日）	3000	1800	900	1
Cg04	BTV生活	6：45～6：50（周六）	3000	1800	900	3
Cg05	BTV生活	7：12～7：14（周一～周五）	3000	1800	900	2
Cg06	BTV生活	7：10～7：17（周日）	3000	1800	900	3
Cg07	BTV生活	7：44～7：46（周一～周六）	3000	1800	900	2
Cg08	BTV生活	7：49～7：52（周日）	3000	1800	900	3
Cg09	BTV生活	8：16～8：18（周一～周六）	3000	1800	900	2
Cg10	BTV生活	8：22～8：28（周日）	3000	1800	900	4
Cg11	BTV生活	8：48～8：51（周一～周六）	3000	1800	900	3
Cg12	BTV生活	9：18～9：22（周日）	3000	1800	900	3
Cg13	BTV生活	9：22～9：25（周一～周六）	4000	2400	1200	3
Cg14	BTV生活	13：55～13：57（周一～周六）	5000	3000	1500	2
Cg15	BTV生活	14：08～14：12（周日）	5000	3000	1500	2
Cg16	BTV生活	14：28～14：31（周一～周六）	5000	3000	1500	3
Cg17	BTV生活	15：02～15：04	5000	3000	1500	2
Cg18	BTV生活	15：37～15：40（周一～周六）	5000	3000	1500	3
Cg19	BTV生活	15：54～15：58（周日）	5000	3000	1500	2
Cg20	BTV生活	16：10～16：12（周一～周六）	5000	3000	1500	2
Cg21	BTV生活	16：35～16：37（周六）	5000	3000	1500	1
Cg22	BTV生活	23：34～23：38（周一～周六）	7000	4200	2100	3
Cg23	BTV生活	23：47～23：48（周日）	7000	4200	2100	1
Cg24	BTV生活	23：56～00：00（周六）	7000	4200	2100	3
Cg25	BTV生活	00：03～00：09（周一～周五）	7000	4200	2100	3
Cg26	BTV生活	00：40～00：46（周一～周五）	7000	4200	2100	3
Cg27	BTV生活	00：50～00：55（周六）	7000	4200	2100	3
Cg28	BTV生活	01：17～01：25（周一～周五）	4000	2400	1200	5
Cg29	BTV生活	01：23～01：25（周六）	4000	2400	1200	2

2011 年 BTV 青少频道广告价目表

2011 年 A 类栏目广告价格表

频道	栏目名称	栏目首播时间	刊例价（单位：元）		
			30 秒	15 秒	5 秒
BTV 青少	《谁在说》	周一～周日 19：30	21000	12600	6300
BTV 青少	《军情解码》	周一～周日 21：11	18000	10800	5400

2011 年 B 类栏目广告价格表

频道	栏目名称	栏目首播时间	刊例价（单位：元）		
			30 秒	15 秒	5 秒
BTV 青少	《快乐起飞》	周日 17：56	12000	7200	3600
BTV 青少	《北京青年》	周一～周日 18：45	12000	7200	3600
BTV 青少	《书香北京》	周一～周五 20：23	12000	7200	3600
BTV 青少	《北京客》	周一～周六 22：05	10000	6000	3000
BTV 青少	《探索》	周一～周六 22：39、周日 22：00	17000	10200	5100

2011 年 B 类时段广告价格表

段位	频道	播出时间	刊例价（单位：元）			广告时长
			30 秒	15 秒	5 秒	（单位：分）
Bh01	BTV 青少	上午电视剧场 1 集中插一	5000	3000	1500	1.5
Bh02	BTV 青少	上午电视剧场 1 集中插二	5000	3000	1500	1.5
Bh03	BTV 青少	上午电视剧场 2 集中插一	5000	3000	1500	1.5
Bh04	BTV 青少	上午电视剧场 2 集中插二	5000	3000	1500	1.5
Bh05	BTV 青少	上午电视剧场 3 集中插一	5000	3000	1500	1.5
Bh06	BTV 青少	上午电视剧场 3 集中插二	5000	3000	1500	1.5
Bh07	BTV 青少	11：52～11：55	4000	2400	1200	2
Bh08	BTV 青少	12：40～12：43	5000	3000	1500	2
Bh09	BTV 青少	13：33～13：38	5000	3000	1500	2
Bh16	BTV 青少	16：57～17：02	7000	4200	2100	2

续表

段位	频道	播出时间	刊例价（单位：元）			广告时长
			30 秒	15 秒	5 秒	（单位：分）
Bh17	BTV 青少	17：52～17：56	7000	4200	2100	2
Bh18	BTV 青少	18：41～18：45	7000	4200	2100	2
Bh19	BTV 青少	19：27～19：30	10000	6000	3000	2
Bh20	BTV 青少	20：20～20：23	10000	6000	3000	2
Bh21	BTV 青少	21：08～21：11	10000	6000	3000	2
Bh22	BTV 青少	22：01～22：05	10000	6000	3000	2
Bh23	BTV 青少	22：35～22：39	8000	4800	2400	2
Bh31	BTV 青少	晚间炫动剧场 1 集中插一	6000	3600	1800	1
Bh32	BTV 青少	晚间炫动剧场 1 集中插二	6000	3600	1800	1
Bh33	BTV 青少	晚间炫动剧场 2 集中插一	6000	3600	1800	1
Bh34	BTV 青少	晚间炫动剧场 2 集中插二	6000	3600	1800	1
Bh35	BTV 青少	晚间炫动剧场 3 集中插一	6000	3600	1800	1
Bh36	BTV 青少	晚间炫动剧场 3 集中插二	6000	3600	1800	1

2011 年 C 类时段广告价格表

段位	频道	播出时间	刊例价（单位：元）			广告时长
			30 秒	15 秒	5 秒	（单位：分）
Ch01	BTV 青少	07：14～07：18	3000	1800	900	2
Ch02	BTV 青少	08：03～08：07	3000	1800	900	2
Ch03	BTV 青少	上午电视剧场 1 集剧前	4000	2400	1200	1
Ch04	BTV 青少	上午电视剧场 1 集剧上集回放	4000	2400	1200	2
Ch05	BTV 青少	上午电视剧场 1 集剧下集预告	4000	2400	1200	2
Ch06	BTV 青少	上午电视剧场 2 集剧前	4000	2400	1200	1
Ch07	BTV 青少	上午电视剧场 2 集剧上集回放	4000	2400	1200	2
Ch08	BTV 青少	上午电视剧场 2 集剧下集预告	4000	2400	1200	2
Ch09	BTV 青少	上午电视剧场 3 集剧前	4000	2400	1200	1
Ch10	BTV 青少	上午电视剧场 3 集剧上集回放	4000	2400	1200	2
Ch11	BTV 青少	上午电视剧场 3 集剧下集预告	4000	2400	1200	2
Ch31	BTV 青少	14：28～14：33	5000	3000	1500	2
Ch32	BTV 青少	15：18～15：24	5000	3000	1500	2
Ch33	BTV 青少	16：09～16：15	5000	3000	1500	2
Ch34	BTV 青少	晚间炫动剧场 1 集剧上集回放	5000	3000	1500	1
Ch35	BTV 青少	晚间炫动剧场 1 集剧下集预告	5000	3000	1500	1
Ch36	BTV 青少	晚间炫动剧场 2 集剧下集预告	5000	3000	1500	1
Ch37	BTV 青少	晚间炫动剧场 3 集剧下集预告	5000	3000	1500	1

2011 年 BTV 公共·新闻频道广告价目表

2011 年 A 类栏目广告价格表

频道	栏目名称	栏目首播时间	刊例价（单位：元）		
			30 秒	15 秒	5 秒
BTV 公共·新闻	《都市晚高峰》	周一～周日 17：40	15000	9000	4500
BTV 公共·新闻	《晚间新闻报道》	周一～周日 21：40	20000	12000	6000

2011 年 B 类栏目广告价格表

频道	栏目名称	栏目首播时间	刊例价（单位：元）		
			30 秒	15 秒	5 秒
BTV 公共·新闻	《红绿灯－早间直播》	周一～周五 6：30	5000	3000	1500
BTV 公共·新闻	《红绿灯－平安行》	周一～周日 17：00	5000	3000	1500
BTV 公共·新闻	《新闻故事汇》	周一～周六 19：15	8000	4800	2400
BTV 公共·新闻	《四海漫游》	周一～周五 20：40	10000	6000	3000
BTV 公共·新闻	《京郊大地》	周六日 20：40	8000	4800	2400
BTV 公共·新闻	《红绿灯》	周一～周日 21：08	10000	6000	3000
BTV 公共·新闻	《在线 e 起来》原《手机江湖》	周五六 22：44	10000	6000	3000

2011 年 B 类时段广告价格表

段位	频道	播出时间	刊例价（单位：元）			广告时长（单位：分）
			30 秒	15 秒	5 秒	
Bj03	BTV 公共·新闻	17：38～17：40	6000	3600	1800	2
Bj04	BTV 公共·新闻	18：28～18：30	8000	4800	2400	2
Bj06	BTV 公共·新闻	19：46～19：47	6000	3600	1800	1
Bj07	BTV 公共·新闻	21：05～21：08	7000	4200	2100	2
Bj09	BTV 公共·新闻	21：38～21：40	7000	4200	2100	2
Bj10	BTV 公共·新闻	22：10～22：12	7000	4200	2100	2

续表

段位	频道	播出时间	刊例价（单位：元）			广告时长
			30 秒	15 秒	5 秒	（单位：分）
Bj11	BTV 公共·新闻	22：42～22：44	7000	4200	2100	2
Bj12	BTV 公共·新闻	23：14～23：16	5000	3000	1500	2
Bj30	BTV 公共·新闻	16：55～17：00	6000	3600	1800	2
Bj31	BTV 公共·新闻	20：07～20：10	6000	3600	1800	2

2011 年 C 类时段广告价格表

段位	频道	播出时间	刊例价（单位：元）			广告时长
			30 秒	15 秒	5 秒	（单位：分）
Cj01	BTV 公共·新闻	6：25～6：30	3000	1800	900	2
Cj33	BTV 公共·新闻	10：00～10：05	4000	2400	1200	2
Cj34	BTV 公共·新闻	10：25～10：30	4000	2400	1200	2
Cj35	BTV 公共·新闻	13：30～13：35	4000	2400	1200	2
Cj36	BTV 公共·新闻	13：55～14：00	4000	2400	1200	2
Cj37	BTV 公共·新闻	14：30～14：35	4000	2400	1200	2
Cj38	BTV 公共·新闻	15：15～15：20	4000	2400	1200	2
Cj39	BTV 公共·新闻	15：40～15：45（周三除外）	4000	2400	1200	2
Cj40	BTV 公共·新闻	16：30～16：35	4000	2400	1200	2
Cj41	BTV 公共·新闻	9：00～9：05	4000	2400	1200	2
Cj42	BTV 公共·新闻	9：35～9：40	4000	2400	1200	2

大事记

北京电视台 2011 年大事记

一月

1 日 北京电视台公共·新闻频道开播。率先推出两档新闻类节目——《新闻热线》和《锐周刊》，分别为民生类新闻节目和评论类电视节目。

同日 北京电视台高清新闻网 P2 安全防控系统正式启用。该系统具有 P2 卡识别、驱动级非法目录文件屏蔽、病毒扫描、用卡记录统计等功能。高清新闻网通过应用该系统，解决了使用 P2 卡在网络安全方面的后顾之忧。北京电视台高清新闻网 P2 安全防控系统是广电行业首个针对新介质设计并使用的网络安全系统。

7 日 北京电视台财经频道《经济法眼》栏目和北京市法院系统新闻宣传工作座谈会举行，北京市高级人民法院党组副书记、副院长贺荣、北京电视台总编辑赵多佳出席并讲话。座谈会上，与会领导还为 2010 年为《经济法眼》栏目宣传报道作出突出贡献的法院颁奖。

同日至 29 日 第 11 届亚洲杯足球赛在卡塔尔多哈举行，本次亚洲杯足球赛，北京电视台体育节目中心首次成为洲际足球大赛的持权转播商，并在新媒体技术应用方面进行了新的尝试，取得了突破性进展。特别是体育节目中心成功利用卡塔尔当地 3G 网络与正在多哈报道亚洲杯足球赛的现场记者进行了视频直播连线，这次跨国 3G 网络视频直播连线的成功可以说是电视业的领先者。

8 日 北京电视台财经频道开年的新节目《财富大家谈》正式亮相，《财富大家谈》头两期节目的平均收视率比原时段提高了 30% 以上。《财富大家谈》努力克服以往财经节目宏观理论为主的说教方式，贴近百姓，说实话讲真话，把专业财经知识和投资理念讲得通俗易懂，让财经专家放下身段面对面与普通百姓交流沟通，普及经济常识，答疑解惑，为群众投资理财指点迷津，力争打造一档具有鲜明北京人文特色风格的品牌财经节目。

12 日 北京电视台 2011 年 BTV《环球春晚》在 BTV 大剧院完成录制工作。2011 年 BTV《环球春晚》以“牵手世界，欢动五洲——美丽北京欢迎您”为主题，来自 10 多个国家和地区的百名世界顶级艺术家参加了演出，为世界观众呈现了一场跨越国界、民族、肤色、语言的欢乐盛会。2011 年 BTV《环球春晚》于 2 月 4 日在北京卫视频道播出。

同日 由北京市农工委、北京市农委、北京电视台联合主办的《美丽乡村——2010 年度北京最美的乡村主题晚会》在北京星光影视基地完成录制工作。市委常委牛有成，副市长夏占义，市农工委书记、市农委主任王孝东，北京广播电视台台长王晓东出席晚会。2010 年是“北京最美的乡村”大型评选活动的第五年，晚会紧扣城乡统筹这一主题，以“乡村巨变”为主线，节目内容格调清新、结构新颖，自然而深刻地反映了北京新农村建设五年来的成就。该晚会将于2月6日在北京卫视频道播出。

14日 北京电视台圆满完成政协北京市第十一届委员会第四次会议开幕式直播任务。

16日 北京电视台圆满完成北京市第十三届人民代表大会第四次会议开幕式直播任务。

17至19日 《成长在北京》栏目于每晚20：28播出《西部：大转型 大发展》系列专题。该节目由北京市发展和改革委员会与北京电视台联合打造，同时邀请石景山、丰台、房山、门头沟四个区的区长参与到节目中来，为京城百姓全面解读北京西部的转型与发展，为京西未来描绘了一幅宏伟蓝图。

17至30日 北京电视台BTV体育频道全程直播了澳大利亚网球公开赛。此次转播，重视直播赛事前包装，特别植入了“做节目”的理念，通过暖场节目为观众预热，提升节目附加值。

19日 “平安北京——2011年首都政法综治系统春节联欢晚会”在首都体育馆举行，中共中央政治局委员、中央政法委副书记王乐泉，中共中央政治局委员、北京市委书记刘淇，中央政法委秘书长周本顺，北京市委副书记、市长郭金龙，中央政法委委员、中央社会治安综合治理委员会副主任陈冀平，中央政法委委员、解放军总政治部副主任童世平，北京市委副书记、市政协主席、市政法委书记王安顺，中央政法委副秘书长王其江、鲍绍坤，北京市委常委、公安局局长傅政华，副市长刘敬民，市高级人民法院院长池强，市人民检察院检察长慕平等领导出席并观看晚会。2011年首都政法晚会的主题是“平安北京”。晚会在歌舞《节日北京》中拉开序幕，徐涛和朱军主持，蔡明以马大姐的形象出任嘉宾主持，晚会通过访谈的环节对首都干警在工作中取得的成绩给予了肯定和赞扬。晚会在2月5日北京卫视频道、2月7日科教频道播出。

同日 北京电视台与中国银行北京市分行签署战略协议书。北京电视台党委书记、台长王晓东，北京电视台党委副书记、常务副台长窦晓东，北京电视台副台长邵宣堂、王澎，中国银行北京市分行行长张金良，中国银行北京市分行副行长臧新军，中银保险北京市分公司总经理马兴宏，中银保险北京市分公司副总经理周跃武，中国银行相关部门经理和北京电视台部分中心部室的主任参加了本次签约仪式。

同日 “北京卡酷七色光希望小学”落成仪式在四川省中江县民主乡举行。汶川地震发生后，北京电视台卡酷动画卫视及北京电视台所属七色光艺术团，积极响应北京市青少年发展基金会推出的“捐建抗震希望教室”活动，牵头向四川地震灾区捐赠希望教室。

21至23日 国际自盟场地自行车世界杯北京站的比赛在北京老山自行车馆举行。本项赛事是今年在北京举行的首项国际性大型赛事。北京电视台体育节目中心全程制作了本项赛事的公共信号并对本项赛事进行了现场直播，圆满地完成了此次比赛的转播报道工作。

23日 “温暖一家亲——BTV春节大型记者关爱公益行动”在北京电视台41层阳光大厅举行启动仪式。北京电视台总编辑赵多佳，支持单位首都文明办、市总工会、市对口支援办公室、市民政局、市残联、市园林局等委办局领导，被关爱对象、文明引导员代表、心目影院的盲人代表以及参加报道的主持人、记者代表参加了启动仪式。“温暖一家亲——BTV春节大型记者关爱公益行动”由北京电视台公共·新闻频道策划实施，将派出多路记者，运用直播、组合报道、微博互动等形式，每天关爱一个不同的群体，体现市委市政府以人为本、关注民生的执政理念和工作实绩，表现北京人在城市发展中每个家庭的团圆之爱和人与人之间的友爱亲情。节目内容从1月23日至2月7日的16天中，在北京卫视的《北京新闻》《特别关注》《北京您早》和公共·新闻频道的《晚间新闻报道》《都市晚高峰》中播出。

26日 北京市政府出台治理交通拥堵综合管理措施后，首轮小客车指标公开摇号，北京电视台公共·新闻频道全程直播摇号过程，直播中记者很好地把握了现场，顺利完成直播任务。

27至28日 北京电视台公共·新闻频道完成了大型直播节目《直播春运——过年回家》，节目全面启用SNG直播车和3G直播回传技术，使观众在第一时间了解春运的各种信息。《直播春运——过年回家》还在城市电视、移动电视、地铁电视进行同步直播，为正在出行的百姓提供实时服务。

29日 北京电视台科教中心全新栏目《健康大智慧》开播，与《健康北京》相承接，形成新的健康时段。

1月 由国家体育总局冬季运动管理中心、黑龙江省伊春市人民政府主办，北京电视台体育节目中心为媒体支持的2011首届“林都伊春杯”全国冰壶挑战赛开幕，这是体育频道走出去创（合）办品牌赛事的有益尝试。

二月

2日 《2011BTV卡酷动画春晚》在北京卫视、卡酷动画卫视同步播出，首播当晚在卡酷频道4～14岁的受众中达到了4.4%的收视率，北京卫视前20分钟的收视，即央视春晚开播前的全龄收视竟高达2.68%。播出期间，动画春晚微博粉丝以每分钟数百人的速度激增，87万粉丝在两个多小时内产生了数万条留言和转播，好评率高达90%。

3日 由北京电视台卡酷动画卫视与中影集团、中视影视制作有限公司、中国动漫集团有限公司联袂出品的3D动画片《熊猫总动员》历经六年精心制作，在全国3D影院公映。

7日 北京电视台公共·新闻频道圆满完成“温暖一家亲”大型记者关爱公益行动的报道任务，此次大型记者关爱公益行动历时16天，BTV卫视和BTV公共·新闻频道《北京您早》《特别关注》《都市晚高峰》《北京新闻》《晚间新闻报道》五档新闻全天滚动播出，近百名编辑、记者、主持人参与其中，播发总条数152条，总时长约500分钟，全方位体现出党和政府以人为本、关注民生的执政理念和工作实绩，充分表现出北京人对城市发展的拳拳大爱、每个家庭的团圆之爱以及人和人之间的亲情友爱。

10日 7时，大型直播节目《风雪北京 与你同行》在北京卫视频道和公共·新闻频道并机播出。截至10日晚23时，直播节目总时间长度超过6个小时，将大雪中的城市组织管理、运行保障和市民文明素质形象生动地呈现在电视屏幕上。本次直播综合运用SNG、3G、微博等多种新技术手段，增强了直播节目的实效性、现场感。

18日 北京电视台卡酷动画卫视原创出品的百集先锋动画情景喜剧《嘻哈乐翻天》，荣登广电总局公布2010年度第四批优秀国产动画片推荐名单。这是继《我们小孩有力量》《卡酷漫游记》之后，卡酷动画第三次位列总局推荐名单。

19日 北京电视台财经频道和北京大学经济学院联合主办、《财经五连发》栏目承办的“2011中国经济新春论坛”在京隆重召开。本届论坛的主题是变局与突破——“预测新经济 布局十二五”。论坛分别就“2011中国宏观经济前瞻”、“‘十二五’破题”、“人民币国际化之路”、“2011楼市关键词”、“2011资本市场关键词”等话题进行了讨论。

20日 第二届“鸟巢欢乐冰雪季”圆满落幕。自2010年12月18日活动开始以来，历时两个月的鸟巢欢乐冰雪季共接待游客近20万人次，电视直播近50小时。节目团队研发了多种游艺项目，不断创新升级，每个周末的直播节目都给观众带来全新的视觉冲击和游戏体验。本届冰雪季还承办了国际雪联滑雪大赛鸟巢站、滑雪品牌时尚发布会、儿童冰球比赛、冰壶大赛等多项颇具影响力的大型比赛。除此以外，新媒体的引入也是本届“鸟巢欢乐冰雪季”的一大亮点，网络成为冰雪季的主要宣传平台之一。截至2月18日，在百度输入关键词“第二届鸟巢欢乐冰雪季”，共有相关网页162000篇，各大门户网站都给予了高度重视。

23日 北京紫禁城影业有限责任公司出品的电影《倩女幽魂》在丽丝卡尔顿酒店举行全球院线签约仪式，全国院线及相关嘉宾、媒体记者参加签约活动。

2月 2011年BTV春晚系列节目圆满落幕。从农历腊月二十五至正月初五，北京电视台陆续推出7台12场春晚系列节目：腊月二十五（1月28日），网络春晚率先登场，连播5天，预热节庆气氛；大年三十，动画春晚别具特色，精彩呈现；正月初一，主春晚“感受温暖，传递幸福”，群星荟萃，峥嵘亮相；正月初二，环球春晚汇集中美演艺明星，演绎中国新春盛典；正月初三，推出政法晚会；正月初四，推出美丽乡村主题晚会；正月初五，推出首都迎新春双拥晚会。北京电视台春晚系列节目广受媒体关注。《人民日报》、新华社、《新京报》、《北京日报》、《北京晚报》及搜狐、腾讯等多家媒体予以报道。2月9日的《人民日报》以《分享中国年——北京电视台2011环球春晚精彩呈现》为题，用半个版面的篇幅盛赞北京电视台环球春晚的国际影响力；《北京日报》刊登《2011年BTV北京台网络春晚精雕细琢 亮点频出 反响热烈》；《北京晨报》刊登《BTV春晚 让爱回家》，新华社以《2011BTV卡酷动画春晚演绎“穿越狂欢”，体验视觉大餐》为题高度评价动画春晚的创新形态和互动影响力。2011动画春晚主题歌《开心爆豆》还被网友评价为兔年第一HIGH歌，在网络上广为流传。市委常委、宣传部长、副市长蔡赴朝，市委宣传部副部长严力强，对春晚节目予以表扬。蔡赴朝同志的批示：北京电视台的系列春晚获得了可喜的成功，受到了市领导、业内人士和广大群众的赞扬。更为难能可贵之处在于，台领导和广大员工在成绩面前不自满、不停步，虚心向央视和兄弟台学习，以锐意进取的精神在已经取得很好成绩的基础上提出了新的更高的奋斗目标。这充分体现了台领导和全台同志们的责任意识、精神状态、业务追求和工作作风。感谢同志们为繁荣首都先进文化所作的贡献，希望也相信北京电视台包括系列春晚在内的节目越办越好。

2月 为了进一步抓好北京电视台党风廉政建设工作。北京电视台党委书记、台长王晓东分别与8名北京电视台领导班子成员和35名各中心、部、室一把手签订了廉政建设责任书。

三月

2日 北京电视台卡酷七色光艺术团受邀参加新西兰“雅迪歌”国际艺术节，受到了当地居民的热烈欢迎。“雅迪歌”艺术节由新西兰纳皮尔市政府、新西兰霍克斯湾旅游局、新西兰雅迪歌协会联合主办，此次是中国第一次受邀参加，七色光则是其邀请的唯一中国艺术团体。

同日 北京电视台科教频道《第三调解室》栏目开播。《第三调解室》栏目是与市司法局合作的首个具有法律效力的电视调解节目，它使科教频道午间法治时段从65分钟扩展到95分钟。

8日 北京紫禁城影业有限责任公司摄制的电影《惊沙》在京举行隆重的首映礼。影片原型秦基伟上将的夫人唐贤美，原国家领导人李先念之女李紫阳、徐向前之子徐小岩等隆重出席，为这部反映父辈热血奋战的影片捧场。出席首映仪式的除红色将领后代外，还有王定烈、王定国等健在的红西路军老战士，20来位西路军后代代表及“将军后代合唱团”。合唱团在首映式上演唱了歌曲《化作星辰伴随着你》，并引出全场大合唱的动人场面。参加首映式的还有尤小刚、李少红、李小婉、高希希、阎肃、梦鸽、马未都、王义夫等文体界人士。12日电影《惊沙》在全国上映。

10至13日 海南斯诺克精英赛在海南博鳌举行，本项赛事是海南省今年举办的首项世界级赛事，也是海南举办的级别最高的斯诺克比赛。北京电视台体育节目中心派出导演、摄像和解说人员，圆满完成了此次精英赛公用信号的制作工作。

14日 第十一届全国人大四次会议和全国政协第十一届四次会议分别于3月14日和3月13日闭幕。北京电视台新闻节目中心派出18人的报道团队，历时13天的工作，按照“准确及时、创新进取”的报道宗旨，圆满完成了全国两会的宣传报道任务。在3月2日召开的全国政协十一届四次会议新闻发布会上，北京电视台主持人曹一楠向大会发言人赵启正进行了现场提问。

同日 由求实杂志社主办的《求是内参》第9期刊登《动漫产业化的可贵探索——北京电视台卡酷动画卫视打造动漫全产业链》一文，从发展历程、可贵探索、未来方向等方面介绍、分析了北京电视台卡酷动画卫视的发展壮大之路，肯定了卡酷动画卫视的做法、经验。3月18日，中共中央政治局委员、中央书记处书记、中宣部部长刘云山同志在该文上批示：“当前动漫产业势头很好。可总结各地好的经验推动其健康发展。”中央宣传部副部长、国家广电总局党组书记、局长蔡赴朝同志批示：“请研究如何落实好云山同志批示精神，总结动漫产业发展经验并推动进一步发展。北京市委宣传部副部长严力强同志在该文上批示："请北京广播电视台抓紧考虑卡酷的上市问题，再接再厉，保持卡酷的领先地位。"

23日 北京电视台党委书记、台长王晓东，总编辑赵多佳以及办公室、总编室、研发部、公共·新闻节目中心负责人、编辑、记者一行17人，来到北京市海淀区区委宣传部，与海淀区委常委、宣传部长李彦来等进行了座谈讨论。双方沟通工作情况，共商报道选题。这标志"北京电视台领导与编辑、记者走一线"活动正式启动。

25日 北京市老领导李志坚，市委副秘书长、市委宣传部副部长严力强和北京日报社的有关领导来北京电视台了解《国粹生香——北京京剧票友段位评授季》活动的相关情况。

同日 北京电视台党委中心组（扩大）专题学习会暨"杜绝虚假报道　增强社会责任　加强新闻职业道德建设"专项教育活动党课报告会举行，党委副书记、总编辑赵多佳以《牢固坚持马克思主义新闻观，推动内容生产工作科学发展》为主题作专题报告。台领导班子成员和各节目中心正副主任、正副制片人、部分编辑记者近300人参加学习。党委书记、台长王晓东主持学习会。

同日 北京电视台驻青海玉树记者站举行挂牌仪式。

31日 北京电视台举行向萨苏先生颁发特邀记者聘书暨萨苏先生向北京电视台捐赠抗日战争珍贵素材仪式。萨苏先生在仪式上向北京电视台无偿捐赠了其在旅日期间获得的抗日战争时期珍贵影像资料（内容为国内首次披露）以及由日本老兵拍摄的东北抗联时期老照片、日本侵华时期原版画报等素材，北京电视台党委书记、台长王晓东向萨苏先生发放了特邀记者聘书并赠送了礼品。办公室、总编室、人事部、公共·新闻中心、科教中心、青少·海外中心、网络信息编辑室、高清纪实频道筹备组相关人员参加了仪式。

3月 北京电视台组织了"加强台风建设，预防职务犯罪"主题教育活动并对教育内容进行了考试，北京电视台各中心、部、室副科长（制片人）以上干部和北京电视台属企业部门副职以上干部共514人参加了考试，其中转传部、技术设备部、动画节目中心、科教节目中心还组织部门其他职工参与答题活动。

四月

1日 北京电视台台长王晓东、总编赵多佳、副总编张亮带队前往中国国际广播电台座谈、交流。办公室、总编室、研发部、青少海外节目中心负责人参加了此次活动。中国国际广播电台台长、总编辑王庚年、副台长夏吉宣、王明华、副总编马博辉、尹力及相关部门负责人热情接待了北京电视台交流团一行，在座谈、交流中双方表示将继续深化在北京电视台环球春晚、长城平台、新媒体发展等方面的合作，走一条融合、共赢的发展之路。

同日 由北京电视台卡酷动画卫视与北京市科学技术委员会、北京工业设计中心合作开展的"2011北京·视界——城市动漫设计大赛"全面展开。动漫设计大赛的主题围绕首都"人文北京、科技北京、绿色北京"发展战略和建设中国特色世界城市的目标，配合北京市申报"设计之都"和"世界设计之都"工作，面向全国征集有关北京城市建设和人居环境方面的创意设计构想。

同日 北京电视台信息网络管理部配合市广电局完成了北京地区媒资共享平台三期项目5个区县的项目建设工作。媒资共享平台三个阶段的项目已全部完成，通过与传输交换平台和中心共享平台的数据交互，全面实现了14个区县媒资节点标清资料与中心共享平台的交换和调用。

2日 北京广播电视台召开干部大会，北京电视台领导班子成员和各部门主要负责人参加会议。会上，市委组织部、市委宣传部宣布市委、市政府有关干部任职通知，窦晓东同志任北京电视台常务副台长。

5日 北京紫禁城影业有限责任公司出品电影《隐婚男女》在北京千禧饭店举行首映发布会。导演叶念琛携主演陈奕迅、刘若英、白冰、林依轮、陈昊、莫小棋、高洁等出席。8日电影《隐婚男女》正式在全国上映。

11日 北京电视台 台长王晓东、总编辑赵多佳率公共·新闻频道编辑记者调研团来到朝阳规划艺术馆进行调研。此次调研活动是“北京电视台台领导与编辑、记者走一线”的第二站，调研受到了朝阳区委、区政府高度重视，区委书记陈刚等领导一起参加了调研。

同日 国家广电总局公布2010年度少儿精品及国产动画发展专项资金项目评审结果，北京电视台卡酷动画卫视与中央少儿频道并列荣膺“全国优秀少儿频道、动画频道特等奖”。这是该奖项自2005年设置以来，国内几个专业动画频道首次获得的最高荣誉。

12至14日 2011年北京铁人三项世界锦标赛技术会议在北京市昌平区军都度假村召开。北京电视台体育节目中心经过和转传部的仔细研究和准备，制订了周密的转播计划，在技术会上进行了详细阐述，得到了国际铁联负责电视转播官员的高度评价。

同日 恰逢博鳌亚洲论坛十周年，北京电视台财经节目中心派出的记者现场报道团队，用带有BTV标志的话筒最先采访到龙永图先生和周文重先生，这两位博鳌亚洲论坛的先后两任秘书长，在镜头前分别就论坛十年来的发展、主要议题和热点话题等接受了采访。带有BTV标识的话筒在第一时间出现在博鳌亚洲论坛现场，这说明了北京电视台成为最先采访核心参会者的媒体之一。

19日 北京电视台参与实施的“北京数字高清晰度电视地面广播实验工程项目”通过北京市发改委验收。

20日 庆祝中国共产党成立90周年“唱响中国——群众最喜爱的新创作歌曲”北京演唱会在北京电视台BTV大剧院举行。演唱会上众多歌唱家和十几个群众合唱团演唱了36首词曲俱佳的歌曲。中国文联党组副书记、副主席李屹，文化部部长助理高树勋，市委常委、宣传部长、副市长鲁炜，市委宣传部副部长张淼，市广电局局长李春良，北京市广播电视台党委书记刘志远，副台长苏仁先及北京电视台总编辑赵多佳、副总编辑张亮观看了演出。

同日 北京电视台电话会议服务系统搭建完成，并于6月成功应用于京沪高铁全线开通大型直播中。

21日 由北京电视台卡酷动画卫视联手华纳兄弟娱乐公司投资出品的中德合拍

动画电影《劳拉的星星在中国》发布会于北京召开。国家广播电影电视总局副总编辑、宣传管理司司长金德龙、文化部对外文化联络局局长董俊新等领导及出品方的相关负责人出席了发布会。

28日 北京市委宣传部副部长严力强到北京电视台听取北京电视台纪念建党90周年、辛亥革命100周年重点专题片工作情况汇报。北京电视台台长王晓东，总编辑赵多佳，副总编辑朱江、张亮一同听取了汇报。

29日 北京电视台公共·新闻频道拍摄的《幸福绽放》形象片全城同放启动仪式在北京市总工会礼堂举行，市委常委、市总工会主席梁伟、北京电视台总编赵多佳、副总编朱江和本市部分全国劳动模范、北京市劳动模范、北京电视台“幸福绽放——五一国际劳动节走近幸福的劳动者新闻行动”报道团队及部分报道对象共同参加了启动仪式。北京市总工会、北京电视台向全体劳动者发出了《用劳动开创未来，让幸福永远绽放》的倡议书，并正式发布了《幸福绽放》形象片。

4月 由北京市体育局主办，北京电视台体育频道倾力支持的首届“北京市民扑克大赛”双升赛季的比赛已经于4月全面开赛，改版后的《步步为赢》节目也于4月30日全新亮相。

五月

3日 北京电视台推出纪念建党90周年系列专题片《红色地图》。90集系列专题片《红色地图》从5月4日至7月中旬，在北京电视台卫视频道和公共·新闻频道播出。节目选取中国共产党90年的革命历程中在北京的斗争、建设、改革和发展内容，以代表性历史遗迹，讲述共产党人在北京开展革命活动的历史事件、著名人物的故事。节目以编年体的历史框架为广大电视观众呈现了一幅壮丽的“北京红色地图”。

11日 北京电视台体育节目中心在中国足协杯的现场直播信号中第一次全面使用了在线包装系统，这项技术的采用不仅对体育节目中心来说是第一次，在全国各台的体育赛事转播中也是第一家。

12日 北京电视台共享审片配音系统正式投入使用，为高清综合制作系统和高清Avid制作系统提供审片和配音服务。

16日 北京电视台举办观众见面会纪念建台32周年。邀请34名观众代表来北京电视台参观、座谈，党委书记、台长王晓东与观众代表亲切见面，表达了诚挚的感谢和希望。参观中，观众代表与北京电视台卫视节目中心主任徐滔，《特别关注》栏目主持人桑朝晖、赵彬彬热情交谈，合影留念。

17日 北京电视台体育节目中心的新媒体节目《体育议起来》首次播出。节目定位是“以体育焦点事件、人物为核心内容，以新媒体传播方式为基础形态，主持人、嘉宾与普通观众一起表达鲜明观点”的体育评论型节目。

同日 由北京电视台卡酷动画卫视创意制作的《2011BTV动画春晚之章鱼哥预“爆”系列宣传片》摘得国际电视包装行业最高奖——“2011 Promax&BDA全球奖”金奖桂冠，迪斯尼摘得银奖。这是中国大陆地区媒体机构首次问鼎Promax全球奖金奖。《2011年BTV动画春晚》同获儿童节目多媒介整合宣传（Children's Program Campaign Using Integrated Media）提名奖。

21日 北京电视台新闻节目中心驻新疆和田记者站记者王毅等圆满完成各项任务回到北京。驻站期间，记者为中央电视台新闻联播提供了稿件，并且在北京电视台卫视频道播发稿件14条，在新疆电视台播发新闻1条，驻站期间，王毅、牛月华共拍摄、留存资料达1000分钟以上。

23日 北京电视台记者尚怡雯、王建随同北京市援藏干部团一起奔赴西藏，这标志着北京电视台驻西藏拉萨记者站的工作全面展开。

24日 为了贯彻落实鲁炜部长对北京电视台人才队伍建设，尤其是主持人队伍建设提出的要求，北京电视台举行了2011年北京电视台播音员、主持人座谈会。台领导王晓东、赵多佳、朱江、张亮、王澎同台内相关职能部门、内容生产部门的主要负责人以及全台97名播音员、主持人参加座谈会。会议就主持人和节目的融合，主持人的专业素养和个性化，主持人薪酬、福利问题，主持人的包装、培养问题，以及主持人职业化教育问题、主持人管理、主持人品牌开发等问题建言献策。

28日 北京电视台新闻节目中心连夜协调，紧急调派三组记者奔赴旱情最严重的湖北、湖南、江西等地采访，此次为记者配备了两台3G及一台移动非编设备，以保证报道的时效性。截至5月30日上午，三组记者已经全部到达抗旱一线，并与当地电视台及防汛抗旱指挥部取得了联系。30日中午，第一篇报道《直击抗旱第一线——洪湖》在《特别关注》中播出。

六月

1至2日 奥林匹克转播服务有限公司（OBS）首席执行官罗梅罗、盈方体育传媒集团首席执行官马国力一行对北京电视台进行了访问，并就北京电视台“环北京公路自行车赛”赛事转播与体育节目中心、转传部负责同志进行了为期两天的会谈。赵多佳总编辑会晤了来访客人，对罗梅罗先生给予我台“环北京公路自行车赛”信号制作给予的大力帮助表示感谢。

7至11日 国际排联沙滩排球大满贯赛在北京举行，北京电视台体育节目中心对本项赛事进行了全程直播，并负责为国际排联制作本项赛事的公用信号。

14日 由刘淇书记提议、市委宣传部与市信访办牵头，北京电视台与市信访办、北京市非紧急救助中心联合开设的专栏《12345需求与反馈》在《北京新闻》栏目开播。

17日 北京电视台台长王晓东会见了澳大利亚资金股本有限公司首席执行官、澳柒控股集团执行董事施来恩先生、澳大利亚资金股本有限公司顾问委员会主席史伟立先生一行。在会见中，王晓东台长提出双方可以在文化交流及电视片制作领域、传统电视与新媒体融合、人员培训、体育赛事转播及版权交换和贸易领域展开合作。施来恩先生表示：北京电视台是中国非常重要的媒体单位，澳柒控股集团极其重视与北京电视台的关系，很愿意发挥其优势与北京电视台进行合作，促进双方的共同发展。

18日 “八达岭长城杯”首届北京国际自行车骑游大会在延庆举行，北京电视台体育节目中心由王少华副主任带队，派出包括4名主持人、6名摄像在内的15人报道组赴延庆，拍摄制作了本次活动的专题片。

同日 由市委宣传部及市关心下一代工作委员会、市文明办、团市委、市教育局主办的“红星闪闪，永放光芒”主题合唱音乐会在北京电视台大剧院顺利举行。北京电视台制作部提供技术保障。

22日 北京电视台王澎副台长会见了美国QVC公司负责国际业务的副总裁约翰·托马斯先生一行。双方就未来合作的可能性进行了探讨。

24日 由中共北京市委宣传部、北京日报报业集团、北京广播电视台、北京市国有资产经营有限责任公司、北京演艺集团主办的北京市庆祝中国共产党成立90周年大型群众歌咏活动——“我爱我唱”在国家体育馆举行。中共中央政治局委员、市委书记刘淇出席歌咏活动。北京电视台负责活动的录制并在北京卫视频道播出。

同日 北京市庆祝中国共产党成立90周年主题晚会——“党在百姓心中”在北京电视台BTV大剧院举行。北京市委副书记、市政协主席王安顺，市委常委、市纪委书记叶青纯，市委常委、组织部长吕锡文，市委常委、宣传部长、副市长鲁炜等同志现场观看演出。晚会从普通党员和老百姓的视角出发，展现党和百姓的鱼水之情，讲述了广大人民群众身边发生的平凡而又动人的故事。晚会于7月1日在北京卫视播出。

27至7月3日 在建党九十周年之际，北京电视台《天天体育》栏目推出系列专题报道“体育为了人民”，回顾九十年中国体育走过的艰苦奋斗的道路。

29日 上午，大型特别报道《红色地图》影像文字资料许可使用权捐赠仪式在首都博物馆举行，自此《红色地图》将作为藏品入驻市属最大的博物馆。赵多佳总编、朱江副总编以及为《红色地图》拍摄提供了大力支持的市委党史研究室、市旅游委、市文物局的相关领导也一同出席了捐赠仪式。

30日 北京电视台全力以赴作好京沪高铁大型直播报道。由北京电视台、上海东方卫视、铁道部影视中心共同策划的大型直播报道节目《中国速度》在北京电视台公共·新闻频道播出。直播节目历时6个小时，节目内容设置为便民利民之路、铸造辉煌之路、文化融合之路、经济发展之路、中国腾飞之路五个板块。

同日 北京紫禁城影业有限责任公司拍摄的电影《杨善洲》在人民大会堂举行了盛大的首映仪式，中共中央政治局委员、书记处书记、中组部部长李源潮在首映前接见了剧组主创人员和杨善洲同志家属。并对影片给予高度评价。中宣部副部长、广电总局局长蔡赴朝，中组部副部长、中央创先争优活动领导小组办公室主任王秦丰，中央创先争优活动领导小组办公室副主任傅思和、国家广电总局副局长张丕民、中共北京市委常委、宣传部部长、北京市副市长鲁炜，中组部、中宣部、中央创先争优活动领导小组、北京市委宣传部、云南省委宣传部、保山市委、电影出品方北京紫禁城影业有限责任公司、云影集团、电影频道以及电影发行方华夏电影发行有限责任公司、中国电影股份有限公司相关领导，杨善洲的家属、同事代表及该片导演董玲、主演李雪健、陶虹、李晨、艾丽娅、房子斌、胡明、吕一等影片主创人员出席首映式并观看了影片。

七月

1日 北京电视台纪实高清频道改版

播出。纪实高清频道是国内首家采用全高清格式播出的纪实频道。从7月1日起，每天上午10点钟开始播出，首播节目每天3小时，全天滚动播出14个小时，至24点结束。

同日 北京电视台卫视高、标清频道、公共·新闻频道、纪实高清频道四个频道并机推出了“心心相印”庆祝中国共产党成立90周年18小时大型直播节目，北京广播电视台移动电视、城市电视、地铁电视等4万多个户外电视屏，与北京电视台并机直播。

7日 北京电视台首届“观众喜爱的主持人”大型评选活动启动。从7日起至9月5日公众可通过网络、电话、纸媒三种方式参与投票，评选出自己喜爱的主持人。活动期间北京电视台66名参加评选的主持人将以“心悦百姓　行为民生”为活动宗旨与行动准则，结合与团市委、市少工委联合开展“感恩社会　服务北京”关爱北京市农民工子弟学校公益新闻行动，深入到社会基层，去关注百姓生活，服务首都市民，传播人间真情。评选结果将于10月揭晓。从今年起，该活动将每两年举办一次。

10日 北京电视台科级干部和制片人培训团赴加拿大学习，为期21天。

12日 第五届“北京影响力”评选活动，以“魅力首都世界北京”为主题全面启动。第五届北京影响力奖项设置确定为“十大影响力企业家”、“十大影响力企业”、“十大影响力品牌”奖，以及由媒体总编辑们评出的“北京影响力感动奖”、“北京影响力创新奖”、“北京影响力信任奖”三大传媒单项奖。

17日 由中国广播电视协会主办、中广协会播音主持委员会和北京电视台承办的2011年度中国播音主持“金话筒奖”颁奖典礼在北京电视台BTV大剧院举行。国家广电总局党组成员、副局长田进，中国记协党组书记翟惠生，人民日报社副总编辑谢国明，国家广电总局党组成员、中央人民广播电台分党组书记、台长王求，中国广播电视协会会长李丹，北京市委常委、宣传部部长、副市长鲁炜，中国广播电视协会副会长杨波，中国广播电视协会顾问王德新，中国广播电视协会副会长张振华，以及中宣部、国家广电总局、中国广播电视协会、市委宣传部等有关负责人出席颁奖典礼。本次评选出获奖播音作品10件（广播5件、电视5件），主持作品10件（广播5件、电视5件），广播播音员主持人10名，电视播音员主持人9名，最终42位获奖者捧得“金话筒奖”。北京电视台王旭东获电视播音员主持人奖。

22日 北京市人大常委会党组书记、主任杜德印在北京电视台调查研究、指导工作。他肯定北京电视台的工作，强调，要充分发挥先进文化的引领作用，把北京电视台建设成为全市重要的文化建设阵地。市人大常委会党组副书记、副主任赵凤山，以及市人大常委会秘书长唐龙一同调研。

24日 北京市市委常委、宣传部长、副市长鲁炜代表市委、市政府到北京电视台，看望慰问了参与《都市晚高峰》特别节目——《雨中进行时》直播节目的工作人员。鲁炜部长对直播节目给予了充分肯定。根据市委宣传部指示，北京电视台于7月24日下午3：20到晚上10：30，在北京卫视和公共·新闻频道并机直播了《都市晚高峰》特别节目——《雨中进行时》。

27 日 《这里是北京》图书捐赠仪式在首都图书馆举行，北京电视台向首都图书馆、区县委图书馆共 31 家各级图书馆捐赠《这里是北京》第六辑图书，台长王晓东、北京市文物局副局长于平、北京市新闻出版局副局长王野霏等领导出席捐赠仪式。

29 日 上班早高峰时段，大雨再次袭击北京。北京电视台新闻中心在 20 分钟内迅速启动应急直播机制，从上午 9 点到 11 点 10 分在公共・新闻频道进行了 130 分钟的直播。两个多小时的直播中，多路记者分别陆续发回了东城、西城、石景山、丰台以及郊区县等地的交通情况，全面反映了防汛办、交管局、排水集团、消防等多部门的工作纪实，并制作了雷雨季节防雷信息，增加了直播节目的服务性。

7 月 《北京电视台发展研究文集》2010 年下卷印发 7 月 12 日上午，在市宣传系统领导干部理论学习经验交流会暨《文化创新思考》出版座谈会上，鲁炜部长表扬北京电视台 2010 年度《发展研究文集》(上、下卷)：国庆假日期间，翻阅了《北京电视台发展研究文集》，全台几乎所有部门的同志都写了文章，总结得好，写得也好，大家总结经验，推动工作，希望北京电视台坚持下去；同时，要在思考成果、研究心得的转化上下功夫，要为实践而总结，为推进事业发展而写，实现理论指导实践、实践丰富理论的良性循环。

八月

2 日 北京电视台举行"首善媒体 大美品质"全新节目考评体系首都媒体通气会。新华社、人民日报、光明日报、北京日报、北京晚报、北京晨报、北京青年报、新浪网、搜狐网、腾讯网、千龙网、中国广播影视、中国广播电视学刊等 19 家媒体到会，总编辑赵多佳、副总编辑朱江、研发部、总编室、广告部主要负责人出席会议。总编辑赵多佳介绍了北京电视台制定的"首善媒体大美品质"战略目标以及"追求媒体品质，成就品质媒体"的核心价值追求。

8 日 《京张心连心・两岸一家亲》大型文艺演出成功举行。由北京市委宣传部、河北省委宣传部、张家口市委市政府主办，北京电视台承办的大型文艺演出《京张心连心・两岸一家亲》在张家口市桥东区龙泉广场隆重举行。今年恰逢第四届海峡两岸"三祖文化"交流周暨第十届冀台经济合作洽谈会在张家口举行，来自北京、台湾、张家口三地的数千名观众和艺术家相聚于此，共同观看了演出。晚会于 8 月 14 日在文艺频道播出。

13 日 北京电视台新闻节目中心在公共・新闻频道直播了主题为"盛世前门 天街亮宝"的大型直播特别节目，直播历时两个半小时，主持人以"通关文牒"接力的方式，串联起 10 余家京城老字号各具文化遗产特点的宝物及其背后的故事，描绘了前门历史文化展示区传统与现代经济文化的融合，展示出北京商业兴旺、文化繁荣的景象。

16 日 王晓东台长在动画节目中心、卡酷传媒有限公司全体员工大会上做了《为了动画、卡酷更好更快发展》的重要讲话，会议通报了动画节目中心和卡酷传媒有限公司分设及有关干部职务调整的决定，对有关工作进行了动员部署。

19 日 北京市新闻工作者协会、中国社科院青年人文社会科学研究中心、前线杂志社共同组成的“三项学习教育”联合课题组一行来北京电视台就“三项学习教育机制建立和制度建设”开展调研。

24至27日 北京电视台圆满完成BIRTV2011展览会参展工作。开幕式上，中宣部副部长、国家广电总局局长蔡赴朝、国家广电总局副局长张海涛、国家广电总局科技司司长王效杰等领导亲临北京电视台展台观看了3D电视节目和新媒体实验室，对北京电视台紧密跟进3D和新媒体技术、开展3D电视和新媒体实验的态度表示赞扬，对拍摄的3D电视节目和展示的新媒体实验室表示肯定。

25日 北京电视台召开紧急会议，传达学习刘云山同志、刘淇同志关于“走、转、改”活动的批示精神以及鲁炜部长关于“走、转、改”活动的指示，迅速部署北京电视台“走、转、改”活动工作，进一步细化落实工作方案及实施流程。会议由党委书记、台长王晓东主持，党委副书记、常务副台长窦晓东，副总编辑张强出席，党办、办公室、总编室、人事部、卫视节目中心、新闻节目中心等部门负责人及相关人员参加了此次会议。

29日 北京市委常委、宣传部部长、副市长鲁炜对《信息专报》“BTV记者14小时跟拍农超对接大桃”作出批示：看了电视台“走、转、改”的成效很是欣慰。刚刚看了“身边”节目在房山农家门前玉米地旁的内容，很好，请转达对主创人员和所有录播人员的慰问和祝贺，总结经验，策划出更多好节目，巩固“走、转、改”成果。

31日 北京网络广播电视台技术方案专家论证会召开。论证会邀请了来自国家广电总局、中国国际广播电台、广电总局规划研究院、清华大学、中国网络电视台、上文广百事通公司的专家对北京电视台规划中的新媒体平台技术框架进行了论证，专家组听取了北京电视台新媒体技术框架设计组的方案汇报，并对方案设计的内容生产服务平台、新媒体媒体资产管理平台、门户网站运营平台及统一安全管理平台等进行了充分的讨论。专家认为北京电视台提出的新媒体技术框架在理念上实用、技术上合理、应用场景符合传统媒体向全媒体转型的需要，一致同意通过专家论证并出具了专家意见。

九月

1日 北京电视台总编赵多佳、副总编朱江及新闻节目中心一行17人，来到门头沟区调研采访，这是北京电视台领导与编辑记者走一线的第十站。赵总编要求编辑记者“贴近贴近再贴近，深入深入再深入”，把门头沟的发展成果饱含感情、生动鲜活地报道出去。朱江副总编强调作为新闻媒体，有责任为门头沟的大发展作好舆论支持。

7至8日 北京电视台党委书记、台长王晓东与新闻节目中心基层蹲点记者一同来到密云县，进行蹲点采访活动，感受密云发展变化新面貌、新成就，了解群众对北京电视台工作的要求和期待。王晓东台长与新闻节目中心记者交流思想，强调“走基层、转作风、改文风”是电视新闻工作者应具有的工作常态；利用此次活动，要进一步提高认识，变“让我走转改”为“我要走转改”，通过走基层一线，体验百姓的生活，体会百姓的所思所想所盼，更好地推动采访作风的转变和文风的改进，用镜头、麦克风，实现好、发展好、维护好群众利益，把更多、更好的电视精品佳作奉献给广大观众。

10至11日 “国际铁联铁人三项世锦赛系列赛总决赛”在北京市昌平区十三陵水库举行，本项赛事是本年度国际铁联级别最高的一项赛事。北京电视台体育节目中心对本次赛事进行了全程直播，并为国际铁联制作了本次比赛的电视公用信号，在包括英国BBC、日本NHK、欧洲EUROSPORT等40多个国家和地区的电视台同步播出。

13日 在中宣部召开的“新闻战线‘走、转、改’活动座谈会”上，中共中央政治局委员、书记处书记、中宣部部长刘云山同志表扬北京电视台9月11日《北京新闻》播出的《说句心里话：用双手“抹”出家的根基》报道。他说：前两天看到北京电视台新闻主播贺贝奇与建筑工地的抹灰工生活了一天，拜抹灰工为师，这样的新闻来自基层，来自一线，非常鲜活，非常感人；我们在过中秋节，而像抹灰工这样的建设者还在忙碌着，电视台把抹灰工的爱人从山东农村请到北京，夫妻在工地上团圆，这样的新闻有现场感，让观众动情。

13日 北京广播电视台纪委书记王伟、党办副主任蔡廷杰、新闻中心综合管理部副主任李大功等一行赴拉萨慰问了北京电视台驻北京援藏指挥部记者。新闻节目中心记者尚怡雯、王健，坚守高原为北京电视台和当地电视台播发新闻近40条，出色地完成了报道任务。

17日 《美丽北京 欢乐之旅》——第十三届北京国际旅游节在北京前门大街商业步行街盛大开幕。由北京电视台新闻节目中心专栏部和编辑部牵头、要闻采访部、评论部、综合管理部配合，协同台内转传、办公室、播出部、制作部、总工办、总编室、网络编辑部、网管部、保卫部等多部门共同组建的直播团队，圆满完成了第十三届北京国际旅游节开幕式的直播任务。

21日 北京电视台党委扩大会听取了有关情况汇报，决定同意建立高校记者团。根据工作方案，“BTV北京青年高校记者团”将依托于团市委、市学联的资源，在首都部分重点高校中选拔品学兼优的学生组成，首批规模约数十人。

同日 北京市委副秘书长、宣传部副部长严力强来到位于顺义区的燕京啤酒集团——新闻节目中心蹲点采访地进行现场督导，北京电视台朱江副总编及新闻节目中心领导陪同严力强副部长检查督导蹲点工作。严力强告诫不要做“来了就走”的记者，要扎扎实实蹲下去，写出带有情感温度的作品。目前，新闻节目中心已派出多组记者，由台领导及中心主任、副主任带队，分赴厂矿、学校、农村进行2～3天的蹲点采访，为《我在基层》专栏提供鲜活的一线素材。

27日 由中宣部新闻局副局长张富强、全国三教办内刊组组长马岑、全国三教办内刊组干部王志羚组成的中宣部、全国三教办检查组对北京电视台“走基层、转作风、改文风”活动开展情况进行检查指导。北京市委宣传部副巡视员吕钦，市记协常务副主席、市三教办主任宗春启，市委宣传部新闻处副处长侯健美参加。北京电视台党委副书记、总编辑赵多佳，党委副书记、常务副台长窦晓东以及台三教办有关负责人陪同检查。

29日 北京电视台成功直播“天宫一号”目标飞行器发射升空。此次直播是北京电视台同类题材的首次直播，它见证了中国迈向空间站时代具有标志性意义的时刻，用自己的行动履行了新闻工作者的使命与责任，践行了北京电视台“大事面前、我在现场”的承诺，彰显了北京电视台作为世界一流媒体的实力与风范。

十月

1至7日 北京电视台《北京新闻》结合“走基层、转作风、改文风”活动，节日期间再次推出了《我在基层·说句心里话》系列报道，在体现主流媒体弘扬主旋律的同时也宣传了敬老爱老的传统美德。国庆期间，记者、主持人纷纷走近节日期间坚守岗位的普通劳动者，体验他们的辛苦与快乐，从基层采制出感人至深的报道。

5至9日 北京电视台成功转播“2011年首届环北京职业公路自行车赛”，北京电视台组建的电视转播部负责向包括ABC、ESPN、SBS在内的多家世界知名电视机构提供公共信号，面向全世界现场直播本次环京赛。本届环京赛之前，国内还没有任何一家电视台完成过此类赛事的直播工作，北京电视台这次的成功直播开了先河，提升了北京电视台在行业中的形象及国际影响力。

10日 北京电视台纪念辛亥革命100周年大型历史纪录片《辛亥》在公共·新闻频道播出。大型历史纪录片《辛亥》，是北京电视台与北京人民艺术剧院强强联手打造的百年辛亥史诗。濮存昕等著名演员扮演民国外交家、民国时评家、清朝官员、民国报人等历史见证人，以独特的话语方式带领观众重回历史现场。同时，片中运用的100年前中国首批彩色照片也广受观众赞叹。

13日 市委常委、宣传部长、副市长鲁炜来到北京电视台，就十七届六中全会期间的节目安排，听取台领导班子和11个节目中心主要负责同志的汇报。鲁炜同志要求北京电视台充分发挥为市委、市政府服务的功能，带头践行媒体的社会责任，加强正面报道和舆论引导作用，大力宣传社会主义核心价值观，弘扬正气，讲道德、讲诚信，讲文明、有责任、有担当。他希望北京电视台要开门办台，注重节目创新，不断推出有深度、有内涵的精品节目，打造、扶植品牌栏目。卫视频道要加大传播力、影响力，汇集精品节目；各专业频道要坚守定位，在各自领域内深入研究产业性质，树立行业权威，减少同质化内容，做好差异化竞争。同时，还要在各类数据的收集、使用，节目素材的深度开发，主持人、记者等各类人才的引进、职业培养等方面做好工作，不断推动北京电视台的产业发展。市委宣传部副部长张淼、宣传部相关处室负责同志一同参加座谈。

同日 北京电视台总编赵多佳、副总编朱江一行来到北京市发改委调研。这是年初以来启动的台领导与编辑记者走一线的第十二站。座谈会上市发改委副主任、新闻发言人赵磊介绍了今年北京市宏观经济的整体情况；座谈会后赵多佳总编、朱江副总编为刚刚成立的北京电视台发改委记者站授牌。

17日 北京市市委副秘书长、市委宣传部副部长严力强参加北京电视台大型历史纪录片《辛亥》创作心得交流座谈会。

北京电视台总编辑赵多佳，大型纪录片《辛亥》、《笔墨春秋》、《国风》、《少年中国》的主创人员，相关职能部室及节目中心人员参加了会议。大型历史纪录片《辛亥》是北京电视台与北京人民艺术剧院联手打造的百年辛亥史诗，已于10月10日起在北京卫视、公共·新闻频道播出，并在多个时段重播。纪录片《辛亥》播出后，受到了观众和网友的热烈好评，获得了知识界、文化界、媒体界、影视界人士的广泛关注。

18日 由北京电视台党委书记、台长王晓东带队，北京电视台"走转改"报道组再次来到密云。王晓东台长把全台员工的10万元捐款交给了冯家峪镇党委书记，同时还诚挚地请他们就农村工作和区县经济、社会发展情况为北京电视台的干部、职工讲一堂课，使电视台的编辑、记者更加充分、深入地了解基层情况，创作出更多、更好的电视作品奉献给广大观众。

20日 北京市政协副主席陈平率市政协新闻舆论和社会舆情评议组一行14人到北京电视台调研，市委宣传部新闻出版处副处长侯健美同志陪同调研。北京电视台总编辑赵多佳、常务副台长窦晓东及党办、办公室、人事部、总编室、新闻节目中心、文艺节目中心等部门负责人参加座谈。会议由市政协文史和学习委员会副主任、北京电视艺术家协会主席孙向东同志主持。

同日 市政协教文卫体委员会主任牛继生带领14位政协委员在市委宣传部副部长张淼、北京电视台党委副书记、常务副台长窦晓东，副台长王澎的陪同下，调查"关于首都文化创意产业发展的提案"的办理情况。调查参观过程中，市政协委员观看了动画节目中心四档原创动画栏目的制作过程，以及卡酷传媒公司制作的《中华五千年》、《星游记》等原创动画片样片，并鼓励频道继续做大、做强，打造在少年儿童心中的影响力与号召力。

22日 北京电视台新闻节目中心推出了大型直播节目《金秋红叶最美北京》，直播从上午8点37分持续到中午12点10分，时长达3个多小时，节目为观众实时传递相关服务信息，包括了香山红叶节盛况、京郊众多观赏红叶热门景区、气象信息、客流情况、停车场服务指南、公交换乘及摆渡车乘坐指南等等，收到了良好的传播效果。

28日 晚，北京市委常委、统战部部长牛有成、北京市委农工委书记王孝东等领导同志与在场的数千名群众一起，共同拉开了北京市第二十二届农民艺术节的序幕，同时，由北京市委农工委、北京十三个涉农区县与北京电视台共同策划的《美丽乡村·文化之旅》大型乡村文化系列报道正式启动。

29日 中共中央政治局委员、中央书记处书记、中宣部部长刘云山同志来北京电视台调研"走、转、改"活动开展情况，并看望坚守岗位的干部职工。中宣部常务副部长雒树刚，中宣部副部长、国家广电总局局长蔡赴朝，文化部副部长赵少华，新闻出版总署副署长阎晓宏及中宣部有关部门领导甄占民、左中一、张宏参加调研，中共中央政治局委员、市委书记刘淇，市长郭金龙，市领导李士祥、鲁炜，市有关部门负责同志崔述强、严力强、李志军、傅华、王海平、余卫国、陈冬、张淼、丁力等同志陪同调研。北京电视台党委书记、台长王晓东同志随行汇报。刘云山等领导同志到北京电视台新闻节目中心对编机房、350 ㎡新闻演播室视察，听取了新闻节目中心主任艾冬云同志的汇报，并与新闻节目中心记者樊煜、王丽晓及主持人贺贝奇、赵彬彬等亲切交谈。刘云山同志对新闻节目中心主持人说，“走、转、改”不仅是一般的记者要“走、转、改”，大牌主播也要“走、转、改”，你们主持人走下去，影响力更大。调研结束后，刘云山同志就如何办好北京电视台提出了四点要求：第一，新闻立台，北京电视台要走在全国省级电视台前列，发挥好示范作用；第二，人民至上，电视要为观众服务，为人民服务；第三，内容为王，电视台是一个媒体，也是一个阵地，最重要、最关键的是内容，能不能站在制高点上，关键看内容；第四，创新制胜，电视台是个艺术生产的部门，创新包括各个方面的创新，特别是科技创新，电视本身就是科技进步的产物，因此，要重视新技术，技术不能落后，技术落后，电视台就落后了。

31 日 北京电视台《在路上——2011 中国记者节》大型电视节目录制顺利完成。来自中国记协、市委宣传部、北京市记协以及在京的 20 多家新闻媒体的领导、老前辈、新闻同仁到场。中国记协党组副书记、书记处书记高善罡、市委副秘书长、市委宣传部副部长严力强，北京市记协主席刘牧雨，北京电视台总编辑赵多佳、副总编辑朱江以及来自首都新闻媒体和北京电视台各节目中心的编辑、记者、主持人共三百多人参加了录制。该节目以大型演播室为载体，以嘉宾访谈为主轴，以外拍短片和资料片花为辅助，并融入能够使主题加以延伸和升华的艺术元素，是一台行业特点突出、意义深刻、气质独特、可视性强、时代气息浓郁的特别节目。

十一月

7 日 北京电视台与《新京报》在北京电视台举行了主题为“推动报台新合作、共建传媒新格局”的座谈会。《新京报》社长兼总编辑戴自更、执行总编辑王跃春，北京电视台党委书记、台长王晓东，党委副书记、常务副台长窦晓东及各单位相关部门的负责同志参加了座谈。座谈中，双方就全方位、多领域合作进行了深入的交流和研讨，表示将共同发挥各自优势，在具体栏目、大型活动等方面开展广泛合作，力争在跨领域合作方面形成示范作用。

8 日 新任以色列驻华使馆发言人、新闻与公共外交事务主任 Ran Peleg 先生一行来北京电视台参观交流。张亮副总编辑与青少·海外节目中心有关人员与以方就中以两国间新闻、文化领域的交流与合作交换了意见。

10 日 第六届中国北京国际文化创意产业博览会在中国国际展览中心举办。北京电视台设置了 210 平方米的展位，内设优秀电视节目展示、观众互动、3D 电视展示、BTV 在线网络直播等功能区。

14 日 北京电视台《北京新闻》推出全新“走转改”专栏《我在基层——记者区县行》。此系列节目计划播出 16 期，分别展现北京市 16 个区县的发展成果和发展思路。

16 日 “2011 中国时尚大典”在北京电视台 41 层观光大厅举行启动仪式新闻发布会。赵多佳总编辑、张亮副总编辑出席启动仪式。时尚大典是北京电视台与时尚传媒集团联合主办的年度时尚人物、事件大型评选颁奖活动，已成功举办两届。

同日 北京电视台财经、生活、公共·新闻三个频道节目顺利迁入新台址播出。11 月 16 日 2：00，财经、生活、公共·新闻三个频道当天节目的播出结束，这标志着苏州街台址完成了18 年零7 个月电视节目播出的历史使命。11 月 16 日 2：00 至6：00 期间，播出部调整了信号的传输路由，并与歌华有线网反复核对信号，确保各条通路的顺利送达和准确无误。11 月16 日6：00，财经、生活、公共·新闻三个频道在王晓东台长的指令下，在新台址顺利开播。这三个频道的顺利迁移，实现了北京电视台“陆续搬迁苏州街台址播出中心、集中在大北窑新台址一地播出”的总体规划目标。

17 日 “红旗飘飘九十年”红色经典纪录片推选新闻发布会在北京人民大会堂举行。全国政协常委、中国文联副主席、中视协主席赵化勇出席了发布会。北京电视台总编辑赵多佳在发布会上致辞。此次活动由北京电视台纪实高清频道与中视协纪录片学术委员会率先联合发起、主办，体现了北京电视台作为首都电视媒体在文化自觉、文化引领方面的积极带头作用。

17 日 北京电视台总编赵多佳、副总编朱江一行来到京北创新中心——昌平，进行工作调研。明年 2 月 18 号到 22 号，第七届世界草莓大会就将在昌平举行，而明年 1 月 1 日起，公共·新闻频道将正式更名为新闻频道，北京电视台将对区县消息实施跟踪报道，及时快捷地呈现世界草莓大会的盛况。

19 至 20 日 北京电视台新闻节目中心推出的两档大型新闻评论性节目《本周锐评》、《下周锐议》在北京卫视顺利播出。两档周播节目时长各 50 分钟，在保证日常节目顺利播出的前提下精心策划、编辑、制作而成，新栏目着眼于首都视角，是一档时政类都市新闻周刊节目。

20 日 北京电视台首届“观众喜爱的主持人”评选揭晓晚会在 BTV 大剧院举行。春妮、徐滔、栗坤、王旭东、田歌、李向显、阿龙、曹一楠、高燕、贺贝奇荣获“观众喜爱的十佳主持人”奖；桑朝晖、文燕、悦悦、向真、刘婧、蔡紫、乐文、魏翊东、王业、杨硕、陈晨、罗旭、王小佳、聂一菁、彩虹、范红军、谭江海、长盛、姜华、马迟二十人荣获“观众喜爱的优秀主持人”奖。北京广播电视台党委书记刘志远、北京广播电影电视局副局长庞微、北京广播电视台副台长陆莹、苏仁先，北京电视台王晓东台长、赵多佳总编辑、邵宣堂副台长、田方总工程师、朱江副总编辑、张亮副总编辑、王澎副台长出席了晚会。

21 日 第九届广州车展在中国进出口商品交易会展馆举办，北京电视台联合广东电视台对车展进行了直播报道。三天的直播的报道中，直播报道组为各档新闻提供了 4 次直播连线、传回新闻 8 条，及时呈现了广州车展盛况，丰富了各档新闻的内容。

22 日 几内亚国家广播电台、电视台的高层管理人员和技术人员一行 15 人来北京电视台参观考察。国家广电总局国际合作司张朴宽副司长陪同参观。北京电视台总工程师田方及总工办、制作部、播出部负责同志与来访人员座谈。

24日　北京市市委常委、宣传部部长、副市长鲁炜来到北京电视台与全体主持人座谈。北京电视台台长王晓东主持座谈会，北京广播电影电视局副局长臧增祥、北京广播电视台党委书记刘志远，北京电视台领导赵多佳、朱江、张亮、王澎及市委宣传部有关处室、北京电视台各有关部门负责同志，北京电视台全体主持人参加座谈。

30日　《善行天下》第四届首都慈善晚会在北京电视台大剧院举办。本次晚会由北京市委宣传部、北京市民政局和首都慈善公益组织联合会共同主办，北京电视台承办。晚会以“善行天下”为主题，以“小行动＋许多人＋规则＝大不同”为核心，以励志、感人的故事为内容，为2011年度首都优秀公益组织及个人颁奖，让慈善的理念根植于每一个人的内心，树立北京“首善之区”的风范。参加晚会的主要领导有民政部党组书记、部长李立国；北京市委副书记、市长郭金龙；民政部党组成员、副部长窦玉沛；民政部党组成员、中纪委驻民政部纪检组组长曲淑辉；北京市委常委、市总工会主席梁伟；北京市人大副主任李昭玲；北京市副市长丁向阳；北京市政协副主席赵文芝等。中国文联副主席李维康、航天英雄杨利伟少将以及杨澜、于丹等知名人士作为颁奖嘉宾参会。孙楠、孙悦、刘和刚、陈楚生、王莉等众多一线演员为晚会呈现精彩内容。

十二月

3日　国际残疾人日当天，由中国残疾人联合会及北京电视台《特别关注》栏目主持人发起的“爱之声”盲人有声读物散文专辑举行了首发仪式，中国残疾人联合会副主席王乃坤、北京电视台总编赵多佳、副总编朱江、新闻节目中心主任艾冬云及主持人赵彬彬、王巍、曹一楠、春妮、栗坤、魏翊东、北京人民广播电台主持人韩力、北京盲人朗诵爱好者、北京联合大学特殊教育学院和秦皇岛特殊教育学校师生代表出席了仪式。

8日　打造电视“华北板块”提升区域文化软实力，首届华北五省区市省级电视台联席会议在京举行。北京电视台、天津电视台、河北电视台、山西广播电视台和内蒙古电视台的负责同志相聚北京，共商合作，共谋发展。首次联席会议上，五家电视台负责同志共同签署了《华北五省区市省级电视台战略合作协议书》，确立了华北五省区市省级电视台联席会议制度，从今年开始联席会议将每年举行一次，由五家电视台轮流召集。会议还确定了2012年五家电视台的一些具体合作项目及合作计划，如联合拍摄专题片，在新闻节目、旅游节目、重大活动、技术合作等方面具体开展合作。国家广播电影电视总局传媒机构管理司司长陶世明，北京市委宣传部副巡视员吕钦，北京市广播电影电视局副局长王霞，北京广播电视台党委书记刘志远，天津电视台总编辑翟振江，河北电视台台长范红潮、副台长余民，山西广播电视台副台长张敬民，内蒙古电视台台长赵春涛、总工程师杜中、副总编辑朝鲁巴特尔，北京电视台台长王晓东、总编辑赵多佳、副台长邵宣堂、总工程师田方、副总编辑朱江、副总编辑张亮、副台长王澎以及相关部门负责人出席会议。

10日　由北京市委教育工委和北京电

视台联合组建的“BTV首都高校记者团”在北京电视台举办了启动仪式。市委教育工委副书记王民忠和北京电视台总编辑赵多佳宣布“BTV首都高校记者团”成立，并为来自清华大学、北京大学、中国人民大学、北京师范大学等首都二十所高校的四十五名学生通讯员颁发证书，为其中八所高校颁发记者站站牌。张亮副总编辑和二十所高校的党委宣传部部长、团委宣传部部长出席仪式。“BTV首都高校记者团”是北京电视台践行“走基层、转作风、改文风”活动的重点举措，是贴近当代青年学生，提高青年舆论引导水平，发挥主流媒体塑造社会主义核心价值体系的积极行动。

13日 由北京电视台和时尚传媒集团联合主办的“2011中国时尚大典”在北京电视台BTV大剧院举行。北京电视台总编辑赵多佳，党委副书记、常务副台长窦晓东，副总编辑张亮，时尚传媒集团总裁刘江等参加了活动。作为目前国内最具权威性的年度时尚评介活动，“2011中国时尚大典”聚焦于本年度中国最具时尚引领意义的事件、人物，最终以“年度中国时尚力量”提名设计和颁发的形式予以标举和表彰。晚会现场，各界精英共同见证了“年度中国时尚力量”的诞生。

15日 北京电视台成功举办第五届“北京影响力”评选活动。参加本次影响力投票的群众共计达到1675万人次，其中网络投票1510万人次，报纸选票150万张，创历届新高，且辐射范围达二十多个城市，再一次突显首都企业的强大影响力。市委常委、常务副市长吉林，市委常委、宣传部部长、副市长鲁炜，北京电视台总编辑赵多佳，副总编辑朱江参加晚会。

同日 国务院三网融合安全评估专家小组来北京电视台进行现场评估。参会人员：国务院三网融合安全评估专家小组长、公安部十一局局长顾建国；专家小组成员：公安部十一局副巡视员邓宏敏、中科院计算技术研究所网络数据科学与工程研究中心副主任余智华、工信部通信保障局副处长张新、广电总局科技司干部马海龙；北京市陪同参加安全评估的领导：市政府副秘书长戴卫、市政府副秘书长侯玉兰、市三网融合协调小组办公室主任、市广电局局长李春良、北京广播电视台台长王晓东；以及市三网整合协调小组成员单位及试点单位领导。会议介绍了国务院三网融合协调办公室对安全评估的要求，指出中央领导和国务院领导对三网融合工作高度重视。评估组希望能够通过此次会议听取、了解北京市推进“三网融合”的工作经验，找出目前存在的问题。北京网络广播电视台（筹备组）展示了北京网络电视台新媒体大厅的设计图，并汇报了为创建北京IPTV平台，北京电视台所做的工作。

20日 北京电视台特约新闻评论员、主持人签约仪式隆重举行。10位来自各大媒体、各专业机构，并与《锐》系列新闻评论节目长期合作的评论员、主持人王冠、曹保印、张彬、李光昱、于永靖、张国庆、房兵、吴学兰、方军、张翼，将与北京电视台的新闻评论员国培源、李藏宇、姚长盛一道以《锐》为品牌符号，形成立足首都、放眼世界的新闻评论高端言论平台。

22日 由北京电视台主办的2011—

2012《文化北京·年度盛典》跨年晚会在国家奥林匹克体育中心体育馆录制。市委宣传部常务副部长王海平、市广电局副局长庞微、北京电视台总编辑赵多佳参加盛典。本次文化盛典以“核心价值的力量”、“双轮驱动的创新”、“文化产业的航母”、“精品力作的丰收”、“走向世界的脚步”以及“名家人才的汇聚”六大部分所体现的北京六大文化核心战略为主线，通过音乐、舞蹈、美术、戏剧、影视等各艺术门类年度事件及作品的经典表演形成晚会的基本结构。盛典首次汇聚了中央芭蕾舞团、中国杂技团、北京歌舞剧院、国家京剧院、北京人民艺术剧院、国家话剧院等顶级演艺团体，著名导演韩三平、艺术大师梅葆玖、范曾、于魁智、蓝天野、朱旭，著名戏剧导演王晓鹰、孟京辉、田沁鑫、吴晓江、查明欣、韩杰、李六乙等莅临现场。

同日 由中国曲艺家协会、北京电视台联合主办，北京曲艺家协会协办的“2011北京喜剧幽默大赛”在BTV大剧院举行，标志着近三个月的大赛圆满落下帷幕。中国文联副主席、中国曲协主席刘兰芳，中国曲协分党组副书记、秘书长刁惠香，北京电视台总编辑赵多佳、副总编辑张亮，北京曲协副主席李立山，副秘书长田静等出席颁奖晚会。喜剧幽默界的众多明星冯巩、郭达、巩汉林、魏积安、宁静、沈傲君、尚敬等也纷纷到场祝贺并对本次大赛给予充分褒奖，认为此次大赛对青年演员的成长和对新作品的创作起到了很好的推动作用。

23日 市广电局2011年收听收看工作总结会在北京电视台召开，国家广电总局宣传管理司副司长高长力、市广电局副局长庞薇、北京广播电视台副台长苏仁先以及市广电局宣管处、电台、电视台相关领导和阅评员近40人出席了会议。

29日 2012春节“美丽乡村”主题晚会在北京大兴星光影视基地2200平方米演播室圆满录制完成。北京市副市长夏占义、市委副秘书长赵金玉、市委农工委书记、农委主任王孝东、北京电视台总编辑赵多佳、副总编朱江等领导到场观看，领导们对晚会的创意特色、亮点节目均给予了充分肯定和好评。

30日 北京电视台新闻节目中心年度大型特别节目——《北京情怀》录制完成。首都文明引导员、北京保障房和轨道交通建设者、供暖职工、城管队员、中关村科技园区的高科技团队，齐聚BTV 800平方米演播室，共同感受和见证了这一感动时刻，《北京情怀》计划于2012年1月10日在北京电视台新闻频道隆重推出。

31日 24时起北京电视台统一启用新标识。卫视、青少、公共·新闻、卡酷动画频道的标识，分别变更为“BTV北京卫视”、“BTV青年”、“BTV新闻”、“BTV卡酷少儿”。

同日 北京地铁新线8号线、9号线、15号线开通，新闻节目中心特别推出了《三线齐发畅行北京》的大型直播节目。大直播从13：05分一直持续到17：00，历史4个小时。12月份，新闻节目中心、网络管理部、播出部、设备管理部以及制作部联合进行的3G信号联通演播室及实现3G新闻直播连线的测试获得了成功，本次直播就是新采购的12套TVU－3G系统首次在新闻直播中的运用。

同日 北京电视台直播由北京市旅游发展委员会主办的2012北京新年倒计时庆典暨北京旅游推广活动于午夜在北京天坛公园举行，这是北京首次举办的官方大型新年倒计时庆典活动，刘淇、郭金龙等领导同志来到直播现场。这次新年庆典直播活动，预计通过电视转播覆盖全球10亿观众，不仅鲜活生动地展示了北京的城市形象，也大大提升了北京电视台的影响力。

索　引

索 引

汉语拼音索引

B

C

D

数字索引

英文字母索引

图书在版编目（CIP）数据

2012北京电视台年鉴／《北京电视台年鉴》编辑部编．
北京：同心出版社，2012.11
ISBN 978-7-5477-0597-1

Ⅰ．①2… Ⅱ．①北… Ⅲ．①北京电视台-2012-年鉴
Ⅳ．①G229.271-54

中国版本图书馆CIP数据核字（2012）第176106号

责任编辑： 王小云　杨　芳　王　芳　高天航
责编助理： 张志新

2012北京电视台年鉴

出版发行： 同心出版社
地　　址： 北京市东城区东单三条8-16号东方广场东配楼4层
邮　　编： 100005
电　　话： 发行部：（010）65255876
　　　　　总编室：（010）65252135-8034
网　　址： www.bjd.com.cn/txcbs/
印　　刷： 北京京都六环印刷厂
经　　销： 各地新华书店
版　　次： 2012年11月第1版
　　　　　2012年11月第1次印刷
开　　本： 787×1092　1/16
印　　张： 29.75
字　　数： 536千字
定　　价： 128.00元
